Wörterbuch der Philosophie

Der griechische Philosoph Sokrates (469–399 v. Chr.) war der Überzeugung, daß die Tugend lehrbar sei, daß das unmoralische Verhalten auf einem Denkfehler beruhe, und daß der Weg zur Tugend daher über die Weisheit führe.

Vorwort

Kaum zu glauben: Die ganze Philosophie auf knapp 300 Seiten! Wie kann man ein Fach, das Bibliotheken füllt, auf so engem Raum zusammenpressen?

Ein Wörterbuch soll ein praktisches Nachschlagewerk sein. Deshalb habe ich mich bemüht, den Stoff in eine große Zahl von Stichworten aufzugliedern, die jeweils kurz und bündig erläutert werden. Einige Schwerpunktthemen werden ausführlicher dargestellt, besonders, wenn sie, wie z. B. die Ethik, in verschiedenen, voneinander ziemlich unabhängigen Formen auftreten. Generell habe ich versucht, schillernde Stichworte in ihre verschiedenen Begriffsvarianten aufzublättern, so daß der Benutzer des Wörterbuchs auf eine Frage mehrere, sich oft widersprechende, Antworten statt einer eindeutigen erhält.

Ein größerer Themenkomplex, wie z. B. die philosophischen Probleme der Biologie, kann aus einer Reihe zunächst voneinander unabhängiger Stichworte erarbeitet werden. Die Verweise sind daher auf das Wesentliche beschränkt; sie bilden nur die wichtigsten Beziehungen ab, denn letztlich stehen die meisten Begriffe der Philosophie irgendwie in Beziehung zueinander.

Natürlich habe ich auch einige thematische Schwerpunkte gesetzt, die meinen eigenen Vorlieben entsprechen. Hauptsächlich sind dies:

● Die Zusammenfassung einzelner wissenschaftlicher Resultate zu übergreifenden Theorien über die Struktur(en) der Realität – in einer gewissen Nachbarschaft zur Systemtheorie;

- das Verhältnis zwischen Individuum und Gesellschaftssystem in seinen zahlreichen Ausprägungen – von der Suche nach dem persönlichen Glück bis zur Frage einer grundlegenden Gesetzmäßigkeit der Geschichte.

In beiden Bereichen habe ich versucht, durch die Idee der Polarität eine gewisse Einheitlichkeit in der Betrachtungs- und Darstellungsweise zu erreichen.

Das Wörterbuch richtet sich nicht nur an den Studenten der Philosophie oder andere Profis in diesem Fach, die gerade schnell eine griffige Definition für, sagen wir, »Metamorphose« suchen, sondern eigentlich generell an denjenigen, der sich aus persönlichem Interesse einmal näher mit der Philosophie befassen möchte. Diesem Leserkreis zuliebe habe ich mich bemüht, Fachausdrücke mit den Mitteln der Umgangssprache zu erklären, was ohnehin (nicht nur in der Philosophie) bei fast allen wissenschaftlichen Themen möglich ist; der Inhalt geht dabei sicher nicht verloren.

Dr. Rainer Hegenbart

A

A: Logisches Symbol für eine → Allaussage.

A=A: Formale Darstellung des Satzes der → Identität.

Abaelard, Pierre, Petrus Abaelardus: 1079–1142, Schüler des Nominalisten → Roscellinus und des Realisten Wilhelm v. Champeaux, schuf eine originelle Lösung des → Universalienproblems: Weder die → Allgemeinbegriffe (Universalien) sind das eigentlich Wirkliche, noch die einzelnen Dinge, sondern das Allgemeine ist in den Dingen: »Universalia in rebus«. Ethisch betonte A. die Bedeutung der Gesinnung bei einer Tat. Er gab eine Sammlung widersprüchlicher Lehrmeinungen zu verschiedenen Themen heraus: »Sic et non« (»Ja und Nein«). Bekannt wurde A. über die Philosophie hinaus durch seine Liebe zu Heloïse, deren Onkel ihn überfallen und kastrieren ließ. *Weiteres Hw.:* »Historia mearum calamitatum«.

Abbagnano, Nicola: Geb. 1901, bedeutender ital. Existentialist, verarbeitete Ansätze von Kierkegaard, Husserl, Jaspers und Heidegger. *Hw.:* »Il principio della metafisica«, 1936; »La struttura dell'esistenza«, 1939; »Esistenzialismo positivo«, 1948.

Abbildtheorie: → Widerspiegelungstheorie.

Abduktion (wörtl.: Hinwegführung): a) Ein → Syllogismus, bei dem der Obersatz als wahr, der Untersatz nur als wahrscheinlich gilt;

b) unsicherer Schluß vom Obersatz und Schlußsatz auf den Untersatz.

Z. B.: Alle Hamster haben dicke Backen. Max hat dicke Backen. ⇒ Max ist ein Hamster.

Abendland: Philosophiegeschichtlich das antike Griechenland und Rom, später das mittelalterliche Europa im Unterschied zum Alten Orient, später zur islamischen Welt und zum fernen Osten. Mit der Entwicklung des auf Europa zentrierten Welthandels vom 16.–19. Jh. verliert der Begriff des A. seinen aktuellen Sinn.

Ableitung: Aus der Kombination vorhandener Aussagen wird, meistens deduktiv, eine neue Aussage gewonnen. Beispielsweise werden aus Axiomen weitere Sätze abgeleitet. → Deduktion, → Syllogismus.

abnorm: Ungewöhnlich, außerhalb der Norm, aus dem Rahmen fallend. Eine Eigenschaft x einer Person A gilt, z. B. in der Psychiatrie, als abnorm, wenn sie äußeren Anforderungen nicht genügt, auch dann, wenn x von A nicht als leidvoll empfunden wird. *Ggt.:* krankhaft: A leidet an x auch dann, wenn x von der Außenwelt bejaht wird.

ab ovo (lat., »vom Ei an«): Einen Sachverhalt von Grund auf, von seinen Ursprüngen her darlegen.

absolut (lat., »losgelöst«): Unabhängig, nicht von anderem beeinflußt, nicht auf anderes bezogen. *Ggt.:* → relativ. Der Begriff des Absoluten ist auf den Gegenbegriff des Relativen bezogen. Im naturwiss. Weltbild ist nur die Natur als Ganzes absolut – mangels Umwelt, aber auch die Natur ist noch auf sich selbst bezogen, befindet sich in Wechselwirkung mit sich. In der Metaphysik ist häufig von a.en Wahrheiten die Rede, a.em Geist (Hegel), a.em Ich (Fichte). In der Ethik gibt es gelegentlich Versuche, a.e Werte festzulegen (N. Hartmann) oder formale Kriterien a.er Sittlichkeit zu finden (Kant). In der christl. Theologie gilt Gott als a., in der klass. Physik Newtons erschienen Raum und Zeit als a.

Abstammungslehre: Erste Vermutungen, Lebewesen könnten sich auseinander entwickelt haben bzw. aus einfachen Substanzen entstanden sein, finden sich schon bei den ionischen Naturphilosophen und bei Aristoteles. Der wissenschaftliche Nachweis wurde von → Darwin erbracht. Die moderne A. geht davon aus, daß die Veränderung des Erbguts (Mutation) durch – unter diesem Blickwinkel zufällige – Quantenprozesse innerhalb der DNA hervorgerufen wird. Die verschiedenen lebensfähigen Varianten kommen mit den Lebensumständen allerdings in unterschiedlichem Maß zurecht. Einige vermehren sich längerfristig schneller als andere, wodurch sich die entsprechende Erbinformation weiter verbreitet. Daher läßt sich auch das genetisch bestimmte Verhalten von der Verbreitungsgeschwindigkeit der entsprechenden Erbinformation her verstehen.

abstrahieren (lat., »wegziehen«): Einen Begriff bilden. *Ggt.:* konkretisieren. Von den vielen besonderen Eigenschaften eines konkreten Dings wird nur eine in Betracht gezogen.

abstrakt: Ungegenständlich, unanschaulich. *Ggt.:* konkret. Alle Begriffe sind in gewissem Umfang abstrakt. Z. B. umfaßt der Begriff des Fells alles, was allen Fellen gemeinsam ist, also die typischen Kennzeichen des Fells. Von allen weiteren Eigenschaften wie Farbe, Dichte, Länge, Geruch wird dabei abstrahiert. Je abstrakter ein Begriff, desto allgemeiner ist er; sein Umfang wächst, wie sein Inhalt schwindet.

Abstraktion: Der Vorgang des → Abstrahierens.

absurd (lat., »widersinnig«): 1.) sinnlos. Ad absurdum führen: Die innere Widersprüchlichkeit oder Sinnlosigkeit einer Behauptung nachweisen. 2.) Im → Existentialismus wird die Situation des Einzelnen in der Welt manchmal als absurd angesehen.

Abulie (griech., »Willenlosigkeit«): Entschlußlosigkeit.

Achilleus: Stichwort für ein Paradoxon des → Zenon v. Elea: A. macht einen Wettlauf mit der Schildkröte. Er gibt ihr einen gewissen Vorsprung, kann sie aber damit schon nicht mehr einholen, denn wenn er an ihrer Startposition angelangt ist, hat sie sich schon zu einer anderen Stelle weiterbewegt. Während sich A. dieser Stelle nähert, kriecht die Schildkröte wieder weiter. Die Intervalle werden zwar immer kürzer, ganz erreichen kann er die Schildkröte aber nie. Zenon stellt die für Bewegungen typische Beziehung von Raum und Welt einseitig als nur räumlich dar. Andernfalls hätte er zwei Möglichkeiten, das Paradoxon aufzulösen: 1.) Die Zeitintervalle bleiben gleich, während sich die Raumintervalle verkürzen; dann würde sich die Bewegung beider Wettkämpfer in dem Maß verlangsamen, asymptotisch gegen Null gehen, wie sie sich näherkommen. 2.) Die Zeitintervalle schrumpfen mit den Raumintervallen, dann bleibt die Geschwindigkeit gleich, aber die Position der beiden nähert sich asymptotisch einem gemeinsamen Punkt, d. h. sie bleiben auf der Strecke stehen, sobald die Schildkröte eingeholt ist. In beiden Fällen wird die Voraussetzung, der Begriff des Wettlaufs, verletzt.

actio, aristotelische → Kategorie: Tat, Handlung, Verwandlung der Möglichkeit in Wirklichkeit. *Ggt.:* potentia, die bloße Fähigkeit, etwas zu bewirken, die innere Möglichkeit einer Handlung. Ein aufgezogenes Uhrwerk hat die Fähigkeit, abzulaufen. Das Ablaufen selbst ist dann actio. Das abgelaufene Uhrwerk, die entspannte Feder, hat keine potentia mehr, so daß aus eigener Kraft auch keine weitere actio folgt. → Akt-Potenz.

adäquat: Angemessen, passend, übereinstimmend.

additiv (»hinzufügend«): Wird eine Ansammlung von Dingen additiv gebildet, so besteht zwischen diesen kein innerer Zusammenhang; sie bilden kein System, sondern nur ein → Aggregat. Der Inhalt eines Mülleimers hat z. B. additiven Charakter.

ad hominem demonstrieren: Die eigene Argumentation der Bewußtseinslage des Adressaten anpassen.

Adiaphoron: Etwas Unentschiedenes, Gleichgültiges, weder Vor- noch Nachteil, weder gut noch böse.

ad infinitum: Bis ins Unendliche.

Adler, Alfred: 1870–1937, österr. Tiefenpsychologe, Begründer der Individualpsychologie. Wesentliche Triebkraft des Menschen ist danach der Geltungsdrang, der zu Konflikten und daher, im ungünstigen Fall, zu Minderwertigkeitskomplexen führt. Diese können aber kompensiert werden. *Hw.:* »Über den nervösen Charakter«, 1912; »Menschenkenntnis«, 1927.

Adler, Max: 1873–1937, Soziologe, Vertreter des Austromarxismus, versuchte die Theorien Kants und Marx' zu vereinen. *Hw.:* »Marx als Denker«, 1908; »Der Marxismus als proletarische Lebenslehre«, 1922; »Das Soziologische in Kants Erkenntniskritik«, 1925; »Das Rätsel der Gesellschaft«, 1936.

ad oculos demonstrieren: Etwas plastisch vor Augen führen.

Adórno, Theodor W.: 1903–1969, Philosoph, Soziologe, Musiktheoretiker und Komponist, gehörte dem Frankfurter Institut für Sozialforschung an, untersuchte mit empirisch-kritischer Methodik die gesellschaftlichen Bedingungen und Auswirkungen philosophischer Lehren. A. erzielte mit seiner Musikästhetik und -kritik weitreichende Wirkung. *Hw.:* »Dialektik der Aufklärung«, zus. mit Horkheimer, 1947; »Philosophie der neuen Musik«, 1949; »Zur Metaphysik der Erkenntnistheorie«, 1956; »Aspekte der Hegelschen Philosophie«, 1957; »Einleitung in die Musiksoziologie«, 1962; »Drei Studien über Hegel«, 1963; »Jargon der Eigentlichkeit«, 1964; »Negative Dialektik«, 1966; »Ästhetische Theorie«, 1970.

Advaïta: Das All-Eine, der Urgrund aller Dinge. Ein elementarer Begriff der indischen Philosophie seit ihren Anfängen.

Affekt: Spontane, kurzfristige Gemütsbewegung durch und in bezug auf äußere Einflüsse.

affirmativ: Bejahend, behauptend, z. B. die Aussage »Schopenhauer lacht«. *Ggt.:* negativ: »Das ist nicht Schopenhauer«. Doppelte Verneinung bejaht (Duplex negatio affirmat): »Das Gelächter war nicht unbeträchtlich.« → Negation.

affizieren: Erregen, anstoßen. In der Erkenntnistheorie von Kant müssen Gegenstände das Gemüt affizieren, um erkannt werden zu können.

Agápe (griech., »Liebe« im Sinne von lat. »caritas«): In der frühchristl. Kirche ein gemeinsames Liebesmahl für die Armen. Allg.: Von Bescheidenheit geprägte Nächstenliebe.

Agens: Treibende Kraft.

Aggregat: Ansammlung von Dingen, die untereinander nicht oder nicht systematisch in Wechselwirkung stehen. *Ggt.:* → System.

Agnosie: Nichtwissen. Bei → Sokrates der Anfang, bei den → Skeptikern der Endpunkt philosophischer Erkenntnis. Das Bewußtsein der A., »Ich weiß, daß ich nichts weiß«, wird entsprechend zur Voraussetzung oder zum Höhepunkt der Erkenntnis.

Agnostizismus: Lehre von der Unerkennbarkeit des Wesens der Dinge oder der Realität überhaupt. Nach → Hume hat es der Verstand nur mit Sinneseindrücken zu tun. Daraus kann die Existenz der Außenwelt nicht zwingend abgeleitet werden. → Kant erklärt das Ding an sich für unerkennbar, da sich stets nur seine Erscheinungsformen feststellen lassen.

Abkürzungen

allg.	allgemein	lat.	lateinisch
amerik.	amerikanisch	n. Chr.	nach Christus
Aufl.	Auflage	niederl.	niederländisch
Bd., Bde.	Band, Bände	österr.	österreichisch
Bsp.	Beispiel	poln.	polnisch
chin.	chinesisch	röm.	römisch
christl.	christlich	russ.	russisch
dt.	deutsch	schott.	schottisch
engl.	englisch	schwed.	schwedisch
frz.	französisch	schweizer.	schweizerisch
Ggt.	Gegenteil	span.	spanisch
griech.	griechisch	tschech.	tschechisch
Hw.	Hauptwerk(e)	v. Chr.	vor Christus
ital.	italienisch	wörtl.	wörtlich
Jh(s).	Jahrhundert(s)	z. T.	zum Teil

Ein Pfeil → im Text bedeutet einen direkten Verweis auf ein weiteres Stichwort.

Sonderausgabe für Gondrom Verlag GmbH & Co. KG, Bindlach 1994

Covergestaltung: Creativ Werbe- u. Verlagsgesellschaft
Ulrich Kolb, Leutenbach
ISBN 3-8112-1125-0

Wörterbuch der Philosophie

Von Dr. Rainer Hegenbart

Gondrom

Agricola, Rudolf: 1443–1485, Humanist, bekämpfte die → Scholastik und propagierte den freien, universell gebildeten Menschen. *Hw.:* »De inventione dialectica«, 1480.

Agrippa von Nettesheim, Heinrich Cornelius: 1486–1535, Arzt, Schriftsteller und Philosoph, entwickelte eine mystisch-magische Lehre aus Elementen des → Neuplatonismus, der Alchemie, Astrologie und Kabbala. Die Wissenschaft seiner Zeit lehnte er ab, kehrte schließlich wieder zum dogmatischen Christentum zurück. *Hw.:* »De occulta philosophia«, 1510; »De incertitudine et vanitate scientiarum«, 1527.

Ahimsa: In der indischen Philosophie die Annahme, daß auch ein niederes Lebewesen nicht getötet werden darf, da es Sitz der Seele eines Verstorbenen sein kann.

ähnlich: Wesensmäßig gleiche Dinge sind ähnlich, wenn ihre Erscheinungsform teilweise identisch ist. Z. B. sind sich zwei Personen ä., wenn ihr Äußeres in einigen Punkten übereinstimmt. Bloße Gemeinsamkeiten der Erscheinung ohne Wesensgleichheit machen noch keine Ä.keit aus: Ein Buch mag dieselben Abmessungen haben wie eine Zigarrenkiste, trotzdem würde man sie nicht als ä. bezeichnen. → Analogie, → Wesen, → Erscheinung.

Ahnung: Instinktive oder intuitive Vermutung, die nicht auf begrifflichem Denken beruht. → Intuition, → Prognose.

Akademie: Von → Platon 385 v. Chr. bei Athen gegründete Philosophenschule (Alte Akademie); Mittlere A. von Arcesilaus 3. Jh. v. Chr., Neue A. von Carneades 2. Jh. v. Chr. 529 wurde die A. von Justinian aufgelöst. Der Name wurde für die von → Ficino gegründete A. von Florenz (1459–1521) wiederverwendet. Seit etwa 1700 bezeichnet A. wissenschaftliche Gesellschaften.

Akasha: In der indischen Philosophie der als Stoff gedachte Äther.

Akosmismus: Sammelbegriff für alle Ansichten, die die Nichtigkeit, Bedeutungslosigkeit oder Vergänglichkeit der Welt, des Kosmos, entweder generell oder gegenüber einem transzendenten Sein, z. B. Gott, beinhalten. Der A. wird besonders im → Vedanta und bei → Berkeley vertreten.

akroamatisch: Zum Anhören bestimmt; a.e Wissensvermittlung bewegt sich nur in einer Richtung, nämlich vom Lehrer zum Schüler; der Lehrer ist nur Lehrer, der Schüler nur Schüler. *Ggt.:* → erotematisch, dialogisch.

Akt-Potenz: Aristotelisch-scholastisches Begriffspaar zur Darstellung von Bewegung und Veränderung. Bei der Veränderung, der Entstehung des Neuen, wird etwas Mögliches (Potentielles) wirklich (aktuell). → Aristoteles vermied mit dieser Konstruktion die beiden älteren Lösungen dieses Problems: Das

Neue kommt aus dem Nichts bzw. aus schon Vorhandenem; Werden ist die Einheit von Sein und Nichts. Insofern die A.-P.-Lehre die Möglichkeiten als ewig betrachtet, vollzieht sie eine Wendung hin zu → Platons Ideenlehre.

Aktivismus: Besondere Wertschätzung der verändernden Tat gegenüber der bloßen Betrachtung bzw. Erklärung der Welt. Der A. hebt die Bedeutung der Praxis gegenüber der Theorie und für diese hervor, fordert die Anwendung der Theorie in der Praxis. Auch → Pragmatismus, → Kontemplation.

Aktivität eines Subjekts gilt einem Objekt, das insofern passiv wird. → Subjekt – Objekt. Im physikalischen Sinn ist die Aktivität eines Systems gleichbedeutend mit dem Bestreben, seine potentielle Energie zu verringern. Ein System ohne potentielle Energie, ohne innere Spannung, inneren Gegensatz, entfaltet keine A. Landläufig spricht man daher auch von »Spannkraft«.

Aktualismus: Aktualitätstheorie, seit → Heraklit die Auffassung, Sein sei ohne Bewegung nicht möglich, die Welt sei in ständiger Veränderung begriffen. Der psychologische A. nimmt an, daß psychische Akte unmittelbar, d. h. ohne materielle, physische Grundlage ablaufen. Analog ist für den metaphysischen A. die Realität auf substanzlose Aktivität an sich zurückzuführen. *Ggt.:* Substantialitätstheorie.

aktuell: Wirklich; deshalb auch: im Augenblick wichtig. *Ggt.:* potentiell.

Akzidens: Etwas Zufälliges, Äußerliches, nicht zum Wesen der Sache Gehöriges. Daher auch: unwesentliche Eigenschaft, die für den Begriff des Dings bedeutungslos ist. *Ggt.:* → Essenz.

akzidentiell: Zufällig, unwesentlich, äußerlich. *Ggt.:* essentiell.

Alain (Pseudonym für Emile Chartier): 1868–1951, frz. Philosoph, einflußreicher Moralist, Ethiker und Religionsphilosoph (Pantheist). *Hw.:* »Die Pflicht, glücklich zu sein«, dt. 1962; »Von der Liebe, von der Arbeit, vom Spiel«, 1962; »Wie die Menschen zu ihren Göttern kamen«, dt. 1965.

Alanus ab Insulis (Alain de Lille): 1120–1203, scholastischer Theologe, Verfasser einer axiomatischen Enzyklopädie. *Hw.:* »Anticlaudianus«; »De fide catholica contra haereticos«.

Albertus Magnus, Graf Albrecht v. Bollstädt, »Doctor universalis«: 1193 oder 1207–1280, vielseitiger, besonders naturwissenschaftlich engagierter Gelehrter, Lehrer des → Thomas v. Aquino. A. führte den Aristotelismus sowie andere Teile der damals überlegenen arabischen Wissenschaft in Europa ein. Erkenntnistheoretisch betonte er den Zusammenhang von Vernunft und sinnlicher Wahrnehmung. *Hw.:* »Summa theologica«; »Summa de creaturis«; »Summa philosophiae naturalis«.

Albert v. Sachsen: 1316–1390, → Nominalist, Anhänger → Wilhelms v. Ockham, erster Rektor der Wiener Universität. *Hw.:* »Quaestiones et decisiones physicales«, 1516.

d'Alembert, Jean le Rond: 1717–1783, Mathematiker, Physiker und führender Philosoph der französischen Aufklärung. D'A. gab zusammen mit → Diderot die Große → Enzyklopädie heraus; er veröffentlichte bahnbrechende Arbeiten auf dem Gebiet der Differentialgleichungen. Philosophisch vertritt d'A. im Anschluß an → Locke eine sensualistische und rationalistische Erkenntnistheorie mit optimistischer Grundtendenz: Die menschliche Erkenntnis befindet sich in kontinuierlicher Höherentwicklung. *Hw.:* u. a. »Traité de dynamique«, 1743; »Eléments de la philosophie«, 1759.

Alexander v. Aphrodisias: Um 200, → Peripatetiker, empiristisch eingestellter Aristoteleskommentator.

Alexander von Hales: Ca. 1175–1245, → Scholastiker, Mitglied des Franziskanerordens, setzte sich mit → Aristoteles und → Augustinus auseinander. *Hw.:* »Summa theologica«.

Alexander, Samuel: 1859–1938, schuf eine metaphysische Evolutionslehre: Die Welt entwickelt sich vom Raum-Zeitlichen hin zum Göttlichen, zur Vollendung. *Hw.:* »Space, Time and Deity«, 1920; »Beauty and other Forms of Value«, 1933.

Alexandriner: Vertreter der Philosophenschule in Alexandria; 1.) *Philon:* 25 v. Chr.–50 n. Chr.; versuchte, die hellenistische mit der jüdischen Philosophie zu verbinden; 2.) ab 200 die christliche Katechetenschule des *Clemens* und des *Origenes.* – Als A. bezeichnet man auch Renaissancephilosophen, die die Aristotelesinterpretation des Alexander von Aphrodisias vertreten, insbesondere → *Pomponazzi.*

Al Farabi: Ca. 870–950, arabischer Kommentator von → Platon und → Aristoteles; betrachtete die Philosophie als der Religion übergeordnet, entwickelte eine Staatstheorie in Anlehnung an Platons »Staat«.

algebraische Logik: → Boolesche Algebra.

All (griech. pan, lat. universum): Die gesamte Realität, die Welt, das Weltall.

Allaussage: Aussage über alle Elemente einer Klasse, z. B.: »Alle Hühner gackern« oder »Jedes Huhn gackert«; dagegen ist »Hühner gackern« keine A., auch ein Satz wie »Der Mensch lebt nicht vom Brot allein« mag zwar etwas Wesentliches ausdrücken, ist aber keine A., da er zu der formulierten Regel auch Ausnahmen, zum definierten Wesen verschiedene Erscheinungsformen zuläßt. Die A. ist dagegen absolut.

Allbeseelung: Vorstellung, alle Dinge, ja auch das All insgesamt, seien beseelt, führten ein aktives, bewußtes Eigenleben. Die Vorstellung der A. liegt u. a. der altgriech. Mythologie sowie der → Monadenlehre zugrunde.

Alles fließt (griech. panta rheï): Angeblicher Lehrsatz des → Heraklit. Tatsächlich vertrat Heraklit die Auffassung, die Welt sei in ständiger Bewegung. Ob er den Gedanken allerdings so formuliert hat, ist ungewiß.

Allgemeinbegriff: Im Gegensatz zum Individualbegriff repräsentiert der A. die kennzeichnende Eigenschaft einer Klasse von Individuen. Der A. »Planet« bezeichnet z. B. im Kopernikanischen Weltbild eine Eigenschaft bestimmter Himmelskörper.

Allgemeines: *Ggt.:* Einzelnes. Die Erkenntnis bewegt sich generell vom Einzelnen zum Allgemeinen. So ergab sich eine allgemeine Theorie der Gravitation, wie sie z. B. in Einsteins Allgemeiner → Relativitätstheorie enthalten ist, letztlich aufgrund vieler Einzelbeobachtungen und -erfahrungen. Das A., also die umfassende Theorie, kann aber stets nur das tatsächliche Erfahrungsmaterial widerspiegeln. Spätere Einzelerfahrungen können zu einer weiteren Verallgemeinerung, also zu einer Erweiterung der Theorie führen. Prinzipiell ist es zwar möglich, aus wenigen Beobachtungen Erkenntnisse höchster Allgemeinheit zu gewinnen – so haben die fast intuitiven Erkenntnisse antiker Philosophen in späteren Jahrhunderten oft Bewunderung hervorgerufen, wenn die geniale Vorwegnahme durch die konkrete Forschung bestätigt wurde –, in der Regel erwächst daraus aber das Bedürfnis, die kühne Theorie durch nachfolgende Beobachtungen zu erproben.

Allheit: → Kantische → Kategorie zur Klassifizierung von Urteilen. Ein Urteil, dem A. zukommt, ist – modern gesprochen – eine → Allaussage.

alogisch: Unlogisch.

als ob: Begriffe, die ein Theoretiker beibehalten will, obwohl sie nicht ableitbar sind, verwendet er so, als ob sie gesichert seien. → Fiktion, → Vaihinger.

Alternative: 1.) Wahl zwischen verschiedenen Möglichkeiten in einer Entscheidungssituation; 2.) in der modernen Logik gleichbedeutend mit → Disjunktion.

Althegelianer, auch Rechtshegelianer oder Hegelsche Rechte genannt: Schüler bzw. Anhänger → Hegels, die die spekulativen Elemente in seinem System von der dialektischen Struktur und Methode abtrennten und daraus die Versöhnung mit der gesellschaftlichen Wirklichkeit der Metternich-Ära philosophisch begründeten.

Altruismus: Einstellung und Handlungsgrundlage, die sich an den Interessen anderer (lat. alter) orientiert. Der Begriff A. wurde von → Comte eingeführt, der im A. die Moral der Zukunft erblickte. *Ggt.:* → Egoismus. Die Aufspaltung der Motivation in altruistisch und egoistisch wirft die Frage auf, ob es derart entgegengesetzte Quellen des menschlichen Handelns gibt, oder ob nicht das eine auf das andere zurückgeführt werden kann.

Amalrich von Bena: Gest. 1206, frz. → Mystiker und → Pantheist. Seine Anhänger, die Amalrikaner, wurden nach 1210 von der Kirche gewaltsam bekämpft.

Ambiguität: Zweideutigkeit.

Ambivalenz: Gleichzeitiges Streben in verschiedene Richtungen, Gleichwertigkeit von Alternativen.

Ambrosius: 340–397, christl. Theologe und Prediger, wandte sich gegen die Arianer und andere von der kirchlichen Doktrin abweichende christliche Strömungen.

Amoralismus: 1.) Generelles Desinteresse an moralischen Fragen oder Wertvorstellungen, dem moralischen Relativismus verwandt; 2.) die entschiedene Ablehnung jeder Moral. Die Ablehnung einer bestimmten Moral, verbunden mit der Propagierung einer anderen, wie z. B. beim Marquis de Sade, ist daher kein A.

amor fati: Liebe zum Schicksal; → Nietzsches Aufforderung, das Schicksal rückhaltlos zu bejahen.

amor intellectualis dei: Bei → Spinoza die »geistige Liebe zu Gott«, Triebkraft und Folge der Erkenntnis der Naturgesetze. In seiner Auseinandersetzung mit der Wirklichkeit erkennt der Mensch Gott.

Amphibolie: Zweideutigkeit, Doppelsinnigkeit.

analogia entis: → Analogie des Seins; elementarer Begriff des → Thomismus und → Neuthomismus. Das materielle Sein der Dinge gibt Aufschluß über das Sein Gottes. Das Sein ist zwar allgemein, tritt aber doch in verschiedenster Weise in Erscheinung. Hieraus wird eine Hierarchie des Seins abgeleitet: Das unvollkommene Sein der Dinge ermöglicht einen begrenzten → Analogieschluß auf das Sein Gottes, jedoch keine vollständige Erkenntnis desselben.

Analogie: Entsprechung; Vergleich als Methode der Erkenntnis. Die A. stellt weniger äußerliche Ähnlichkeit dar, als funktionale (z. B. Glühbirne, Sonne, Kerze) oder strukturelle (z. B. Schiffsrumpf, Nußschale). Die gezielte Suche nach Analogien zu einem bestimmten Objekt und seiner Funktion oder Struktur führt zur Erkenntnis allgemeiner Strukturen und Zusammenhänge. Als Mittel der Darstellung bleibt die A. allerdings wirkungslos, wenn nur äußerliche Ähnlichkeiten reflektiert werden.

Analogieschluß: Die Annahme, daß bei Übereinstimmung oder

Ähnlichkeit in einigen Punkten auch Übereinstimmung in anderen Punkten zu erwarten ist. Der A. ist ein Wahrscheinlichkeitsschluß. Er setzt ein → monistisches Weltbild voraus. Geht man nämlich von der Einheit der Welt aus, nimmt man also an, daß die Vielfalt der Formen durch verschiedene Kombination weniger Grundmuster und -strukturen zustande kommt, dann wird man dem A. trotz seiner relativen Unsicherheit hervorragende Bedeutung beimessen. In der Tat hat der A. schon in der bisherigen Entwicklung der Wissenschaft eine bedeutende Rolle gespielt, z. B. beim Bohrschen Atommodell als Analogie zum Planetensystem. Im Bereich der interdisziplinären Forschung, z. B. in der → Kybernetik und → Synergetik, wird sich die Bedeutung noch verstärken.

Analyse: Auflösung in die Bestandteile. 1.) Stoffliche, z. B. chemische, A. zerlegt ein Ganzes in seine Teile; 2.) gedankliche, theoretische A. kann entweder einem Sachverhalt gelten (z. B. die Ursachen des 2. Weltkrieges analysieren, untersuchen) oder einer Theorie, einem Satz bzw. Begriff (z. B. den Begriff »Analyse« analysieren, was hiermit ja geschehen ist). *Ggt.:* Synthese; die im Zuge der Analyse voneinander getrennten und einzeln betrachteten Teile eines Ganzen werden durch die S. zu einem Ganzen zusammengefügt: So mag die A. der Ursachen des 2. Weltkriegs 10 wesentliche Faktoren ermittelt, aufgefächert und jeden für sich untersucht und erklärt haben. Die S. besteht dann darin, die Wechselwirkung der Faktoren, ihren Zusammenhang und ihr Zusammenwirken zu einem Ganzen zu untersuchen, d. h. auch, wesentliche, innere → Bestimmungen von äußeren → Bedingungen zu unterscheiden.

Analytische Philosophie: Neupositivistische Strömung mit Ursprung in England (→ Russell, → Whitehead), seit 1929 auf dem Kontinent zunächst durch den Wiener Kreis um → Schlick repräsentiert. Der wichtigste deutschsprachige Vertreter ist wohl R. → Carnap. Die A.P. will alle Sätze auf überprüfbare Aussagen beschränken. Überprüfbar heißt: prinzipiell durch Beobachtung veri- oder falsifizierbar. → Metaphysische Begriffe wie »Sein«, »Mensch«, »Glück«, »Werden« oder »Sollen« kann die A.P. daher nicht dulden. Aussagen, die solche Begriffe enthalten, sind nicht durch Beobachtung überprüfbar, müssen daher aus der Wissenschaft ausgeschlossen werden. Der geringe Fortschritt in der Philosophie über die Jahrhunderte wird von der A.P. damit erklärt, daß sie sich mit unüberprüfbaren Aussagen beschäftigt hat, die weder als wahr noch als falsch erkannt werden können und somit einfach sinnlos sind. Am konsequentesten wurde diese Forderung von Carnap vertreten, der philosophische Aussagen nur als »Protokollsätze« zulassen wollte: »Die Person A hat zum Zeitpunkt B am Ort C das Ereignis D beobachtet.« Um derartige Aussagen eindeutig formulieren zu können, bemüht sich die A.P. um die Schaffung einer formalisierten Wissenschaftssprache. Dieses Bemühen ist in der mathematischen → Logik am weitesten gediehen. Die Logik befaßt sich zwar ebensowenig wie die Metaphysik mit direkt beobachtbaren Zusammenhängen, wird aber von der A.P. als einzige Ausnahme toleriert und kultiviert.

Anamnese: (Wieder-)Erinnerung. Jede Erkenntnis ist bei → Platon eine Erinnerung der Seele an → Ideen, die sie während ihrer Präexistenz, also vor der Verbindung mit einem sterblichen Körper, wahrgenommen hat. – Im weiteren Sinne jedes Zurückrufen ins Gedächtnis.

Anarchie: Herrschaftslosigkeit; gesellschaftlicher Zustand vor der Entstehung bzw. nach Aufhebung der Herrschaft in jeglicher Form, insbesondere staatlicher Organisationsformen.

Anarchismus: Politische Strömung des 19. und 20. Jhs., die sich die Auflösung des Staates zum Ziel setzt, um so dem Einzelnen die vollständige Entfaltung seiner selbst zu ermöglichen. Der A. trägt in seiner unmittelbaren, d.h. ganz auf den Augenblick konzentrierten Form stark individualistische Züge; mittelbar verstanden, d. h. als längerfristige Zielsetzung, hat er Berührungspunkte mit dem → Kommunismus. Die im 19. Jh. häufigen kleinbürgerlichen Varianten des A., in denen der Einzelne primär als Kapitaleigentümer verstanden wird, wie z.B. bei → Stirner (ca. 1845), sind dem konsequenten → Liberalismus verwandt. Begründet wurde der A. von William Godwin um 1793, als Klassiker gilt → Proudhon, der die Formel »Eigentum ist Diebstahl« prägte, die sich jedoch nicht gegen das Privateigentum schlechthin, sondern gegen dessen Konzentration in den Händen weniger richtete. In der 2. Hälfte des 19. Jhs. blühte der A. in Rußland auf, insbesondere vertreten durch → Bakunin und → Kropotkin, deren Position von den → Marxisten hauptsächlich wegen der anarchistischen Ablehnung straffer revolutionärer Organisationsformen bekämpft wurde.

Anaxagoras: 500–428 v. Chr., griech. Naturphilosoph; lehrte, daß es unendlich viele voneinander verschiedene Elemente (»Keime«) gibt, die in allen Dingen in unterschiedlichem Ausmaß vorhanden sind. Ursache der Veränderung ist die Weltvernunft, durch die die Elemente immer wieder getrennt und neu verbunden werden.

Anaximander: 610–546 v. Chr., griech. Philosoph, Astronom und Geometer, fragte nach dem ersten Anfang und bestimmte ihn als »apeiron«, das Grenzenlose, die alleinige Ursache allen Entstehens und Vergehens, aus dem die Gegensätze wie das Warme und Kalte, das Feuchte und Trockene hervorgehen.

Anaximenes: Ca. 585–525 v. Chr., begriff den Urstoff der Welt (das → »apeiron« des → Anaximander) als Luft, die sowohl die äußere Welt als auch die Seele umschließt.

angeborene Ideen: Von manchen → idealistischen Erkenntnistheoretikern (zuerst Platon, auch Kant) wird angenommen, daß sehr abstrakte → Ideen wie Raum und Zeit sowie die Regeln der Logik nicht aus der Erfahrung stammen können und daher angeboren sein müssen. Geht man dagegen davon aus, daß Ideen prinzipiell aus der Praxis bzw. Erfahrung stammen, lassen sich auch die abstraktesten Ideen als Destillate vielfacher Erfahrung begreifen (→ Locke).

Angelus Silesius, Johann Scheffler: 1624–1677, 1653 von der protestantischen zur katholischen Kirche übergetretener → Mystiker, Agitator der Gegenreformation. In seiner Versdichtung »Cherubinischer Wandersmann« sinniert A. über die Vereinigung der Seele mit Gott.

Angst: Seelische (und körperliche) Beklemmung. Eine bemerkte, aber nicht durchschaute, nicht begriffene Bedrohung löst A. aus, eine berechenbare Bedrohung dagegen Furcht. Im → Existentialismus wird der A. eine konstruktive Rolle zugesprochen: Sie wirft den Einzelnen auf sich selbst, auf seine Existenz zurück; dadurch entsteht die Möglichkeit der Freiheit. Allgemein erscheint die A. als den gesamten Organismus, körperlich wie seelisch, umfassende Fluchtbereitschaft, die in bestimmten Gefahrensituationen ausgelöst wird. Dieser archaische Mechanismus kann gleichermaßen durch natürliche (z. B. Dunkelheit) wie gesellschaftliche Umstände ausgelöst werden. Eine existentielle Schlüsselrolle wird der A. z. B. bei → Heidegger zuerkannt.

Animismus (von lat. animus, Seele): Die Annahme, daß natürliche Vorgänge durch innewohnende Geister, Dämonen oder Seelen bewirkt werden. Prozesse in Natur und Gesellschaft, die der Mensch noch nicht beherrscht, werden durch → Magie beeinflußbar, wenn sie grundsätzlich animistisch aufgefaßt werden. Auch in → monotheistischen Religionen, die göttliches Eingreifen in natürliche Abläufe oder eine relative Selbständigkeit der Seele gegenüber dem Körper annehmen, leben animistische Traditionen fort.

Anlagen: Gesamtheit der genetisch bestimmten Eigenschaften. Inwiefern Verhaltensneigungen bzw. seelische Konstitution zu den A. gehören, ist umstritten.

Anpassung: Veränderung der Erscheinungsform eines Systems entsprechend der Umwelt; äußere Optimierung. Von A. spricht man bei Individuen in bezug auf die Erfahrung, bei Erbanlagen hinsichtlich des Wechselspiels von Mutation und Selektion.

anschaulich: Ist insbesondere die konkrete Wirklichkeit. Wissenschaftliche Theorien werden desto unanschaulicher, je allgemeiner sie sind oder je weiter ihr Gegenstand von der alltäglichen Erfahrung entfernt ist (z. B. Quantenmechanik, Astrophysik). Der Unanschaulichkeit versucht man gelegentlich dadurch abzuhelfen, daß man modellhafte → Analogien aus anschaulichen Bereichen verwendet.

Anschauung: *Allg.:* Sinnliche Wahrnehmung; vorläufige Stufe der → Erkenntis. Vielfache Anschauung führt hin zur Erkenntnis des Gemeinsamen, Allgemeinen und damit des Zusammenhangs der angeschauten Phänomene. A. geht damit in rationale Erkenntnis über.

Anschauungsformen: Bei Kant sind z. B. Raum und Zeit → a priori vorhandene, durch nichts bedingte Formen unserer Anschauung, unserer sinnlichen Erfahrung. Letztere wird erst durch die A. Raum und Zeit ermöglicht.

Anselm von Canterbury: 1033–1109, Frühscholastiker, löste den Widerspruch zwischen Glauben und Wissen mit der Formel »credo ut intelligam« (ich glaube, um zu verstehen). Er gilt als der Begründer des ontologischen → Gottesbeweises, indem er von der Idee, ein vollkommenes und höchstes Wesen müsse existieren, auf dessen tatsächliches Vorhandensein schließt.

An-sich-sein: Etwas ist insofern an sich, als es nicht in Wechselwirkung mit der Außenwelt steht. Bezüglich des Menschen war der Planet Pluto bis zu seiner Entdeckung im Jahre 1930 an sich. Insofern der Mensch die Natur bearbeitet, erkennt und beherrscht, geht diese vom An-sich-sein zum Für-uns-sein über. Kant nahm an, daß das Ding-an-sich unerkennbar ist, dem menschlichen Bewußtsein seien nur die Erscheinungsformen der Dinge zugänglich. Anders Hegel, der die Erkenntnis von der Erscheinung zum Wesen fortschreiten sah.

Antagonismus: Gegensatz, Widerstreit; der A. ist insbesondere das ausschließende Moment in einem Gegensatzverhältnis – im Gegensatz zum gegenseitigen Sich-Bedingen der Gegenpole. → Polarität, → Gegensatz.

Antecedens: Das Vorhergehende; Ursache, Grund, Prämisse.

Anthropisches Prinzip: Wissenschaftliche Hypothese, daß die Entwicklung der Natur zum Menschen führen mußte und daß daher sämtliche Weltmodelle daraufhin überprüft werden können, ob sie diese Möglichkeit von ihrem Ansatz her zulassen.

Anthropogenese: Entstehung des Menschen durch Herausbildung aus dem Tierreich oder durch göttliche Schöpfung. Theorien über die A. können also religiöser (Adam und Eva) oder wissenschaftlicher Art sein, wobei zwischen beiden Bereichen keine eindeutige Grenze zu existieren braucht.

Anthropologie: Lehre vom Menschen; fast alle Einzelwissenschaften tragen, gewollt oder nicht, zu einem komplexen, interdisziplinären Menschenbild bei. Die besondere Aufgabe der Philosophie ist es dabei, den Zusammenhang der einzelnen Resultate untereinander zu erforschen, um so zu einem möglichst homogenen, ganzheitlichen Menschenbild zu kommen. Dabei ergeben sich vor allem zwei elementare Beziehungen: Mensch-Natur und Individuum-Gesellschaftssystem. Beide Beziehungen können von jedem der beiden jeweiligen Pole her aufgerollt werden. Man kann z. B. fragen, wie das Gesellschaftssystem beschaffen sein müßte, um den Einzelnen ein glückliches Leben versprechen zu können, oder wie sich die Einzelnen verhalten müßten, um ein optimales Funktionieren bzw. eine optimale Entwicklung des Gesellschaftssystems zu ermöglichen. In der philosophischen Anthropologie des 20. Jhs. sind die genannten Bezüge zunächst etwas verblaßt, einmal durch die → Lebensphilosophie, dann durch den → Existentialismus, der ja gerade die Bindungslosigkeit des Einzelnen zum Grundsatz und Ausgangspunkt machte. Gegenwärtig treten sie wieder mehr in den Mittelpunkt, u. a. durch die Evolutionsforschung, Genetik, die Frage nach der Stellung des Einzelnen in der Industriegesellschaft und das Verhältnis des Menschen zur Natur.

Anthropologismus: Die Auffassung 1.) Philosophie sei im wesentlichen Anthropologie, 2.) Götter seien von den Menschen nach ihrem Bilde erdacht worden (→ Epikureische Schule) bzw. Projektionen ihrer unerfüllten Bedürfnisse (→ Feuerbach).

anthropomorph: Menschenartig, von menschlichem Wesen, menschlicher Gestalt.

Anthropomorphismus: Die Übertragung typisch menschlicher Eigenschaften auf andere Wesen, z. B. Tiere, oder Naturzusammenhänge.

Anthroposophie: Von Rudolf → Steiner begründete Lehre, die das »Geistige« im Menschen zum Geistigen im All führen will. Die A. fand ihre Anwendung in verschiedenen Bereichen, u. a. in der Pädagogik.

anthropozentrisch: Ein Weltbild oder eine Theorie bezeichnet man als a., wenn der Mensch darin als Zentrum, Ziel und Zweck des Geschehens bzw. des Kosmos erscheint.

Antinomie: Widerspruch zwischen zwei Aussagen, von denen jede für sich als wahr gelten kann. → Kant hat vier grundsätzliche Antinomien formuliert, die → Hegel jedoch bereits dialektisch auflösen konnte.

Antisthenes: 440–370 v. Chr., Gründer der kynischen Philosophenschule, lehrte, daß alle Erkenntnis tautologisch (nichts Neues enthält, sondern immer nur durch sich selbst erklärt) ist, und propagierte ein Leben in Bedürfnislosigkeit abseits der gesellschaftlichen Zusammenhänge.

Antithese: Gegenthese, Gegenpol, Gegenbehauptung; bei → Hegel wird die → These durch die A., diese wiederum durch die → Synthese aufgehoben, negiert. Z. B.: These: Weizenkorn, Antithese: ausgewachsener Weizen, Synthese: viele, aus der Ähre verstreute Körner. → Negation, → Dialektik, Triade.

Antizipation: 1.) Gedankliche Vorwegnahme; hat man das Wesen eines Dings und damit sein Entwicklungsgesetz begriffen, kann man dessen zukünftige Zustände antizipieren; 2.) bei → Stoikern und → Epikureern: eine angeborene Idee; 3.) bei Kant: das → apriorische Moment in → empirischen Erkenntnissen.

Anziehung und Abstoßung: Elementare Erscheinungsform der → Polarität: Die Einheit von sich gegenseitig Ausschließen und gegenseitig Bedingen, wie sie für das Verhältnis von Gegenpolen charakteristisch ist, stellt sich mechanisch als Verhältnis von An. und Ab. dar. → Freud sieht darin ein grundlegendes Naturgesetz, das sich z. B. in der Polarität von → Eros und → Destruktionstrieb konkretisiert.

Apagoge: 1.) → Abduktion; 2.) Beweis einer Behauptung durch Widerlegung des Gegenteils.

Apathie: Innere Ruhe, Gemütsruhe, emotionale Gleichgültigkeit, auch: Bedürfnislosigkeit. → Stoa.

Apeiron: Das Unendliche. Bei → Anaximander: Urstoff, aus dem alle Dinge hervorgehen und in den sie schließlich wieder zurückkehren, der selbst aber unvergänglich ist.

Aphorismus: Gedankensplitter; eine ohne Angabe des Zusammenhangs prägnant formulierte Idee. Der A. wurde z. B. von → Lichtenberg und → Nietzsche gepflegt.

apodiktisch: Bei Aussagen: Unbedingt richtig, logisch zwingend. Das a.e → Urteil drückt in der Urteilslehre von → Kant eine Notwendigkeit aus, beschreibt ein zwangsläufig eintretendes Ereignis.

Apokatastasis: Ewige Wiederkehr des Gleichen. Die Idee der A. findet sich zunächst im Alten Orient, wo die staatliche Wirtschaftsplanung besonders an den Regelmäßigkeiten der Natur orientiert war, z. B. den Nilüberschwemmungen. Hieraus ergab sich eine zyklische Geschichtsauffassung, die auch auf alle anderen Bereiche ausgedehnt wurde. Die Idee wurde von der → Stoa systematisch entwickelt und u. a. von → Nietzsche wiederaufgegriffen.

apollinisch-dionysisch: Von → Schelling und → Nietzsche verwendetes Begriffspaar, das die beiden Seiten des schöpferischen Handelns darstellt: Das rauschhafte, spontane, aus dem Vollen schöpfende, sich über alles Vorhandene hinwegsetzende Schaffen (dionysisch) und das entgegengesetzte, ordnende, formgebende, gestaltende Prinzip (apollinisch).

Apollonius von Tyana: 1. Jh. n. Chr., neupythagoreischer Philosoph und Prediger. Dem A. wurden von seinen Anhängern ähnliche

Wundertaten nachgesagt wie Jesus von der christlichen Kirche.

Apologie: Verteidigung, z. B. Platons Verteidigungsrede des Sokrates. Apologeten hießen die Theologen und Propagandisten des Christentums in seinen ersten Jahrhunderten, die bemüht waren, philosophische Einwände gegen die christliche Lehre zu widerlegen.

Aporie: Denkproblem, Unmöglichkeit einer Problemlösung; eine offenbar naheliegende, aber doch in sich widersprüchliche Annahme. A.en kommen dadurch zustande, daß ein in sich widersprüchlicher Sachverhalt widerspruchsfrei dargestellt werden soll oder daß die verwendeten Begriffe der Sache nicht entsprechen, z. B. weil sie zu schwammig sind.

a posteriori: Im nachhinein. *Ggt.:* → a priori. Bei → Kant sind alle auf Erfahrung beruhenden Begriffe Begriffe a.p. → Wahrscheinlichkeit.

Apperzeption: Von → Leibniz eingeführter Begriff: Perzeption ist die Erfassung der Außenwelt mittels der Sinnesorgane, A. die Auswahl des relevanten Teils der aufgenommenen Information und seine Verbindung mit dem Bewußtsein. Die A. wurde später u. a. von → Kant, → Hegel und → Herbart diskutiert.

a priori: Von vornherein, vom Früheren her. *Ggt.:* → a posteriori. Bei → Kant sind die Anschauungsformen Raum und Zeit sowie die Formen des Verstandes, die Kategorien, Voraussetzung jeder empirischen Erkenntnis; sie sind daher a priori, stellen aber andererseits ohne Erfahrung, die sich ihrer bedient, noch keine Erkenntnis dar. Das Begriffspaar a. p. – a posteriori wird auch in der → Wahrscheinlichkeitstheorie verwandt.

Apriorismus: In der → Erkenntnistheorie die Auffassung, daß Voraussetzungen der Erkenntnis oder Erkenntnisse selbst a priori, also schon vor der Erfahrung, existieren. Mit Ausnahme strikt → empiristischer Ansätze ist der A. in allen erkenntnistheoretischen Systemen möglich. Im → Idealismus → Platons ergibt er sich von vornherein, in der → materialistischen Erkenntnistheorie kann z. B. insofern von A. gesprochen werden, als jede Erkenntnis schon durch andere Erkenntnisse vorbereitet wurde und das Gehirn als Evolutionsprodukt Voraussetzung und Apparat der Erkenntnis ist.

Äquilibrismus: Die → scholastische Auffassung, daß der menschliche Wille nur dann frei ist, wenn alle Motive einer Tat gleich stark sind (z. B. → Buridans Esel). Dagegen wurde eingewendet, daß es eine solche Situation gar nicht gibt oder daß in einer derartigen Situation keine Handlung mehr zustande kommen könne. Dem letzteren Einwand widerspricht allerdings die alltägliche wie die wissenschaftliche Erfahrung.

Äquipollenz: Gleichgeltung; → Begriffe oder → Urteile sind äquipollent, wenn sie bei verschiedenem Inhalt gleichen Umfang haben, z. B. gleichseitiges und gleichwinkliges Dreieck oder »Franz streichelt Susi« und »Susi wird von Franz gestreichelt«.

Äquivalenz: Gleichwertigkeit. 1.) *Logische Ä.:* Eine Verknüpfung zweier Aussagen p und q zur Gesamtaussage p<=>q · p<=>q ist wahr, wenn p und q entweder beide wahr oder beide falsch sind. Z. B. »Kolumbus war von Beruf Seemann.« »Es gab einen Seemann namens Kolumbus.« → Aussagenlogik. 2.) *Funktionale Ä.:* Verschiedene Dinge mit gleicher Funktion, z. B. Herz und Kolbenpumpe. 3.) *Strukturelle Ä.:* Verschiedene Dinge mit gleichem Aufbau, z. B. kosmische Spiralnebel und tropische Wirbelstürme oder Wasserstrudel.

Äquivokation: Gleichbenennung. In natürlichen Sprachen werden oft verschiedene → Begriffe mit demselben Wort dargestellt: Das Wort »Geist« kann eine vom Körper unabhängige Wesenheit bezeichnen oder ganz allgemein die Fähigkeit zu denken oder die Fähigkeit, besonders genau zu denken oder die Fähigkeit, sich geistreich auszudrücken. Die Verwendung eines Wortes für so verschiedene und doch benachbarte Begriffe führt zu Mißverständnissen. Nicht jede Ä. ist im sprachlichen Zusammenhang wirklich mißverständlich; so wird z. B. das Wort »Kater« in seinen beiden Bedeutungen kaum verwechselt werden.

Arbeit: Aktive Auseinandersetzung des Menschen als Subjekt mit der Natur als Objekt. Nach B. → Franklin ist der typische Unterschied gegenüber tierischen Aktivitäten nicht die Verwendung, sondern die Schaffung von Werkzeugen als Mittel. Der Fortschritt der Arbeit beruht wesentlich auf dem Zusammenwirken von Theorie und Praxis. Durch die gesellschaftliche Trennung von geistiger und körperlicher Arbeit wird dieses Zusammenwirken allerdings erschwert, der (ausführende) Handarbeiter hat wenig Möglichkeit, aufgrund seiner Erfahrung zu allgemeineren Theorien zu gelangen, der (planende) Kopfarbeiter neigt zur Verabsolutierung der Theorie, Ideen gewinnen in seinem Weltbild leicht eine phantomhafte Selbständigkeit. – Die Effizienz der Arbeit und damit das Ausmaß der Naturbeherrschung wächst in historischen Dimensionen exponentiell. Die gesellschaftliche Arbeitsteilung vertieft sich bis zur Atomisierung des Arbeitsprozesses, die selbst die Vorstufe der Automation ist. Auf einer entsprechenden technischen Entwicklungsstufe wird menschliche Arbeit zunehmend durch maschinelle ersetzt, geistige ebenso wie körperliche. (Wenn auch die Automation in gewissem Umfang neue Arbeitsfelder schafft.) Für die Zukunft ergeben sich daher zwei Möglichkeiten: Entweder setzt sich diese Tendenz unbegrenzt fort, dann bleibt für die lebendige A. stets die kreative Aufgabe, die jeweils kreativsten Maschinen zu schaffen. Oder auch dies ist automatisierbar, dann hat der Mensch seine Rolle in der Evolution der Natur durch die Schaffung einer sich nunmehr selbständig weiterentwickelnden Maschinerie gespielt.

Arbeitshypothese: Vorläufige Hypothese zur Orientierung der nächsten Schritte. Das Wort A. ist eine etwas mißglückte Übersetzung des engl. »working hypothesis«.

Arche: Anfang, Ursprung.

Archetyp: Bei C. G. → Jung angeborene, kollektive, unbewußte Vorstellungen, die u. a. in Märchen und Mythen ihren Ausdruck finden. So steckt im Märchen vom Rotkäppchen der Wechsel vom Tag und Nacht, wobei das Interesse der Wiederkehr des Tages gilt.

Arendt, Hannah: 1906–1975, Soziologin und Philosophin, Schülerin von → Husserl und → Jaspers, untersuchte Probleme der wissenschaftlich-technischen Entwicklung und der Gesellschaft der Gegenwart. *Hw.:* »Der Liebesbegriff bei Augustin«, 1932; »Elemente und Ursprünge totaler Herrschaft«, 1938; »Die Krise in der Erziehung«, 1959; »On Revolution«, 1963; »Wahrheit und Lüge in der Politik«, 1973.

Argument: Beweisgrund, eine Aussage, die eine andere Aussage untermauert. In der klassischen Logik wurden die Argumente in eine Fülle von Arten eingeteilt, z. B. argumentum e contrario – durch Widerlegung des Gegenteils, a. a posteriori – aus der Erfahrung, a. a priori – rein logisch etc. etc.

Arianismus: Lehre des Priesters Arius aus Alexandria (256–336), derzufolge Christus Gott nur ähnlich, nicht aber wesensgleich ist: Der → Logos ist das unmittelbare Produkt Gottes, Christus aber der Mensch gewordene Logos. Nach einigen Diskussionen wurde der A. durch das Konzil von Konstantinopel endgültig verurteilt, da sich auf seiner Grundlage die Lehre von der Dreieinigkeit nicht halten ließ. Dennoch hielt sich die Lehre noch bis ins 7. Jh., z. B. bei den Langobarden.

Aristarch von Samos: 320–250 v. Chr., griech. Astronom, entwickelte als erster ein heliozentrisches Weltbild. Seine Idee konnte sich jedoch bis hin zu Kopernikus nicht durchsetzen.

Aristippos von Kyrene: Ca. 435–ca. 355, Gründer der kyrenaischen Schule. A. versteht unter dem sokratischen Begriff des Guten die sinnliche Lebensfreude. Lust und Genuß gelten ihm als Ziel des Daseins. → Hedonismus.

Aristoteles: 384–322 v. Chr., neben → Platon, bei dem er studierte, der bedeutendste Philosoph der Antike, vielleicht überhaupt bis heute der Philosoph mit der größten Wirkung. A. beherrschte und systematisierte das Wissen seiner Zeit, begründete die → Logik und → Metaphysik, arbeitete darüber hinaus auf den Gebieten → Ethik,

→ Ästhetik und → Politik. A. hebt die von Platon behauptete Trennung der Ideen von der materiellen Welt auf; die Ideen bestehen in der Welt, es gibt nur einen einzigen Kosmos. Die Welt strebt auf ein ihr innewohnendes Ziel hin (Entelechie), auf die reine Wirklichkeit, die Verwandlung der Möglichkeit in Wirklichkeit. Gott ist daher kein Schöpfer, sondern allenfalls ein Anziehungspunkt, der unbewegte Beweger. A. schuf die bis heute übliche Einteilung der klassischen → Logik (»Analytik«) in Begriff, Urteil und Schluß sowie eine Theorie der Definition und des Beweises. Die Formen des Denkens entsprechen den Strukturen des Seins; dadurch kommt den → Kategorien des A. ein doppelter Sinn zu: Sie sind Eigenschaften des Kosmos und Mittel (Organon) des Denkens, der Erkenntnis des Kosmos. In der Ethik propagiert A. das Vermeiden der Extreme durch den Mittelweg. Seine Staatstheorie basiert auf der Vorstellung vom Menschen als gesellschaftlichem Tier (zoon politikon); er empfiehlt daher, in der Politik eher pragmatisch vorzugehen, als Ideale verwirklichen zu wollen.

Aristotelismus: Fortsetzung, Weiterentwicklung und Abänderung der Philosophie des Aristoteles, zunächst durch die → Peripatetiker mit zunehmend materialistischer Tendenz, dann, in ähnlicher Richtung durch → Averroës. Aus der islamischen Welt gelangte der A. wieder nach Europa, wo er, in theologischer Ausprägung, für die Hochscholastik (→ Thomas von Aquino, → Albertus Magnus) bestimmend wurde. Der A. der → Neuscholastik knüpft an diese Tradition an. In der Renaissance lebte die peripatetische bzw. averroïstische Spielart des A. wieder auf; dagegen wenden sich im 16. und 17. Jh. die Rezeptionen von → Suarez und → Melanchthon.

ars combinatoria: Vom → Scholastiker Raimundus → Lullus entwikkelte Methode (Lullische Kunst), alle möglichen Begriffe durch Kombination der allgemeinsten Begriffe aus diesen abzuleiten. Ein ähnliches Bemühen findet sich bei → Leibniz.

Art: Grundbegriff der klassischen → Logik: Eine → Gattung besteht aus verschiedenen Arten, der Gattungsbegriff ist dem Artbegriff übergeordnet. Gattung: Säugetier, Art: Hund, Katze etc.; oder Gattung: Hund, Art: Dackel, Pudel etc. Derselbe Begriff ist also zugleich Gattungs- als auch Artbegriff, mit Ausnahme der allgemeinsten und der Individualbegriffe. Mengentheoretisch läßt sich das Verhältnis von Art und Gattung als Teilmengenrelation darstellen.

artes liberales: Im Mittelalter die sieben freien Künste: Grammatik, Rhetorik, Dialektik (Logik) [Trivium] und Arithmetik, Geometrie, Astronomie und Musik [Quadrivium].

Asebie: Verstoß gegen die Regeln des religiösen Kultus.

Aseität: Das absolute Sein, das durch sich und in sich selbst ist.

Askese: Verzicht auf die Befriedigung von Bedürfnissen, Abkehr vom sinnlichen Erleben der Welt. Da totale A. zum baldigen Tod führt, kann von A. stets nur in bestimmter Hinsicht die Rede sein. Die einzelnen Spielarten der A. können also danach unterschieden werden, welchen Verzicht sie beinhalten, und danach, welches Ziel durch den Verzicht erreicht werden soll. Varianten der A. finden sich in der → Stoa, im → Christentum und im → Buddhismus.

assertorisch: Begriff aus der Urteilslehre von → Kant: In einem a.en → Urteil wird etwas, das nicht selbstevident ist, nachdrücklich behauptet. *Ggt.:* → problematisches und → apodiktisches Urteil.

Assoziation (das Hinzugesellen): 1.) In der Erkenntnistheorie die Verknüpfung neuer Bewußtseinsinhalte mit den alten. Eine neue Wahrnehmung bzw. Erkenntnis ruft im Bewußtsein entsprechende, schon vorhandene Inhalte wach. A. ist ein wesentliches Moment des Gedächtnisses und der Erinnerung. Die Theorie der A. reicht bis → Aristoteles zurück. 2.) In der Strukturtheorie ein loser, aber zielgerichteter Zusammenschluß gleichrangiger Elemente, der als Übergangsstufe vom → Aggregat zum → System verstanden werden kann.

Aster, Ernst v.: 1880–1948, dt. Philosoph, als positivistischer Erkenntnistheoretiker ein Gegner der → Phänomenologie → Husserls. *Hw.:* »Prinzipien der Erkenntnislehre«, 1913; »Marx und die Gegenwart«, 1929; »Philosophie der Gegenwart«, 1935.

Ästhetik: Sammelbegriff für alle Theorien des Schönen und Häßlichen; manche Autoren beschränken den Begriff auf die Theorie der Kunst. Gegenstand ästhetischer Untersuchungen können Eigenschaften von Objekten, z. B. der Venus von Milo oder eines Sonnenuntergangs am Meer, aber auch von Subjekten, z. B. Sensibilität oder Interessenlage, sowie die Wechselwirkung zwischen objektiver und subjektiver Seite sein. Die Ä. untersucht darüber hinaus die Zusammenhänge zwischen Schönheit bzw. Häßlichkeit natürlicher und vom Menschen geschaffener Dinge, das Verhältnis von Form und Inhalt bzw. Funktion, von Gestalt und Ausdruck, von konstanten und variablen Größen im historischen Wandel des Schönheitsempfindens bzw. -begriffs. Schönheit kann prinzipiell mit allen Sinnen wie auch im abstrakten Denken erlebt werden: Unter Physikern wurde die Schönheit der Maxwellschen Gleichungen des Elektromagnetismus gerühmt. Überhaupt können wissenschaftliche Theorien als schön, als ästhetisch befriedigend empfunden werden, z. B. aufgrund innerer Symmetrie. Von besonderem Interesse dürfte hier eine ästhetische Theorie der Ästhetik sein.

Astralreligion: Sternenreligion; im alten Babylon und Assur galten die Sterne als Götter, denen ein jeweils typischer Einfluß auf das irdische

Geschehen nachgesagt wurde. Man glaubte, was man sah, nämlich, daß sich die Sterne auf einer Kugelschale befinden, die sich über die Erde wölbt. Im alten Zweistromland zwischen Euphrat und Tigris war durch die komplizierte Bewässerungswirtschaft eine exakte Zeitrechnung erforderlich und mit astronomischen Mitteln auch erreicht worden. Die richtige Berechnung des Himmelsgeschehens war so eine Bedingung für den Wohlstand der Gesellschaft. Die kausale Struktur dieses Zusammenhangs wird in der A. umgekehrt.

Astrologie: In der Antike gleichbedeutend mit Astronomie, ist die A. heute eine schillernde Lehre mit vielen sich widersprechenden Varianten, deren Grundgedanke besagt, das Schicksal jedes Menschen werde von den Konstellationen bestimmter Himmelskörper, wie sie ein Beobachter an einem bestimmten Ort auf der Erdkugel sieht, beeinflußt. Etwa seit Newton, um 1700, ist die A. nicht mehr Gegenstand wissenschaftlicher Diskussionen, da die Erkenntnisse der Naturwissenschaft in zunehmendem Maße mit den Annahmen der A. unvereinbar wurden. Die A. entstammt den altorientalischen → Astralreligionen, also einem geozentrischen Weltbild (in dem die Erde den Mittelpunkt der Welt bildet). Das heutige Weltbild der Astronomie hat die A. gewissermaßen aufs Trockene gesetzt.

asylum ignorantiae: Zufluchtsstätte der Unwissenheit; als a.i. bezeichnet man Scheinbegriffe, letztlich inhaltslose Wortschöpfungen, die unverstandene Zusammenhänge erklären sollen, dem Unverstandenen jedoch nur einen neuen Namen geben. Ein berühmtes a.i. war das *Phlogiston*, der Feuerstoff, mit dem das Feuer erklärt werden sollte, desgleichen die von den → Vitalisten angenommene *Lebenskraft.*

Ataraxie: Unerschütterlichkeit, Seelenruhe, innere Ausgeglichenheit. Die A. war ein wesentliches Ideal der → Stoa.

Athaumasie: Das Nicht-Staunen, Nicht-überrascht-Sein, Gleichmut gegenüber äußeren Ereignissen; in der → Stoa die Bedingung für → Ataraxie.

Atheismus: Eine häufige Eigenschaft wissenschaftlicher Theorien und Weltbilder, nämlich der Verzicht auf die Annahme eines oder mehrerer Götter. Erklärung der Wirklichkeit, ohne sich dabei auf Gottesvorstellungen zu stützen. Der Begriff ist doppelsinnig: 1.) definitive Leugnung der Existenz höherer Mächte; Versuch, religiöses Denken in atheistisches zu verwandeln; 2.) De-facto-A. durch Verzicht auf die Frage nach Gott überhaupt. Diese Haltung ist für die neuzeitliche Wissenschaft kennzeichnend. Der Gottesbegriff kommt darin nicht vor, wird also auch nicht bekämpft. Das atheistische Denken hat sich seit dem 17./18. Jh. mehr und mehr durchgesetzt. Die Erhaltungssätze der Physik ließen die Überlegung aufkommen, daß die Materie, bei Einstein die Summe von Masse und Energie, weder zerstörbar noch erschaffbar, sondern ihrer → Quantität nach unveränderlich ist. Chemie und Biologie konnten als → Evolutionstheorie seit → Darwin auch die qualitative Vielfalt der Natur aus Naturgesetzen ableiten. Die Schöpfung erwies sich hiernach als teils nicht möglich, teils als natürlicher Automatismus. Langfristig hat sich bisher in aller Regel religiöses in wissenschaftlich-atheistisches Denken verwandelt, wenn dieser Prozeß auch keineswegs abgeschlossen ist; insbesondere stellt die unsichere gesellschaftliche Situation des Einzelnen eine Quelle der Religiosität dar, um so mehr als das atheistisch-wissenschaftliche Weltbild eine gewisse Kühle ausstrahlt, weil es dem Einzelnen nicht das Gefühl vermitteln kann, ein wichtiger, womöglich sogar unvergänglicher Bestandteil der Welt zu sein.

Äther: In der vorrelativistischen Physik ein → asylum ignorantiae, ein im All gleichmäßig vorhandenes Medium, das z. B. elektromagnetische Wellen, aber auch die Gravitation transportiert. Durch die Versuche von Michelson und Morley 1881 wurde die Ä.-hypothese unhaltbar, ohne daß die Frage nach dem Träger der elektromagnetischen Wellen beantwortet werden konnte. In der → Quantenphysik gab es, angeregt durch Überlegungen von L. de Broglie, Versuche, einen relativistischen Ä. nachzuweisen.

Ätiologie: Lehre vom Ursprung, von den Ursachen. Das Märchen von Frau Holle enthält z. B. eine Ä. für den Schneefall.

Atman: In der indischen Philosophie die Seele des einzelnen Menschen, die individuelle Ausprägung der Weltseele → Brahman.

Atom (griech.): Das Unzerschneidbare; später in allgemeinerem Sinn: Das Unteilbare. Die antiken Philosophen → Leukipp und → Demokrit, dann → Epikur, später → Lukrez nahmen mit genialer Intuition naiv wesentliche Erkenntnisse der modernen Physik und Chemie vorweg: Atome sind die kleinsten Bausteine aller Dinge, unzerstörbar und in ewiger Bewegung begriffen. Die unterschiedlichsten Eigenschaften der Stoffe wurden aus der entsprechenden Verschiedenheit der Atome erklärt: Wasser besteht aus glatten, runden Atomen, feste Stoffe, wie z. B. Eisen, aus Atomen mit Häkchen, die damit fest aneinanderhängen. Aus den feinsten Atomen besteht die Seele. (Die Geburt der modernen Chemie zu Beginn des 19. Jh. war in theoretischer Hinsicht wesentlich eine Folge der Einführung des Atombegriffs durch Dalton. Das Periodensystem der Elemente basiert unmittelbar darauf.) Durch die Physik wurde später der Nachweis erbracht, daß das (chemische) A. auch ein aus Teilen zusammengesetztes Ganzes ist. Diese Teile, Protonen, Neutronen und Elektronen, bekamen so den Status von Atomen im klassisch-philosophischen Sinn. Gegenwärtig gelten Quarks und Gluonen als vorläufig elementarste Bausteine der schwereren Elementarteilchen. Das wirft die Frage auf, ob nicht danach die Teile eben dieser Quarks gesucht werden könnten usw., letztlich also die Frage nach der unendlichen Teilbarkeit der Materie. Angeregt durch die Physik fand der Atombegriff auch in andere Bereiche Eingang. → Russell suchte logisch-elementare Sätze, die nicht mehr auf andere Sätze zurückgeführt werden können. Die Arbeitsteilung, z. B. am Fließband, kann bis zu den Atomen der Arbeit fortgesetzt werden, das sind dann nicht mehr weiter unterteilbare Bewegungen, z. B. ein Schlag mit dem Hammer. Die mechanische Einfachheit der Arbeitsatome läßt sie zur Voraussetzung und zum Gegenstand der Automation werden.

Atomismus: Oberbegriff für die naturphilosophischen Lehren, die die Zusammensetzung der Dinge und Strukturen aus kleinsten Teilchen bzw. Einheiten annehmen, d.h. die endliche Teilbarkeit der Materie vermuten. Vor dem Siegeszug der Atomidee in der modernen Naturwissenschaft war A. ein wichtiges Unterscheidungsmerkmal naturphilosophischer Theorien. Heute hat der Begriff an Bedeutung verloren, dient aber noch zur Bezeichnung von Theorien, die die Existenz wirklich elementarer Strukturen beinhalten.

Attraktion und Repulsion: → Anziehung und Abstoßung

Attribut: Merkmal, Kennzeichen, wesentliche Eigenschaft; im Gegensatz zum → Akzidens, der unwesentlichen, eher zufälligen Eigenschaft eines Dings.

aufheben: Wichtiger Begriff der → Dialektik, von → Hegel systematisch begründet. A., auch negieren, hat einen dreifachen, dreieinigen Sinn, der der Bedeutung des dt. Wortes entspricht: bewahren, vernichten, auf ein höheres Niveau bringen. Die Aufhebung der Aufhebung ist die Negation der Negation.

Aufklärung: Historisch häufig aufgetretene Abwendung vom Metaphysischen und Hinwendung zur individuellen Vernunft. Zuletzt geistige und kulturelle Strömung des 16.–18. Jh., vor allem in England, Frankreich und Deutschland. Ein wesentlicher Zug der Aufklärungsphilosophie jener Zeit war der → Rationalismus, das grundlegende Vertrauen in die Möglichkeiten der Vernunft. Dieser konnte sich einerseits mit den naturwissenschaftlichen und technischen Errungenschaften (Maschinen) verbinden und so zu einem mechanisch-materialistischem Weltbild führen; er konnte aber auch in eine skeptische Distanz zur Wirklichkeit münden, wenn die Vernunft von der sinnlichen Erkenntnis getrennt und verabsolutiert wurde. Im mechanistischen Weltbild erscheint jedes materielle System als eine Art Uhrwerk, seien es Tiere, Menschen, das Sonnensystem oder die Welt insgesamt. Hieraus entstand der klassische Determinismus, wie ihn z. B. → Laplace vertreten hat. Die neue, im Prinzip bürgerliche Denkweise erstreckte sich nach und nach auf alle Bereiche des gesellschaftlichen Lebens. Die Forderung nach Abkehr von den alten Autoritäten wie Kirche und Adel war ebenso vertreten wie die Idee des selbstverantwortlichen Denkens und Handelns. Literarischer Höhepunkt der A. war die von → Diderot und → d'Alembert herausgegebene Große → Enzyklopädie. Im Denken der A. standen wechselweise die Abkehr von kirchlich-mittelalterlichen Vorstellungen (was zu skeptischen Positionen wie bei → Montaigne und → Voltaire führte) und die Erarbeitung des Neuen im Vordergrund, was sich in optimistischen Zügen, z. B. als Fortschrittsglaube, zeigte.

Augustinus, Aurelius: 354–430, bedeutendster Kirchenvater, der, vom → Neuplatonismus ausgehend, ähnlich wie später → Descartes, das Selbstbewußtsein des Bewußtseins als sichere Grundlage der Erkenntnis ansieht. A. versteht die Geschichte nicht mehr als zyklischen, sondern als linearen Prozeß, der vom Kampf der *civitas dei,* des Gottesreichs, der Gemeinschaft der Gott Liebenden, und der *civitas terrena aut diaboli* (Reich der Gottesfeinde, der irdisch Verhafteten, Gemeinschaft der nach dem eigenen Wohl Handelnden) geprägt ist. Theologisch betont A. die Bedeutung der göttlichen Gnade, so daß er zur Prädestinationslehre gelangt: Das Heil des Menschen ist von Gott schon vorherbestimmt.

Ausgeschlossenes Drittes: Der Satz vom A.D. ist ein logisches → Axiom, das besagt, entweder A=B oder A≠B, beides kann nicht zugleich wahr sein. Anders: Eine Aussage ist entweder wahr oder falsch, nicht aber wahr und falsch zugleich. In der formalen Logik ist das A.D. ein elementares Axiom. Für die Beschreibung der Realität eignet es sich nur bedingt, da es keine Darstellung der Veränderung, des Werdens, des Übergangs erlaubt: Ist die Dämmerung Tag oder Nacht?

Aussage: Logische Darstellung eines Sachverhalts. In der klassischen Logik ist eine A. die sprachliche Formulierung eines → »Urteils«. Die Aussage besteht aus Subjekt und Prädikat, die den Träger einer Eigenschaft und die Eigenschaft selbst bezeichnen: Alle Basken (S) tragen Mützen (P). Mathemat. Logik: Eine A. kann sachlich wahr oder falsch sein, was sich mit formallogischen Mitteln aber nicht feststellen läßt. Die sprachliche Form der A. ist der A.satz.

Aussagenlogik: Grundlegender Bereich der formalen Logik, der die Verknüpfungen von Aussagen und deren Auswirkungen untersucht, nicht aber die Struktur bzw. den Wahrheitsgehalt der Aussage selbst (→ Prädikatenlogik). Eine Aussage A kann wahr (w) oder falsch (f) sein. Die Verknüpfung von zwei Aussagen A, B kann also hinsichtlich des Wahrheitsgehalts vier verschiedene Formen annehmen: ww, wf, fw, ff. Dabei ist zwischen den

Verknüpfungsarten zu unterscheiden: 1.) → Konjunktion, A ∧ B, A und B; 2.) → Disjunktion, A ∨ B, A oder B (einschließendes Oder); 3.) → Implikation, A → B, wenn A dann B; 4.) → Äquivalenz, A ⟷ B, A gleichwertig B. Hinzu kommt noch die Negation, ¬ A, Nicht-A. → Wahrheitstafeln.

Außenwelt: *Stofflich:* Die Gesamtheit aller Systeme, mit denen ein System reell oder potentiell in Wechselwirkung steht. *Funktional:* Die Gesamtheit aller Wechselwirkungen mit anderen Systemen, denen ein System reell oder potentiell ausgesetzt ist. Die Existenz der A. wird z. B. in der subjektiv-idealistischen Erkenntnistheorie → Berkeleys sowie teilweise im Konstruktivismus geleugnet. Das Verhältnis von A. und Innenwelt erscheint aber in verschiedenen Theorien recht unterschiedlich.

Automat: Sich selbst steuerndes System. Eine Maschine ist ein A., sofern sie ohne menschliches Zutun funktioniert. Die Automatisierung der Produktion ist eine Folge der perfekten Arbeitsteilung. Durch die A.isierung wird der Mensch zunächst im Bereich der ausführenden Arbeit überflüssig. Dieser Prozeß scheint irreversibel zu sein, ob man ihn nun bedauert oder als Chance der Kreativität begrüßt. Es ist umstritten, ob jede, auch die kreativste, Arbeit a.isierbar ist; allerdings hat sich bisher noch keine Grenze der A.ion gezeigt.

Autonomie: Eigengesetzlichkeit. In der → Metaphysik und → Ontologie wird zum Teil ein Stufenbau des Seins angenommen: Das Leben ist autonom gegenüber der anorganischen Materie, der Geist gegenüber dem tierischen und pflanzlichen Leben. In der kantischen Ethik bedeutet A. sittliches Handeln um der Sittlichkeit willen; *Ggt.:* Heteronomie.

Autorität: Bedeutung und Einfluß einer Person, Anerkennung durch andere. Die Ansichten von X zu einem Thema werden von vornherein für richtig gehalten, da X eine Autorität auf diesem Gebiet ist. Autorität als Wirkung auf andere kann ihre Ursache in der Ausstrahlung einer Persönlichkeit haben (→ Charisma); sie kann, z. B. in der Wissenschaft, auf früheren Leistungen (Fachautorität) oder in der Macht, die mit einem Amt oder einer Position verbunden ist, beruhen. Alle Varianten der A. bergen Risiken für den, der ihnen ausgesetzt ist, in sich: Die charismatische A. wirkt auch ohne Beteiligung des Verstandes oder der Vernunft (z. B. Hitler oder Napoleon); die Fach-A. verleitet zu der Annahme, daß der Meister immer recht hat; die A. qua Amtes wirkt oft durch die Furcht vor negativen Folgen, durch das Gefühl einer gewissen Ohnmacht, das sie in den Betroffenen wachruft.

Autós épha (griech., »er hat es selbst gesagt«): Richtigkeitskriterium unter Anhängern eines großen Meisters.

Avenarius, Richard: 1843–1896, Begründer des → Empiriokritizismus. A. versuchte, unter Verzicht auf vorgegebene → Allgemeinbegriffe, einen »natürlichen Weltbegriff« auf der reinen Erfahrung zu begründen. *Hw.:* »Kritik der reinen Erfahrung«, 2 Bände, 1888; »Der menschliche Weltbegriff«, 1892.

Averroës (Ibn Ruschd): 1126 bis 1198, bedeutender Kommentator und leidenschaftlicher Anhänger des → Aristoteles. A. glaubte an die Ewigkeit der Welt. Die aristotelische Weltvernunft → *Nous* ist bei ihm ein selbständiges Wesen, an dem die individuelle sterbliche Seele keinen direkten Anteil hat.

Avicebron, Ibn Gabirol: 1020 bis 1096, aristotelisch-neuplatonischer jüdischer Philosoph, insbesondere Ethiker. *Hw.:* »Fons vitae« (Quelle des Lebens).

Avicenna: 980–1037, islamischer Arzt und Philosoph, verband → Neuplatonismus und → Aristotelismus, beeinflußte die islamische Philosophie ebenso wie die Hochscholastik. Sein »Buch der Genesung der Seele« beeindruckte → Albertus Magnus ebenso wie → Thomas von Aquino.

Axiologie: Lehre vom → Wert, der Wertung, den Normen.

Axiom: Unbeweisbarer, aber plausibler Satz, von dem weitere Sätze abgeleitet werden. In der Geometrie z. B. das Parallelen-A., in der Logik der Satz vom ausgeschlossenen Dritten oder der Satz von der Identität. Schüchterne Denker pflegen A.e als Heiligtümer zu betrachten. Es hat sich aber gezeigt, daß die Umkehrung von A.en, die Annahme des Gegenteils, neue Horizonte öffnet, also keineswegs unrealistisch ist. Die Umkehrung des Parallelen-A.s von Euklid führte so zur Riemannschen Geometrie. Möglicherweise sind axiomatische Systeme generell umkehrbar.

B

Baader, Franz Xaver von: 1765–1841, katholischer Philosoph, von der Mystik (Jakob → Böhme) beeinflußt, wirkte auf die → Romantik und auf → Schelling. Wissen ist bei B. Teilhabe am göttlichenWissen, das Subjekt bleibt unselbständig. *Hw.:* »Über Liebe, Ehe und Kunst«; »Der Mythos vom Orient und Okzident«; »Sätze aus der europäischen Philosophie«, in Sämtl. Werke, 16 Bde., 1851–60.

Babeuf, François Noël: 1760 bis 1797, frz. Revolutionär, Vorläufer des Kommunismus. B. propagierte das gesellschaftliche Eigentum an Produktionsmitteln und die Gleichheit des Besitzes. Eine von ihm geleitete Verschwörung zum Sturz des Direktoriums schlug 1796 fehl, B. wurde hingerichtet. *Hw.:* »Das Recht des Volkes auf eine Revolution«, 1795; »Organisation des Kommunismus«, 1795.

Bacon, Francis: 1561–1626, engl. Politiker und Philosoph, entwickelte in seinem Werk »Novum organum scientiarum« (1620) eine Erkenntnistheorie, in der die Erfahrung als Grundlage firmiert und dementsprechend der → Induktion die entscheidende Rolle bei der Theoriebildung zukommt. B. entwarf in »Nova Atlantis« das Modell einer Gesellschaft, in der allgemeine Wohlfahrt durch wissenschaftlich-technischen Fortschritt erreicht wird. *Weiteres Hw.:* »De dignitate et augmentis scientiarum«, 1623.

Bacon, Roger: Ca. 1214–1294, Naturforscher und Philosoph, forderte die Abkehr von den Autoritäten und die Hinwendung zur Sache, zur Beobachtung, zur Erfahrung. Er stand zu seiner Zeit als »Doctor mirabilis« (bewundernswerter Lehrer) in hohem Ansehen. *Hw.:* »Opus maius«, 1897.

Badische Schule: Neukantianer um → Windelband (ca. 1900).

Bakunin, Michail: 1814–1876, russ. Revolutionär. Zunächst von → Hegel beeinflußt, dann in losem Kontakt mit → Proudhon und → Marx, wurde B. zum Begründer des → Anarchismus. *Hw.:* »Gott und der Staat«, 1871; »Staat und Anarchie«, 1873.

Barth, Heinrich: 1890–1965, christlicher Existenzphilosoph. *Hw.:* »Philosophie der praktischen Vernunft«, 1927; »Philosophie der Erscheinung«, 2 Bde., II. Aufl. 1965; »Erkenntnis der Existenz«, 1965.

Barth, Karl: 1886–1968, protestantischer schweizer. Theologe, Begründer der »Dialektischen Theologie«, die Religion nicht historisch-psychologisch begreift, sondern als Gespräch des Menschen mit einem souveränen Gott. B. brachte → existenzphilosophische Ansätze, besonders von → Kierkegaard, in die Theologie ein. *Hw.:* »Das Wort Gottes und die Theologie«, 1924; »Kirchliche Dogmatik«, 1932 ff.; »Mensch und Mitmensch«, 1954.

Basis und Überbau: Ein Grundbegriff der marxistischen Geschichts- und Gesellschaftstheorie. Die materiellen Lebensumstände, der Entwicklungsstand des Menschen und der Technik (Produktivkräfte) sowie der daraus resultierenden Produktionsverhältnisse sind die Basis, von der ein Überbau aus Denken, Kultur, Verwaltung etc. geprägt und getragen wird. Der Ü. ist so durch die B. bestimmt, wirkt aber selbst auf sie zurück.

Bauch, Bruno: 1877–1942, → Neukantianer, später → Neuhegelianer, Schüler von → Rickert. *Hw.:* »Wahrheit, Wert und Wirklichkeit«, 1923; »Die Idee«, 1926.

Baumgarten, Alexander Gottlieb: 1714–1762, rationalistischer Philosoph, Schüler Christian → Wolffs, Begründer der neuzeitlichen wissenschaftlichen Ästhetik. *Hw.:* »Aesthetica akroamatica«, 1750–58.

Bavink, Bernhard: 1879–1947, Naturwissenschaftler und Naturphilosoph, versuchte als kritischer Realist den → Positivismus zu überwinden und eine christliche Weltanschauung zu entwickeln, die mit den exakten Wissenschaften vereinbar ist. *Hw.:* »Ergebnisse und Probleme der Naturwissenschaften«, 1913; »Die Naturwissenschaften auf dem Wege zur Religion«, 1933; »Das Weltbild der heutigen Naturwissenschaften und seine Beziehungen zur Philosophie und Religion«, 1947; »Philosophie und Naturwissenschaft«, 1950; »Weltschöpfung, Mythos und Religion«, 1951.

Bayle, Pierre: 1647–1706, frz. Aufklärer, bekämpfte jeden Dogmatismus und propagierte umfassende Toleranz, auch gegen Atheisten, forderte die Trennung von Kirche und Staat. *Hw.:* »Dictionnaire historique et critique«, 1695–97.

Beauvoir, Simone de: 1908–1986, frz. Schriftstellerin, Lebensgefährtin → Sartres, behandelt unter anderem die Rolle der (emanzipierten) Frau vom Standpunkt des Existentialismus. *Hw.:* »Pour une morale de l'ambiguité«, 1947; »L'existentialisme et la sagesse des nations«, 1948; »Le deuxième sexe«, 2 Bde., 1949; »La force des choses«, 1963, (»Der Lauf der Dinge«); »Tout comte fait«, 1972.

Becher, Erich: 1882–1929, Psychovitalist, glaubte, daß sich im Naturgeschehen eine übergreifende seelische Kraft ausdrückt. *Hw.:* »Gehirn und Seele«, 1911; »Geisteswissenschaften und Naturwissenschaften«, 1921; »Einführung in die Philosophie«, 1926.

Beda Venerabilis: 674–735, Begründer der englischen Philosophie aus antiken Traditionen und der englischen bzw. germanischen Geschichtsschreibung.

Bedeutung: Der Informationsempfänger mißt der Information B. bei; im Sinne von: 1.) Inhalt von Worten oder Sätzen, also von diesen dargestellte Begriffe und Aussagen (Urteile); 2.) Absicht des Absenders; 3.) Ereignissen kann eine B. beigemessen werden, wenn sie auf etwas hinzuweisen scheinen, z. B. Wetterleuchten, »Schäfchen zur Linken« etc.

Bedingung: 1.) Damit das Wesen (inneres Prinzip) eines Dings erscheinen kann (Bestimmung), müssen in der Regel bestimmte Bedingungen (Voraussetzungen, äußere Umstände) erfüllt sein. 2.) In geometrisch-mechanischer Hinsicht unterscheidet man notwendige und hinreichende B.: Die notwendige B. ist einer von mehreren Faktoren, die zusammen ein Ereignis auslösen; die hinreichende Bedingung löst allein bereits ein Ereignis aus.

Bedürfnis: Elementarer Grund für die Aktivitäten von Lebewesen. Allgemein kann das B. als Bestreben nach Überwindung einer inneren Asymmetrie, wie sie bei Fließgleichgewichten ständig vorkommt, aufgefaßt werden. Die vielfältigen sexuellen, kulturellen und kulinarischen B.e des Menschen variieren und beeinflussen sich ständig. Interessant ist die Frage nach dem generellen Zusammenhang der B.e, nach ihrem gemeinsamen Nenner. Bei Fließgleichgewichten ergibt sich durch die endlose Folge von allmählich anwachsender und rapide abfallender (Befriedigung) Bedürfnisspannung ein zeitlicher Rhythmus. Aus der Überlagerung sämtlicher derartiger Rhythmen ergibt sich der innere Lebensrhythmus, der sich mit den äußeren Lebensbedingungen in Einklang und Widerstreit befinden kann.

Begriff: Klasse von Eigenschaften, Vorstellungsinhalt. »Das Eine in den Vielen« (Platon). Die Menge der wesentlichen kennzeichnenden Eigenschaften einer Klasse oder auch eines Individuums, im engeren Sinn auch die gedankliche Vorstellung dieser Eigenschaften. Das Wort »Tante« ist der sprachliche Ausdruck des Begriffs der Tante. Ein B. hat Umfang (alle Individuen mit der Eigenschaft, Tante zu sein) und Inhalt (alle Eigenschaften, die ein Individuum zur Tante machen). Im Bewußtsein entsteht der Begriff durch häufigen Umgang mit etwas, als gedankliche Fixierung von dessen Allgemeinem. Durch weitere Beschäftigung damit entwickelt er sich weiter, gewinnt an Schärfe. Das Bewußtsein des vom B. widergespiegelten Zusammenhanges vertieft sich. Bei abstrakt-strukturellen Zusammenhängen (Raum, Zeit, Dreieck etc.) läßt sich der Umfang mit »alle« ausdrücken. Bei stofflichen Objekten ist das nicht so einfach: »Alle Menschen haben zwei Beine« ist eine falsche Aussage. Zwei Beine zu haben gehört so nicht zum Inhalt des Menschen. Geht man aber von den Anlagen, vom Wesen aus, dann gehört diese Eigenschaft dazu: »Der Mensch hat zwei Beine«, was noch nichts über alle Einzelnen aussagt.

Begriffsschrift: Formalisierte Darstellung von Zusammenhängen, wie z. B. in der Mathematik, Chemie und der mathematischen Logik (→

Frege). Eine umfassende B. wurde erstmals von → Leibniz gefordert (→ Characteristica universalis).

Begründung: Eine Aussage wird begründet, indem man die Beobachtungen oder die Theorie angibt, woraus sie gewonnen wurde.

Behauptung: Eine Aussage ist eine B., sofern sie weder bewiesen noch anderweitig belegt ist.

Behaviorismus: → Positivistische Strömung in der Psychologie und Biologie, besonders in den USA verbreitet. Der B. lehnt Aussagen über Bewußtsein und Psyche ab und fordert die Beschränkung auf unmittelbar Beobachtbares, insbesondere auf Reaktionen von Tieren und Menschen auf Reize aus der Umgebung.

Benda, Julien: 1867–1956, frz. → Rationalist, wandte sich, auf → Descartes und → Spinoza zurückgehend, gegen den → Irrationalismus → Bergsons, dann gegen entsprechende Züge im → Existentialismus. *Hw.:* »Le Bergsonisme ou une philosophie de la mobilité«, 1912; »La fin de l'éternel«, 1929; »Tradition de l'existentialisme (Les philosophies de la vie)«, 1947; »La crise du rationalisme«, 1949.

Benjamin, Walter: 1892–1940, Schriftsteller und Sozialphilosoph, Mitglied von Horkheimers »Institut für Sozialforschung«, → Frankfurter Schule. *Hw.:* »Der Begriff der Kunstkritik in der deutschen Romantik«, 1920; »Zur Kritik der Gewalt«, 1965; »Über Kinder, Jugend und Erziehung«, 1969.

Bense, Max: 1910–1990, rationalistischer Philosoph, Wissenschafts- und Informationstheoretiker, propagiert eine kybernetische Ästhetik. *Hw.:* »Aufstand des Geistes. Eine Verteidigung der Erkenntnis«, 1934; »Aus der Philosophie der Gegenwart«, 1941; »Konturen einer Geistesgeschichte der Mathematik«, 2 Bände, 1946–49; »Philosophie als Forschung«, 1948; »Semiotik«, 1967; »Einführung in die informationstheoretische Ästhetik«, 1969; »Vermittlung der Realitäten«, 1976.

Bentham, Jeremy: 1748–1832, bedeutender Vertreter der → utilitaristischen Ethik: B. erklärte das »größtmögliche Glück der größtmöglichen Zahl« zum wichtigsten Beurteilungskriterium menschlicher Handlungen. *Hw.:* »An Introduction to the Principles of Moral and Legislation«, 1789; »Deontology, or the Science of Morality«, 1834.

Beobachtbarkeit: Elementare Forderung des → Positivismus. Wissenschaftliche Aussagen sollen danach nur beobachtbare Sachverhalte darstellen und durch Beobachtung überprüfbar sein. Konsequent durchgehalten, bringt diese Forderung jede Wissenschaft zu Fall, da schon die Zusammenfassung von Erfahrungen und die allgemeine Formulierung von Zusammenhängen (z. B. Gravitation) unter das Verdikt fiele: Die Schwerkraft kann man nicht beobachten, sondern nur fallende Körper.

Berdjajew, Nikolai Alexandrowitsch: 1874–1948, russ. Philosoph, entwickelte nach seiner Abkehr vom Marxismus ein christlich-existentialistisches Menschenbild, in dem die Freiheit als durch nichts determiniert im Nichts wurzelnd besonders hervorgehoben wird. *Hw.:* »Das neue Mittelalter«, 1924; »Die Philosophie des freien Geistes«, 1930; »Existentielle Dialektik des Göttlichen und Menschlichen«, 1951; »Der Sinn der Geschichte«, 1961.

Bergson, Henri: 1859–1941, seit 1900 am Collège de France, führender Vertreter der → Lebensphilosophie, beeinflußte die philosophische Diskussion in Europa zu Beginn des 20. Jhs. erheblich. B. vertrat einen dualistischen Irrationalismus: Leben und Bewußtsein sind etwas prinzipiell anderes als die Materie im physikalischen Sinn. Leben kann nur intuitiv erfaßt werden, die Erkenntnismöglichkeit des Intellekts ist auf das Unbewegliche der rein äußerlich gefaßten Materie beschränkt. Diese wird z. B. mit dem physikalischen Zeitbegriff beschrieben, während dem Leben keine Zeit, sondern Dauer (»durée«) zukommt. Dem Leben wohnt eine Lebenskraft (»élan vital«) inne, die es zu immer neuen Schöpfungen treibt. Auch das Universum befindet sich in rational nicht faßbarer, schöpferischer Entwicklung. Der Lebensbegriff B.s deckt sich also nicht mit dem gleichlautenden der Biologie. *Hw.:* »Essai sur les données immédiates de la conscience«, 1889, dt. 1911 unter dem Titel »Zeit und Freiheit«; »Matière et mémoire, essai sur la relation du corps à l'esprit«, 1896; »Le rire«, 1900; »L'évolution créatrice«, 1907; »Réflexions sur le temps, l'espace et la vie«, 1920; »Les deux sources de la morale et de la religion«, 1932; »La pensée et le mouvant«, 1934.

Berkeley, George: 1685–1753, irischer Bischof und Philosoph, Begründer des subjektiven → Idealismus: Die äußere Realität besteht nur als menschliche Idee. Etwas existiert, insofern es sich jemand vorstellt: »Esse est percipi.« (Sein heißt, wahrgenommen zu werden.) B.s Position klingt auf Anhieb stark überzogen, erweist sich aber als in sich logisch widerspruchsfrei: Abstrakte Ideen sind ohnehin Vorgänge innerhalb des Bewußtseins. Jede Wahrnehmung läßt sich aber auch als spontane Bewußtseinsregung auffassen, die noch keinen Schluß auf die Existenz der Außenwelt begründet. Der subjektive Idealismus widerspricht zwar der im 20. Jh. (und auch schon zur Zeit B.s) vorherrschenden Denkrichtung, läßt sich aber dennoch nur als unpraktisch oder unbrauchbar, nicht als falsch abtun.

Als Quelle dieser subjektiven Ideen nennt B. Gott. Einzig real ist daher außer Gott nur noch der menschliche Geist bzw. die Seele. *Hw.:* »Treatise Concerning the Principles of Human Knowledge«, 1710.

Bernhard von Chartres: Um 1100 → Scholastiker, versuchte, von Platon ausgehend, eine Verbindung von platonischen und aristotelischen Theorien. Er sah die → Universalien und → Platons Ideen als identisch an.

Bernhard von Clairvaux: 1091 bis 1153, Mystiker, bekämpfte die rational bzw. logisch fundierten philosophischen Auffassungen seiner Zeit, besonders die → Abaelards. In der Ekstase findet der Geist durch Demut und Liebe zu Gott. B. war ein glänzender Redner; er wurde deshalb vom Papst zur ideologischen Bekämpfung der → Katharer (einer dem → Dualismus anhängenden, streng asketischen Bewegung) nach Toulouse geschickt, fand dort aber keinen Anklang.

Bertalanffy, Ludwig von: 1901 bis 1972, Biologe und Philosoph. Als einer der Begründer der modernen → Systemtheorie entwickelte B., ausgehend von lebenden Systemen, Modelle, die auch analoge Eigenschaften in gesellschaftlichen Systemen darstellen sollten. *Hw.:* »Kritische Theorie der Formbildung«, 1928; »Modern Theories of Development«, 1933; »Das Gefüge des Lebens«, 1937; »Das biologische Weltbild«, 1949; »Auf den Pfaden des Lebens«, 1951; »Essay über die Relativität der Kategorien«, 1955.

Beschreibung: Geordnete Darstellung eines Zusammenhangs (oft von Beobachtungsdaten) ohne systematische Theorie mit den Mitteln einer natürlichen oder formalisierten Sprache.

Besonderes: Konkretisierung des Allgemeinen, die eine weitere Konkretisierung erlaubt, also nicht direkt auf das Einzelne zielt, und umgekehrt. »Birnbaum« ist ein B. des Allgemeinen »Baum«. Der spezielle Baum, an dem ich schüttele, ist aber nicht das B., sondern das Einzelne. Wird ein relativ allgemeiner Begriff weiter verallgemeinert, so ist sein alter Inhalt ein B. gegenüber dem neuen: Newton's Mechanik ist als Spezialfall, B., in der relativistischen Mechanik Einsteins, hier: Allgemeines, enthalten. In der Zukunft kann durchaus Einsteins Theorie zum Besonderen in einer noch allgemeineren Theorie werden.

Bestimmung: 1.) Entwicklungsrichtung eines Systems als Verwirklichung seines Wesens oder, betrachtet man das System von außen als Objekt, auch Sinn und Zweck seines Daseins: Die B. verwirklicht sich unter entsprechenden Bedingungen (Voraussetzungen, äußeren Umständen). Gegenüber der Bedingung ist die B. der Komplex der inneren Ursachen. 2.) Begriffsb. durch Angabe der kennzeichnenden Eigenschaften bzw. der notwendigen und hinreichenden Bedingungen.

Bewegung: Meist Synonym für Veränderung; allgemeinste Daseinsform der Materie, der Realität. Die Allgemeinheit der B. wurde in Europa zunächst von → Heraklit, dann → Aristoteles, → Epikur, → Newton, → Holbach, → Leibniz, → Hegel und vielen anderen erkannt und dargestellt. Dagegen stand zunächst der Einwand der → Eleaten → Parmenides und → Zenon, B. sei in sich widersprüchlich und daher real nicht möglich, die Wahrnehmung der B. sei nur ein Schein. → Hegel gesteht den inneren Widerspruch der B. zu, betrachtet ihn aber nicht als logisch unzumutbar, sondern erkennt darin gerade das Wesen der B.: »... daß die Bewegung der daseiende Widerspruch selbst ist.« Die Vorstellung, daß innere Gegensätzlichkeit, Spannung, die Ursache der Bewegung ist, findet sich auch in der Physik: Ein System ist bestrebt, seine potentielle Energie (allgemein: innere Gegensätzlichkeit) auf Null zu verringern. Wird diese Null, erlischt die Dynamik des Systems. Die mechanistischen Theorien schreiben der Bewegung dagegen äußere Ursachen zu, Anstöße. Sowohl die moderne Naturwissenschaft als auch schon die frühesten philosophischen Theorien (→ Yin-Yang in China, → Heraklit in Europa) gingen dagegen von inneren Ursachen aus. Für die Welt als Ganzes muß der mechanische → Materialismus dann auch konsequent einen ersten Anstoß von außen annehmen – z. B. durch den als Uhrmacher fungierenden Gott des → Deismus. B. ist eine wesentliche Quelle der Wahrnehmung: Relativ zum Beobachter ruhende Objekte sind ebenso schwer zu identifizieren wie solche, die sich an sich selbst nicht verändern oder die sich von der Umgebung nicht unterscheiden. Die B. macht die Existenz von Dingen sichtbar; in der Veränderung zeigt sich die → Bestimmung und damit ihr → Wesen.

Beweis: 1.) *Allgemein:* Ein Verfahren, das die Richtigkeit eines Satzes erhellt. In diesem Sinne liegt ein B. z. B. auch dann vor, wenn der Satz in der Praxis angewandt und erprobt wird. 2.) *Formallogisch:* Der zu beweisende Satz, die These, wird als Schlußsatz aufgefaßt, zu dem die entsprechenden Prämissen angegeben werden. Dies können → Axiome oder aus Axiomen abgeleitete oder anderweitig als wahr geltende Sätze sein. Beim direkten Beweis folgt die Wahrheit der These aus der Wahrheit der Prämissen, beim indirekten Beweis aus der Falschheit der genau entgegengesetzten These.

Bewußtsein: In der Philosophiegeschichte und auch heute noch mehrdeutiger Begriff: B. von der Außenwelt, ihren Gesetzen und Erscheinungsformen, B. der Menschen von sich selbst, B. des eigenen B.s. Unter B. werden sowohl die im B. vorhandenen Inhalte als auch die Tatsache verstanden, daß eine ideelle Widerspiegelung, Reflexion, der Realität im Individuum und durch es stattfindet, manchmal auch die Erkenntnisfähigkeit eines Subjekts. → Subjekt – Objekt. Das B. eines Zusammenhanges ist die Voraussetzung für die Erkenntnis zukünftiger Entwicklungen und damit für zielgerichtetes Handeln.

Beziehung: → Relation

Bezugssystem: Zusammenhang, in

den Beobachtungsresultate eingeordnet werden. Jede Wahrnehmung wird auf dem Hintergrund bisheriger Erfahrungen in das → Bewußtsein integriert. Durch die Integration wird das Bewußtsein und damit auch das B. für weitere Wahrnehmung verändert. Die Beurteilung eines Ereignisses hängt vom verwendeten B. ab. Von wissenschaftlichem Interesse sind daher Strukturen, die auch beim Wechsel des B. gleichbleiben, die sogenannten → Invarianten. Z. B. bei einer Wirtshausschlägerei: »Er ist mit dem Kinn gegen meine Faust gesprungen.« Die Berührung von Kinn und Faust ist dabei eine Invariante; die Beurteilung, wer sich auf wen zubewegt hat, variiert dagegen mit der Wahl des B. Bei vielen Überlegungen kann der absichtliche Wechsel des B.s über einen toten Punkt hinwegführen. Sprichwörtlich: »Betrachten wir es einmal von der anderen Seite«. Die Analyse von B.en bzw. Varianten spielt u. a. in der speziellen → Relativitätstheorie von → Einstein eine große Rolle.

Biogenetisches Grundgesetz: Von Ernst Haeckel formulierte These, daß jedes Lebewesen in seiner individuellen Entwicklung von der Zeugung bis zur fertigen Form (Ontogenese) verschiedene Stadien durchläuft, die den Stadien der entsprechenden Gattungsentwicklung (Phylogenese) entsprechen.

Biologismus: 1.) Erkenntnistheorie: Zurückführen der Erkenntnisvorgänge auf biologische Abläufe; 2.) Sozialphilosophie: Auffassung, daß die menschliche Gesellschaft wie ein lebender Organismus funktioniert.

Bionik: Technische Simulation biologischer Vorgänge und Strukturen, z. B. vom Ultraschall-Ortungssystem der Fledermaus oder von Zielsuchmechanismen.

biozentrisch: Denkweise der → Lebensphilosophie, die im Unterschied zum vernunftmäßigen und wissenschaftlich-biologischen Denken biologisch bedingte Zusammenhänge intuitiv und symbolisch erfassen will.

Bloch, Ernst: 1885–1977, eschatologisch interessierter dt. Philosoph, der, ausgehend von → Aristoteles, dem Judentum, → Hegel und → Marx, die Weltgeschichte als Übergang zu einem vollkommenen Zustand begreift, in dem schließlich die Entfremdung des Menschen überwunden ist. *Hw.:* »Geist der Utopie«, 1918; »Thomas Münzer als Theologe der Revolution«, 1921; »Erbschaft dieser Zeit«, 1934; »Das Prinzip Hoffnung«, 3 Bde., 1954–57; »Subjekt – Objekt, Erläuterungen zu Hegel«, 1951; »Naturrecht und menschliche Würde«, 1961; »Tübinger Einleitung in die Philosophie, I. und II.«, 1963/64; »Über Karl Marx«, 1968; »Widerstand und Friede«, 1968; »Wegzeichen der Hoffnung«, 1968; »Vom Hasard zur Katastrophe«, 1972; »Zwischenwelten in der Philosophiegeschichte«, 1977.

Blondel, Maurice: 1861–1949, frz. katholischer Religionsphilosoph, entwickelt gegen → Irrationalismus und → Mystik auf der einen, den naturwissenschaftlich geprägten → Positivismus auf der anderen Seite, eine ethisch ausgerichtete »Philosophie der Tat«: Im Handeln zeigen sich Glaube und Ideen. *Hw.:* »L'Action«, 1893; »Le procès de l'intelligence«, 1922; »La pensée«, 2 Bände, 1934; »L'être et les êtres«, 1935; »La philosophie et l'esprit chrétien«, 1944; »Exigences philosophiques du Christianisme«, 1950.

Bochenski, Josef M.: Geb. 1902, katholischer Philosoph, veröffentlichte Arbeiten zur Logik und zur sowjetischen Philosophie. *Hw.:* »Europäische Philosophie der Gegenwart«, 1947; »Der sowjetrussische dialektische Materialismus (Diamat)«, 1950; »Grundriß der Logistik«, 1954; »Formale Logik«, 1956; »Wege zum philosophischen Denken«, 1959; »The Logic of Religion«, 1965.

Bodin, Jean: 1530–1596, frz. Staatsphilosoph, Wegbereiter des Absolutismus, lehrte, daß die staatliche Macht nur dem → Naturrecht unterworfen, im übrigen aber souverän sei. Alle Religionen beruhen auf einer natürlichen Religion und sind daher gleichberechtigt. *Hw.:* »Methodus ad facilem historiarum cognitionem«, 1566; »Six livres de la république«, 1577.

Boëthius, Anicius Manlius Severinus: 480–524, neuplatonisch-aristotelischer Philosoph, bei dem sich Antike und christliche Elemente erstmals in bedeutenderem Umfang vermischen. Übersetzer und Kommentator des aristotelischen Werks, begründete er gleichzeitig die lateinische Terminologie der Scholastik. *Hw.:* »De consolatione philosophiae (Tröstung durch die Philosophie)«; »Opuscula sacra«.

Böhme, Jakob: 1577–1624, dt. Mystiker mit weitreichender Wirkung. In origineller, oft symbolischer, schwer verständlicher Sprache entwickelte B. → pantheistische Phantasien: Gott ist Alles und in Allem, schließt auch das Böse in sich, der Urgrund aller Dinge. Da B.s Stil den Leser zu verschiedensten Assoziationen reizt, fand er rasch Anhänger in vielen europäischen Ländern. *Hw.:* »Morgenröte«, 1612; »Drei Prinzipien«, 1619; »Göttliche Beschaulichkeit«, 1622; »Gnadenwahl, Mysterium Magnum«, 1623.

Bollnow, Otto S.: Geb. 1903, Pädagoge und Philosoph, von → Dilthey ausgehender → existentialistischer Anthropologe und Ethiker. *Hw.:* »Existenzphilosophie«, 1953; »Einfache Sittlichkeit«, 1947; »Das Verstehen«, 1948; »Unruhe und Geborgenheit im Weltbild neuerer Dichter«, 1953; »Die Lebensphilosophie«, 1958; »Französischer Existentialismus«, 1965; »Sprache und Erziehung«, 1966.

Boltzmann, Ludwig: 1844–1906, österr. Physiker, fand die bis heute gängige Interpretation der → Entropie als Ausdruck der Wahrscheinlichkeit des Zustandes eines physikalischen Systems. *Hw.:* »Populäre Schriften«, 1905; »Wissenschaftliche Abhandlungen«, 1909.

Bolzano, Bernhard: 1781–1848, österr. Mathematiker und Philosoph, versuchte die Logik, zu deren Entwicklung er im 19. Jh. wesentlich beitrug, auf Sätze und Wahrheiten an sich zu begründen: Die Logik ist also → apriorisch, nicht nur eine Form des Denkens. Durch seine Untersuchungen zum Problem des Unendlichen wurde B. zum Vorläufer der Mengentheorie. *Hw.:* »Wissenschaftslehre«, 4 Bände, 1837; »Paradoxien des Unendlichen«, 1851.

Bonaventura: 1221–1274, scholastischer → Mystiker, geht von → Platon und → Augustinus aus, erklärt die Philosophie zur Magd der Theologie und sieht den Weg des Einzelnen in der mystischen Hinwendung zu Gott sich mit dem Weg der Kirche verbinden.

Boolesche Algebra: Von G. Boole entwickeltes Axiomensystem, das sich später in verschiedenen Bereichen der Mathematik, Informatik und Kybernetik (Schaltalgebra) als wesentlich erwies.

Bosanquet, Bernhard: 1848–1923, engl. Philosoph, Hegelianer, insbesondere Ästhetiker und Staatsphilosoph. *Hw.:* »Logic«, 1888; »The Philosophical Theory of The State«, 1899; »Three Lectures on Aesthetics«, 1915; »The Meeting of Extremes in Contemporary Philosophy«, 1921.

Boström, Christoffer Jakob: 1797–1866, schwed. Philosoph, versuchte, → Hegelsche mit → platonischen Ideen zu einer → pantheistischen Philosophie zu verbinden. *Hw.:* »Grundlinien eines philosophischen Systems«, 1823.

Boutroux, Emile: 1845–1921, frz. Philosoph, Lehrer → Bergsons, wendet sich gegen den → Determinismus; da im Universum sowohl Zufall als auch Freiheit herrschen, können Naturgesetze nur eine näherungsweise Beschreibung der Realität sein. *Hw.:* »De la contingence des lois de la nature«, 1874; »Science et religion«, 1908; »De l'idée de la loi naturelle dans la science et dans la philosophie contemporaine«, 1895.

Boyle, Robert: 1627–1691, engl. Physiker, Chemiker und Philosoph, bereitete als → Atomist die Theorie der chemischen Elemente vor. *Hw.:* »Sceptical Chemist«, 1661; »A Free Inquiry into the Vulgarly Received Notion of Nature«, 1686.

Bradley, Francis Herbert: 1846 bis 1924, engl. → Metaphysiker, der, vom deutschen → Idealismus ausgehend, den → Empirismus und → Utilitarismus ablehnte und die Welt als erfahrbare Einheit betrachtete. *Hw.:* »Ethical Studies«, 1876; »The Principles of Logic«, 1883; »Essays on Truth and Reality«, 1914.

Brahman: In der indischen Philosophie das Weltprinzip, der Urgrund des Seins, aus dem alles Einzelne (Atman) hervorgeht und in den es wieder zurückkehrt.

Brentano, Franz: 1838–1917, an → Aristoteles und → scholastischen Ideen (Intentionalität) orientierter Philosoph, der eine Verbindung von Philosophie und Psychologie anstrebte. Wie die psychischen Prozesse sind bei B. auch Liebe und Haß stets auf etwas gerichtet; davon hängt ihre moralische Qualität ab. *Hw.:* »Psychologie vom empirischen Standpunkt«, 1874; »Vom Ursprung sittlicher Erkenntnis«, 1889; »Religion und Philosophie«, 1954; »Grundzüge der Ästhetik«, 1959; »Geschichte der griechischen Philosophie«, 1963; »Abkehr vom Nichtrealen«, 1966; »Philosophische Untersuchungen zu Raum, Zeit und Kontinuum«, 1976.

Bresch, Karsten C.: Geb. 1921, dt. Physiker und Molekulargenetiker, betrachtet die Evolution der Materie von den Elementarteilchen über den Menschen hinaus als Prozeß fortschreitender Integration von Mustern in immer umfassendere Übermuster bis hin zum »Monon«, dem allumfassenden Muster. *Philos. Hw.:* »Zwischenstufe Leben«, 1974.

Breysig, Kurt: 1866–1940, Soziologe, Kultur- und Geschichtsphilosoph, glaubte an eine kulturelle Höherentwicklung der Menschheit, deren Gesetzmäßigkeit von der Empirie ausgehend erkannt werden kann. *Hw.:* »Vom geschichtlichen Werden«, 1925–28; »Naturgeschichte und Menschheitsgeschichte«, 1933; »Gesellschaftslehre – Geschichtslehre«, 1958.

Broad, Charlie Dunbar: 1887 bis 1971, engl. Philosoph mit teils → positivistischen, teils individualistischen Zügen; B. bezeichnet seine Lehre als »Emergent Materialism«, wobei unter Emergenz die Neuschöpfung zu verstehen ist. *Hw.:* »Perception, Physics and Reality«, 1914; »Scientific Thought«, 1923; »The Mind and its Place in Nature«, 1925; »Five Types of Ethical Theory«, 1930; »Ethics and the History of Philosophy«, 1952.

Brunner, Emil: 1889–1966, schweizer. Religionsphilosoph, Vertreter der → dialektischen Theologie Karl → Barths. *Hw.:* »Philosophie und Offenbarung«, 1925; »Religionsphilosophie«, 1926; »Offenbarung und Vernunft«, 1941; »Der Mensch im Widerspruch«, 1937.

Bruno, Giordano: 1548–1600, der bedeutendste Naturphilosoph der Renaissance, Pantheist: Das All ist ewig und besteht aus unendlich vielen Welten, die Materie ist beseelt. Die Weltseele besteht aus kleinsten Einheiten, den Monaden. Gott als das beseelte All kann durch die Forschung in den Naturgesetzen erkannt und dadurch verehrt werden. B. wurde 1600 in Rom als Ketzer verbrannt. *Hw.:* »Della causa, del principio e dell'uno«, 1584; »Dell' infinito, universo e mondi«, 1584; »Degli eroici furori«, 1585.

Brunschvicg, Léon: 1869–1944, frz. Philosoph, der die Bedeutung der Philosophie in der Kritik der Einzelwissenschaften sieht. Ausgehend von einem → kantianisch-idealistischen Ansatz, glaubt B. an den stetigen Fortschritt der Erkenntnis, an das Absterben des Glaubens. *Hw.:* »Introduction à la vie de l'esprit«, 1900; »Le progrès de la conscience dans la philosophie occidentale«, 2 Bände, 1927; »Les âges de l'intelligence«, 1934; »Ecrits philosophiques«, 1951.

Buber, Martin: 1878–1965, jüdischer Religionsphilosoph, der die Tradition des → Chassidismus (Abkehr von rationaler Gesetzesstrenge, Wiederentdeckung mystisch-froher Frömmigkeit) für die gegenwärtige Philosophie nutzbar machen will. Sein Grundgedanke ist das dialogische Verhältnis zum Gegenüber: Ich und Du. *Hw.:* »Ich und Du«, 1922; »Das Problem des Menschen«, 1948; »Deutung des Chassidismus«, 1935; »Dialogisches Leben«, 1947; »Schuld und Schuldgefühle«, 1958; »Logos«, 1960.

Büchner, Ludwig: 1824–1899, Arzt und Philosoph, in vielen populären Schriften Verfechter eines konsequenten, auf den Resultaten der Naturwissenschaften fußenden Materialismus. Sein Werk »Kraft und Stoff«, 1855, galt als die »Bibel des Materialismus«.

Buddhismus: Von Gautama Buddha (dem Erleuchteten) ca. 560–480 v. Chr. entwickelte Heilslehre: Alles in der Welt ist vergänglich, aber die guten und bösen Taten (das Karma) des Menschen setzen sich in ihrer Wirkung fort, sie werden zur Ursache einer neuen individuellen Existenz, die wieder Gelegenheit zur Läuterung gibt. Der Weise sucht das Heil nicht für sich, sondern versucht andere durch die Liebe dahin zu führen; → Zen, → Yoga.

Buffon, Georges Louis Leclerc, Graf von: 1707–1788; frz. Naturphilosoph, vertrat u. a. aufgrund geologischer Beobachtungen ansatzweise den Gedanken der Naturentwicklung. *Hw.:* »Histoire naturelle«, 1749.

Burckhardt, Jacob Christian: 1818–1897, schweizer. Kultur- und Geschichtsphilosoph, bezweifelte, daß es in der Geschichte einen Fortschritt gibt, insbesondere nicht als Gegenstand von berechtigten Hoffnungen; ebensowenig anerkannte B. historische Gesetzmäßigkeiten. Den Staat betrachtete er als Gefahr für die Kultur. Seine individualistische Grundhaltung hat u. a. → Nietzsche stark beeinflußt. *Hw.:* »Weltgeschichtliche Betrachtungen«, 1905.

Buridan, Jean: Geb. vor 1300, gest. nach 1358, Naturphilosoph, entwickelte eine physikalische Theorie der Kraft, deren Zentralbegriff »impetus« dem modernen Begriff des Impulses nahekommt. B. untersuchte weiter die Willensfreiheit, weshalb ihm später die Urheberschaft des Gleichnisses von Buridans Esel nachgesagt wurde.

Buridans Esel: Ein hungriger Esel steht zwischen zwei gleichartigen, gleichweit entfernten Heuhaufen. Nachdem eine qualifizierte Entscheidung für einen der beiden Heuhaufen nicht möglich ist, muß er verhungern – ein → Symmetrieproblem.

Burke, Edmund: 1729–1797, engl. Staatsphilosoph und Ästhetiker, bekämpfte die Französische Revolution aus einer entschieden antirevolutionären Grundhaltung heraus. *Hw.:* »The Philosophical Inquiry into the Origin of Our Ideas on the Sublime and Beautiful«, 1756.

C

Calvin, Johannes: 1509–1564, kirchl. Reformator, der die Bibel, insbesondere das A.T., als alleinverpflichtend ansah und dessen Theologie von der Prädestination ausgeht: Gott hat für jeden Menschen entweder Seligkeit oder Verdammnis vorherbestimmt. Diese Entscheidung zeigt sich im Erdenleben: Der wirtschaftliche Erfolg ist der Gradmesser der zugewiesenen Seligkeit. Fleißiges Schaffen erhöht also die Heilswahrscheinlichkeit. Wie Max → Weber in »Die protestantische Ethik« bemerkt hat, wurde Calvin zum geistigen Wegbereiter des beginnenden Kapitalismus.

Cambridger Schule: Gruppe von Philosophen und Theologen, die sich in der zweiten Hälfte des 17. Jhs., als die kirchliche Lehre durch den Empirismus → Lockes und den → Rationalismus → Hobbes' unter Druck gesetzt wurde, um eine vernunftmäßige Begründung der Theologie mit den Mitteln der → platonischen Philosophie bemühte. Insbesondere behauptete die C. die ewige Gleichheit moralischer Normen.

Campanella, Thomasio: 1568 bis 1639, ital. Mönch und Philosoph, entwickelte in seinem Werk »Sonnenstaat« die neben der »Utopia« von Thomas → Morus bedeutendste Alternative zum bestehenden Gesellschaftssystem in der Renaissance. Geleitet von Priesterphilosophen, gibt es im Sonnenstaat kein Privateigentum, die Arbeitszeit beträgt einheitlich vier Stunden, die Produktion bleibt auf die wichtigsten Güter beschränkt. Der Gleichheitsgedanke ist bei C. so umfassend verstanden, daß er durch Züchtung allmählich auch die körperlichen Unterschiede zwischen den Menschen überwinden will – niemand soll durch natürliche Eigenschaften, z. B. Schönheit, Vor- oder Nachteile haben.

Camus, Albert: 1913–1960, entwickelte, ausgehend von der Idee des Absurden, eine für den Existentialismus typische Theorie von der Unerträglichkeit und Sinnlosigkeit des Daseins, das es würdig zu ertragen gilt. C. versinkt jedoch nicht im Pessimismus; sein Werk durchzieht eine humanistische Tendenz. *Hw.:* »Le mythe de Sisyphe, essai sur l'absurde«, 1942, dt. 1950; »La peste«, 1947, dt. 1949; »L'homme révolté«, 1952, dt. 1953.

Canterbury: → Anselm von Canterbury

Cantor, Georg: 1845–1918, dt. Mathematiker, Begründer der Mengentheorie. *Hw.:* »Grundlagen einer allgemeinen Mannigfaltigkeitslehre«, 1883; »Beiträge zur Begründung der transfiniten Mengenlehre«, 1895–97.

Carlyle, Thomas: 1795–1881, engl. Philosoph; aufbauend auf dem deutschen → Idealismus bekämpft C. den Materialismus. Geschichtsphilosophisch betont er die Bedeutung der Helden und großen Persönlichkeiten. *Hw.:* »On Heroes, Hero-Worship and the Heroic in History«, 1841.

Carnap, Rudolf: 1891–1970. Zusammen mit Schlick war C. einer der Begründer des → Wiener Kreises. Er verwirft die → Metaphysik wegen ihrer nicht überprüfbaren Aussagen, befürwortet die Schaffung einer einheitlichen Wissenschaftssprache analog zur Sprache der Physik. *Hw.:* »Der logische Aufbau der Welt, Versuch einer Konstitutionstheorie der Begriffe«, 1928; »Scheinprobleme in der Philosophie«, 1928; »Abriß der Logistik«, 1929; »Logische Syntax der Sprache«, 1934; »Foundations of Logic and Mathematics«, 1939; „Introduction to Semantics«, 1942; »Einführung in die symbolische Logik«, 1954; ·»Bedeutung und Notwendigkeit«, 1972.

Cartesianismus: Fortsetzung bzw. Aufsplitterung der Philosophie von René Descartes, besonders in Holland, Frankreich und Deutschland. Teils tritt der metaphysische Dualismus von Körper und Geist, teils der mechanische Rationalismus in den Vordergrund.

Carus, Karl Gustav: 1789–1869, Arzt, Naturforscher und Philosoph; entwickelt, maßgeblich beeinflußt durch → Hegel, → Goethe und → Schelling, eine romantische Deutung der Natur als beseeltes Ganzes. *Hw.:* »Psyche, zur Entwicklungsgeschichte der Seele«, 1846; »Symbolik der menschlichen Gestalt«, 1853.

Cassirer, Ernst: 1874–1945, Angehöriger der → Marburger Schule, räumte der religiösen und künstlerischen Erfassung der Realität einen selbständigen Platz neben den exakten Wissenschaften ein. *Hw.:* »Das Erkenntnisproblem in der Philosophie und Wissenschaft der neueren Zeit«, 3 Bde., 1906–20; »Substanzbegriff und Funktionsbegriff«, 1910; »Determinismus und Indeterminismus in der modernen Physik«, 1936; »Descartes«, 1939; »Naturalistische und humanistische Begründung der Kulturphilosophie«, 1939; »An Essay on Man«, 1944; »The Myth of State«, 1946; »The Problem of Knowledge«, 1950; »Wesen und Wirkung des Symbolbegriffs«, 1957; »Zur modernen Physik«, 1957; Philosophie und exakte Wissenschaft«, 1969.

Causa: Ursache. → Kausalität

Celsus: 2. Jh. n. Chr., → platonischer Philosoph, der sich gegen einige Kerngedanken des Christentums, das er insgesamt für unoriginell hielt, wandte; C. bestreitet die Wechselwirkung zwischen Gott und Mensch. Sein *Hw.* »Wahres Wort« findet sich bruchstückhaft in der Gegenschrift des → Origenes.

Chamberlain, Houston Stewart: 1855–1927, engl. Kulturphilosoph, glaubte an die Überlegenheit der germanischen Rasse, bewunderte die deutsche Kultur. *Hw.:* »Die Grundlagen des 19. Jahrhunderts«, 2 Bde., 1899.

Chaos: In der altgriechischen Mythologie: Urzustand der Welt vor Herausbildung der Ordnung und der Formen. Verwandelt sich aus sich selbst oder durch Zutun der Götter in den strukturierten → Kosmos. Bei → Aristoteles ist C. der naive Begriff des leeren Raumes.

Characteristica universalis: Von → Leibniz angestrebte Begriffsschrift. Die C. sollte eine formalisierte Sprache sein, mit der sich Inhalte aller Wissenschaften sowie alle logischen Konsequenzen daraus eindeutig darstellen lassen.

Charakter: Mehrdeutiger Begriff, der auf die Wesensart, meist von Menschen, zielt. Nach → Kant hat jeder Mensch einen gleichbleibenden und einen durch äußere Einflüsse veränderten C.

Charisma: Ausstrahlung, Wirkung einer Persönlichkeit auf andere, wodurch der Meinung des C.tikers eine große Bedeutung bzw. prinzipielle → Wahrheit zuerkannt wird. → Autorität.

Charron, Pierre: 1541–1603, Freund Montaignes, dessen → Skeptizismus er übernahm; entwikkelte, obwohl grundsätzlich der katholischen Theologie zugetan, den Entwurf einer von der Religion unabhängigen Moral. *Hw.:* »De la sagesse«, 3 Bde., 1601.

Chassidismus: Im 18. Jh. entstandene jüdische Erneuerungsbewegung, die den Sinn des Lebens in der tätigen, freudespendenden Nächstenliebe, nicht im starren Befolgen der Ge- und Verbote der Thora und des → Talmud sieht.

Cherbury, Edward Lord Herbert von: 1583–1648, engl. Politiker und Religionsphilosoph, → Rationalist und → Theist, fordert eine Umwandlung der christlichen Religion nach den Grundsätzen der Vernunft. *Hw.:* »De veritate«, 1624; »De causis errorum«, 1645; »De religione gentilium«, 1645.

Chiffre: Nicht weiter analysierbares Zeichen der Wirklichkeit, durch das sie sich dem Einzelnen unter Umgehung des Verstandes zu erkennen gibt. Die Idee der C. wird im deutschen Idealismus und von → Jaspers vertreten.

Chiliasmus: Glaube an ein tausendjähriges Reich (Christi), das dem Weltende vorausgeht und ein glückliches diesseitiges Leben für Alle beinhaltet. Der C. war insbesondere in der Reformationszeit bei → Hussiten, → Wiedertäufern, Hutterern und anderen lebendig.

Chomsky, Noam: Geb. 1928, Informatiker, Sprachtheoretiker und Logiker, der sich um die Aufklärung der allen Sprachen gemeinsamen Struktur bemüht, die als Denkweise allen Menschen angeboren sein soll. *Hw.:* »Syntactic Structures«, 1957; »Aspects of Theory of Syntax«, 1965; »Sprache und Geist«, 1973.

Chrysippos: 280–207 v. Chr., in

den Augen der Zeitgenossen der bedeutendste → Stoiker.

Chuang-tse: → Tschuang-tse.

Cicero, Marcus Tullius: 106–43 v. Chr., → eklektischer röm. Philosoph und Redner, der Teile der griech. Philosophie in populärer Form in den röm. Kulturkreis einbrachte. Anhaltende Wirkung erzielte C. durch seine → stoisch beeinflußte Humanität. *Hw.:* »Über den Staat«, »Über die Pflichten«, »Tusculanische Gespräche«.

Circulus vitiosus (lat., »fehlerhafter Kreis«): 1.) Kreisschluß ohne eigentlichen Beweiswert, bei dem das zu Beweisende schon vorausgesetzt wird; 2.) kettenartige Definition, bei der jeder Begriff aus dem vorangegangenen, der letzte aber wieder aus dem ersten abgeleitet wird. *Beispiel:* Der Teufel tarnt sich. Deshalb glauben viele gar nicht, daß es ihn gibt. Dieser Irrtum beruht ja gerade auf der geschickten Tarnung des Teufels, weshalb er ein Beweis für die Existenz desselben ist.

Clausewitz, Carl von: 1780–1831, preußischer General und Philosoph, analysierte in seinem bahnbrechenden *Hw.* »Vom Kriege« (verfaßt 1816–30) die Gesetzmäßigkeiten des Krieges. Seine Grundaussage, der Krieg sei eine Fortsetzung der Politik mit anderen Mitteln, begründete die moderne Auffassung von Krieg und Frieden. C. erlangte durch seine Hochschätzung der strategischen Verteidigung und der Bedeutung der Volksmassen dabei, weltweite Verbreitung, besonders in den revolutionären Bewegungen des 20. Jhs. Lenin, Mao Tse-tung, Giap u. a. orientierten sich ausdrücklich an C. *Sonstige Hw.:* »Drei Bekenntnisse«, 1812.

Clemens von Alexandria: Ca. 150–215, christl. → Gnostiker, schuf eine universelle Theorie des → Logos. *Hw.:* »Ermahnungsrede an die Hellenen«.

Cogito ergo sum (»ich denke, also bin ich«): Fundamentaler Satz der Philosophie des → Descartes, der die Existenz aus dem Selbst-Bewußtsein heraus beweisen und damit ein absolut sicheres Fundament der Erkenntnis darstellen soll.

Cohen, Hermann: 1842–1918, Mitbegründer der → Marburger Schule des → Neukantianismus. Dinge existieren nicht an sich, sondern durch die menschliche Erfahrung. C. leitet aus seiner Vorstellung, die Funktion des Staates sei die Versittlichung der Individuen, einen ethischen Sozialismus ab. *Hw.:* »Kants Theorie der Erfahrung«, 1871; »System der Philosophie«, 1902–12.

Cohn, Jonas: 1869–1947, entwickelte eine Wertethik, erkenntnistheoretisch stand er den → Neukantianern nahe. *Hw.:* »Allgemeine Ästhetik«, 1901; »Theorie der Dialektik«, 1923; »Wirklichkeit als Aufgabe«, 1955.

coincidentia oppositorum: Zusammenfall der Gegensätze. In allen polaren oder dialektischen Theorien wird die Realität durch innere Gegensätzlichkeiten aufgebaut. Diese wird bei → Cusanus durch C. im Unendlichen, in Gott, aufgehoben. Die C. findet sich auch bei → Bruno, → Schelling, → Hegel, → Marx und anderen, wird aber meist nicht so → metaphysisch begründet wie bei Cusanus: Die Entwicklung eines Dings ist gleichbedeutend mit dem schrittweisen Zusammenfallen seiner inneren Gegensätze. Vollständige C. bedeutet, daß die Entwicklung vollzogen und das Ding zum Stillstand gekommen ist.

common sense: »Gesunder Menschenverstand«. Nach der → Schottischen Schule sind die philosophischen Überzeugungen der Laien eine wesentliche Grundlage der Erkenntnis.

Computer: Die philosophische Bedeutung des C. besteht darin, daß er menschliche Kopfarbeit durch maschinelle Arbeit ersetzt. Ähnlich wie bei der Substitution der Handarbeit durch Maschinen, führt der C. zu einer exponentiellen Steigerung der Arbeitsproduktivität. Es stellt sich die Frage, ob schließlich alle menschliche Arbeit von Maschinen ausgeführt werden kann. Immerhin eröffnet der C. wissenschaftliche Möglichkeiten, wie z. B. in der experimentellen Mathematik.

Comte, Auguste: 1798–1857, Begründer des → Positivismus und der → Soziologie. Grundlegend für die Geschichtsauffassung C.s ist die *Drei-Stadien-Theorie:* Die Menschheit durchläuft zunächst das theologische, dann das metaphysische und schließlich das positive Stadium, das von der Überwindung der → Metaphysik durch eine wissenschaftliche Philosophie gekennzeichnet ist. Die Wissenschaft begreift C. anwendungsorientiert, so soll die Soziologie der Entwicklung der gesellschaftlichen Organisation dienen. *Hw.:* »Cours de philosophie positive«, 6 Bde., 1830–42; »Système de politique (ou traité de sociologie instituant la religion de l'humanité)«, 4 Bde. 1851–54.

Conclusio: → Schluß

concursus dei: Mitwirkung Gottes am Weltgeschehen, insbesondere an der Wechselwirkung von physischen und psychischen Vorgängen. Die Vorstellung vom C. wurde u. a. vom → Okkasionalismus entfaltet.

Condillac, Etienne Bonnot de: 1715–1780, frz. → Sensualist, lehrt, angeregt von → Locke, daß alle geistigen und psychischen Vorgänge auf Empfindungen beruhen und aus der Erfahrung, nicht aber aus angeborenen Anlagen stammen.

conditio sine qua non: Bedingung, ohne die (ein Ereignis) nicht (eintreten könnte), also: unerläßliche Bedingung.

Condorcet, Marie Jean Antoine, Marquis de: 1743–1794, frz. Mathematiker und Philosoph, gehörte zunächst den Enzyklopädisten an, dann ein Wortführer der Französischen Revolution (Gironde). C.

forderte u. a. ein klassenloses Bildungswesen, wie er überhaupt auch der Weiterbildung der Erwachsenen große Bedeutung für den Fortschritt der Menschheit beimaß, an dessen segensreiche Auswirkungen für den Einzelnen er glaubte. *Hw.:* »Esquisse d'un tableau historique des progrès de l'esprit humain«, 1794.

consensus: Übereinkunft, Übereinstimmung.

contradictio: Widerspruch. *C. in adjecto:* Zum Beispiel »trockene Nässe«.

Cousin, Victor: 1792–1867, frz. Philosoph, → Eklektiker, verwertet Ideen des deutschen → Idealismus, der → Schottischen Schule (besonders → Humes) und des → Cartesianismus. *Hw.:* »Cours de l'histoire de la philosophie«, 8 Bde. 1815–1829; »De la metaphysique d'Aristote«, 1835; »Philosophische Fragmente«, 1826.

Couturat, Louis: 1868–1914, frz. Mathematiker und Philosoph, Mitbegründer der Logistik. *Hw.:* »La logique de Leibniz d'après des mss. égidits«, 1901; »Les principes des mathématiques«, 1905; »L'algèbre de la logique«, 1905.

creatio continua: Fortgesetzte Schöpfung; im Gegensatz zum einmaligen Schöpfungsakt.

credo, quia absurdum (»ich glaube es, eben weil es widersinnig ist«): Seit dem Spätmittelalter entwickelte sich eine grundlegende Diskrepanz zwischen den Thesen der Theologie einerseits und den Resultaten der Wissenschaften bzw. der Logik andererseits. Beide Seiten erschienen zunehmend als unvereinbar. Seitens der Theologie war der Satz credo... ein Versuch, diesen Widerspruch zu bewältigen.

credo ut intelligam (»ich glaube, um zu verstehen«): → Anselm von Canterbury's Verknüpfung von Wissen und Glauben.

Croce, Benedetto: 1866–1952, ital. Philosoph und Politiker; ausgehend von → Hegel und → Vico begreift C. die Welt als Geschichte, als Erscheinungsform des Geistes, der das einzig Reale ist und in seiner Entwicklung insgesamt vier Stufen durchläuft. In der Erkenntnistheorie hebt C. die Bedeutung der Intuition hervor. *Hw.:* »Il carattere della filosofia moderna«, 1941; »Storia dell'estetica per saggi«, 1942; »Geschichte als Gedanke und als Tat«, 1944 (it. 1938); »Discorsi di varia filosofia«, 1945; »Politics and Morals«, 1946; »Filosofia et storiografia«, 1949; »Entstehung und Erkenntnisse meiner Philosophie«, 1952.

Crusius, Christian August: 1715–1775, dt. Philosoph, Kritiker Christian → Wolffs, stand der Aufklärungsphilosophie skeptisch gegenüber. *Hw.:* »Weg zur Gewißheit und Zuverlässigkeit der menschlichen Erkenntnis«, 1747; »Opuscula philosophico-theologica«, 1750; »Anweisung, vernünftig zu leben«, 1744; »Entwurf der notwendigen Vernunftwahrheiten«, 1745.

Csampai-Salami: Von A. Csampai entwickeltes Modell zur Veranschaulichung des Zusammenhangs von → Logischem und → Historischem: Die notwendige, logische Entwicklung eines Systems, z. B. die Grundzüge der Geschichte, kann man sich als roten Faden vorstellen, der der Länge nach gradlinig in der Mitte einer Wurst verläuft. Die Wurst ist am Anfang schmal und verdickt sich mit zunehmender Länge. Eine Schnittfläche repräsentiert dann jeweils die Menge der Ereignisse, die zum gegebenen Zeitpunkt bzw. Entwicklungsstand möglich ist, um den weiteren Fortgang des roten Fadens zu bewerkstelligen. Die logische Entwicklung ist so der Kern der historischen.

Cudworth, Ralph: 1617–1688, engl. Philosoph, Begründer der → Cambridger Schule, lehrte, daß die Prinzipien der Moral absolut und ewig sind. *Hw.:* »The True Intellectual System of the Universe«, 1687; »Treatise concerning Eternal and Immutable Morality«, 1731.

Cumberland, Richard: 1631 bis 1718, entwickelte gegen → Hobbes die Vorstellung, daß aktives Wohlwollen die wesentliche Eigenschaft des Menschen sei. *Hw.:* »De legibus naturae disquisitio philosophica«, 1672.

Cusanus: → Nikolaus von Kues

D

Dacqué, Edgar: 1878–1945, Geologe, Paläontologe und Naturphilosoph, sah den Menschen als das Ziel der Naturentwicklung an. → Theologie. *Hw.:* »Urwelt, Sage und Menschheit«, 1924; »Natur und Seele«, 1926; »Das Leben als Symbol«, 1928; »Vom Sinn der Erkenntnis«, 1931; »Versteinertes Leben«, 1936; »Zur Seelengeschichte des Menschen«, 1938; »Berg und Wirkung«, 1948.

daimonion: Gewissen. Bei Sokrates die »innere Stimme«, die vor Verstößen gegen das Gute warnt.

Dämon: Unbegriffene Triebkraft in einem Ding oder Zusammenhang, archaisch als Gottheit verstanden. Auch ein Mensch ist danach von einem D. beseelt, wodurch der Begriff synonym für Wesen, Charakter, Persönlichkeit, aber auch für das von innen heraus bewirkte Schicksal wird. Unter christlichem Einfluß erhielt der Begriff eine negative Färbung (»das Dämonische in ihm...«), da die vom D. verkörperte Eigendynamik eines Individuums oder Dings zumindest potentiell gegen die gottgewollte Ordnung verstößt.

Darwin, Charles Robert: 1809 bis 1882, engl. Naturforscher, Begründer der modernen Abstammungslehre und damit der → Evolutionstheorie in der Biologie. *Hw.:* »On the Origin of Species by Means of Natural Selection«, 1859; »The Descent of Man and on Selection in Relation to Sex«, 2 Bde, 1871.

Darwinismus: Erste wissenschaftliche, von → Darwin entwickelte Form der Abstammungslehre. Die beobachtete ständige Veränderung der Arten erklärt sich danach als »Survival of the fittest«, Überleben der am besten an die äußeren Umstände angepaßten Individuen und Arten. Alle zufällig entstandenen Variationen konkurrieren miteinander im »Struggle for life«, im Deutschen meist mit »Kampf ums Dasein« wiedergegeben. Die so fundierte Theorie der ständigen Veränderung der Lebewesen machte das Bemühen um eine starre Einteilung von Fauna und Flora in Gattungen und Arten überflüssig; sie setzte die → scholastische Vorstellung, die Dinge entsprächen einer wohldefinierten, unveränderlichen → Essenz, aufs Trockene und ließ alle → metaphysischen Theorien über die absolute Sonderstellung des Menschen zu Spekulation werden, indem sie ihn selbst als veränderliches Naturprodukt auffaßte. Darwins Theorie inspirierte nicht nur Generationen von Wissenschaftlern, sondern u. a. auch → Engels und → Marx, die sie als Beispiel für die → Dialektik der Natur ansahen.

Dasein: Vorhandensein. Dinge, Strukturen und Prozesse sind da, wenn sie vom Menschen vorgefunden werden können, wenn sie objektiv, d. h. ohne sein Zutun vorhanden sind. In der → Scholastik wurde das D. im Unterschied zum Gedachtsein verstanden, seit → Hegels allgemeiner Bestimmung des

D. als aufgehobene Synthese von Sein und Nichts im Werden. Modern beschreibbar als das Konstante in der Veränderung, kann D. aber auch Gedanken zukommen. *Gegenbegriff* zum D. ist das *Sosein*, die Essenz oder das → Wesen, wodurch die Beschaffenheit des daseienden Dings angesprochen wird. In der → Existenzphilosophie ist In-der-Welt-Sein die Daseinsform des Menschen. D. bedeutet hier die Möglichkeit des Menschen, sich inmitten einer gleichgültigen Umwelt zu Allem oder Nichts zu machen.

Dawson, Christopher: 1889 bis 1970, katholischer Geschichtsphilosoph, stellt einen Niedergang der europäischen Kultur fest, der durch die Abkehr von der christlichen Religion verursacht worden sein soll. *Hw.:* »The Age of the God's Progress and Religion«, 1929; »The Making of Europe«, 1934; »Religion and Cultur«, 1948; »Dynamics of World's History«, 1957; »Movement of World Revolution«, 1959; »The Crisis of Western Education«, 1961.

De Chardin: → Teilhard de Chardin.

Deduktion: In der klassischen Logik der Schluß vom Allgemeinen auf das Besondere (*Ggt.:* → Induktion), in der mathematischen Logik die Ableitung einer Aussage aus einer anderen, bereits gesicherten Aussage (*Ggt.:* → Reduktion). *Beispiel:* Im Wein liegt Wahrheit. => Im Burgunder liegt Wahrheit.

Definition: Begriffsbestimmung, Abgrenzung eines Begriffs gegen andere Begriffe. 1.) *Realdefinition* (Aristoteles): Zu einem Definiendum (Bestimmungsobjekt) wird der nächsthöhere Gattungsbegriff sowie der artbildende Unterschied angegeben: Natürliche Zahlen (Def.) sind Ganze Zahlen (G.) mit positivem Vorzeichen (U.).
2.) *Nominaldefinition:* a.) *Analytisch* wird die implizite Bedeutung eines Begriffs erläutert: Glück ist die Einheit von körperlichen und seelischen Freuden. b.) *Synthetisch* wird ein neuer Begriff gebildet oder ein vorhandener präzisiert: z. B. der Begriff der Gleichzeitigkeit in der speziellen Relativitätstheorie von Einstein. Ein Spezialfall der Nominal-D. ist die Feststellungsd.: Eine preußische Verordnung des ausgehenden 19. Jhs. besagte, daß Schokoladenweihnachtsmänner keine Geschlechtsmerkmale haben dürfen. Es folgte eine Feststellungsd.: »Osterhasen sind Weihnachtsmänner im Sinne dieser Vorschrift.«
3.) → *Axiomatische Definition,* z. B. Parallele; Euklid: Zwei Geraden sind parallel, wenn sie sich in keinem Punkt schneiden. Riemann: Zwei Geraden sind parallel, wenn sie sich in mindestens einem Punkt schneiden.

Deismus: Ein Grundzug der Aufklärungsphilosophie des 18. Jhs. in England, Frankreich und Deutschland: Gott hat die Welt erschaffen, seither bewegt sie sich aber ausschließlich nach den ihr innewohnenden Naturgesetzen. Göttliche Eingriffe in das seitherige Weltgeschehen gibt es daher nicht. Die kirchliche Offenbarung wird denn auch bestenfalls als Vorwegnahme sinnlicher Erkenntnisse verstanden. Typisch für den D. ist der Versuch eines Kompromisses zwischen aufklärerischem Denken und christlichen Positionen, wobei diese nur so weit, aber doch so weit toleriert werden, wie sie den sensualistischen Überzeugungen nicht widersprechen. Der D. entstand aus dem Triumph der Newtonschen Physik auf der theoretischen und der technisch-industriellen Entwicklung auf der praktischen Seite. Man wurde sich einerseits der Selbstbewegung und andererseits der Beherrschbarkeit der Welt durch den Menschen bewußt. Für den Gott der Kirche blieb damit nur noch die Rolle des anfänglichen Uhrmachers.

Demiurg: Handwerker; bei → Platon der Gott, der die Welt aus dem → Chaos ordnet, im Unterschied zum christlichen Gott, der sie aus dem Nichts schafft.

Demokratie (wörtl.: Herrschaft des Demos): Die häufig anzutreffende Übersetzung, »Volksherrschaft« trifft die ursprüngliche Bedeutung nicht, denn: Der Begriff Demos bezeichnet im alten Griechenland Handwerker, kleinere Händler, freie Bauern, überhaupt diejenigen Freien, die keine Sklaven besitzen, ihren Lebensunterhalt also selbst erarbeiten. D. bezeichnet in diesem ursprünglichen Sinn die Herrschaft des Demos besonders über die Aristoi (die »Besten«, wie sie sich nannten), Besitzer großer, durch Sklaven bewirtschafteter Landgüter. Der Kampf zwischen Demos und Aristoi zieht sich durch die gesamte Geschichte der Polis. Kennzeichnend für die athenische D. war der Verzicht auf ein stehendes Heer sowie weitgehend auf Beamte (1 Jahr Amtszeit, unbezahlt, keine Wiederwahl). Politiker wurden auf einige wenige Jahre gewählt, konnten aber von der Volksversammlung, dem eigentlichen Organ der D., die in Athen zwei- bis dreimal pro Woche zusammentrat, für zehn Jahre verbannt werden, z. B. wenn sie nach dem Ausbau ihrer persönlichen Macht gegenüber der des Demos strebten. Seither hat der Begriff D. einen vielfältigen Bedeutungswandel durchgemacht. Manchmal, z. B. in Deutschland in der ersten Hälfte des 19. Jhs., war er polarisiert, für die einen eine Losung, für die anderen ein Schimpfwort oder Straftatbestand; manchmal, wie gegenwärtig in vielen Ländern, verkam er zu einer sinnentleerten Worthülse, die von jedem unterschrieben wird; es gibt nur noch »Demokraten«. Gerade wenn die Schärfe des Begriffs schwindet, ist zu fragen, was denn aktuell unter Demos zu verstehen sein soll, und über wen dieser mit welchen Mitteln herrscht oder herrschen soll. Das bloße Vorhandensein von Bürgerrechten läßt noch keinen Schluß auf die Verteilung der Macht zu. Liberale Verhältnisse sind daher an sich weder demokratisch noch etwas anderes; der Begriff D. paßt dafür nicht, denn er bezeichnet die Verteilung der Macht, nicht die Art und Weise ihrer Ausübung.

Demokrit von Abdera: 450–370 v. Chr., zusammen mit → Leukipp der wichtigste Begründer des antiken → Atomismus. Alles ist aus kleinsten Teilchen, den Atomen, zusammengesetzt, die sich durch den leeren Raum bewegen. Ihre unterschiedliche Gestalt, Lage und Bewegung macht die sinnlich wahrnehmbaren Unterschiede der Dinge aus. Auch die Seele besteht aus Atomen. Die Dinge senden kleine Bildchen ihrer selbst aus, die von den Sinnesorganen aufgenommen werden. Das Glück beruht auf der Heiterkeit des Gemüts, die hauptsächlich durch das rechte Maß zu erreichen ist. D. wurde wegen dieser Ansicht schon in der Antike »Der lachende Philosoph« genannt.

Dempf, Alois: 1891–1982, katholischer Geschichts- und Kulturphilosoph, arbeitete an der Aufbereitung von frühchristlichem und mittelalterlichem Gedankengut. *Hw.:* »Weltgeschichte als Tat und Gemeinschaft«, 1924; »Die Ethik des Mittelalters«, 1927; »Metaphysik des Mittelalters«, 1930; »Kierkegaards Folgen«, 1935; »Christliche Philosophie«, 1938; »Die Weltidee«, 1957; »Kritik der historischen Vernunft«, 1957; »Geistesgeschichte der altchristlichen Kulturen«, 1964; »Religionssoziologie der Christenheit«, 1972.

Denken: Komplexeste Leistung des menschlichen Zentralnervensystems. Über die auch beim Tier vorhandene Wahrnehmung der es umgebenden konkreten Realität hinaus verfügt der Mensch in Gestalt des Denkens über ein Instrument der Erkenntnis abstrakter Zusammenhänge. Das Erfassen von Regelmäßigkeiten in der Vielfalt der Erscheinungen, die Verwandlung von Einzelerkenntnissen in einen Begriff des Zusammenhangs, das Auffinden allgemeiner, nicht direkt sinnlich wahrnehmbarer Strukturen der Realität ist die spezifische Leistung des Denkens. Das D. bewegt sich ständig zwischen Empirie (Erfahrung) und Ratio (Verstand); aus der Erfahrung erwächst meist die Erkenntnis allgemeiner Zusammenhänge, diese steuert wieder die weitere Erfahrung. In manchen Theorien über das D. kommen beide Pole auch verabsolutiert vor: der → Empirismus (→ Locke, → Diderot, → Feuerbach) betont die Erfahrung als einzig sichere Grundlage des Denkens, der → Rationalismus (→ Descartes, → Spinoza, → Voltaire, → Hegel) verweist auf die Unzuverlässigkeit der Sinne und hebt die aus logischer Strenge verabsolutierte Klarheit des rationalen Denkens auf den Schild.

Denkgesetze: Regeln, nach denen begrifflich klares und logisch korrektes Denken ablaufen sollte, z. B. die Gesetze der formalen → Logik. Die Frage nach dem Ursprung der D. läßt sich einfach beantworten, wenn man annimmt, daß die Gesetze des Denkens die Strukturen der vom Denken aufgefaßten Wirklichkeit widerspiegeln.

Denkmodell: Eine aus anderem Zusammenhang bekannte Struktur wird zur Erklärung von etwas Neuem oder Unklarem verwendet (→ Analogie); z. B. Bohr'sches Atommodell – Planetensystem; »Wir sind alle eine große Familie« – Ameisenstaat; etc.

Deontik: Lehre von der Logik der Aufforderungen, Befehle und Normen.

Descartes, René: 1596–1650, frz. Mathematiker und Philosoph, Begründer des neuzeitlichen → Rationalismus. Auf der Suche nach einem sicheren Fundament der Erkenntnis verwirft D. zunächst die überkommene → Metaphysik, aber auch die sinnliche Wahrnehmung, da sich an ihrem Inhalt zweifeln läßt. Wenn aber an allen Bewußtseinsinhalten Zweifel möglich sind, kann doch gerade dadurch die Tatsache, daß ich zweifle, nicht bezweifelt werden: *cogito ergo sum* (ich denke, also bin ich). Damit hat die Vernunft ein nach Meinung von D. sicheres, d. h. unbezweifelbares Fundament der Erkenntnis erzeugt. Dieser Folgerung wurde von → Reichenbach widersprochen. D.s Weltbild ist dualistisch: Die Körperwelt (res extensa), wozu auch die Tiere gehören, und die Sphäre des Bewußtseins (res cogitans) stehen unvermittelt nebeneinander, im Menschen sind beide »Substanzen« vorhanden. Die materielle Welt besteht aus kleinsten Teilchen (corpuscula), deren Zahl und Bewegungszustand unveränderlich ist. D. hat damit als erster den Grundgedanken der → Erhaltungssätze ausgesprochen. *Hw.:* »Discours de la méthode pour bien conduire la raison et chercher la vérité dans les sciences«, 1637; »Meditationes de prima philosophia«, 1641; »Principia philosophiae«, 1644; »Traité des passions de l'âme«, 1650.

Desintegration: Auflösen eines Ganzen in seine Teile, Verselbständigung der Teile. *Ggt.:* → Integration.

deskriptiv: Beschreibend, von außen an die Sache herangehend.

Destutt de Tracy, Antoine Louis Claude: 1754–1836, nach Condillac der Hauptvertreter des → Sensualismus, politischer Ökonom. *Hw.:* »Eléments d'idéologie«, 5 Bde., 1801–15; »Commentaire sur l'esprit des lois de Montesquieu«, 1817.

Determination: → Bestimmung

Determinismus: Auffassung, derzufolge ein Geschehen oder das Weltgeschehen überhaupt gesetzmäßig bestimmt abläuft. Die stillschweigende Anwendung des D. ist Voraussetzung jeder Wissenschaft. D.'ische Theorien dominieren in der Philosophiegeschichte seit der Ionischen Naturphilosophie, ja, sie spielen auch gelegentlich in der Theologie (Prädestination) eine Rolle. Durch den Erfolg der Newton'schen Physik erreichte der D. um 1800 im mechanistischen Weltbild einen Höhepunkt, z. B. in Gestalt des → Laplace'schen Dämons. Die → Quantenmechanik des 20. Jhs. meldete gegen den generellen D. der Naturwissenschaft, insbesondere aufgrund der Heisenberg'schen → Unschärferelation, Bedenken an. Die seltsamen Konsequenzen einer physikalischen Undeterminiertheit haben jedoch schon Einstein, Planck u. a. an der → Kopenhagener Deutung der einschlägigen Phänomene zweifeln lassen. Ein generelles Problem des D. ist die Erklärung des Zufalls sowie der relativen Freiheit des Handelns: Der Philosophin Anna Anzengruber ist es gelungen, ihre eigenen Taten für den morgigen Tag vorauszuberechnen, was gar nicht absurd ist, denn ihre eigene Entwicklung verläuft ja determiniert, also berechenbar. Hat sie dann aber am nächsten Morgen noch die Möglichkeit, etwas anderes zu tun? Hat sie diese morgendliche Überlegung auch vorausberechnet? Was geschieht, wenn die Berechnung bis zum nächsten Tag dauert? Mußte Anna dann nicht das Resultat ihrer Berechnung vorausberechnen? → Selbstbezug. Der konsequente D. führt allerdings nicht zum Fatalismus, wie trivialerweise hie und da behauptet wird: Wenn alles determiniert ist, ist auch das determiniert, was ich schließlich tue. Die Annahme des D. ändert damit nichts an dem subjektiven Gefühl, man könne frei handeln; auch diese trügerische Annahme wäre dann determiniert. Die dem D. entgegengesetzte Richtung (→ Indeterminismus) vertritt dagegen partielle oder generelle Willensfreiheit des Menschen.

Deussen, Paul: 1845–1919, dt. Philosoph; versuchte, die indische Philosophie mit der → Schopenhauers zu verbinden. *Hw.:* »Die Elemente der Metaphysik«, 1877; »Die Sutras des Vedanta«, übersetzt 1887; »Die Geheimlehre des Veda«, 1907; »Das System des Vedanta«, 1883; »Vier philosophische Texte des Mahabharatam«, 1906; »Erinnerungen an Indien«, 1904; »Mein Leben«, 1922.

Deutscher Idealismus: Sammelbegriff für den charakteristischen Zug der klassischen deutschen Philosophie bei → Fichte, → Schelling, → Hegel, auch → Goethe.

Deutung: Einfügen eines Ereignisses oder Sachverhalts in einen bekannten Zusammenhang. Ein solcher kann z. B. die eigene persönliche Entwicklung sein. D. ist ein naives, vorwissenschaftliches Mittel der Erkenntnis, der Versuch, den Dingen Sinn zu geben.

Dewey, John: 1859–1952, amerik. Philosoph und Pädagoge, Hauptvertreter des → Pragmatismus in den USA (von ihm als → Instrumentalismus bezeichnet). Das menschliche Denken ist immer auf die Lösung konkreter Probleme gerichtet, → Metaphysik und → Ideen → a priori lehnt D. konsequenterweise ab. *Hw.:* »Experience and Nature«, 1925; »The School and Society«, 1899, »Democracy and Education«, 1919, dt. 1930; »The Quest for Certainty«, 1929; »Logic, the Theory of Inquiry«, 1938; »Knowing and the Known« (mit A. F. Bentley), 1949; »How we think«, 1910; »Problems of Man and the Present State of Philosophy«, 1946.

Dharma: Im → Buddhismus die das Dasein des Einzelnen und seine Erfahrung bedingenden Faktoren.

Dialektik (von griech. dialego – ich unterrede mich): 1.) Die sokratische Methode der Wahrheitsfindung und Begriffsbildung durch Aufdecken von Widersprüchen in Rede und Gegenrede; 2.) von der → Stoa bis zur → Spätscholastik gleichbedeutend mit formaler → Logik; 3.) bei → Hegel und dem → dialektischen Materialismus die grundlegende Struktur der Welt, aller Dinge und Ereignisse. Hier ist der Begriff D. allerdings gegen ähnliche Begriffe, wie → Widerspruch, → Gegensatz, → Polarität, nicht klar abgegrenzt. Sinngemäß gleiche Vorstellungen vom dialektischen Aufbau der Welt finden sich bereits in der altchinesischen Philosophie sowie bei → Heraklit. Neben der Auffassung, daß sich Denken und Realität in Gegenpolen bewegen, entwickelt Hegel auch ein Modell der (Höher-)Entwicklung: die → Negation der Negation, deren drei Stufen, These, Antithese und Synthese (Dialektische Triade), gelegentlich als Grundmodell der D. verstanden werden. Tatsächlich liegt hier aber bereits eine Anwendung des Gedankens vom polaren Aufbau der Welt vor.

Dialektische Theologie: Strömung der protestantischen Theologie nach dem Ersten Weltkrieg, besonders von → Barth, Gogarten u. a., geht von der Gegenüberstellung Gott–Mensch und dem Gespräch zwischen beiden aus, wobei Gott als der Überlegene, Bestimmende und Begrenzende erscheint.

Dialektischer Materialismus: Von → Marx und → Engels begründete Grundlagentheorie, die im Bereich des Marxismus sukzessive auf nahezu sämtliche Gebiete der Philosophie vordrang. Der D.M. entstand als Synthese aus → Hegels Dialektik, dem rationalistischen → Materialismus der → Aufklärung und dem empiristischen Materialismus der Naturwissenschaften des 19. Jhs. Für seinen geschichts- bzw. sozialphilosophischen Teil – den historischen Materialismus – wären als Quellen noch der utopische → Sozialismus aus England und Frankreich und die bürgerliche Geschichtsauffassung des nachrevolutionären Frankreich zu nennen. Eine systematische Darlegung des D.M. wurde weder von seinen Begründern noch ihren bisherigen Nachfolgern erarbeitet. Daher sind zwar die einzelnen Grundgedanken des D.M. bekannt, ihr Zusammenhang untereinander blieb jedoch umstritten: Die Einheit der Gegensätze gilt als Grundprinzip der Welt. Quantitative Veränderungen können in qualitative umschlagen. Die Entwicklung von Dingen ist strukturell → Negation der Negation. Bei Hegel stehen diese Prinzipien in einem eindeutigen, heute allerdings unpraktikablen Zusammenhang. Im Marxismus ist es bisher nicht gelungen, die Dialektik auf materialistischer Grundlage systematisch zu begreifen. Der weitreichendste Ansatz ist wohl Mao Tse-tung's Werk »Über den Widerspruch«, wo jedenfalls der Grundgedanke der materialistischen Dialektik systematisch erforscht und dargestellt wird. Materialismus heißt in diesem Zusammenhang, daß neben der Gesamtheit der erforschten und unerforschten Naturgesetze keine weiteren Prinzipien wie Gott, Geist oder ähnliches geduldet werden. Das menschliche Bewußtsein ist ein Produkt der Natur, es ist die Widerspiegelung der vorgefundenen materiellen Realität.

Diallele: Zirkelschluß oder -definition. → Circulus vitiosus

Dialog: »Gespräch, Unterredung«; Mittel im gesellschaftlichen Erkenntnisprozeß. Als solches zuerst von → Platon systematisch entwickelt.

Diamat: Besonders von katholischen Theologen verwendetes Kürzel für → »Dialektischer Materialismus«.

Dianoëtik: Lehre vom → Denken

Diätetik: Lehre von der vernunftgemäßen Lebensweise, besonders Ernährung.

Dichotomie: Zweiteilung

Dictum de omni et nullo: Seit → Aristoteles eine Aussage über Alles und Nichts. Eine Eigenschaft einer Gattung kommt auch allen Arten der Gattung und allen Individuen zu. Eine Eigenschaft, die keinem Individuum einer Gattung zukommt, kommt auch der Gattung nicht zu. *Beispiel:* Wenn die Gattung Mensch die Eigenschaft »neugierig« hat, dann ist auch die Art Mexikaner sowie überhaupt jeder Mensch neugierig. Wenn kein Mensch von Natur aus etwas weiß, dann kann auch von der Gattung Mensch nicht gesagt werden, Wissen sei angeboren.

Diderot, Denis: 1713–1784, Begründer und zunächst Mit-, dann alleiniger Herausgeber der Großen Enzyklopädie, für die er einige tausend Artikel schrieb; D.s gewaltige, autodidaktisch erworbene Bildung machte ihn zu einem der führenden Gelehrten des 18. Jhs. Obwohl Aufklärer, neigte D. nicht zum mechanischen Materialismus, sondern wagte eine oft in sich widersprüchliche, aber gerade dadurch kreative dynamische Perspektive. *Hw.:* »Pensées philosophiques«, 1746; »Pensées sur l'interprétation de la nature«, 1753; »Essai sur la peinture«, 1770; »Le neveu de Rameau«, 1762; »Le rêve de d'Alembert.« 1769.

differentia specifica: Artbildender Unterschied, z. B. die Unterschiede zwischen Hunderassen (Arten), die doch alle nur aus Hunden (Gattung) bestehen. → Definition

Differenzierung: Relative Verselbständigung der Komponenten eines Systems als Entfaltung desselben, nicht als Auflösung (→ Desintegration, → Teil und Ganzes). Z. B. in der Evolution die universellen Fähigkeiten des Einzellers – spezifische Funktion der Zelle im Organismus. Z. B. Arbeitsteilung als historischer Vorgang bis zum Fließband. Die Träger der gesamten Funktion werden zu Trägern der speziellen Funktion. Voraussetzung: zahlenmäßige Zunahme, vergrößerter Bedarf. Die Ganzheit war ein Individuum, sie ist nun viele Individuen, Problem der Vermittlung; der Stoff der Ganzheit ändert sich.

Dilemma: 1.) Entscheidungssituation mit gleichwertigen Alternativen; 2.) ein Schluß mit sich gegenseitig ausschließenden oder ausschließlich bedingenden Prämissen, z. B. der Hauptmann von Köpenick: Ohne Paß keine Arbeitserlaubnis, ohne Arbeitsnachweis kein Paß.

Dilthey, Wilhelm: 1833–1911, dt. Philosoph und Geisteswissenschaftler, lehnt in seiner Psychologie die naturwissenschaftlich-analytische Methode zugunsten eines ganzheitlichen Verstehens des einzelnen Menschen ab. Ähnlich verlangt er von der Philosophie, sie solle die weltanschaulichen Systeme verstehen. Die abendländische Weltanschauung weist drei Typen auf: den → Materialismus, → Positivismus, den objektiven → Idealismus und den Idealismus der Freiheit. Alle Typen sind berechtigt, daher kann keine Weltanschauung einen Führungsanspruch erheben. *Hw.:* »Schleiermacher«, 1870; »Einleitung in die Geisteswissenschaften«, 1883; »Ideen über eine beschreibende und zergliedernde Psychologie«, 1894: »Der Aufbau der geschichtlichen Welt«, 1910; »Die Typen der Weltanschauung«, 1911; »Philosophie der Philosophie«, 1931.

Dimension: Parameter eines Raums oder Ereignisraums. In der klassischen Physik wurde der Raum als dreidimensional, die Zeit separat als eindimensional aufgefaßt. Angeregt durch Einstein, formulierte Minkowski dagegen 1915 das Modell der vierdimensionalen Raumzeit. Prozesse lassen sich mathematisch n-dimensional darstellen, auch für n, die wesentlich größer als 4 sind. Die Anzahl der Dimensionen entspricht dabei der Anzahl der selbständigen Faktoren, die den Prozeß bestimmen.

Ding: Sehr allgemeiner Begriff für etwas Gleichbleibendes, einen Zustand. So ist eine Meereswelle ein Ding, nicht aber die Auf- und Abbewegung der Wassermoleküle. Letztere ist eine Beziehung von Dingen (→ Bewegung), durch die ein anderes Ding erzeugt wird. Auch ein Gedanke kann als Ding aufgefaßt werden, im Unterschied zum → Denken. Ein D. wird zum Objekt, insofern ein anderes D., das damit zum → Subjekt wird, auf es Bezug nimmt.

Ding an sich: Wesentlicher Begriff in der Philosophie → Kants, wenn auch mit etwas schillernder Bedeutung: das Ding, wie es unabhängig vom Menschen existiert, also ohne Objekt, oder das prinzipiell unerkennbare Wesen eines Dings, denn der Erkenntnis zugänglich sind nur seine Erscheinungsformen. Den Schluß von der Erscheinung auf das Wesen läßt Kant nicht zu. Anders → Hegel, bei dem die Erkenntnis des Wesens über die Erkenntnis der Erscheinung verläuft.

Dingler, Hugo: 1881–1954, Mathematiker und Philosoph, entwikkelt in seiner Erkenntnistheorie gewisse Ansätze, die der Position Heisenbergs nahekommen; so betont er die Abhängigkeit der Meßresultate von den Meßinstrumenten, bemerkt weiter, daß jedem Erkenntnisakt ein Willensakt vorausgeht, in dem eine Entscheidung für bestimmte Methoden getroffen wird. *Hw.:* »Grundlagen der Naturphilosophie«, 1913; »Grundlagen der Physik«, 1919; »Der Zusammenbruch der Wissenschaft und der Primat der Philosophie«, 1926; »Das Experiment, sein Wesen und seine Geschichte«, 1929; »Philosophie der Logik und Arithmetik«, 1931; »Die Methode der Physik«, 1938; »Grundriß der methodischen Philosophie«, 1949; »Die Ergreifung des Wirklichen«, 1955.

Diogenes von Apollonia: 5. Jh. v. Chr., ionischer Naturphilosoph, setzt die Luft als Urstoff mit der Weltvernunft *Nous* gleich.

Diogenes Laërtios: 3. Jh. n. Chr., verfaßte »Über Leben und Meinungen der berühmten Philosophen«, in 10 Bdn., eine wichtige Sammlung zur altgriechischen Philosophie.

Diogenes von Sinope (der in der Tonne): 412–323 v. Chr., Kyniker, lebte als Wanderprediger in demonstrativem Verzicht auf materiellen Wohlstand, den er als Weg zum wahren Glück ansah. Die öffentliche Moral und alle »höheren Bedürfnisse« lehnte D. ab. Als Alexander der Große versprach, ihm einen Wunsch zu erfüllen, soll er ihn gebeten haben, doch aus der Sonne zu gehen.

dionysisch: → apollinisch-dionysisch

Disjunktion: Ausschließung. 1.) *Klassische Logik:* Zwei Begriffe sind disjunkt, wenn sie auf kein Individuum gleichzeitig zutreffen, aber doch einen gemeinsamen Oberbegriff haben; z. B. Maus – Elefant. 2.) *Mathematische Logik:* a.) *Einschließende D.:* Entweder A trifft zu B oder beides, Symbol: »$\vee$«, z. B. Kaffee mit Milch oder Zucker; b.) *ausschließende D.:* Entweder A oder B, nicht beides; kein gängiges Symbol, z. B. Fisch oder Fleisch. Die ausschließende D. läßt sich ohne eigenen Operator so darstellen: $(A \vee B) \wedge \neg (A \wedge B)$. → Aussagenlogik

Diskontinuität: → Kontinuität

diskursiv: Ist das von einem Begriff, Urteil oder Schluß zum nächsten fortschreitende Denken. *Ggt.:* → Intuition.

disparat: Prinzipiell verschieden, unvergleichbar.

distinkt: Klar unterschieden.

distributiv: Für jedes Element einer bestimmten Menge geltend. »*Alle* Basken tragen Mützen.“ Nicht dagegen: »Manche Basken…«.

Distributivgesetz: Analog zur Boole'schen Algebra kennt die Logistik zwei D.e für zwei Verknüpfungen, »und« (∧) und einschließendes »oder« (∨), wobei jedes die Umkehrung des anderen ist:
$[p \wedge (q \vee r)] \leftrightarrow [(p \wedge q) \vee (p \wedge r)]$ bzw. $[p \vee (q \wedge r)] \leftrightarrow [(p \vee q) \wedge (p \vee r)]$.
In der klassischen Logik: Einteilung einer Gattung in Arten.

docta ignorantia: Gelehrte Unwissenheit. Bei → Nikolaus von Kues die wissenschaftlich gewonnene Erkenntnis von der Unbegreifbarkeit Gottes.

Dogma: Absoluter Glaubenssatz, der jeder weiteren Überprüfung und Kritik entzogen wird. Im Augenblick seiner Fixierung mag das D. wohl dem Wissensstand seiner Zeit entsprechen, gerät aber durch den weiteren Fortschritt der Forschung zunehmend in Widerspruch zu anderen Erkenntnissen.

Dogmatismus: Das Festhalten und Orientieren an Dogmen, statt sich ein eigenes Urteil zu bilden. Der D. führt zu erstarrten, entwicklungsfeindlichen Ansichten. Ist die umgebende Realität für den Einzelnen unsicher oder undurchschaubar, so daß das eigene Urteil riskant erscheint, dann ist D. ein bis heute gern aufgesuchter Zufluchtsort. Der aktive Dogmatiker, der Dogmenverkünder, verfolgt aber mittels der Einbetonierung des Denkens offensichtlich Ziele, die über die des passiv Gläubigen hinausgehen. Heute tritt der D. insbesondere im politischen Bereich auf. Bekenntnisse zu bestimmten gesellschaftspolitischen Grundsätzen werden verlangt, bzw. »ewige Grundsätze« werden zur Orientierung gesucht. Der D. wird häufig aus der universellen Wahrheit bestimmter Publikationen begründet, sei es nun der Bibel oder der Werke von Marx, Engels und Lenin. Das alte Wort der Schrift wird über alle neuen Erkenntnisse gestellt.

Doppelte Wahrheit: Im Mittelalter eine Schutzannahme von Philosophen, die mit kirchlichen Dogmen kollidierten: Eine Ansicht kann danach zugleich philosophisch wahr und theologisch falsch sein, entsprechend dem Unterschied von Wissen und Glauben.

Drews, Arthur: 1865–1935, entwarf einen → pantheistischen »Konkreten Monismus«, bestritt die historische Existenz Jesu. *Hw.:* »Die Religion als Selbstbewußtsein Gottes«, 1906; »Die Christusmythen«, 1909–11; »Einführung in die Philosophie«, 1922; »Die Psychologie des Unbewußten«, 1924.

Driesch, Hans: 1867–1941, Biologe und Naturphilosoph, zunächst Schüler → Haeckels, wandte sich dann dem → Vitalismus, später auch der Parapsychologie zu. *Hw.:* »Metaphysik der Natur«, 1926; »Leben, Tod und Unsterblichkeit«, 1927; »Die sittliche Tat«, 1927; »Parapsychologie«, 1932; »Die

Überwindung des Materialismus«, 1935; »Biologische Probleme höherer Ordnung«, 1941.

Dualismus: Die Auffassung, daß die Realität durch zwei entgegengesetzte, aber jeweils für sich selbständige Prinzipien aufgebaut wird. Gut und Böse, Mensch und Natur, Geist und Materie, Gott und Welt sind Begriffspaare, die oft dualistisch aufgefaßt werden. Im D. wird die Unvereinbarkeit von Gegensätzen gegenüber ihrem Zusammenfallen, ihrer Identität verabsolutiert. (→ Polarität, → Gegensatz). Es kann daher im Rahmen des D. keine durchgehende Theorie der Realität geben, weil diese selbst in zwei unvereinbare Teile zerfällt.

Duhem, Pierre: 1861–1916, frz. Physiker und Philosoph, Vorläufer des → Neopositivismus in der Wissenschaftstheorie; physikalische Gesetze sind nur symbolische Konstruktionen, weder wahr noch falsch. *Hw.:* »Le mixte et la combinaison chimique, essai sur l'évolution d'une idée«, 1902; »La théorie physique«, 1906; »Les sources des théories physiques«, 1905; »Le système du monde«, 7 Bde., 1913–17.

Dühring, Eugen: 1831–1921, Philosoph und Ökonom, → positivistisch eingestellter Gegner des Christen- wie des Judentums sowie des Universitätswesens. Seine Kritik an klassischen materialistischen Auffassungen führte zum Gegenzug von → Engels im sogenannten »Antidühring«. *Hw.:* »Natürliche Dialektik«, 1865; »Der Wert des Lebens«, 1865; »Kritische Geschichte der Philosophie«, 1869; »Kritische Geschichte der allgemeinen Prinzipien der Mechanik«, 1872; »Logik und Wissenschaftstheorie«, 1878; »Der Ersatz der Religion durch Vollkommeneres«, 1883.

Duns Scotus, Johannes: Ca. 1266–1308, schottischer → Scholastiker, Franziskaner, der auf die → augustinische Tradition gegen → Aristotelismus und → Thomismus zurückgreift. Der (freie) Wille hat bei D. Vorrang vor der Vernunft, philosophisches Wissen und religiöser Glaube sind unabhängig voneinander.

Durchschnitt: Mathematische Logik: Dem D. der Klassen A, B, C, . . . , gehören diejenigen Elemente an, die zugleich Element von A, B, C, . . . sind. In der Mengenlehre: Schnittmenge.

Durkheim, Emile, 1858–1917, frz. Soziologe, entwickelte die Lehre vom Kollektivbewußtsein, das von den Individuen hervorgebracht wird, dessen Folgen sie dann aber unterworfen sind. *Hw.:* »Les règles de la méthode sociologique«, 1895; »La division du travail social«, 1893; »Le suicide«, 1897; »Soziologie und Philosophie«, 1974.

Dynamik: Bewegung erzeugende Kraft. Bei → Aristoteles ist *dynamis* die Fähigkeit, Kraft auszuüben, *energeia* dagegen die tatsächlich wirkende Kraft.

Dynamismus: Auffassung der Realität als reines Kräftespiel bzw. als auf solchem beruhend.

E

e: In der klassischen Logik: Symbol der allgemeinen Verneinung; SeP – keinem Subjekt kommt das Prädikat P zu.

Ebbinghaus, Julius: 1885–1981, Kantianischer Staats- und Rechtsphilosoph. *Hw.:* »Relativer und absoluter Idealismus«, 1910; »Kant und das 20. Jh.«, 1954; »Zu Deutschlands Schicksalswende«, 1947; »Ein Brief über Toleranz« 1966; »Die Strafen für die Tötung eines Menschen«, 1968.

Ebner, Ferdinand: 1882–1931, österr. Philosoph, entwickelt eine christlich orientierte → Existenzphilosophie, die von der dialogischen Ich-Du-Beziehung ausgeht. *Hw.:* »Das Wort und die geistigen Realitäten«, 1921; »Wort und Liebe«, 1935; »Das Wort ist der Weg«, 1949.

Eckhart, Johann (Meister Eckhart): 1260–1327, bedeutendster dt. Mystiker, großer Redner. Forderte dazu auf, den eigenen Werken keine besondere Aufmerksamkeit zu widmen. Sinn des Lebens ist die Erkenntnis Gottes durch Vereinigung der Seele mit ihm, dem reinen Sein. Die Seele selbst gebiert Gott nicht nur in der Erkenntnis, sondern durch den Dienst am anderen Menschen. E.s Lehre ließ die → scholastische Theologie beiseite und erzielte eine über Jahrhunderte andauernde Wirkung. (Schriften, dt. 1919).

Egoismus: *Ggt.:* → Altruismus. Orientierung des Handelns an den eigenen Interessen. Genetisch ist der E. im Selbsterhaltungstrieb begründet. Häufig steht E. für einseitig verstandenen Eigennutz: Andere Menschen können nichts zum Wohlergehen des Egoisten beitragen, daher kommt für ihn eine Unterstützung der anderen, die den E. in milderem Licht erscheinen lassen würde, nicht in Frage. Von diesem unmittelbaren E. unterscheidet sich der mittelbare E. dadurch, daß er die eigenen Interessen mit Hilfe der Handlungen anderer Menschen verwirklichen will.

Ehrenfels, Christian von: 1859–1932, Psychologe und Philosoph, einer der Begründer der Gestaltpsychologie (Erforschung der menschlichen Reaktion auf Gestalten, Ganzheiten und Muster) durch Entdeckung der Gestaltqualitäten und der Werttheorie. *Hw.:* »Über Gestaltqualitäten«, 1890; »System der Werttheorie«, 1897–98; »Grundbegriffe der Ethik«, 1907; »Sexualethik«, 1907; »Die Religion der Zukunft«, 1929.

Eidetik: 1.) *Psychologie:* Besonders starkes, bildlich anschauliches Vorstellungsvermögen; Jaensch; 2.) *Wesenslehre* bei → Husserl.

Eidos: Bild. Von daher auch: Gestalt, Idee. 1.) In der → atomistischen Erkenntnistheorie von → Demokrit und → Epikur lösen sich von den Dingen kleine Bilder derselben (eidola), die die menschlichen Sinnesorgane erreichen und so zur Wahrnehmung der Dinge führen; 2.) bei → Husserl gleichbedeutend mit Wesen.

Eigen, Manfred: Geb. 1927, dt. Chemiker; analysierte, wie sich die Notwendigkeit in der Evolution mittels des Zufalls durchsetzt, wie aus individuellem Verhalten durch die Gesetze des Spiels kollektive Zusammenhänge entstehen. Entwickelte die *Theorie des Hyperzyklus*, des Zyklus zusammenhängender zyklischer Prozesse. *Hw. mit philosophischer Bedeutung:* »Das Spiel«, 1975.

Eigenschaft: Wesentliche Eigenschaften charakterisieren ein Ding, unwesentliche sind austauschbar. In der klassischen Logik wird durch ein Urteil einem Subjekt eine Eigenschaft (Prädikat) zuerkannt. In der mathematischen Logik: »T(x)« bedeutet »T ist eine Eigenschaft von x«.

Eigentum: Die Aussage »X ist das Eigentum von A« bedeutet direkt, daß die natürliche oder juristische Person A die uneingeschränkte Verfügungsgewalt über X hat. X kann ein Ding, Tier oder Mensch (Sklave) sein. Die Aussage bedeutet indirekt, daß alle anderen Personen von der Verfügungsgewalt über X ausgeschlossen sind. Eigentum ist daher stets exklusiv. Seit einem Erlaß des Dogen von Venedig anno 1490 gelten neue Ideen als geistiges E., wenn durch ihre praktische Anwendung materielles Eigentum erworben werden kann. Der Doge wollte mit dieser Begründung des Patents Anreize für die Weiterentwicklung der handwerklichen Techniken schaffen. – Wenn es auch nicht an Versuchen gefehlt hat, die Exklusivität des E. in milderes Licht zu rücken (»Eigentum verpflichtet« – wozu? . . . »Volkseigentum« – können alle darüber verfügen? . . .), deutet der Begriff Privateigentum (lat. privare = berauben) den Ausschluß des Nicht-Eigentümers von der Verfügungsgewalt bereits an. Der Begriff E. hat formalen Charakter; er ist unempfindlich gegen Inhalte. E. kann ein Taschenmesser ebenso sein wie eine Industrieanlage oder ein Truppenübungsplatz. Die generelle Kritik an den (privaten) Eigentumsverhältnissen geht bis auf das Mönchtum des Mittelalters und seine klösterliche → Gleichheit zurück. Voll thematisiert wurde die E.sproblematik im 19. Jh., z. B. durch den → Anarchismus (→ Proudhon: »Eigentum ist Diebstahl«) und → Marxismus. → Saint-Simon. → Morus.

Eindeutigkeit: Eine Relation R(x,y,) ist eindeutig oder umkehrbar eindeutig, wenn jedem x genau ein y entspricht und umgekehrt. Diese Bedingung wird bei der Relation von Begriffen und ihrem sprachlichen Ausdruck nur selten erfüllt; z. B. steht das Wort »Mensch« für verschiedene Begriffe, die wiederum auch durch andere Worte dargestellt werden können.

Einheit: 1.) Metrisch: In → Hegels Logik der Gegenbegriff zu Anzahl; 2.) die Einheit der Welt, im physikalischen Sinne des Kosmos, ist eine häufige stillschweigende Annahme in vielen wissenschaftlichen Theorien (→ Monismus, → Dualismus).

Einheitswissenschaft: Forderung des → Wiener Kreises nach einem System von Theorien bzw. Sätzen, das auf denen der Physik gründet und aus dem sich die Theorien aller einzelnen Wissenschaften ableiten lassen. Das Projekt scheiterte, da die zunächst betrachtete Psychologie sich nicht in der Sprache der Physik beschreiben ließ.

Einstein, Albert: 1879–1955, dt. Physiker und Philosoph, Schöpfer der speziellen (1905) und allgemeinen (1916) Relativitätstheorie. E. gelang eine grundsätzliche Neufassung der Begriffe von Raum und Zeit. Im Gegensatz etwa zu → Kant, für den es sich hier um menschenunabhängige Anschauungsformen a priori handelte, beschränkte E. seine Aussagen darüber strikt auf prinzipiell beobachtbare Sachverhalte. Darüber hinausgehende Theorien lehnte er ab. Die spezielle Relativitätstheorie entstand aus dem beobachtungskonformen → Galileischen Relativitätsprinzip und der Erfahrungstatsache, daß sich Licht im Vakuum stets mit der gleichen Geschwindigkeit (c) ausbreitet und daß dies die maximale Ausbreitungsgeschwindigkeit physikalischer Wirkungen ist. Diese beiden Komponenten der speziellen Relativitätstheorie liegen allerdings auf unterschiedlichen logischen Ebenen: Das klassische Galileische Prinzip sagt, daß Bewegung immer nur relativ beobachtet werden kann, während es sich bei c um Messungen handelt, die durch spätere Messungen, z. B. von anderen Phänomenen, in ihrer Bedeutung verringert werden könnten. So läßt die spezielle Relativitätstheorie wohl schon den Keim ihrer späteren Weiterentwicklung erkennen. E. genoß schon zu Lebzeiten fast legendäres Ansehen, wodurch er u. a. auch seine politische Einstellung, insbesondere seinen kämpferischen Pazifismus, vermitteln konnte, ohne sich in dieser Rolle letztlich wohl zu fühlen: Es sei Ironie des Schicksals, meinte E., daß er, der Zeit seines Lebens jeder Autorität abhold war, selbst zu einer solchen gemacht wurde. *Hw.:* »Zur Elektrodynamik bewegter Körper«, 1905; »Über die spezielle und die allgemeine Relativitätstheorie«, 1917; »Geometrie und Erfahrung«, 1921; »Mein Weltbild«, 1934.

Einzelnes: → Allgemeines

Eklektizismus: Unsystematisches Zusammensetzen einer Lehre aus verschiedenen Bruchstücken schon vorhandener Theorien. Der E. führt zu keinem wissenschaftlichen Fortschritt, → Cicero.

élan vital nennt → Bergson die von ihm angenommene »Lebenskraft«.

Eleaten: Angehörige der Philosophenschule von Elea, besonders → Parmenides und → Zenon. Die Kernaussage der E. ist auch für die gegenwärtige Philosophie interessant: Nur das ist wirklich, hat Sein, was widerspruchsfrei erklärbar ist.

Element: 1.) Grundbaustein eines Systems; 2.) in der Antike dachte man sich alle Stoffe als aus vier Grundstoffen aufgebaut: Feuer, Luft, Wasser, Erde. Später kam der Äther hinzu. Seit Boyle, ca. 1820, bezeichnet E. einen chemischen Grundstoff.

Elenchus: Widerlegung einer Argumentation, indem deren innere Widersprüchlichkeit oder logische Unschlüssigkeit aufgezeigt wird. Allgemein auch für Gegenbeweis.

Emanation: Ausströmen des Einzelnen aus dem Allgemeinen, des Niederen aus dem Höheren, der materiellen Realität aus einer besonderen göttlichen Substanz. Im Gegensatz dazu legt die moderne Evolutionstheorie allerdings die umgekehrte Auffassung nahe.

Emanzipation: Befreiung von fremder Verfügungsmacht. Erfolg der E. beinhaltet die Möglichkeit, sich an eigenen statt fremden Interessen zu orientieren, als Subjekt sein eigenes Wesen zur Erscheinung zu bringen, statt als Mittel zu fremdem Zweck verwendet zu werden. Von E. kann nicht nur bei menschlichen Individuen, sondern bei Systemen jeder Art gesprochen werden, z. B. E. des kapitalistischen Wirtschaftssystems von feudaler Oberaufsicht und Behinderung während des 15.–19. Jhs. *Allgemein:* Das Neue strebt nach E. vom Alten.

Emerson, Ralf Waldo: 1803–1882, amerik. Philosoph, Idealist, lehrt die Vereinigung der individuellen mit der Weltseele, propagiert die Stärkung der Persönlichkeit. *Hw.:* »Nature«, 1936; »Essays«, 1841 bis 1844; »Complete Works«, 14 Bde., 1890.

Emge, Carl August: 1886–1970, Rechtsphilosoph der → Marburger Schule, kritisiert den Relativismus. *Hw.:* »Über das Grunddogma des rechtsphilosophischen Relativismus«, 1916; »Philosophischer Gehalt der religiösen Dogmatik«, 1929; »Das Aktuelle«, 1935; »Sicherheit und Gerechtigkeit«, 1940; »Bürokratisierung unter philosophischer und soziologischer Sicht«, 1950; »Das Problem des Fortschritts«, 1958; »Das Wesen der Ideologie«, 1961; »Der Weise«, 1966.

Emotion: Ganzheitliches spontanes, gefühlsmäßiges Erfassen eines Umstands oder eines Ereignisses, mit dem Ansatz einer unmittelbaren Reaktion.

Empedokles: 490–430 v. Chr., griech. Naturphilosoph, bestreitet eine echte Entwicklung der Welt; vielmehr gebe es nur ein ständiges Ver- und Entmischen der Elemente Luft, Feuer, Wasser, Erde, durch Anziehung und Abstoßung analog zu Liebe und Haß.

Empfindung: Unmittelbar sinnliche Erfassung der äußeren (z. B. Musik) und inneren Realität (z. B. Hunger) durch ein Lebewesen. Die Arten der E. gehen dabei weit über die sprichwörtlichen »fünf Sinne« hinaus: Gleichgewicht, Wetterlage, die existentielle Situation, Glück etc. werden auch empfunden. Alle Arten der E. bilden eine komplexe Einheit, die E. der gegebenen inneren und äußeren Situation als ganzer.

Empirie: Erfahrung. *Ggt.:* → Ratio. → Erkenntnis, → Empirismus.

Empiriokritizismus: Von Avenarius um 1890 entwickelte und u. a. von → Mach vertretene Erkenntnistheorie, derzufolge die Empfindungen nicht Eigenschaften von Objekten widerspiegeln, sondern selbst die eigentlichen Objekte der Erkenntnis sind. Die Welt besteht nicht aus »Dingen«, sondern aus Farben, Geräuschen etc. Die vom Empfinden bzw. Bewußtsein unabhängige Realität ist nicht nachweisbar, daher nur eine → metaphysische Behauptung. Schärfster Gegner des E. war → Lenin.

Empirismus: Die einseitige Betonung der, meist sinnlichen, Erfahrung für die Erkenntnis, wodurch die Bedeutung der rationalen Verarbeitung des Erfahrenen indirekt reduziert wird. *Ggt.:* → Rationalismus. Die Rolle der Erfahrung ist eine zweifache: Quelle der Erkenntnis und Kriterium für die Richtigkeit und Falschheit einer Theorie. Der strenge E. kann allerdings keine Theoriebildung erlauben, da sich Theorien nicht sinnlich wahrnehmen lassen. Der neuzeitliche E. wurde von F. → Bacon, → Locke und → Hume als Kontrapunkt zur scholastischen Buchgelehrtheit entwickelt. Die analytische Philosophie des 20. Jhs. (→ Carnap, → Schlick u. a.) trägt wieder stark empiristische Züge.

Endlichkeit: Aus den Erhaltungssätzen der Physik ergibt sich die zeitliche Unendlichkeit der Materie. Jede Umwandlung bedeutet das Ende alter und den Anfang neuer Formen, wobei der Gesamtbetrag von Masse und Energie stets gleich bleibt. Von → Descartes schon vermutet: »Die Quantität ist absolut«. In Einsteins Kosmologie ist E. auch ein Gegenbegriff zu Begrenztheit. Das Universum ist unbegrenzt, aber endlich. Die Summe von Masse und Energie hat einen bestimmten konstanten Wert. Zeitliche Endlichkeit kommt daher nur den Formen der Materie zu, die sich ineinander verwandeln.

endogen: Im Inneren entstanden, durch innere Ursachen bedingt. *Ggt.:* → exogen.

Energetik: Von → Ostwald Ende des 19. Jhs. entwickelte Lehre, derzufolge die Energie Grundlage der Realität ist. Materie und Bewußtsein sind Formen der Energie.

Energie: Bei → Aristoteles (energeia) die Fähigkeit, eine Wirkung zu erzeugen; physikalisch: die Fähigkeit, Arbeit zu verrichten. Philosophisch wichtig ist besonders der Satz von der Erhaltung der Energie (→ Erhaltungssätze), begründet von Robert Mayer, 1842. Gegenbegriff in der relativistischen Physik ist *Masse*. Dabei bestehen E und m in einer polaren Beziehung.

Engels, Friedrich: 1820–1895, Freund und Mitarbeiter von Marx, hatte maßgeblichen Anteil an der Ausarbeitung der Grundlagen des Marxismus. Im Unterschied zu Marx befaßte sich E. auch publizistisch mit elementaren philosophischen Problemen, insbesondere der → Dialektik im Rahmen des → Materialismus und der Erkenntnistheorie. Für die Entwicklung des Marxismus bedeutsam waren seine zahlreichen Schriften zu ökonomischen, geschichtlichen und militärischen Themen, in denen er die Grundgedanken des dialektischen und historischen Materialismus anwandte und popularisierte. Im sogenannten »Antidühring« (1878) und in dem Fragment »Dialektik der Natur« begann E., den Marxismus zu einer umfassenden Weltanschauung zu entwickeln. *Weiteres Hw.:* »Der Ursprung der Familie, des Privateigentums und des Staates«, 1884.

Ens: In der → Scholastik: Sein. *Ens reale* – das wirkliche, vom Bewußtsein unabhängige Ding; *ens rationis* – das nur gedachte Ding; *ens realissimum* – das allerwirklichste Sein = Gott.

Entelechie: Auf → Aristoteles zurückgehende Annahme, derzufolge Dinge das Ziel ihrer Entwicklung in sich tragen. Bei Aristoteles trägt der Begriff eher noch → teleonomische als → teleologische Züge, bei → Thomas von Aquino und den → Vitalisten ist es umgekehrt.

Entfaltung: In der E. zeigt etwas, was es seinem Wesen nach ist. Das zunächst nur keimhaft an sich vorhandene Wesen tritt im Zuge der Entstehung eines Dings immer weiter in Erscheinung. Das Wesen erscheint, das Ding entfaltet sich.

Entfremdung: Wichtiger, aber nicht zentraler Begriff bei → Hegel, → Feuerbach und → Marx; größere Bedeutung hat er im → Existentialismus und bei → Fromm. Beim jungen Marx geschieht die E. u. a. in der industriellen Arbeit, wo der Arbeiter zu bestimmten Bewegungen und Verrichtungen gezwungen ist, ohne deren Sinn zu kennen. Er hat weder die Produktion geplant, noch kann er über die Resultate, die Produkte seiner Arbeit, verfügen. Die E. wird durch ein Dilemma fixiert: Um in der Gesellschaft leben zu können, muß der Arbeiter Geld verdienen; dies kann er nur in der Fabrik; die Fabrikarbeit widerspricht aber wichtigen Bedürfnissen. Die Entfremdung des Produzenten von seinem Produkt führt zur Selbstentfremdung und damit zur E. der Menschen voneinander, z. B. in Gestalt der Konkurrenz. – Nach → Hegel entfremdet sich der Weltgeist im Zuge seiner Entwicklung zunächst von sich selbst, indem er sich in den einzelnen Dingen entäußert, findet aber schließlich in Erkenntnis seiner selbst durch die E. zu sich selbst zurück.

Enthymem: Abgekürzter → Schluß (meist → Syllogismus), bei dem eine Prämisse oder der Schlußsatz unausgesprochen bleibt. »Liesel ist eine glückliche Kuh. Liesel gibt viel Milch«. Es fehlt der Obersatz: »Alle glücklichen Kühe geben viel Milch.«

Entität: → Scholastische Bezeichnung für das Vorhandensein eines Dings, im Unterschied zu seiner Beschaffenheit.

Entropie: Ursprünglich in der Thermodynamik: Maß für die Arbeit, die die Energie eines geschlossenen Systems leisten kann. Heute verallgemeinert: Maß der Unordnung innerhalb eines geschlossenen Systems. Aus dem ersten und zweiten Hauptsatz der Thermodynamik läßt sich ableiten, daß sich alle Energieformen letztlich in Wärme auf einheitlichem Temperaturniveau verwandeln müssen. Sofern das Universum ein geschlossenes System ist, wurde daraus der »Wärmetod des Weltalls« abgeleitet. Die Hauptsätze der Thermodynamik sind allerdings keine Naturgesetze, sondern Erfahrungssätze. Zumindest die Gravitation wirkt der genannten Tendenz entgegen.

Entstehen und Vergehen sind die beiden Seiten des Werdens in der Philosophie von Hegel. Durch die Erhaltungssätze der Physik und die biologische Evolutionstheorie erscheinen die Begriffe E. und V. als sich gegenseitig bedingend, jedes E. schließt V. gleichen Ausmaßes ein.

Entwicklung: Universelle Eigenschaft der Realität. U. a. interpretiert als: Zunahme der Entropie; Aufbau immer komplexerer Strukturen; Entfaltung des Wesens; Übergang vom Wesen zur Erscheinung, auch von der Möglichkeit zur Wirklichkeit.

Enzyklopädie: Umfassende Darstellung des Wissens in sachlicher Gliederung.

Enzyklopädisten: Mitarbeiter und Herausgeber der »Encyclopédie ou dictionnaire raisonné des sciences, des arts et des métiers, »28 Bde., 1751–80, besonders Diderot, d'Alembert, Rousseau, Holbach, Montesquieu, Voltaire. Die Enzyklopädie gilt als eines der Hauptwerke der Aufklärung.

Epigenese: Entwicklung durch Neubildung.

Epigonen: Nachfolger mit geringerer Kreativität.

Epiktet: Ca. 50–138, → stoischer Philosoph, vertritt eine dem Christentum ähnliche Ethik.

Epikur: 341–271 v. Chr., einer der wichtigsten Vertreter des → Eudaimonismus, der Lehre vom persönlichen Glück in Theorie und Praxis. Ausgehend von der Atomtheorie des → Demokrit, lehrte E., daß auch die Seele aus → Atomen bestehe, die sich nach dem Tod trennen. Dann gäbe es also weder Weiterleben, noch Wahrnehmung. Da man das Totsein nicht erleben kann, ist es unsinnig, davor Angst zu haben. Auch alle übrigen Ängste lassen sich durch wissenschaftliches Nachdenken überwinden. Die Angst vor den Göttern, aber auch die Hoffnung auf sie ist unbegründet, da die Götter in glücklicher Zufriedenheit zwischen den unzähligen Welten leben und sich für die Anliegen der Menschen nicht interessieren. Die Menschen können das Glück erreichen, indem sie sich den Freuden zuwenden und den Schmerz vermeiden, wobei die Übergänge vom einen zum anderen entscheidend sind. Glück ist im privaten Bereich zusammen mit Freunden möglich, Teilnahme am öffentlichen Leben der falsche Weg. Lathe biosas – Lebe im Verborgenen.

Epistemologie: Wissenschaftstheorie, Erkenntnistheorie.

Epoché: In der → Stoa und → Skepsis: die Zurückhaltung des Urteils. Die E. beruht auf der Annahme der prinzipiellen Gleichrangigkeit aller Urteile über einen Sachverhalt.

Erasmus (Desiderius) von Rotterdam: 1466 bzw. 1469–1536, bedeutender Humanist, durch seine Kritik an Kirche und → scholastischer Theologie ein Wegbereiter der Reformation, blieb er zu dieser doch stets auf Distanz und sah sich, wie andere Humanisten auch, in einer überlegenen, vermittelnden Position. Zum Bruch mit Luther kam es durch E.s Festhalten an der menschlichen Willensfreiheit.

Erdmann, Johann Eduard: 1805–1892, rechtshegelianischer Philosophiegeschichtler. *Hw.:* »Versuch einer wissenschaftlichen Darstellung der Geschichte der neueren Philosophie«, 1843–53, 6 Bde.; »Leib und Seele«, 1837; »Grundriß der Psychologie«, 1840; »Grundriß der Logik und Metaphysik«, 1841; Grundriß der Geschichte der Philosophie«, 1865–67, 2 Bde.; »Ernste Spiele«, 1871.

Erfahrung: Sinnliche Erkenntnis, Wahrnehmung, die zur Bildung oder Verbesserung einer Theorie führt. Nicht jede Wahrnehmung ist eine E., Erfahrung aber (in der Sicht des → Materialismus oder → Empirismus) die Grundlage der Theorie, der rationalen Erkenntnis.

Erfolgsethik: Im Gegensatz zur → Gesinnungsethik bewertet die E. die Moralität einer Handlung nach dem tatsächlichen Resultat, nicht nach der Absicht des Handelnden. So kann die Tötung eines Menschen verurteilt werden (»fahrlässige Tötung«), auch wenn sie nicht beabsichtigt war.

Erhaltungssätze: Physikalische Gesetze mit der allgemeinen Form: Die Summe bestimmter Eigenschaften einer bestimmten Menge von Systemen bleibt bei Wechselwirkungen zwischen den Systemen konstant. Der allgemeinste, umfassendste bis heute bekannte E. ist Einsteins $E = mc^2$, worin *Masse* und *Energie* als die beiden Seiten eines Zusammenhanges dargestellt werden, dessen Gesamtbetrag gleichbleibt. Diese Gleichung baut auf den älteren, noch getrennten Sätzen von der Erhaltung der Masse und Energie auf. Die *philosophische Bedeutung der E.* ist eine zweifache: 1.) Bei jeder Veränderung bleibt eine bestimmte Eigenschaft unverändert. Die E. beschreiben dabei sehr weitgehend unveränderliche Größen, im Idealfall das absolut Unveränderliche; auf dem gegenwärtigen Stand der Forschung ist das eben die Summe von E und m. 2.) Hat die Materie unveränderliche Eigenschaften, dann erleichtert deren Kenntnis nicht nur die Bildung von Theorien auf einer speziellen Ebene, sondern zeigt auch die zeitliche Unendlichkeit des Universums. Die Welt hat weder Anfang noch Ende.

Eristik: Lehre vom bzw. Kunst des wissenschaftlichen Streitgesprächs. Begründet durch → Euklid von Megara und seinen Anhängern.

Eriugena, Johannes Scotus: 810–877, bedeutendster christl. Philosoph des 9. Jhs., bemühte sich um ein zusammenhängendes Verständnis der Welt, sah diese als in ständiger Entwicklung begriffen an.

Erkenntnis: Erfassen eines Objekts durch ein Subjekt. Seit den Anfängen der Philosophie wird die Frage nach dem Wesen und den Methoden der E. diskutiert. Häufig gilt als E. die Entstehung oder neuartige Verknüpfung von → Ideen, wobei das Zustandekommen dieses neuen Bewußtseinszusammenhangs unterschiedlich gefaßt wird: Vom Standpunkt des I. handelt es sich dabei um einen selbständigen, eigengesetzlichen Vorgang; die E.se beruhen auf vorangegangenen E.sen, auf absoluten Ideen oder ereignen sich spontan. Die ihrem Wesen nach materialistische Widerspiegelungstheorie unterstellt dagegen eine äußere materielle Realität, deren Strukturen in der E. zu Bewußtseinsinhalten und -zusammenhängen werden. Diese Auffassung wird von der modernen Naturwissenschaft in aller Regel ausdrücklich oder stillschweigend zugrunde gelegt. Danach steht am Anfang der E. das Erleben der Umwelt, die sinnliche, praktische Erfahrung. Vielfältige Erfahrungen führen zur Erkenntnis des Zusammenhangs in den sinnlich wahrgenommenen Einzelphänomenen, die sinnliche E. wird durch Induktion zur rationalen E., zur Theorie. Die Theorie wird nun wieder auf einen bestimmten Fall angewandt, der gedankliche Übergang vom Allgemeinen zum Besonderen vollzogen (Deduktion), der als konkreter Plan wiederum in die Praxis mündet, wo der Kreislauf der E. von neuem beginnt. Steht hinter jeder praktischen Betätigung ein letztlich auf Bedürfnissen beruhendes Interesse, so ist auch die E. wesentlich Mittel zum Zweck der Befriedigung dieser Bedürfnisse. Jede gewonnene E. beantwortet eine Frage und wirft mindestens eine neue auf. E. wird damit zum fortdauernden Prozeß, zum historischen Phänomen, wirft als solches die Frage auf, ob der Gegenstand der Erkenntnis, die Materie bzw. Natur, erschöpfbar ist, irgendwann alles erkannt ist oder ob es sich hier um einen unendlichen Prozeß handelt, ob E. mit der Entstehung des Menschen beginnt oder ob sich bereits in der vormenschlichen Natur E.se in entsprechend anderer Form gebildet haben.

Erkenntnistheorie: 1.) Antworten auf die Frage, wie der Mensch erkennt, was er erkennt, erkennen kann, ob er überhaupt etwas erkennt, schließlich die Frage, ob diese Frage überhaupt zu einer Erkenntnis führt. Der Artikel »Erkenntnis« ist also selbst Erkenntnistheorie. 2.) Die Ausarbeitung und Kritik konkreter Methoden der Erkenntnis.

Erklärung: Darstellung einer einzelnen Erkenntnis vor dem Hintergrund einer allgemeineren. Das einzelne Neue, z. B. ein Ereignis, wird einem schon vorhandenen Bezugssystem zugeordnet und von daher verstanden, erklärt. Für ein Ereignis gibt es daher jeweils verschiedene Erklärungen.

Erlebnis: Eine Erfahrung, die das Individuum als Ganzes berührt, von ihm als existenziell bedeutsam empfunden wird.

Eros: In der Antike zunächst der Gott der Liebe, manchmal synonym für Geschlechtstrieb oder auch allgemein eine auf etwas gerichtete Leidenschaft. → Freud führt die Gesamtheit der Triebe auf Eros und Destruktionstrieb zurück. In dieser → Polarität sieht er den konkreten Ausdruck einer allgemeinen Beziehung in der Natur überhaupt, die sich z. B. in der Mechanik als Anziehung und Abstoßung zeigt. Jede menschliche Handlung enthält sowohl einen Zug des Eros als auch des Destruktionstriebs. Der Destruktionstrieb löst in diesem Sinne Zusammenhänge auf, während der Eros neue Zusammenhänge schafft. So wird bei der Ernährung durch Arbeit und Verdauung ein natürlicher Gegenstand in seine Bestandteile zerlegt, die vom sich ernährenden Organismus als Bausteine seiner selbst wieder konstruktiv, erotisch verwendet werden.

erotematisch: Wissensvermittlung in Frage und Antwort. *Ggt.:* → akroamatisch.

Erotik: 1.) »Gehobener« Ausdruck für Sexualität; 2.) die jeweils individuelle Art und Weise, in der der Geschlechtstrieb und die mit ihm zusammenhängenden Bedürfnisse möglichst tief und umfassend befriedigt werden.

Erscheinung: Die E. eines Dings ist die Gesamtheit seiner Eigenschaften, die von der Wahrnehmung erfaßt werden. *Ggt.:* 1.) Ding an sich (→ Kant), die Erkenntnis reflektiert nur die Erscheinung, das Ding an sich bleibt unerkennbar. 2.) Wesen (→ Hegel), aus der Erkenntnis der Erscheinung entwickelt sich die Erkenntnis des Wesens. Die Erkenntnis gelangt von der Erscheinung zum Wesen.

Eschatologie: Lehre von den letzten Dingen. Eschatologisch sind Theorien, denen zufolge die Geschichte einem Endziel zustrebt.

Essenz: Wesen eines Dings. *Ggt.:* Existenz. Bei → Spinoza bedingt die E. die Existenz. Ein Ding existiert, d. h. erscheint so, wie es seinem Wesen nach ist. Bei → Sartre geht die menschliche Existenz der Essenz voraus; der Mensch ist, wozu er sich macht.

Ethik: Theorien zur Beurteilung menschlichen Handelns mit den Kategorien Richtig und Falsch bzw. Gut und Böse. Als Maßstab kann zunächst das Eigeninteresse des handelnden Individuums, der Gruppe, Klasse oder Gesellschaft dienen. Die Frage lautet dann: Führt die geplante oder durchgeführte Tat zu dem beabsichtigten Resultat, läuft sie vielleicht anderen Interessen des betreffenden Subjekts zuwider. – Der entgegengesetzte Maßstab ergibt sich aus den Interessen eines übergeordneten Systems, z. B. des jeweiligen Gesellschaftssystems gegenüber den Individuen oder des Weltwirtschaftssystems gegenüber der Politik eines bestimmten Staates; → Moral. Bei den meisten ethischen Entwürfen dominiert dieser zweite Gesichtspunkt. Hier kann unterschieden werden zwischen → *Erfolgsethik* (das tatsächliche Resultat der Handlung wird beurteilt) und → *Gesinnungsethik* (die beabsichtigte Wirkung wird zum Kriterium). Wichtigste Variante der Erfolgsethik ist der → Utilitarismus mit der populären Formel von »dem größtmöglichen Glück der größtmöglichen Zahl«. Eine weitere Unterscheidung kann zwischen *inhaltlicher* und *formaler E.* gemacht werden. Erstere bemüht sich um die Aufstellung positiver Normen. Als Beispiel letzterer ist am bekanntesten → Kants kategorischer Imperativ (»Handle so, daß die Maxime deines Willens jederzeit zugleich als Prinzip einer allgemeinen Gesetzgebung gelten könnte.«) Damit werden Kriterien entwickelt, die auf beliebige Handlungen angewandt werden können und diese letztlich auf innere Widerspruchsfreiheit untersuchen: Führt sich die Handlung bei Verallgemeinerung selbst ad absurdum? Umstritten ist weiter die Frage, ob es grundsätzliche, absolute, allen Menschen zu allen Zeiten gemeinsame oder für sie verbindliche Normen gibt, oder ob die Moral stets Ausdruck besonderer Interessenlagen, letztlich also bestimmter, historisch veränderlicher gesellschaftlicher Verhältnisse ist.

Ethos: Eine relative Gesamtheit moralischer Vorstellungen, die auf das Handeln des Einzelnen steuernd wirkt. Wer sich von einem E. beseelt fühlt, empfindet dies oft nicht als Steuerung, sondern als Triebkraft.

Eucken, Rudolf: 1846–1926, Kritiker der technischen Zivilisation, der dem technisch-naturwissenschaftlichen Denken das dem Geistigen und Menschlichen adäquate »noologische« Denken entgegenstellt. *Hw.:* »Die Einheit des Geisteslebens in Bewußtsein und Tat der Menschheit«, 1888; »Die Lebensanschauungen der großen Denker«, 1890; »Der Kampf um einen geistigen Lebensinhalt«, 1896;

»Sinn und Wert des Lebens«, 1908; »Die geistigen Forderungen der Gegenwart«, 1928; »Zeitüberlegenheit und historisch-politische Wirklichkeit«, 1961.

Eudaimonismus: Lehre vom Erlangen der Glückseligkeit auf individuellem oder kollektivem Wege. Die individuelle Variante des E. zeigt meist einen hedonistischen Grundzug, die sinnliche Freude gilt als wesentliche Grundlage des Glücks. Unter den oft widrigen gesellschaftlichen Bedingungen kann das Glück nicht unmittelbar, sondern, wie z. B. bei Epikur, durch listigen Einsatz des Verstandes erreicht werden. Die Ausprägung des E. im kollektiven Sinne wird meist als → Utilitarismus bezeichnet.

Euklid von Megara: Ca. 450–380 v. Chr., Schüler des Sokrates, Gründer der megarischen Schule. → Megariker.

Euthymie: Seelische Freude.

Evidenz: Die empfundene Selbstverständlichkeit einer Aussage.

Evolution: Entwicklung. Im modernen Sinn meist die Entwicklung der Natur aus sich selbst. Bei → Darwin wird die E. der Lebewesen aus dem Wechselspiel von Mutation (bei Darwin: Variation) und Selektion erklärt. In dem Maße, wie daraus der Mensch entsteht, verliert dieses Muster an Bedeutung. Es verwandelt sich in eine – noch ungeklärte – Struktur, eben die der E. unter menschlichem Vorzeichen, ist darin aufgehoben (→ Negation). Ebensowenig vollzog sich die E. der Elementarteilchen, Atome und Moleküle bis hin zur Entstehung des Lebens nach Mutation und Selektion; dennoch muß sich für diese verschiedenen Phasen der E. eine allgemeine Struktur finden lassen, die sich phasenweise wandelt.

Ewigkeit: Zeitliche → Unendlichkeit.

exakt: Genau. Die »exakten Wissenschaften« bemühen sich, alle Aussagen und Begriffe auf beobachtbare, meßbare Tatsachen zu stützen.

Exemplarismus: → Scholastische Theorie, derzufolge die Dinge nur Spiegelungen ihrer in Gott liegenden Urbilder sind.

Existentialaussage: Aussage mit der Form: Es gibt ein x; x existiert.

Existentialismus: Existenzphilosophie, bedeutende philosophische Strömung der ersten Hälfte des 20. Jhs., die hauptsächlich eine bestimmte individuelle Lebenseinstellung begründet. Das Leben hat danach keinen vorgegebenen Sinn, ebensowenig gibt es ein allgemeines Wesen des Menschen. Jeder Mensch ist, wozu er sich macht. Die Existenz vollzieht sich in Angst, Ekel oder im Schatten des Todes, denen der Mensch bei manchen Vertretern des E. vereinzelt und ohne Hoffnung gegenübersteht. Existentialistische Gedanken finden sich zuerst bei → Kierkegaard, dann bei → Marcel, → Jaspers, → Sartre, → Camus u. a. Die Positionen der einzelnen Autoren lassen sich, zumal sich hier religiöse und atheistische Theorien treffen, nur näherungsweise unter dem Begriff E. zusammenfassen; → Heidegger lehnte ihn für sich ab. Eine besonders konsequente Grundposition bezog Sartre mit seinem atheistischen E.: Wenn der Mensch voraussetzungslos in der Welt steht und die völlige Freiheit hat, sich zu diesem oder jenem zu machen, kann man ihn nicht als Produkt Gottes betrachten. Der Mensch ist das einzige Wesen, bei dem »die → Existenz der → Essenz vorangeht«, d. h., es existiert von ihm kein Begriff oder Plan, nach dem sich das Dasein richtet. Es liegt im Einzelnen selbst, ein Held oder Feigling zu werden. – Der E. entstand unter dem Eindruck der Krisen der ersten Hälfte des 20. Jhs., besonders der beiden Weltkriege, die die herkömmliche bürgerliche Moral mit ihrem Fortschrittsoptimismus erschütterten. → Metaphysische Systeme waren blind gegenüber der Gefahr gewesen; daher neigen die nicht religiös gebundenen Existentialisten dazu, alle Weltanschauungen, manchmal sogar alle Sicherheit gebenden Bindungen abzulehnen und nur den Einzelnen als freies Individuum zu betrachten; die alten Zusammenhänge sind nicht mehr tragbar, Alternativen nicht in Sicht.

Existenz: 1.) Das Dasein, Vorhandensein eines Dings; 2.) im Existentialismus die, in der Regel individuell verstandene, menschliche Existenz.

Existenzphilosophie: Im deutschen Sprachgebrauch, besonders bei → Jaspers, häufig für: → Existentialismus.

Exklusion: In der *klassischen Logik:* → Syllogismus der Form: Alle Götter leben auf dem Olymp. Max lebt nicht auf dem Olymp. Max ist kein Gott. *Aussagenlogik:* Die → Aussage p/q ist wahr, wenn mindestens eine der beiden Aussagen p, q falsch ist.

exogen: Durch äußere Ursachen hervorgerufen. *Ggt.:* → endogen.

exoterisch: Auch an Außenstehende, an die Öffentlichkeit gewandt. *Ggt.:* esoterisch.

Experiment: In der Philosophie nur als Gedankenexperiment bedeutsame Methode, die Wirkung bestimmter isolierter, für sich betrachteter Ursachen zu ermitteln. Die Stärke des E. liegt in seiner definitionsgemäßen Unempfindlichkeit gegen Verschiebungen in Raum und Zeit. Werden die jeweiligen Ausgangs- und Randbedingungen eingehalten, muß auch das Resultat gleich sein. Unkontrollierte Wechselwirkung der Versuchsanordnung mit der Umgebung finden aber immer statt; sie sind lediglich zu vernachlässigen, wenn ihre Wirkung unterhalb der Meßempfindlichkeit liegt. Jedes E. ist in diesem Sinn abstrakt. Es ermöglicht letztlich nur hypothetische Aussagen.

experimentum crucis: Entscheidendes Experiment, z. B. für die

Beurteilung widersprechender Theorien. »Die Probe aufs Exempel«.

Explikation: Erklärung.

explizit: Ausdrücklich, ausführlich. *Ggt.:* → implizit.

Extension: Ausdehnung, Umfang.

extramental: Außerhalb des Bewußtseins.

extramundan: Außerhalb der Welt.

Extrem: Das Äußerste, das ein bestimmtes Gebiet abgrenzt, diesem aber noch angehört.

F

faktisch: Tatsächlich.

Faktor: Eine von zwei oder mehr Ursachen, die zusammen eine bestimmte Wirkung erzielen.

Faktum: Tatsache.

Falsifikation: Nachweis der Falschheit einer Aussage. *Ggt.:* → Verifikation. Der F. wird, u. a. von → Popper, entscheidende Bedeutung für den menschlichen Erkenntnisprozeß zugesprochen.

Fangschluß: In der klassischen Logik ein Schluß, der absichtlich so formuliert ist, daß aus einleuchtenden Prämissen ein absurd klingender Schlußsatz folgt. *Bsp.:* Tätigkeiten, bei denen Menschen ums Leben kommen, sind tödlich. Beim Sport sind schon viele Menschen ums Leben gekommen. Sport ist tödlich. – Die Wirkung des F. beruht in der Regel darauf, daß er mit unscharfen Begriffen arbeitet.

Fatalismus (lat. fatalis, vom Schicksal bestimmt): Glaube, daß der individuelle Lebenslauf festen unbeeinflußbaren Gesetzmäßigkeiten folgt. → Notwendigkeit, → Laplacescher Dämon.

Fatum: Schicksal.

Fechner, Gustav Theodor: 1801 bis 1887, dt. Psychologe und Philosoph, Begründer der Psychophysik, entwickelte ein pantheistisches Weltbild, das von der Allbeseelung ausgeht. *Hw.:* »Vom Leben nach dem Tode«, 1836; »Nanna oder über das Seelenleben der Pflanzen«, 1848; »Zend – Avesta oder über die Dinge des Himmels und des Jenseits«, 1851; »Elemente der Psychophysik«, 1869; »Über die Seelenfrage«, 1861; »Die Tagesansicht gegenüber der Nachtansicht«, 1879.

Fehlschluß: Schluß, bei dem der Schlußsatz aus plausiblen Prämissen formal falsch abgeleitet wird. *Bsp.:* Alle Hunde haben zwei Ohren. Moritz hat zwei Ohren. Moritz ist ein Hund.

Fernstenliebe: Von → Nietzsche gegen die christliche Nächstenliebe begründete ethische Vorstellung, daß sich das Handeln an Idealvorstellungen vom Menschen orientieren solle.

Fetischismus: Glaube, daß bestimmte Gegenstände einen für solche Gegenstände sonst ungewöhnlichen Einfluß auf den Menschen ausüben. Elemente des F. finden sich in nahezu allen Religionen, ja überhaupt im individuellen und kollektiven Bewußtsein außerhalb der neuzeitlichen Naturwissenschaft.

Fetscher, Iring: Geb. 1922, Politologe und Philosoph, Marxismusforscher. *Hw.:* »Marx und der Marxismus«, 1967; »Hegels Lehre vom Menschen«, 1970; »Herrschaft und Emanzipation. Zur Philosophie des Bürgertums«, 1977.

Feuerbach, Ludwig: 1804–1872,

zunächst → Linkshegelianer, dann → Sensualist, Kritiker des Christentums: Der Mensch ist nicht von Gott, sondern Gott vom Menschen als Bild seiner Wünsche und Bedürfnisse geschaffen worden. *Hw.:* »Das Wesen des Christentums«, 1841; »Grundsätze der Philosophie der Zukunft«, 1843; »Die Unsterblichkeitsfrage«, 1846; »Vorlesungen über das Wesen der Religion«, 1851.

Fichte, Immanuel Hermann: 1796–1879, Sohn von Johann Gottlieb F., entwarf einen gegen → Hegels absoluten Geist gerichteten »Spekulativen → Theismus«.

Fichte, Johann Gottlieb: 1762 bis 1814, Schöpfer eines subjektiven → Idealismus, der das tätige Ich zum Ausgangspunkt der Philosophie macht und der während des 19. Jhs. anhaltende Wirkung erzielte. F. überwand dabei die → Kant'sche Theorie vom Ding an sich: Das Ich setzt zunächst sich selbst, dann setzt es als sein Gegenstück das Nicht-Ich und hebt diesen Gegensatz schließlich dadurch auf, daß es dem individuellen (»teilbaren«) Ich eine entsprechendes Nicht-Ich (die Außenwelt) entgegensetzt. Das Ich zeigt sich in dieser Theorie als Ausgangspunkt und damit als nicht durch Äußeres bestimmt, sondern vielmehr sich selbst bestimmend. Die Außenwelt, Natur, hat dagegen nichts Selbständiges, sondern ist bloßes Objekt menschlicher Tätigkeit. F.s → Aktivismus prägt auch seine → Ethik: Was für die Aktivität erforderlich, ist dadurch sittlich. Ausgehend von seinen revolutionären Schriften des Jahres 1793 »Zurückforderung der Denkfreiheit von den Fürsten Europas, die sie bisher unterdrückten« wurde F. zu einem bedeutenden dt. politischen Denker seiner Zeit, der gegen die napoleonische Besatzung die allgemeine Volksbewaffnung propagierte und ein freies Bildungssystem, die »deutsche Nationalerziehung«, forderte. *Hw.:* »Grundlage der gesamten Wissenschaftslehre«, 1794; »Über den Begriff der Wissenschaftslehre«, 1794; »Über den Grund unseres Glaubens an eine göttliche Weltregierung«, 1798; »System der Sittenlehre«, 1798; »Über die Bestimmung des Menschen«, 1800; »Der geschlossene Handelsstaat«, 1800; »Die Grundzüge des gegenwärtigen Zeitalters«, 1804/05; »Anweisung zum seligen Leben«, 1806; »Reden an die deutsche Nation«, 1807/08.

Ficino, Marsiglio: 1433–1499, Arzt und Philosoph, Lehrer an der platonischen Akademie in Florenz, versuchte eine Verbindung der christl. Überlieferung mit der Philosophie → Platons, entwickelte eine humanistische → Anthropologie. *Hw.:* »Theologia platonica«, 1482.

Fideismus: Weltanschauung, die auf dem Glauben im, oft demonstrativen, Gegensatz zur Vernunft und Wissenschaft beruht.

Fiktion: Annahme, die als unrichtig betrachtet wird, aber dennoch vorübergehend als konstruktives

Hilfsmittel dienen kann. Die Theorie der F. wurde von → Kant begründet und von → Vaihinger zur Grundlage der Philosophie des → »als ob« gemacht.

final: Auf ein Ziel gerichtet, zweckbestimmt.

Finalismus: → Idealistische bis theologische Theorie, derzufolge das Geschehen in der Welt analog zur menschlichen Arbeit auf ein Endziel hin erfolgt. Auch natürliche Abläufe werden nach dem Muster der menschlichen Arbeit verstanden. Es regnet, damit die Lebewesen nicht verdursten.

Finalität: Zielgerichtetheit, Zweckbestimmtheit. Kann theologisch oder als Charakteristikum menschlichen Handels verstanden werden.

Fischer, Kuno: 1824–1907, dt. Philosoph und Philosophiehistoriker, Neukantianer. *Hw.:* »Geschichte der neueren Philosophie«, 1852–77; »System der Logik und Metaphysik oder Wissenschaftslehre«, 1852; »Goethe-Schriften, 9 Teile«, 1890–1903; »Philosophische Schriften«, 6 Bde., 1891 ff.

Folge: → Grund und Folge

Folgerung: Gleichbedeutend mit → Schluß.

Fontenelle, Bernard le Bovier de: 1657–1757, Philosoph der frz. Aufklärung, → Cartesianer, vertritt ein naturwissenschaftlich fundiertes Weltbild. *Hw.:* »Dialogues des morts«, 1638; »Entretiens sur la pluralité des mondes«, 1686.

Form und Inhalt: Ursprünglich bezeichnet F. die Struktur eines Dings gegenüber dem Stoff, aus dem es besteht. Später vereint sich der Umfang des Begriffs F. auf die äußere Erscheinungsform bzw. die F. der Darstellung eines Inhalts. Die Erscheinungsf. (→ Wesen und → Erscheinung) ist vom Wesen der Sache bestimmt und von ihren äußeren Umständen bedingt (→ Bestimmung und → Bedingung). Etwas kann also verschiedene F.en annehmen, ohne sich in seinem Wesen zu verändern; ja, der Wandel der Form ist geradezu ein Mittel der Erhaltung des Wesens (→ Metamorphose) unter wechselnden äußeren Bedingungen. Jede Information (damit auch alle Arten menschlicher Kommunikation) hat einen Inhalt, der in verschiedenen Formen dargestellt werden, verschiedene Formen annehmen kann. »Ich liebe Dich« ist eine von zahllosen sprachlichen F.en, in denen ein bestimmter Inhalt ausgedrückt wird, der außer der sprachlichen auch noch nahezu unendlich viele nichtsprachliche F.en annehmen kann. In der Kunst erzeugen F. und I. ein Spannungsfeld, das zur Charakterisierung des Kunstwerks wie zur Orientierung des Künstlers ausgenutzt werden kann. Kunst fürs Gemüt neigt zur Betonung der F., zweckorientierte Kunst mißt das Werk wesentlich am I.

Formalismus: *Ggt.:* »Inhaltismus«. *Allgemein:* Die Hervorhebung des formalen Aspekts gegenüber dem inhaltlichen oder materialen Aspekt. 1.) *Ethischer F.:* Von → Kant entwickelte Methode zur ethischen Orientierung von Gesinnungen und Taten (Kategorischer Imperativ); jedes Vorhaben kann daran gemessen werden, wie es sich als allgemeines Gesetz des Handelns auswirken würde. Die Frage ist dann, ob sich die Maxime selbst ad absurdum führt, wenn sie von allen befolgt wird: Geld leihen mit der Absicht, es nicht zurückzugeben, führt sich ad absurdum, da das Geldverleihen aufhören würde, wenn alle so handelten. 2.) *Logischer F.:* → Logik. 3.) *Ästhetischer F.:* Die Bedeutung eines Kunstwerks liegt allein in seiner Form, inhaltliche Bedeutung kommt ihm nicht zu. In der bildenden Kunst kann so z. B. bei Skulpturen auf die Einhaltung des Goldenen Schnitts ohne Rücksicht auf das dargestellte Objekt geachtet werden.

Fortschritt: Ein allgemeines Kriterium oder Maß für den F. ist schwer zu bestimmen. Betrachtet man die Arbeit als Grundlage der Gesellschaft, dann kann als Maß z. B. die Steigerung der Arbeitsproduktivität oder das Anwachsen des kollektiven Wissens verwendet werden. Der im 18. Jh. aufgekommene Fortschrittsoptimismus des gebildeten Bürgertums, der die Erwartung zunehmenden Wohlstands mit dem Glauben an allgemeines Glück und wachsende Humanität verband, verlor schon nach dem Ersten Weltkrieg seine Plausibilität und fand nach dem Zweiten Weltkrieg kaum noch Niederschlag in der nichtmarxistischen Philosophie. Der Marxismus allerdings schließt nach wie vor die Annahme eines unbegrenzten F.s der Menschheit ein. – Viele philosophische Probleme rührten daher, daß der – meßbare – F. der Gesellschaft als eigenständigem System gleichgesetzt wurde mit dem F. vom Standpunkt des Individuums, nämlich der Zunahme des persönlichen Glücks. Beide F.begriffe widersprechen sich bisher, da die Interessen der Individuen sich oft genug im Widerspruch zu denen der Gesellschaft befinden. (Lediglich der Marxismus diagnostiziert eine in letzter Konsequenz parallele Entwicklung.) – Das System der menschlichen Gesellschaft kann man als evolutionäre Fortsetzung früherer natürlicher Systeme betrachten. Eine fortgeschrittene Phase eines Systems würde sich von einer vorangegangenen Phase dadurch unterscheiden, daß das System in der späteren Phase auf einen größeren Teil seiner Umwelt in seinem Eigeninteresse Einfluß nimmt, als in der vorangegangenen. Dies schließt erweiterte Wahrnehmung von Umweltereignissen und vermehrte Kenntnisse von Strukturen ein.

Foucault, Michel: 1926–1984, frz. → Strukturalist. *Hw.:* »Maladie mentale et psychologie«, 1954; »Histoire de la folie à l'âge classique«, 1961; »Naissance de la clinique: une archéologie du regard médical«, 1962; »Les mots et les choses«, 1966; »Histoire de la sexualité«, 1. Bd., 1969.

Fouillée, Alfred: 1838–1912, frz. Philosoph, entwickelte die Theorie von der Kraft der → Ideen, »idée-force«, die das geschichtliche und kulturelle Geschehen bestimmen. *Hw.:* »La liberté et le déterminisme«, 1872; »Critique des systèmes de morale contemporaine«, 1883; »L'avenir de la métaphysique«, 1889; »L'évolutionisme des idées-forces«, 1890; »Psychologie du peuple français«, 1898; »Esquisse psychologique des peuples européens«, 1902.

Fourier, Charles: 1772–1837, frz. Sozialphilosoph, utopischer Sozialist, entwickelte den Plan einer friedlichen und harmonischen Gesellschaft, die sich aus kleinen, sich selbst genügenden Gemeinschaften (Phalanstères) zusammensetzt. *Hw.:* »Théorie des quatre mouvements et des destinées générales«, 1808; »Traité d'association domestique et agricole«, 2 Bde., 1822; »Le nouveau monde industriel et sociétaire«, 1829.

Frage: Bekundung des Nichtwissens, um es in Wissen zu verwandeln. Die Fragestellung bestimmt die möglichen Antworten.

Franck, Sebastian: 1500–1545, Philosoph und Theologe, entwickelte einen von der → Mystik (→ Tauler u. a.) beeinflußten → Humanismus und → Spiritualismus. *Hw.:* »Chronica. Zeit, Buch und Geschichtsbibel«, 1531; »Cosmographia. Weltbuch«, 1534; »280 Paradoxa aus der Heiligen Schrift«, 1534; »Sprichwörter«, 2 Bde., 1541.

Frank, Philip: 1884–1966, österr. → Neopositivist, arbeitet hauptsächlich über die Philosophie der Physik. *Hw.:* »Das Kausalgesetz und seine Grenzen«, 1932; »Das Ende der mechanischen Physik«, 1935; »Einstein, sein Leben und seine Zeit«, 1949; »Modern Science and its Philosophy«, 1949.

Frankfurter Schule: Ein loser Kreis von Philosophen, Soziologen und anderen Geistes- oder Sozialwissenschaftlern, der sich ursprünglich um → Horkheimers Institut für Sozialforschung gruppierte und dem besonders → Adorno, → Marcuse, → Benjamin und → Habermas angehörten. Die F.S. entwickelte keine nach Geschlossenheit strebende Theorie; ihre »kritische Theorie« ist ein nach allen Seiten offener Ansatz, der in verschiedenen Facetten der deutschen Klassik, des Marxismus, der Psychoanalyse und des Existentialismus schillert.

Franklin, Benjamin: 1706–1790, amerik. Politiker und Philosoph, der bedeutendste amerikanische → Aufklärer, entwickelte in populärer Form eine Art Philosophie des Alltagslebens, Methoden, die kleinen Probleme des Lebens elegant zu meistern. F. löste durch seine Erfindung des Blitzableiters theologische Kontroversen aus, galt der Blitzschlag doch mancherorts als Strafe Gottes.

Frege, Gottlob: 1848–1925, Mathematiker, Logiker und Philosoph, durch seine Zusammenfassung der

Junktoren- und Quantorenlogik einer der Begründer der mathematischen → Logik. *Hw.:* »Begriffsschrift«, 1879; »Die Grundlagen der Arithmetik«, 1884; »Funktion und Begriff«, 1894; »Grundgesetze der Arithmetik«, 2 Bde., 1893 und 1903.

Freidenker: *Allgemein:* Derjenige, der sich ein möglichst unabhängiges Urteil bildet, keiner doktrinären Weltanschauung anhängt, noch sich auf die Autorität anderer Personen beruft.

Freiheit: Ein vieldeutiges Wort, das in der politischen Diskussion zur Bezeichnung äußerst verschiedener Ideen und Sachverhalte verwendet und dadurch jedes allgemein nachvollziehbaren Inhalts beraubt wurde. Das Wort »F.« allein repräsentiert noch keinen Begriff. Zur Bestimmung des Begriffs sind drei Größen erforderlich: a) ein Subjekt (wessen F.?), b) die aktive (F., etwas zu tun) und c) die passive Seite (F. von etwas). Freistehende Ausdrükke wie »der freie Westen« oder »die Befreiung der Arbeiterklasse« haben daher so noch keinen feststellbaren Inhalt; ihr Wohlklang ist rein gefühlsmäßiger Art. Auch in der allgemeinen philosophischen Literatur wird der dem Wort zugrundeliegende Freiheitsbegriff oft nicht näher bestimmt. Dennoch zeitigten die Ideen Wirkung, denn jedes Volk, jede Klasse, jeder Stand verstanden in einer bestimmten historischen Situation unter F. aufgrund gemeinsamer Interessen etwas Bestimmtes, Gleiches. – Ein anderer zunächst unpolitischer Freiheitsbegriff erscheint bei → Spinoza, → Hegel und im → Marxismus. F. ist hier der komplementäre Gegenbegriff zu Notwendigkeit. Die Notwendigkeit, letztlich also die Naturgesetze in einem sehr umfassenden Sinn, wirken unabänderlich. Der Mensch wird insofern frei, als er die Gesetzmäßigkeiten erkennt und sich ihnen entsprechend verhält, sie für seine Interessen ausnutzt. Ohne die Notwendigkeit begriffen zu haben, ist das Leben von Unsicherheit und Angst geprägt – Unfreiheit.

In diesem Zusammenhang steht auch die Frage nach der *Freiheit des Wollens.* Kann man sich bewußt dazu entscheiden, etwas Bestimmtes zu wollen, oder ist der Wille durch innere und äußere Notwendigkeiten, durch Bedürfnisse etwa und Lebensumstände, festgelegt? Anders gefragt, ist das Wollen zuerst da und wird daher vom Bewußtsein nur erfaßt, oder steht die bewußte Überlegung bzw. Entscheidung, genau dies zu wollen, am Anfang? Diese Problematik wurde häufig diskutiert, wenn das Verhältnis von Individuen und Gesellschaft geklärt werden sollte – z. B. im → Liberalismus, aber auch im deutschen → Idealismus: Soll jemand von Dritten für seine Taten verantwortlich gemacht werden können, muß man ihm insofern unterstellen, daß er aus freien Stücken so gehandelt hat, auch anders hätte handeln können.

Systemtheoretisch: Ein System ist frei, wenn es die Umwelt (andere Systeme) für seine Interessen nutzbar machen kann, ohne selbst von anderen Systemen entgegen seiner Interessenlage vereinnahmt zu werden.

Freud, Sigmund: 1856–1939, Arzt und Psychologe, Begründer der Psychoanalyse. Die Persönlichkeit setzt sich nach F. aus drei Teilen zusammen: Es, Ich und Über-Ich. Das *Es* repräsentiert alle Triebe und letztlich biologisch bedingten Bedürfnisse, das *Ich* betreibt deren Befriedigung mit Hilfe der von ihm untersuchten Umwelt, das *Über-Ich* ist dagegen eine Folge bestimmter gesellschaftlicher Verhältnisse, ein Produkt der Unterdrückung in der Kindheit; es repräsentiert diejenigen Anforderungen der Gesellschaft an den Einzelnen, die seinen natürlichen Interessen, dem Es, in den ersten Lebensjahren frontal widersprachen und deshalb gewaltsam durchgesetzt wurden. Die Triebe führt F. auf die Polarität von Eros und Destruktionstrieb zurück, wobei der Eros die zusammenfügende, aufbauende, der Destruktionstrieb die trennende, zerstörende Funktion hat. Beide bedingen sich und wirken mittels jeweils des anderen. → Psychoanalyse, → Eros, → Jung, → Fromm, → Adler. *Hw.:* »Studien über Hysterie«, 1895; »Die Traumdeutung«, 1900; »Totem und Tabu«, 1912; »Zur Psychopathologie des Alltagslebens«, 1912; »Vorlesungen zur Einführung in die Psychoanalyse«, 1910; »Drei Abhandlungen zur Sexualtheorie«, 1906; »Das Ich und das Es«, 1923; »Die Zukunft einer Illusion«, 1927; »Das Unbehagen in der Kultur«, 1930.

Frieden: → Krieg und Frieden.

Fries, Jakob Friedrich: 1773 bis 1843, Erkenntnistheoretischer → Kantianer, stand in seiner Naturphilosophie dem mechanischen → Materialismus nahe, ohne ihn konsequent durchzuführen. *Hw.:* »Wissen, Glaube und Ahnung«, 1805; »Neue oder anthropologische Kritik der Vernunft«, 3 Bde., 1807; »System der Logik«, 1811; »Versuch einer Kritik der Wahrscheinlichkeitsrechnung«, 1842; »Politik oder philosophische Staatslehre«, 1848; »Handbuch der psychologischen Anthropologie«, 2 Bde., 1820–21.

Frischeisen-Köhler, Max: 1878 bis 1923; von → Kant und → Dilthey beeinflußter → Lebensphilosoph. *Hw.:* »Wissenschaft und Wirklichkeit«, 1912; »Das Realitätsproblem«, 1912.

Fromm, Erich: 1900–1980, Psychoanalytiker und Philosoph, entstammte der Schule → Freuds, bestritt aber die zentrale Bedeutung der Libido, indem er die Art und Weise der Bezugnahme auf andere Menschen und Dinge als wesentliche Quelle des Charakters beschrieb. In seinem Spätwerk versucht F., die inneren Widersprüche der modernen Industriegesellschaft zu bestimmen und Wege zu ihrer Lösung anzugeben. F. gilt mehr als prophetisch eingestellter Philosoph, denn als Wissenschaftler im strengen Sinn. *Hw.:* »Die Furcht vor der Freiheit«, 1941; »Psychoanalyse und Ethik«, 1954; »Psychoanalyse und Religion«, 1966; »Revolution der Hoffnung«, 1971; »Haben oder Sein«, 1975.

Fundamentalontologie: Bei → Heidegger die grundlegende Theorie des Seins, die auf der Analyse des sich aus dem menschlichen Dasein ergebenden Seinsverständnisses fußt.

Funktion: 1.) Spezielle Aufgabe, Wirkung eines untergeordneten Systems auf das übergeordnete. 2.) Mathematische oder logische Darstellung des Verhältnisses von zwei oder mehr voneinander abhängigen Größen der allgemeinen Form $y=f(x)$, »y ist eine Funktion von x«. Formal: Operation, die eine neue Größe (den Funktionswert) hervorbringt, wenn sie auf eine oder mehrere Größen (Argumente) angewandt wird.

Futurologie: Zukunftsforschung. Seit den 40er Jahren versucht die F., zukünftige Lebens- und Wirtschaftsbedingungen im voraus zu erkennen und zu berücksichtigen. Problematisch sind dabei die Methoden: Nach dem klassischen Verständnis von Prognosen ist für eine Vorausberechnung die exakte Kenntnis des augenblicklichen Zustands eines Systems und dessen Entwicklungsgesetzes (hier: des Gesellschaftssystems) erforderlich. Die F. versucht, diese im Augenblick unerfüllbaren Erfordernisse zu umgehen, indem sie sich mit statistischen Methoden, meist linearer Extrapolation, behilft. Derart kann die Zukunft jedoch nur als quantitativ gesteigerte Gegenwart verstanden werden; prinzipielle Veränderungen, alles wesentlich Neue sowie Brüche oder Katastrophen sind damit nicht prognostizierbar.

G

Gabirol: → Avicebron

Gabriel, Leo: 1902–1987, versucht alternativ zur → Logistik → neuthomistische und → existentialistische Ideen zu einer → »integralen Logik« zu verbinden. *Hw.:* »Vom Brahma zur Existenz«, 1947; »Logik der Weltanschauung«, 1949; »Mensch und Welt in der Entscheidung«, 1961; »Integrale Logik«, 1965; »Die Wahrheit des Ganzen (Selbstdarstellung)«, 1976.

Gadamer, Hans-Georg: Geb. 1900, dt. Philosophiehistoriker und → Hermeneutiker. *Hw.:* »Wahrheit und Methode«, 1960; »Hegels Dialektik«, 1971; »Wer bin ich, wer bist Du«?, 1973; »Vernunft im Zeitalter der Wissenschaft«, 1976; »Philosophische Lehrjahre«, 1976; »Poetica«, 1977.

Galenos, Claudius: Ca. 130–200, Arzt und Philosoph, systematisierte das medizinische Wissen seiner Zeit, formulierte die vierte Figur des → Syllogismus.

Galilei, Galileo: 1564–1642, ital. Physiker, Philosoph und Mathematiker, gilt gemeinhin als Begründer der neuzeitlichen Naturwissenschaft. Seine Entdeckung des Fallgesetzes ist von erkenntnistheoretischer Bedeutung: Durch Abstraktion von Beobachtungsergebnissen fand G. ein Naturgesetz, das sich in der reinen Beobachtung so gerade nicht feststellen ließ; denn Körper, die auf die Erdoberfläche fallen, werden durch die Luft gebremst. Seine zahlreichen Schriften verfaßte G. z. T. in italienischer Sprache, nicht in Latein. Er förderte so erheblich den Durchbruch des naturwissenschaftlichen Denkens und des kopernikanischen Weltbilds im öffentlichen Bewußtsein. Da er sich damit ausdrücklich im Widerspruch zur Lehre der Kirche befand, hatte er unter schwerer Verfolgung und Inquisitionsmaßnahmen zu leiden. Ursache der kirchlichen Verfolgung war vermutlich aber mehr die Allgemeinverständlichkeit G.s als der reine Inhalt seiner Schriften. *Hw.:* »Nuntius sidereus«, 1610; »Il saggiatore«, 1623; »Dialogo sopra i due massimi sistemi del mondo«, 1632; »Discorsi et dimostrazioni matematiche intorno a due nuove scienze«, 1638; »Della scienza meccanica«, 1649.

Gandhi, Mahandas (→ »Mahatma«): 1869–1958. Ausgehend von Grundsätzen der traditionellen indischen Philosophie (Ahimsa), förderte G. die indische Nationalbewegung zur Befreiung von der britischen Kolonialherrschaft, strebte vor allem die wirtschaftliche Eigenständigkeit Indiens an. Immer wieder inhaftiert, wurde er durch persönliches Beispiel zum Symbol des erfolgreichen gewaltlosen Widerstands, z. B. durch Non-Cooperation an britischen Einrichtungen und durch zivilen Ungehorsam. Ein besonderes Anliegen war ihm der innere Frieden zwischen Hindus und Mohammedanern – auch hier im Gegensatz zur Kolonialmacht, die getreu dem Grundsatz von »Teile und herrsche«, das entgegengesetzte Ziel verfolgte.

Ganzheit: → Teil und Ganzes

Garve, Christian: 1742–1798, Popularphilosoph, empiristisch eingestellter Aufklärer, der eine praktische Moralphilosophie vertritt. *Hw.:* »Über die Verbindung der Moral mit der Politik«, 1788; »Versuch über verschiedene Gegenstände aus der Moralliteratur und dem gesellschaftlichen Leben«, 5 Bde., 1792–1802; »Über Gesellschaft und Einsamkeit«, 2 Bde., 1797 bis 1800; »Übersicht der vornehmsten Prinzipien der Sittenlehre«, 1798.

Gassendi, Pierre: 1592–1655, frz. Philosoph, Mathematiker und Naturforscher, greift auf die griechische → Atomtheorie zurück, um gegen das → scholastische ein → mechanisches Weltbild zu konstruieren, versucht dies aber, vielleicht sicherheitshalber, mit der kirchlichen Lehre zu vereinbaren. In der Ethik vertrat er den → Eudaimonismus Epikurs. *Hw.:* »De vita, moribus et doctrina Epicuri«, 1647; »Syntagma philosophicum«, 1658; »Exercitationes paradoxicae adversus Aristoteleos«, 1624.

Gattung: In der klassischen Logik der Gegenbegriff zu → Art. Die Gattung umfaßt mehrere Arten. »Hund« ist gegenüber »Pudel« der Gattungsbegriff, gegenüber »Säugetier« der Artbegriff.

Gedanke: Teil oder Resultat des Denkprozesses; formal meist ein → Urteil bzw. eine → Aussage oder ein → Schluß.

Gedankenexperiment: Experiment mit exakter Festlegung der Voraussetzungen und Bedingungen, aber rein gedanklicher Durchführung; eignet sich zur prinzipiellen Klärung von Sachverhalten, die aus äußerlichen Gründen nicht experimentell untersucht werden können. G.e spielten z. B. bei der Formulierung von Einsteins spezieller Relativitätstheorie eine wichtige Rolle.

Gefühl: Unmittelbares Erleben des eigenen Zustands (Bedürfnis) oder des Zustands der Umwelt, bezogen auf die eigenen Interessen. G.e geben dem Denken und Handeln die Richtung, sie sind ursprünglicher Art als das rationale Bewußtsein.

Gegensatz: Verhältnis sich gegenseitig ausschließender Begriffe oder Eigenschaften. a.) *Kontradiktorischer G.:* Die einfache Verneinung eines Begriffs oder einer Aussage. (Das ist ein Schwein – das ist kein Schwein.) b.) *Konträrer, relativ-polarer G.:* Die Extreme eines Begriffsfeldes, heiß – kalt, links – rechts. c.) *Absolut-polarer G.:* Welle – Teilchen, Mann – Frau, Ursache – Wirkung. – In der Dialektik → Hegels und im Dialektischen → Materialismus ist der nicht weiter spezifizierte G. (wahrscheinlich aber der Form b. oder c.) die Grundstruktur der Realität. Nachdem sich die Pole beim polaren G. gegenseitig bedingen, spricht man hier von der Einheit der Gegensätze.

Gegenstand: Etwas, worauf sich die Aktivität eines Systems, das damit als → Subjekt fungiert, richtet. G. kann ebenso ein Apfel sein wie ein mathematisches Problem. → Objekt.

Gegenwart: Schnittpunkt von Vergangenheit und Zukunft in einem Bezugsystem. Formal hat die G. keine zeitliche Ausdehnung, inhaltlich kann sie vom Bewußtsein unterschiedlich empfunden werden: Je mehr sich Vergangenheit und Zukunft unterscheiden, desto kürzer und flüchtiger erscheint die G., während in Epochen mit relativ langsamen Veränderungen bei den Zeitgenossen das Gefühl der Zeitlosigkeit, der ewigen Wiederkehr des Gleichen aufkommt; Vergangenheit und Zukunft verlieren so ihre eigenständige Bedeutung und verschmelzen zur G.

Gehlen, Arnold: 1904–1976, dt. Soziologe und Philosoph, Vertreter einer biologisch-philosophischen Anthropologie, betrachtet den Menschen als Mangelwesen, bei dem mangels instinktiver Festlegung ein Antriebsüberschuß vorhanden ist, den es institutionell zu kanalisieren gilt. *Hw.:* »Theorie der Willensfreiheit«, 1933; »Der Staat und die Philosophie«, 1935; »Der Mensch. Seine Natur und seine Stellung in der Welt«, 1940; »Sozialpsychologische Probleme der industriellen Gesellschaft«, 1949; »Urmensch und Spätkultur«, 1956; »Anthropologische Forschung (zur Selbstbegegnung und Selbstentdekkung des Menschen)«, 1961.

Geist: Vieldeutiger Begriff, kann heißen: 1.) das menschliche Denkvermögen; 2.) eine selbständige immaterielle Größe, die die Natur durchwaltet; 3.) der Heilige Geist der Theologie; 4.) gewisse Stimmungen bzw. Überzeugungen einer historischen Konfiguration (»im Geist der Französischen Revolution«); 5.) die zentralen Ideen eines Menschen o. a.

Geisteswissenschaften: Ausgehend von der Annahme, daß die für den Menschen wesentlichen Eigenschaften und Leistungen geistiger Art sind, werden als G. jene Disziplinen bezeichnet, die sich mit menschlichen Handlungen, Schöpfungen oder Produkten geistiger Art befassen: Geschichte, Kunst, Philosophie etc., am Rande noch Wirtschaft, kaum aber Technologie. Sofern sich Wissenschaftler der genannten Disziplinen ausdrücklich als G.ler betrachten, neigen sie gelegentlich dazu, den Gegenstand der Disziplin aus der Gesamtheit des Lebens herauszulösen, insbesondere gegenüber »rein materiellen Aktivitäten«, wie der produktiven Arbeit. – G. orientiert sich, wie die Naturwissenschaft, an → Logik und → Kausalität. Doch weist sie darüber hinaus noch Elemente der → Teleologie, der Bewertung, Norm- und Sinnsuche auf. Während die Naturwissenschaft methodisch mit Experiment, Beobachtung, Messung, Beschreibung und Vergleich arbeitet, stützt sich die G. teils auf → Fakten, teils auf → Ableitungen, → Schlußfolgerungen, → Postulate, → Erfahrungen, → Urteile.

Geltung: 1.) Eine → Aussage bzw. ein → Urteil hat G., wenn es allgemein als wahr gilt. 2.) G. ist im → Neukantianismus die einzige Seinsform der Werte.

Gemeinschaft: Zweckgebundener Zusammenschluß aufgrund gleicher Interessen, der, im Unterschied zur Gesellschaft, eher freiwilliger Natur ist.

Generalisierung: → Verallgemeinerung

generell: Allgemein. *Ggt.:* speziell, → individuell.

Genesis (griech., »das Werden«): Ursprung, Entstehen, z. B. in »Phylogenese«, »Ontogenese«.

Genetik: Abstammungs-, Vererbungslehre. Die klassische Mendelsche G. untersuchte nur die Entstehung von Eigenschaften durch Rekombination verschiedener Erbfaktoren, während die moderne Molekular-G. auch die spontane Entstehung neuer Eigenschaften durch Mutationen sowie überhaupt den chemischen Prozeß der Vererbung erforscht.

Gentile, Giovanni: 1875–1944, ital. Philosoph und faschistischer Kulturpolitiker, formulierte, an einigen Positionen → Hegels und → Fichtes anknüpfend, einen »aktualistischen Idealismus«. Der schöpferische Geist bringt erst Wirklichkeit hervor. Ohne den aktuellen Gedanken, die freie Geistestätigkeit ist nichts wirklich. *Hw.:* »L'atto del pensare come atto puro«, 1912; »La riforma della dialettica hegeliana«, 1913; »Sistema di logica«, 1923; »Filosofia dell'arte«, 1931.

genus proximum: Die nächsthöhere Gattung. → Definition. Z. B. »Wildschwein«; das g.p. kann dann »Schwarzwild« sein.

Gerechtigkeit: Zwiespältiger Begriff: der G.vorstellung der Rechtsphilosophie steht das volkstümliche G.empfinden oft konträr gegenüber. Bei → Platon das Zusammenwirken aller Tugenden, rechtes Verhalten zum Mitmenschen.

Geschichte: 1.) Abstrakt: Das Werden und Vergehen in der Zeit als Ausdruck von Gesetzmäßigkeiten, Ursachen und Wirkungen, Entscheidungen und Entscheidungsfolgen; 2.) Entwicklung bzw. Werdegang der menschlichen Gesellschaft im allgemeinen wie im Detail; 3.) die Erforschung von 1. und 2.; 4.) in einem speziellen Sinn auch die konkrete Entwicklung eines Systems, so daß von »Naturgeschichte« oder »Geschichte der Bundesrepublik Deutschland« gesprochen werden kann. Jedes → System hat in diesem Sinn seine Geschichte. → Logisches und Historisches.

Geschichtsphilosophie: Das Bemühen, die bewegenden und stabilisierenden Faktoren im Ablauf der menschlichen Geschichte allgemein zu erforschen. Der idealistische Ansatz betont die Machbarkeit der

Geschichte, ihre Abhängigkeit von großen Ideen bzw. Persönlichkeiten, damit ihre Unberechenbarkeit. Zukünftige Ereignisse oder Zustände können danach nicht vorhergesehen werden, weil sie ja das Produkt freier Entscheidungen sind, die erst in der Zukunft getroffen werden. – Aus materialistischer Sicht folgt die Geschichte Gesetzmäßigkeiten, die von den Individuen – absichtlich oder nicht – im einzelnen verwirklicht werden: »Sie wissen es nicht, aber sie tun es.« (Hegel) – Als Begründer der G. gilt Vico. Die materialistische Position ist besonders im historischen Materialismus von Marx, Engels und vielen anderen zum Ausdruck gekommen. Danach unterliegt der Gang der Geschichte zumindest in den Grundzügen festen, dialektischen Gesetzen, so daß zwar nicht jedes einzelne Ereignis, aber doch die zukünftigen Gesellschaftsformen, insbesondere der Kommunismus, vorhersehbar sind. – Eine pessimistische Variante der G. zeigt sich im 20. Jh. bei → Spengler und → Toynbee.

Gesellschaft: Grundlegende Organisationsform des Menschen. Nach dem heutigen Stand der Forschung war der Mensch immer schon ein gesellschaftliches Lebewesen (»zoon politikon«, Aristoteles). Ein, womöglich freiwilliger, Zusammenschluß zunächst unabhängiger Individuen zu einer Gemeinschaft (G.svertrag, → Rousseau, → Naturrecht) hat in der Geschichte offenbar nicht stattgefunden. Die G. beruht auf Kooperation der Individuen, dann in zunehmendem Maße auf Arbeitsteilung. Durch diese wird die G. zum System mit eigenen Gesetzen, das daher von Individuen nicht beliebig verändert werden kann. Die Funktionsweise des G.ssystems gewährt den Individuen Orientierung, Befriedigung gewisser materieller, auch ideeller Bedürfnisse, relative Sicherheit, verlangt aber von ihnen bestimmte Verhaltensweisen, die in Widerspruch zu den natürlichen Verhaltensweisen und Neigungen stehen können. Jede G. hat daher die Möglichkeit des Interessenkonflikts zwischen den Individuen auf der einen und dem System auf der anderen Seite. Eine Folge davon sind die Konflikte zwischen vielfältigen Interessengruppen. Das Individuum kann sich nur im Rahmen des Systems, das System aber durch Steigerung seiner Produktivkraft unbegrenzt weiterentwickeln. – Im Zuge der geschichtlichen Entwicklung, insbesondere aber seit der industriellen Revolution, tritt der Systemcharakter der Gesellschaft verstärkt hervor. Insoweit wird das Individuum zum funktionalen Element, wodurch die Bereitschaft des Einzelnen, sich mit dem G.system (oft verstanden als »Staat«, »Regierung«, »die Wirtschaft«, »das Vaterland« etc.) zu identifizieren, schwindet. → Existentialismus, → Anarchismus, → Individualismus, → Liberalismus.

gesellschaftliches Bewußtsein: Im historischen → Materialismus die durch Erleben und Erfahrung vermittelte Widerspiegelung des gesellschaftlichen Seins im Bewußtsein von Klassen und Individuen. »Es ist nicht das Bewußtsein der Menschen, das ihr Sein, sondern umgekehrt ihr gesellschaftliches Sein, das ihr Bewußtsein bestimmt.« → Marx. In der Formulierung von Marx ist auch das Bewußtsein der Naturgesetze in gewisser Hinsicht eine Funktion des g.B.s. Bewußtsein ist hier gleichbedeutend mit bewußtem Sein. → Basis und Überbau.

Gesetz: 1.) *Naturgesetz:* Die ältesten heute bekannten philosophischen Bemühungen galten bereits u. a. dem Aufdecken allgemeiner Gesetze, denen – möglichst – alles Geschehen in der Welt unterliegt und anhand derer man Zukunftsprognosen entwickeln wollte. Yin und Yang, → Veda, → Ionische Naturphilosophie. Die neuzeitliche Naturwissenschaft ließ als G. nur noch gelten, was prinzipiell experimentell untersuchbar war; dies führte zur Beschränkung der Theoriebildung auf geschlossene Systeme. Über das Wesen von Naturg.en gibt es verschiedene Auffassungen. *Materialistisch:* Ein vom Menschen unabhängiger Zusammenhang zwischen Dingen, der sich im Bewußtsein des Menschen, die mit diesen Dingen zu tun haben, widerspiegelt. *Idealistisch:* Ein Zusammenhang zwischen → Ideen, der seinen mehr oder weniger vollkommenen Ausdruck in der materiellen Welt findet. *Positivistisch:* Eine erfahrene Regelmäßigkeit, die jedoch keine Schlüsse auf die Zukunft ermöglicht. Niemand kann wissen, ob ein Glas beim Abtrocknen nicht auch einmal nach oben fällt. Der Positivismus sieht im Naturgesetz lediglich eine »freie Schöpfung des menschlichen Geistes« (Einstein), betrachtet es damit als Ausdruck der Beziehung von Subjekt und Objekt. Die Frage, ob auch die Entwicklung der menschlichen Gesellschaft (natur-)gesetzmäßig verläuft, wird vom historischen → Materialismus bejaht, vom → Positivismus und → Idealismus verneint.
2.) *G. im juristischen Sinne:* Ein vom jeweiligen Gesetzgeber erlassenes Ge- oder Verbot. Der Gesetzgeber ist eine historisch veränderliche Größe: Fürsten, Parlamente oder andere Teile des Staates können als G.geber auftreten. Die Individuen werden vom Staat in seiner jeweiligen Form durch potentielle → Gewalt zur Befolgung der G.e gezwungen, sofern sie dies nicht aus anderen Gründen ohnehin tun.

Gesinnungsethik: *Ggt.:* → Erfolgsethik. Nicht das tatsächliche, sondern das bezweckte Resultat einer Handlung ist das Kriterium ihrer Moralität. Die G. ist im Volksbewußtsein weit verbreitet: »Immerhin hat er guten Willen gezeigt.« Seit dem Frühmittelalter ist für das europäische Rechtsdenken eine Verbindung von G. und Erfolgsethik typisch, wie sie sich in der Unterscheidung von Mord, Totschlag, fahrlässiger Tötung und Tötung aus Notwehr auf der einen sowie der Strafwürdigkeit des erfolglosen Versuchs auf der anderen Seite zeigt. Zum Konflikt zwischen G. und Erfolgsethik siehe auch Max

→ Webers Untersuchung »Die protestantische Ethik und der Geist des Kapitalismus«.

Gestalt: Wahrnehmbare Struktur, mögliche Erscheinungsform einer Ganzheit. → Teil und Ganzes. Die menschliche, z. T. auch tierische, Wahrnehmung zielt auf das Erkennen von Gestalten, Mustern. Die vorliegende Ansammlung von Papierblättern, auf denen in einer bestimmten Weise schwarze Farbe verteilt ist, kann so als »Buch« erkannt werden. Das Erkennen der G. setzt voraus, daß im Bewußtsein bereits eine Vergleichsgröße existiert, sei sie ererbt oder erworben. Die G.-Psychologie (von Wertheimer, Koffka, Köhler u. a. entwickelte ganzheitliche Betrachtungsweise bzw. der Versuch, das psychische Erleben als im wesentlichen auf Ganzheiten gerichtet zu verstehen) entstand als Gegenstück zum reinen Empirismus, der nur die Bestandteile, losgelöst aus ihrem Zusammenhang, betrachtete. Ihre größte Bedeutung erlangte die G.-Psychologie durch die Erforschung der (menschlichen) Wahrnehmung.

Geulincx, Arnold: 1624–1669, niederl. Philosoph, → Okkasionalist; die Wechselwirkung zwischen Leib und Seele wird durch Gott in Gang gesetzt. *Hw.:* »Logica fundamentis suis restituta«, 1662; »Physica vera«, 1680; »Metaphysica vera«, 1691.

Gewalt: Methode der Lösung von antagonistischen (unüberbrückbaren) Interessenkonflikten. Die Verwirklichung der Interessen eines Systems (hier: Subjekt) erfordert den Verzicht auf Verwirklichung der Interessen eines anderen Systems (hier: Objekt). Da jedes System seinen Interessen gemäß agiert und diese innere Notwendigkeiten des Systems ausdrücken, wirkt es auf O derart und insoweit ein, daß seine eigenen Ziele erreicht werden. Wesentlich ist die Unterscheidung von reeller (= wirklicher, tatsächlich ausgeübter) und potentieller G. Während Gegensätze zwischen Mensch und Natur überwiegend durch *reelle G.* (Schlachten, Mähen) gelöst werden, dominiert bei Gegensätzen innerhalb der menschlichen Gesellschaft die *potentielle G.:* Ein Gesellschaftssystem, ein Individuum, eine Gruppe, Klasse oder Kaste, der Staat oder eine Nation hat sich auf die Anwendung von G., auf reelle G. also, vorbereitet und droht dem entgegenstehenden System mit dem Einsatz der bereitgestellten G.mittel, wenn dieses sich nicht entsprechend den formulierten Interessen von S verhält. Der ständige, in der Regel erfolgreiche Einsatz der potentiellen G. in Gesellschaftssystemen funktioniert nach folgendem Prinzip: O kommt durch Risikoabwägung zu dem Schluß, daß seine Interessen durch die reelle G. von S stärker verletzt würden als bei verzichtendem Nachgeben. Diese Situation tritt allerdings nur ein, wenn O sicher ist, daß die bereitgestellten G.mittel von S seinen eigenen eindeutig überlegen sind und wenn O sich damit ohnehin in einer hoffnungslosen Lage befindet. Wenn G. in reeller oder potentieller Form aus antagonistischen Interessengegensätzen entspringt, führt die Forderung nach G.losigkeit konsequent zur Forderung von nicht-antagonistischen gesellschaftlichen Verhältnissen. Zynisch mutet daher die gelegentlich von stärkeren Parteien vorgebrachte Aufforderung an, die schwächere Partei solle auf reelle G. verzichten. Kann doch der Stärkere die Erfüllung seiner Forderungen oft schon allein mit potentieller G. erzwingen. (Streitgegenstand der Philosophie ist dabei auch die Frage, ob es sich bei obiger Forderung um eine Utopie oder um ein realisierbares Ziel handelt.)

Gewissen: a) *Im klassischen Verständnis:* Die Wirkung moralischer Normen im Bewußtsein des Einzelnen, in bezug auf vollzogene oder beabsichtigte Taten. Das G. wird als Sollen wie als (Nicht-)Sollen oder (Nicht-)Dürfen empfunden; es ist aus der Sicht des Betroffenen als ein Gegenüber, ein zweites Ich, wesensmäßig negativ, denn eine Handlung kann bestenfalls den verinnerlichten Normen entsprechen, auf vielfältige Weise aber diesen zuwiderlaufen. b) *In der → Psychoanalyse → Freuds* ist das G. eine Funktion des Über-Ichs, damit ein Produkt der Erziehung; es basiert also auf der Angst des Kindes vor schmerzhaften oder sonstigen bedrohlichen Einwirkungen der Erwachsenenwelt bei bestimmten Anlässen, die es durch sein eigenes Verhalten gibt. Kant dagegen sieht im Gewissen »eine idealische Person, welche die Vernunft sich selbst schafft.«

Gewißheit: Besteht bei Erkenntnissen, die im Augenblick keinen Zweifel hervorrufen.

Geyser, Joseph: 1869–1948, dt. → Neuscholastiker. *Hw.:* »Das philosophische Gottesproblem«, 1899; »Allgemeine Philosophie des Seins und der Natur«, 1915; »Einige Hauptprobleme der Metaphysik«, 1923; »Das Prinzip vom zureichenden Grunde«, 1930; »Das Gesetz der Ursache«, 1933.

Gilson, Etienne: 1884–1978, frz. → Neothomist. *Hw.:* »Le thomisme«, 1921; »La philosophie au moyen-âge«, 2 Bde., 1922; »L'esprit de la philosophie médiévale«, 2 Bde., 1932; »L'être et l'essence«, 1948.

Glaube: Annahme, Überzeugung. Im religiösen Sinn das Festhalten an bestimmten Überzeugungen, unabhängig von oder sogar manchmal entgegen der wissenschaftlichen Forschung, der Vernunft und der Logik. Der G. kann sich entweder auf die Autorität bestimmter Autoren oder auf die eigene Intuition (Mystik) stützen. Im wissenschaftlichen Sinn erfordert der G. einen sicheren Kern, von dem aus weiterführende, im Augenblick noch nicht beweisbare, Annahmen gemacht werden.

Gleichheit: 1.) *Soziale G.:* Alte ethische bzw. revolutionäre Forderung, z. B. in den Utopien der Reformationszeit, in der Englischen und Französischen Revolution, als Fernziel auch vom → Marxismus vertreten; Aufhebung bestehender Klassenverhältnisse. Die ethische Forderung der sozialen G. wird entweder dadurch begründet, daß alle menschlichen Individuen im wesentlichen gleiche grundlegende Interessen haben oder gleichermaßen Geschöpfe Gottes sind. Die bürgerliche Idee der G. umfaßt im wesentlichen die G. vor dem Gesetz, d. h. die Rechtssprechung, im Prinzip auch die Gesetzgebung; sie wird, zumindest prinzipiell, ohne Berücksichtigung der sozialen Ungleichheit formuliert. 2.) *Im mathematischen Sinn* sind Dinge oder Größen insofern gleich, wie sie sich nicht unterscheiden. Die G. stofflicher Dinge A, B kann daher kaum durch eine lapidare G. wie A=B ausgedrückt werden.

Glockner, Hermann: 1896–1979, insbesondere als Hegelforscher bekannt gewordener dt. Philosoph. *Hw.:* »Hegel und seine Philosophie«, 1932; »Das Abenteuer des Geistes«, 1938; »Philosophisches Lesebuch«, 2 Bde., 1949/50; »Philosophie und Technik«, 1953; »Die europäische Philosophie«, 1958.

Glück: a) *Innerlich:* Zustand vollkommener Erfüllung und Befriedigung. Im Unterschied zur Zufriedenheit liegt dem G. die Erfüllung auch der unbewußten Wünsche zugrunde, schließt es Sorglosigkeit und Vertrauen in andere ein, kennt es keine Angst. G. bedeutet Einssein mit sich und der Umwelt, Harmonie empfinden. Da die Fähigkeit, glücklich zu werden oder zu sein, offenbar im Zuge des zivilisatorischen Fortschritts abnimmt, ist G. heute in vielen Gesellschaften bereits ein schwer erforschbarer Zustand. b) *Äußerlich:* Die Gunst der Umstände, glücklicher Zufall, subjektiv positive Entwicklung einer Abfolge von Ereignissen, das Glück im Spiel. Eigenschaften der Umwelt, die es dem Einzelnen erleichtern, den inneren Zustand des G.s nach Maßgabe seiner entsprechenden Fähigkeit zu erreichen.

Gnadenwahl: → Jansenismus.

Gnoseologie: Lehre von der → Erkenntnis.

Gnosis (griech., Erkenntnis): Eine etwa seit dem 1. Jh. v. Chr. bzw. n. Chr. in Kleinasien, Palästina und Ägypten entstandene und sich rasch verbreitende Heilsbewegung, die die Erkenntnis der Gesetze und Zusammenhänge in der Welt als wesentliche Voraussetzung für das persönliche, oft kollektiv verstandene, Heil ansah. Danach ist die Rettung bzw. Verwirklichung der Menschen ihr eigenes Werk. Die G. wurde von den Vertretern des frühen Christentums bekämpft; die sich herausbildende kirchliche Lehre bekam ausgeprägt antignostische Züge.

Gödel, Kurt: 1906–1978, Logiker und Mathematiker, wies nach, daß die Widerspruchsfreiheit eines formalen Systems aus diesem selbst heraus nicht bewiesen werden kann. *Hw.:* »Über formal unentscheidbare Sätze der Principia Mathematica und verwandter Systeme«, 1931.

Goethe, Johann Wolfgang von: 1749–1832, war als (Natur-)Philosoph ein lebensnaher Beobachter, der die einzelnen Wahrnehmungen eher intuitiv zu einer Gesamtperspektive, Erkenntnis des Grundlegenden, verband. Die Universitätsphilosophie, insbesondere die → Logik, war für ihn uninteressant. Später beschäftigte er sich mit → Kant. G.s Naturphilosophie war zunächst von seiner Theorie des »Urphänomens« geprägt, das er in einzelnen Dingen wiederfand; der Grundtypus zeigt sich in verschiedenen Varianten. Goethe war Pantheist, wollte das Unendliche im Endlichen suchen. Darüber hinaus wird eine polare Natur- und Weltauffassung sichtbar. Die Idee, daß Dinge sich in der Veränderung gleichbleiben, zeigt sich bei G. in der Bedeutung, die er der → Metamorphose beimißt. Mit großem Einsatz arbeitete G. an seiner Farbenlehre, wobei er entgegen → Newtons Auffassung, das weiße Licht entstünde aus der Mischung der Spektralfarben, dieses für rein und unvermischt erklärte. G.s Anthropologie war im wesentlichen humanistisch: Der einzelne Mensch soll zur harmonischen Persönlichkeit werden, indem er seine Anlagen mittels der Welt voll entfaltet. *Philosophisch wichtige Hw.:* »Maximen und Reflexionen«; »Metamorphose der Pflanzen« 1790; »Farbenlehre« 1810; »Der Versuch als Vermittler von Objekt und Subjekt«; »Über die Natur« (von Tobler).

Gomperz, Heinrich: 1873–1942, → positivistischer Philosoph, führt mit seiner »Pathempirischen Methode« alle Bewußtseinsinhalte auf Gefühle zurück. *Hw.:* »Weltanschauungslehre«, 2 Bde., 1905–08; »Zur Psychologie der logischen Grundtatsachen«, 1897; »Über Sinn und Sinngebilde, Erklären und Verstehen«, 1929; »Wissenschaft und die Tat«, 1934; »Philosophical Studies«, 1953.

Gorgias: 483–375 v. Chr., → Sophist und → Skeptiker; lehrte, daß nichts ist. Wenn aber etwas wäre, könnte es nicht erkannt werden. Wenn es erkannt würde, ließe es sich nicht mitteilen.

Gott: Derzeit ein seltener Gegenstand der philosophischen Diskussion. Der Begriff variierte in seiner Bedeutung. → Theismus, → Deismus, → Pantheismus, → Atheismus.

Gottesbeweise: Versuche, die Existenz Gottes rational nachzuweisen: 1.) Der *ontologische* G. (bei → Kant die Grundlage aller anderen G.), Schluß von der subjektiven Idee Gottes auf das objektive Dasein desselben. Weil wir uns Gott als vollkommenes Wesen vorstellen, muß er auch als solches existieren. (→ Anselm von Canterbury); 2.) der *kosmologische G.:* Aus der Existenz der Welt folgt die Notwendigkeit eines Urhebers, aus der Bewegung die eines ersten Bewegers. (→ Aristoteles); 3.) der *psychologische* G.: Für die ansonsten nicht erklärbare Gottesidee muß es eine äußere Ursache geben; 4.) der *teleologische* G.: Rückschluß von der zweckmäßigen Ordnung der Welt auf einen weisen Baumeister derselben; 5.) der *ethische* G.: Vom sittlichen Bewußtsein wird auf dessen Urheber geschlossen.

Gracián, Baltasar: 1601–1658, span. Moralphilosoph, Vertreter des → Konzeptismus. *Hw.:* »Oráculo manual y arte de prudencia«, 1637; »El héroe«, 1637, »El discreto«, 1646; »El Criticón«, 3 Teile, 1651–57.

Gratry, Alphonse: 1805–1872, frz. kath. Philosoph, versucht kirchliche Auffassungen gegen das naturwissenschaftliche Denken unter anderem durch religiöse Verwendung der Infinitesimalrechnung zu verteidigen. *Hw.:* »Cours de la philosophie«, 3 Teile, 1855–57; »La philosophie du credo«, 1861; »La morale et la loi de l'histoire«, 1868; »De la connaissance de l'âme«, 1949.

Gravitation: → Anziehung und Abstoßung

Green, Thomas Hill: 1836–1882, engl. Philosoph, Anhänger des deutschen Idealismus, vertrat besonders Ideen von → Hegel und → Kant. *Hw.:* »Prolegomena to Ethics«, 1883.

Gregor von Nazianz: 329–390, griech. Kirchenvater, vertrat eine jungnizäisch – orthodoxe Position, indem er die Feststellung der Wesensgleichheit von Christus, Hl. Geist und Gott-Vater (Gott als Einheit in drei Hypostasen) unterstrich.

Gregor von Nyssa: 331–394, griech. Kirchenvater, vertrat eine jungnizäisch-orthodoxe Position im Sinne von → Gregor von Nazianz, mit dem er befreundet war.

Grellings Paradoxon: Manche Adjektive haben die Eigenschaft, die sie ausdrücken, z. B. »kurz« oder »mehrsilbig«. Sie sind damit *autologisch. Ggt.: heterologisch:* »lang«, »einsilbig«. Was ist nun mit dem Wort »heterologisch«? Nimmt man an, es sei heterologisch, dann erweist es sich als autologisch und umgekehrt. → Selbstbezug.

Grenzsituationen: Bei → Jaspers Situationen, in denen die individuelle menschliche Existenz rein hervortritt, z. B. Leid, Tod, Scheitern.

Grisebach, Eberhard: 1880–1945, Schüler → Euckens, Anhänger des → Existentialismus und der → dialektischen Theologie. *Hw.:* »Wahrheit und Wirklichkeit«, 1919; »Die Schule des Geistes«, 1921; »Erkenntnis und Glaube«, 1923; »Freiheit und Zucht«, 1936; »Die Schicksalsfrage des Abendlandes«, 1942.

Groethuysen, Bernhard: 1880 bis 1946, dt. Geistesgeschichtler, Schüler → Diltheys, der mit Arbeiten zu geistesgeschichtlichen Prozessen, wie z. B. der Säkularisierung, hervorgetreten ist. *Hw.:* »Entstehung der bürgerlichen Welt- und Lebensanschauung in Frankreich«, 2 Bde., 1927–31; »Dialektik der Demokratie«, 1932; »Unter den Brücken der Metaphysik«, 1968.

Groos, Karl: 1861–1946, dt. Philosoph und Psychologe, Spieltheoretiker. *Hw.:* »Einleitung in die Ästhetik«, 1892; »Die Spiele der Tiere«, 1896; »Die Spiele der Menschen«, 1899; »Der Aufbau der philosophischen Systeme«, 1924; »Seele, Welt und Gott (Gesammelte Aufsätze zur Naturphilosophie und Metaphysik des Geistes)«, 1952.

Grosseteste, Robert: 1175–1253, Scholastiker, der ein mathematisch-naturphilosophisches Weltbild entwickelte, die Welt als System mit mathematischen Strukturen.

Grotius, Hugo: 1583–1645, niederl. Politiker und Rechtsphilosoph, Begründer der → Naturrechtslehre. *Hw.:* »De iure belli et pacis«, 1625; »Mare liberum«, 1609.

Grund und Folge: a) *Logisch:* Aus einem Satz (Grund) folgt logisch ein weiterer (Folge); b) *ontologisch:* gleichbedeutend mit Ursache und Wirkung. Wird eine Relation der Form a) in die Form b) überführt oder umgekehrt, dann sind die beiden Glieder invariant, während sich ihre Reihenfolge umkehrt: Saurer Regen (Ursache) – Bäumesterben (Wirkung). Aus der Tatsache des Baumsterbens (G) folgt eine geeignete Ursache (F).

Guardini, Romano: 1885–1968, dt. kath. Religionsphilosoph, → existenzphilosophisch orientiert, maß dem Gegensatz im Sinne der Dialektik wesentliche Bedeutung für das Verständnis des Lebens bei. *Hw.:* »Das Gute, das Gewissen und die Sammlung«, 1929; »Der Herr«, 1937; »Die Offenbarung«, 1940; »Freiheit, Gnade, Schicksal. Drei Kapitel zur Deutung des Daseins«, 1948; »Das Ende der Neuzeit«, 1950; »Gläubiges Dasein«, 1951; »Die Macht«, 1951; »Studien über den Glauben«, 1964.

Gut und Böse: → Metaphysisches Begriffspaar, häufig in Entwürfen der → Ethik, die Absolutheit beanspruchen. Da G. und B. Prädikate sind, also Eigenschaften ausdrükken, müßte formallogisch gesehen ein Objekt genannt werden, dem diese Eigenschaften zukommen sollen. Dies geschieht in der einschlägigen Ethik aber ausdrücklich nicht. Die Eigenschaft wird gegen jeden Träger verabsolutiert. – Dennoch finden sich Vorstellungen von G. und B. – soweit sich das feststellen läßt – in allen Gesellschaften, wenn auch die Zuordnung im einzelnen verschieden sein mag: Was konkret als gut, was als böse gilt, mag variieren; die Tatsache, daß derart unterschieden wird, bleibt davon unberührt. Manche Ethiker, wie z. B. Hume, versuchten allerdings auch, Inhalte zu finden, die dabei unveränderlich sind.

Guyau, Jean Marie: 1854–88, frz. Sozialphilosoph, betrachtet das sympathetische Moment der zwischenmenschlichen Beziehung als moralisch hochwertig, verwirft den Egoismus, proklamiert eine Lebensgemeinschaft zwischen Mensch und Kosmos. *Hw.:* »Esquisse d'une morale sans obligation ni sanction«, 1885; »L'irreligion de l'avenir«, 1887; »L'art au point de vue sociologique«, 1889.

H

Habermas, Jürgen: Geb. 1929, ursprünglich der Frankfurter Schule zugehöriger Sozialphilosoph, befaßt sich besonders mit Problemen der Erkenntnistheorie und mit strukturellen Untersuchungen zur spätkapitalistischen Gesellschaft. Die Philosophie H.s wurde zusammen mit der → Horkheimers, → Adornos und → Marcuses zu einer wichtigen Diskussionsgrundlage für die Studentenbewegung um 1968. *Hw.:* »Zur Logik der Sozialwissenschaften«, 1967; »Strukturwandel der Öffentlichkeit«, 1962; »Erkenntnis und Interesse«, 1968; »Legitimationsprobleme im Spätkapitalismus«, 1973.

Häberlin, Paul: 1878–1960, schweizer. Philosoph und Pädagoge, entwarf eine metaphysische Ontologie, suchte den »eigentlichen« (nicht empirischen) Menschen im »eigentlichen« (nicht empirischen) Kosmos. *Hw.:* »Allgemeine Ästhetik«, 1929; »Ethik im Grundriß«, 1956; »Das Evangelium und die Theologie«, 1956; »Vom Menschen und seiner Bestimmung«, 1959; »Das Böse«, 1960.

Haeckel, Ernst: 1834–1919, dt. Zoologe und (Natur-)Philosoph, bedeutender Vertreter des → Materialismus (von H. Monismus genannt) seiner Zeit; H. propagierte die Ideen → Darwins und interpretierte die Entwicklung des menschlichen Bewußtseins im Sinn der Evolutionstheorie: Sein »biogenetisches Grundgesetz« besagt, daß jedes Lebewesen in seiner individuellen Entwicklung die Gattungsentwicklung abgekürzt durchläuft. *Hw.:* »Die Lebenswunder«, 1904; »Der Monismus als Band zwischen Religion und Wissenschaft«, 1892; »Gott–Natur«, 1914; »Natürliche Schöpfungsgeschichte«, 1868; »Anthropogenie«, 1874; »Die Welträtsel (gemeinverständliche Studien über monistische Philosophie«, 1899; »Monismus und Naturgesetz«, 1906.

Haecker, Theodor: 1879–1945, Anhänger → Kierkegaards, nach seinem Übertritt zum Katholizismus kirchennaher Kulturtheoretiker. *Hw.:* »Christentum und Kultur«, 1927; »Was ist der Mensch?«, 1933; »Der Geist des Menschen und die Wahrheit«, 1937.

Haken, Hermann: Geb. 1927, dt. Mathematiker und Physiker, Begründer der → Synergetik, entdeckte die strukturelle Gleichheit von Selbstorganisationsprozessen im Laser und in thermischen Vorgängen, wie in gesellschaftlichen Prozessen. *Hw.:* »Synergetics. An Introduction«, 1977; »Erfolgsgeheimnisse der Natur«, 1981.

Hamann, Johann Georg: 1730 bis 1788, christl. Philosoph, der gegenüber dem → aufklärerischen → Rationalismus die Kraft der Intuition, des Gefühls und des Glaubens betonte. Schöpfer einer weitwirkenden Sprachphilosophie. *Hw.:* »Sokratische Denkfälligkeiten«, 1759; »Kreuzzüge des Philologen«, 1762; »Golgatha und Scheblimini«, 1784.

Hamelin, Octave: 1856–1907, frz. Philosoph, versucht → Hegels Dialektik (These-Antithese-Synthese) mit kantischen Ideen zu einem »Integralen Rationalismus« zu verbinden. *Hw.:* »Essai sur les éléments principaux de la représentation«, 1907; »Le système de Descartes«, 1911; »Le système d'Aristote«, 1920.

Hamilton, Sir William: 1788 bis 1856, schottischer Philosoph, Kantianer, verstand die Schlüsse der formalen Logik als mathematische Gleichungen. *Hw.:* »Lectures on Metaphysics and Logic«, 4 Bde., 1859–60.

Handeln: Absichtliches, planmäßiges Einwirken menschlicher Subjekte auf die objektive Realität. Häufig wird eine Tat nur dann als Handlung bezeichnet, wenn es sich dabei um einen Präzedenzfall oder wenigstens um eine bewußt gewählte Alternative handelt: Bloßes Tun ist noch kein Handeln.

Harnack, Adolf von: 1851–1930, liberaler protestantischer Theologe, relativierte die Dogmen als Folge hellenistischer Einflüsse im Christentum. *Hw.:* »Das Wesen des Christentums«, 1900; »Über die Sicherheit und die Grenzen geschichtlicher Erkenntnis«, 1917.

Hartmann, Eduard von: 1842 bis 1906, dt. Philosoph; vielseitiger Eklektiker, verarbeitet Ansätze → Schellings, → Schopenhauers und → Hegels zu einer universellen Theorie des Geistes. *Hw.:* »Philosophie des Unbewußten«, 1869; »Ästhetik«, 2 Bde., 1887; »Das Grundproblem der Erkenntnistheorie«, 1889; »Kategorienlehre«, 1896; »Geschichte der Metaphysik«, 2 Bde., 1900; »System der Philosophie im Grundriß«, 8 Bde., 1906–09.

Hartmann, Max: 1876–1962, Biologe und Philosoph, an den Methoden der Naturwissenschaften orientierter Erkenntnistheoretiker. *Hw.:* »Biologie und Philosophie«, 1925; »Wesen und Wege der biologischen Erkenntnis«, 1936; »Philosophie der Naturwissenschaften«, 1937; »Atomphysik, Biologie und Religion«, 1947; »Die philosophischen Grundlagen der Naturwissenschaften«, 1948.

Hartmann, Nicolai: 1882–1950, dt. Philosoph, schuf nach anfänglicher Zugehörigkeit zur → Marburger Schule des Neukantianismus eine alle traditionellen Probleme der Philosophie umfassende → Ontologie. H. entwickelt darin einen Schichtenaufbau des Seins; er unterscheidet eine anorganische, eine organische und eine geistig-seelische Schicht. Die jeweils höhere baut auf der niederen auf, läßt sich aber nicht vollständig darauf zurückführen. Fast aristotelisch entwickelt H. eine → Kategorienlehre, mit der der Weg der Erkenntnis dargestellt werden kann. Eine eindeutig → idealistische oder → materialistische Position vermeidend, läßt H. die Sphäre des realen Seins neben der des idealen Seins stehen, ohne eine hierarchische Abhängigkeit anzunehmen. Der idealen

Sphäre gehören u. a. die moralischen Werte an, denen H. ein absolutes Sein zuschreibt. Er setzt darin Gedanken der materialen Wertethik → Schelers fort. *Hw.:* »Grundzüge einer Metaphysik der Erkenntnis«, 1921; »Die Philosophie des deutschen Idealismus, Bd. I«, 1923, Bd. II, 1929; »Ethik«, 1926; »Das Problem des geistigen Seins, Untersuchungen zur Grundlegung der Geschichtsphilosophie und der Geisteswissenschaft«, 1933; »Zur Grundlegung der Ontologie«, 1935; »Möglichkeit und Wirklichkeit«, 1938; »Der Aufbau der realen Welt. Grundriß der allgemeinen Kategorienlehre«, 1940; »Die Anfänge des Schichtungsgedankens in der alten Philosophie«, 1943; »Philosophie der Natur«, 1950; »Teleologisches Denken«, 1951; »Philosophische Gespräche«, 1954.

Haß: → Liebe

Hatha Yoga: → Yoga

Hedonismus: Lehre bzw. Methode der Erlangung des Glücks durch bewußten sinnlichen Genuß, Orientierung am Lustgewinn, Vermeidung von Unlust. Der H. geht zurück auf → Aristippos. Starke hedonistische Momente finden sich im Eudaimonismus → Epikurs, bei → Horaz, bei den französischen → Materialisten des späten 18. Jhs. – Im Gegensatz zum H. stehen seit dem Mittelalter in Europa aufgekommene asketische Lehren, die Lustverzicht sowie die Gewöhnung an die Tatsache fordern, daß das Erdendasein ein Jammertal ist. Verstärkt tritt ein antihedonistischer Zug in bürgerlichen Ideologien seit der Reformationszeit auf, in denen gegen das Glücksverlangen der Menschen die Verpflichtung zu Arbeit und Leistung gestellt wird. Zur praktischen Verwirklichung bedarf der H. zum einen der Glücksfähigkeit der Menschen, zum anderen geeigneter äußerer Lebensumstände. Seit der Mitte des 19. Jhs. waren hedonistische Ansätze in der Philosophie nur noch seltene Randerscheinungen.

Hegel, Georg Wilhelm Friedrich: 1770–1831, bedeutender dt. Philosoph. Grundbegriff der H.schen Philosophie ist der *Geist*, worunter H. jedoch keine personale Größe, also keinen denkenden menschlichen oder göttlichen Geist, sondern eher ein dynamisch-dialektisches Grundprinzip der Welt versteht. Der Geist existiert zunächst als Strukturprinzip, dargestellt in H.s Logik, entäußert sich dann in Gestalt der Natur, dementsprechend von der Naturphilosophie reflektiert, kehrt schließlich in Gestalt des Menschen zu sich zurück, gewinnt das Bewußtsein seiner selbst, wird zu dem, was er ist: Geist. H. unterscheidet zwischen subjektivem (dem menschlichen Denken), objektivem (Moral, Recht, Staat) und absolutem (Kunst, Religion und absolutes Wissen) Geist. Die Entwicklung des Weltgeistes vollzieht sich nach dem Muster der *Negation der Negation*, das H. überhaupt als Struktur jeder (Höher-)Entwicklung ansieht. Etwas (Thesis) hebt sich auf in sein Gegenteil (Antithesis), kehrt durch dessen Aufhebung als Synthesis wieder zu sich auf einer höheren Entwicklungsstufe zurück. Der Begriff des Aufhebens der Negation hat stets dreifache Bedeutung: Bewahren, Vernichten, Emporheben. Die Realität des Denkens wie des Seins, des Subjekts wie Objekts, begreift H. als in sich gegensätzlich, widersprüchlich, die Welt ist *polar* strukturiert. Entsprechend verfährt H. in seinen systematischen Arbeiten, besonders der »Philosophie der Geschichte, der Logik und der Enzyklopädie«. Die innere Widersprüchlichkeit eines Begriffs treibt über diesen hinaus zum Gegenbegriff, dann weiter auf eine höhere Ebene, wo sich der Widerspruch löst, aber damit zugleich auch in neuer Form zeigt. Die H.sche Dialektik wurde durch → Marx und → Engels zum Strukturprinzip des dialektischen und historischen → Materialismus gemacht, eine theoretische Weiterentwicklung ist bisher jedoch kaum erfolgt. *Hw.:* »Phänomenologie des Geistes«, 1807; »Wissenschaft der Logik«, 1812–1816; »Enzyklopädie der philosophischen Wissenschaften«, I/1817, II/1827, III/1830; »Grundlinien der Philosophie des Rechts«, 1821.

Hegelianer: Nach dem Tode → Hegels zerfiel der Kreis seiner Anhänger und ohnehin nicht sehr zahlreichen Schüler in zwei Parteien: Althegelianer, die den Begriff des Geistes → theistisch verstanden und so zur Theologie zurückkehrten, und Junghegelianer (Strauß, Feuerbach, Bauer), die ihn als individuelles Selbstbewußtsein begriffen.

Heidegger, Martin: 1889–1976, dt. Existenzphilosoph, im Unterschied zu → Jaspers Atheist, bemüht sich in seinem Werk »Sein und Zeit« darum, eine »Fundamental-Ontologie« zu schaffen, um die Grundfrage nach dem »Sein des Seienden«, warum Sein sei und nicht Nichts sei, zu klären. Für das menschliche Dasein wesentlich sind Angst, Sorge und Tod. Der Tod macht es möglich, Sein als Zeit zu begreifen. H. formuliert seine Ideen in einer nicht immer leicht verständlichen Kunstsprache, die bei manchem Leser Zweifel darüber zurückläßt, ob er H. nun im Sinne H.s verstanden hat. H. gehörte von den 30er Jahren bis Mitte der 60er Jahre zu den meistdiskutierten Philosophen in Deutschland. *Hw.:* »Sein und Zeit«, 1927; »Vom Wesen des Grundes«, 1929; »Was ist Metaphysik?«, 1929; »Vom Wesen der Wahrheit«, 1943; »Platons Lehre von der Wahrheit. Mit einem Brief über den Humanismus«, 1947; »Holzwege«, 1950; »Der Feldweg«, 1953; »Einführung in die Metaphysik«, 1953; »Was heißt Denken?«, 1954; »Was ist das – die Philosophie?«, 1956; »Identität und Differenz«, 1957; »Gelassenheit«, 1959; »Nietzsche«, 2 Bde., 1961; »Die Frage nach dem Ding«, 1962; »Die Technik und die Kehre«, 1962; »Wegmarken«, 1967; »Zur Sache des Denkens«, 1969; »Grundprobleme der Phänomenologie«, 1975; »Metaphysische Anfangsgründe der Logik«, 1977.

Heimsoeth, Heinz: 1886–1975, dt. Philosophiehistoriker. *Hw.:* »Die sechs großen Themen der abendländischen Metaphysik«, 1922; »Fichte«, 1923; »Metaphysik der Neuzeit«, 1928; »Macht und Geist in Nietzsches Geschichtsphilosophie«, 1938; »Geschichtsphilosophie«, 1948; »Hegels Philosophie der Musik«, 1964; »Studien zur Philosophie: 1.) Kants, 2.) Methodenbegriff der Erfahrungswissenschaften und Gegensätze spekulativer Weltkonzeption«, 1977.

Heisenberg, Werner: 1901–1976, dt. Physiker und Philosoph, Begründer der Quantenmechanik, fand 1927 die *Unschärferelation,* die zu einem wichtigen Pfeiler der Kopenhagener Deutung der Quantentheorie wurde. Grundlage der Erkenntnistheorie war das Postulat, daß nur beobachtbare Größen in die Diskussion einbezogen werden dürfen; er ging dabei jedoch nicht so weit wie die Neopositivisten, die letztlich jede Theoriebildung ablehnten; andererseits war er doch empiristischer eingestellt als → Einstein, der das Postulat der Beobachtbarkeit teilte, jedoch fand, daß die Theorie darüber entscheidet, was wir beobachten. H. versuchte, Ansätze der klassischen griechischen Philosophie für das Verständnis der Quantenphysik nutzbar zu machen. In der Frage der Objektivität der menschlichen Erkenntnis war H. skeptisch eingestellt: Erfahrungen und Beobachtungen geben danach weniger Eigenschaften des Objekts als vielmehr Eigenarten der äußeren Bedingungen, der Gedanken und Maßnahmen des → Subjekts wieder. *Hw.:* »Die physikalischen Prinzipien der Quantentheorie«, 1930; »Wandlungen in den Grundlagen der Naturwissenschaft«, 1935; »Die Physik der Atomkerne«, 1943; »Physik und Philosophie«, 1959; »Das Naturgesetz und die Struktur der Materie«, 1967; »Das Naturbild der heutigen Physik«, 1955; »Der Teil und das Ganze«, 1969; »Schritte über Grenzen«, 1971.

heliozentrisch: Weltbild mit der Sonne als Mittelpunkt. Erstmalig bei → Aristarch von Samos, dann → Kopernikus, → Kepler, → Galilei.

Helmholtz, Hermann von: 1821–1894, dt. Arzt, Physiker und Philosoph, entwickelte eine Erkenntnistheorie der Naturwissenschaften und Geometrie, nach der die Bewußtseinsinhalte symbolisch die Strukturen der objektiven Realität widerspiegeln. *Hw.:* »Über die Erhaltung der Kraft«, 1847; »Über die Wechselwirkungen der Naturkräfte«, 1954; »Über das Verhältnis der Naturwissenschaften zur Gesamtheit der Wissenschaften«, 1862; »Über die Tatsachen, die der Geometrie zugrunde liegen«, 1868; »Über den Ursprung und die Bedeutung der geometrischen Axiome«, 1870; »Die Tatsachen in der Wahrnehmung«, 1879.

Helvétius, Claude Adrien: 1715 bis 1771, frz. → Sensualist und → Hedonist. Triebkraft menschlichen Handelns ist das Eigeninteresse, das letztlich auf elementaren Bedürfnissen beruht. Sein *Hw.:* »De l'esprit« (1758) wurde 1759 auf Befehl des Pariser Parlaments als staats- und religionsgefährdend verbrannt. *Weitere W.:* »De l'homme, de ses facultés intellectuelles et de son éducation«, 1773; »Le vrai sens du Système de la Nature«, 1774.

Hempel, Carl Gustav: Geb. 1905, dt.-amerik. Logiker und Wissenschaftstheoretiker.

hen kai pan: Eins und Alles. Die Fülle der Formen in der Welt hat einen gemeinsamen Ursprung bzw. ein allgemeines Wesen. → Heraklit.

Henotheismus: Verehrung eines speziellen Gottes, von mehreren vorhandenen Göttern.

Heraklit von Ephesus: Ca. 540–480 v. Chr., griech. Philosoph; als Grundstruktur des Seins betrachtete H. die Einheit des Gegensätzlichen, das Sein ist vom Logos durchwaltet, Prinzip der Sache wie des Denkens darüber, Ordnung der ewigen, unerschaffenen Welt. Diese begreift H. als im stetigen Werden begriffen. Der Satz: »Der Kampf ist der Vater aller Dinge« zeigt die schöpferische Rolle, die dem Gegensatz in der Philosophie H.s zukommt. Kampf muß hier allgemein als Kontroverse, nicht etwa einseitig als Krieg oder Vernichtung verstanden werden. In der Veränderung liegt nämlich auch die Erhaltung. H.s Wirkung reicht bis in die Gegenwart (→ Hegel, → Lasalle, → Nietzsche u. a.), wobei ähnliche Ideen auch aus anderen Quellen stammen können, z. B. aus der altchinesischen Philosophie.

Herbart, Johann Friedrich: 1776 bis 1841, dt. Philosoph und Pädagoge, nahm in seiner Metaphysik die Existenz vieler unveränderlicher, einfacher realer Wesen an, Erscheinungen. H. versuchte die Ethik auf die Ästhetik zurückzuführen. *Hw.:* »Allgemeine Pädagogik«, 1806; »Hauptpunkte der Metaphysik«, 1806; »Lehrbuch zur Einleitung in die Philosophie«, 1813; »Lehrbuch zur Psychologie«, 1816; »Allgemeine Metaphysik, 2 Bde.«, 1828–29.

Herbert von Cherbury: → Cherbury

Herder, Johann Gottfried: 1744–1803, Philosoph und Theologe, Gegner der → Aufklärung, Begründer einer geisteswissenschaftlichen Geschichtsphilosophie. Geschichte ist nicht gleichbedeutend mit menschlichem Fortschritt, sondern muß als göttliche Offenbarung verstanden werden. Sie kann nicht durch vernunftmäßigen Kalkül, sondern muß durch Einfühlung in vergangene Epochen begriffen werden. Ziel der Geschichte ist die Verwirklichung der Humanität. *Hw.:* »Abhandlung über den Ursprung der Sprache«, 1772; »Ideen zur Philosophie der Geschichte der Menschheit«, 1784–1791; »Von der menschlichen Unsterblichkeit«, 1792; »Briefe zur Beförderung der Humanität«, 1793; »Verstand und Erfahrung, Vernunft und Sprache, eine Metakritik zur Kritik der reinen Vernunft«, 1799.

Hermeneutik: Methode des Deutens und Verstehens, insbesondere von Werken der Literatur und Kunst. Der H.er will sich in den Autor und seine Lebensumstände hineinversetzen und dessen Werke von daher verstehen. Von → Dilthey der Theologie entliehen, wurde die Bedeutung der H. u. a. von den → Existentialisten, z. B. → Heidegger und dem frühen → Sartre, betont.

Herrschaft: Verhältnis zwischen Menschen, institutionalisierte Macht der einen über die anderen. Während → Macht als potentielle oder reelle → Gewalt unmittelbar erlebt wird, kann das tatsächliche Machtverhältnis als Herrschaft durch die scheinbare Selbstverständlichkeit und Gewolltheit von Institutionen, Gesetzen und Ideen verdeckt sein. – Gelegentlich scheint Herrschaft delegierbar zu sein (→ Hierarchie). Soweit sie wirksam ist, verhindert sie Eigenmächtigkeiten und schafft eine gewisse Sicherheit auf der Basis der bestehenden Machtverhältnisse. Delegation schließt andererseits stets die Möglichkeit ein, daß sich Mandatsträger verselbständigen.

Herzen, Alexander: 1812–1870, russ. Revolutionär und Philosoph, beeinflußte die Entwicklung des theoretischen Sozialismus in Rußland.

Heterocetesis: Fehlerhafter Beweis, in dem etwas anderes bewiesen wird, als bewiesen werden sollte, aber als dessen Beweis ausgegeben wird.

heterogen: Verschiedenen Ursprungs, ungleichartig. *Ggt.:* → homogen.

heteronom: Fremden Prinzipien oder Gesetzen unterliegend. *Ggt.:* autonom.

heureka: »Ich hab's gefunden!« soll Archimedes bei der Entdeckung des nach ihm benannten hydrostatischen Prinzips (Gleichgewicht der Kräfte bei ruhenden Flüssigkeiten) gerufen und zur Feier des Tages zwei Ochsen für sich und seine Freunde geschlachtet haben.

Heuristik: Hilfsverfahren für die Schaffung von Beweisen. Die H. arbeitet mit Vergleichen, Modellvorstellungen u. ä.

Heymans, Gerardus: 1857–1930, niederl. Philosoph und Psychologe, betrachtete Leib und Seele als spirituelle Einheit. *Hw.:* »Gesetze und Elemente des wissenschaftlichen Denkens«, 1890; »Einführung in die Metaphysik«, 1905; »Gesammelte kleinere Schriften zur Philosophie und Psychologie«, 3 Bde., 1917.

Hierarchie: Besondere Beziehung von Teil und Ganzem. Bestimmte, anderen Teilen übergeordnete Teile beeinflussen diese im Interesse des Ganzen. Im Extremfall werden alle Eigenschaften der untergeordneten von den übergeordneten Teilen kontrolliert. Sofern die unteren eine relative Selbständigkeit haben, reagieren die oberen diesbezüglich meist nur auf die Überschreitung von Sollwerten bei den unteren. Diese haben dann einen passiven Teil, der nur von oben gesteuert wird, und einen aktiven, der von oben nur im genannten Fall beeinflußt wird.

Hilbert, David: 1862–1943, dt. Mathematiker, Begründer des Axiomensystems der modernen Mathematik, leistete von mathematischer Seite aus Beiträge zur Entwicklung der → Relativitätstheorie. *Hw.:* »Grundlagen der Geometrie«, 1899; »Grundzüge der theoretischen Logik«, 1928; »Grundlagen der Mathematik«, zusammen mit P. Bernays, 2 Bde., 1934–39.

Hildebrand, Dietrich von: 1889 bis 1977, dt. Philosoph, versuchte mit der phänomenologischen Methode → Husserls eine materiale → Wertethik zu schaffen. *Hw.:* »Die Idee der sittlichen Handlung«, 1918; »Sittlichkeit und ethische Werterkenntnis«, 1922; »Metaphysik der Gemeinschaft«, 1930; »Sittliche Grundhaltungen«, 1933; »Reinheit und Jungfräulichkeit«, 1933; »Der Sinn philosophischen Fragens und Erkennens«, 1950; »Christliche Ethik«, 1959; »Das Trojanische Pferd in der Stadt Gottes«, 1968; »Das Wesen der Liebe«, 1971.

Hinduismus: Für den Nicht-Hindu ein vielfach schillerndes Aggregat zahlreicher Lehren und Vorstellungen, die sich in Indien bis zur Gegenwart zu einem losen Ganzen zusammengefügt haben. Als gemeinsames Gedankengut kann die → Vedanta gelten.

Historischer Materialismus: Von → Marx und → Engels begründete Geschichtsphilosophie, die die Arbeit als Wesen des Menschen ansieht. Die materielle Produktion ist die Grundlage der Gesellschaft. Ihr treibender Faktor sind die Produktivkräfte, das sind menschliche Arbeitskraft, Wissen, Phantasie, aber auch Produktionsmittel wie Werkzeuge oder Maschinen. Jeder Entwicklungsstand der Produktivkräfte erfordert ein spezifisches Zusammenwirken der Menschen, diese treten in bestimmte Verhältnisse, die Produktionsverhältnisse. Diese sind zugleich der Rahmen für die weitere Entwicklung der Produktivkräfte, die diesen Rahmen jedoch immer wieder sprengt und durch einen neuen ersetzt. Die gesellschaftliche Arbeitsteilung führt zur Warenproduktion, diese zur Entstehung von Klassen, deren gegenseitiges Verhältnis hauptsächlich von Kampf, aber auch von Kooperation bestimmt ist, während es sich beim Verhältnis der Menschen zueinander innerhalb einer Klasse gerade umgekehrt verhält. Die menschliche Gesellschaft durchläuft in ihrer geschichtlichen Entwickung drei wesentliche Stadien: Urgemeinschaft, Klassengesellschaft und Kommunismus, die sich ähnlich wie → Hegels These-Antithese-Synthese zueinander verhalten. Die

Klassengesellschaft zerfällt nochmals in drei Stadien: Sklavenhaltergesellschaft (in der Antike vorherrschend), Feudalismus (des Mittelalters) und Kapitalismus. Nachdem der H. M. im Gefolge Hegels davon ausgeht, daß Veränderungen letztlich durch die den Dingen innewohnenden Widersprüche, also innere Gegensätze, bewirkt werden, muß er für den Kommunismus und die Urgesellschaft eine andere Art von Triebkräften annehmen als für die Phase der Klassengesellschaft. Mangels innergesellschaftlicher Gegensätze tritt da der Widerspruch zwischen Mensch und Natur hervor. Damit dieser nun aber, wie von der Dialektik verlangt, ein innerer Widerspruch ist, müssen sowohl für die Urgesellschaft als auch den Kommunismus Mensch und Natur als Einheit angesehen werden.

Historismus: Von → Dilthey, insbesondere aber → Troeltsch entwickelte Methode, die gesellschaftliche Wirklichkeit als einmalig historisch geworden zu verstehen, wodurch z. B. künstlerischen oder ethischen Absolutheitsansprüchen die Spitze genommen wird. Der H. begnügt sich häufig mit der Beschreibung des Werdens und Vergehens einzelner Dinge, ohne grundlegende historische Gesetzmäßigkeiten finden zu wollen.

Hobbes, Thomas: 1588–1679, engl. Philosoph, begründete auf dem Boden eines empirischen → Materialismus die Theorie vom »Kampf aller gegen alle« (bellum omnium contra omnes): Die Menschen sind im Naturzustand nur an ihrer Selbsterhaltung interessiert, müßten sich daher stets bekämpfen, gäbe es nicht den Staatsvertrag, durch den sie alle Macht an einen Souverän deligieren. Dieser setzt Recht und Moral, ohne selbst Beschränkungen unterworfen zu sein. *Hw.:* »Elements of Law Natural and Politic«, 1639; »Elementa philosophica de cive«, 1642; »Leviathan or the Matter, Form and Authority of Government«, 1651.

Hocking, William Ernest: 1873–1966, amerik. Religionsphilosoph. *Hw.:* »The Meaning of God in Human Experience«, 1912; »Human Nature and its Remaking«, 1918; »Man and the State«, 1926; »Types of Philosophy«, 1929; »What Man Can Make of Man«, 1942; »Science and the Idea of God«, 1944.

Höffding, Harald: 1843–1931, dänischer Philosoph, kritischer Positivist, Religionsphilosoph und Philosophiehistoriker, betonte die Bedeutung des Humors als Lebensgefühl. *Hw.:* »Geschichte der neueren Philosophie«, 2 Bde., 1894; »Religionsphilosophie«, 1901; »Ethik«, 1880; »Der menschliche Gedanke«, 1910; »Der Totalitätsbegriff«, 1917; »Humor als Lebensgefühl«, 1918; »Erlebnis und Deutung«, 1923.

Höhlengleichnis: Platons Bild der begrenzten menschlichen Erkenntnis. Die Menschen gleichen Personen, die in einer Höhle sitzen und gezwungenermaßen in diese hineinblicken. An der Wand sehen sie nur den schemenhaften Widerschein der Ereignisse draußen, halten aber ihre Schattenwelt für real. Wer die Chance hat, die wahre lichte Welt zu erblicken, wäre durch sie zunächst geblendet, käme dann jedoch der Erkenntnis näher. Kehrte er zurück, um zu berichten und zu befreien, würde er sich nur unglaubwürdig und unbeliebt machen, eventuell sogar in Todesgefahr begeben.

Holbach, Paul Baron von: 1723 bis 1789, Philosoph, einer der führenden Enzyklopädisten, Bahnbrecher des deterministischen atheistischen Materialismus in der Aufklärung. H. beherrschte die Wissenschaft seiner Zeit; er sah drei grundlegende Naturkräfte: Trägheit, Anziehung und Abstoßung, deren Entsprechung Liebe und Haß in der menschlichen Gesellschaft wirken. Eigentlich amoralisch eingestellt, sah er im Gebrauch der Vernunft den entscheidenden ethischen Wert (→ Utilitarismus). *Hw.:* »Système de la nature ou des lois du monde physique et du monde moral«, 1770.

Holismus: Ganzheitslehre, derzufolge alle Bereiche der Realität eine Ganzheit bilden bzw. anstreben. Der H. versucht, damit das Problem der Einheit und Verschiedenheit der Welt zu lösen.

Home, Henry: 1696–1782, schottischer Philosoph, → Aufklärer, Ästhetiker, entwickelte eine erlebnisbezogene → Ästhetik. *Hw.:* »Essays on the Principles of Morality and Natural Religion«, 1751; »Elements of Criticism«, 3 Bde., 1762–1765.

homogen: Gleichen Ursprungs, gleichartig. *Ggt.:* → heterogen.

Homoiomerien: Bei → Anaxagoras die kleinsten Teilchen mit unendlich verschiedenen Eigenschaften. Die Atome bei → Demokrit sind dagegen eigenschaftslos.

Homo – mensura – Satz (lat., »Mensch-Maß«-Satz): Der einzelne Mensch ist das Maß aller Dinge (→ Protagoras).

Homonym: Ein Wort mit mehrfacher Bedeutung; derselbe Name für verschiedene Begriffe, z. B. Blume: Pflanze, Bukett des Weines, der Schwanz des Hasen u. a. → Synonym.

Hönigswald, Richard: 1875–1947, Philosoph, schuf eine Denkpsychologie zur Begründung des Wissens und eine → Monadenlehre als Theorie des Subjekts. *Hw.:* »Zur Kritik der Mach'schen Philosophie«, 1903; »Über die Lehre Humes von der Realität der Außendinge«, 1904; »Beiträge zur Erkenntnistheorie und Methodenlehre«, 1906; »Skepsis in Philosophie und Wissenschaft«, 1914; »Die Grundlagen der Denkpsychologie«, 1918; »Die Grundlagen der Pädagogik«, 1918; »Hobbes und die Staatsphilosophie«, 1924; »Grundfragen der Erkenntnistheorie«, 1931; »Philosophie und Sprache«, 1937.

Horkheimer, Max: 1895–1973, Philosoph und Soziologe, Mitbegründer der → Frankfurter Schule, entwickelte in Berührung mit dem → Marxismus, aber auch alternativ zu diesem, eine »Kritische Theorie der Gesellschaft«. Über die daraus hervorgegangene Kritik des »Spätkapitalismus« wurde H. einer der geistigen Väter der Studentenbewegung, wenigstens in ihrer Anfangsphase. Etwa seit 1968 zeigte sich allerdings, daß die kritische Theorie jener letztlich keine Ziele zu weisen wußte. *Hw.:* »Über Kants Kritik der Urteilskraft«, 1925; »Autorität und Familie« (Herausgeber und Mitautor), 1936; »Zeitschrift für Sozialforschung« (Herausgeber), 1931–41; »Dialektik der Aufklärung«, zus. mit Theodor Adorno, 1947; »Zur Kritik der instrumentellen Vernunft«, 1967; »Kritische Theorie«, 2 Bde., 1968; »Aus der Pubertät«, 1974.

Hugo von St. Victor: 1096–1141, → Scholastiker, räumt der wissenschaftlichen Naturforschung und Mathematik große Bedeutung für die Erkenntnis ein, deren Höhepunkt allerdings die mystische Schau Gottes ist.

Huizinga, Johan: 1872–1945, niederl. Kulturhistoriker und -philosoph, wurde durch seine Studien zum späten Mittelalter (Herbst des Mittelalters) bekannt. H. befaßte sich darüber hinaus mit der Bedeutung des Spiels (Homo ludens) und übte Kritik an totalitären Gesellschaftssystemen, insbesondere dem Nationalsozialismus, die er als Ausdruck einer Krise der Kultur betrachtete. *Hw.:* »Der Herbst des Mittelalters, Studien über Lebens- und Geistesformen des 14. und 15. Jhs. in Frankreich und in den Niederlanden«, 1919; »Wege der Kulturgeschichte«, 1929; »Homo ludens. Versuch einer Bestimmung des Spielelements der Kultur«, 1939; »Im Banne der Geschichte«, 1942; »Wenn die Waffen schweigen«, 1943; »Geschundene Welt«, 1948.

Humanismus: Ein Wort mit vielfältiger Bedeutung, besonders: 1.) Denkhaltung der Renaissance, die sich auf die menschlichen Belange konzentrierte, in Abwendung von der leeren spitzfindigen Logik und formalen Theologie der → Scholastik. Der H. stützte sich dabei auf Ideen der – besonders griechischen – Antike. Die Errungenschaften des Menschen wurden von den Humanisten gefeiert, seine Aussichten galten als verheißungsvoll. Der H. ging mit dem im 13. Jh. beginnenden Aufschwung von Handwerk, Handel, Wissenschaft und Kunst, zunächst in Oberitalien, dann auch in Deutschland und England, einher. Hauptvertreter des italienischen H. waren Petrarca, Boccaccio, Alberti und Valla. 2.) *Allg.:* Das ethisch motivierte Bemühen um das Wohlergehen der Menschen, oft im politischen Sinn verstanden.

Humanität: Menschlichkeit. 1.) Denken und Handeln, das auf eine – nicht nur materiell verstandene – Verbesserung des Daseins einzelner Menschen abzielt; 2.) eine Haltung gegenüber anderen, die deren Eigenheiten und Interessen nicht antastet.

Humboldt, Alexander von: 1769–1859, Geograph, Naturforscher und -philosoph, versuchte die Prinzipien des deutschen → Idealismus mit der Naturwissenschaft seiner Zeit zu vereinigen. *Hw.:* »Kosmos. Entwurf einer physischen Weltbeschreibung«, 5 Bde., 1845–58.

Humboldt, Wilhelm von: 1767 bis 1835, liberaler preußischer Politiker und Philosoph, bedeutender Vertreter des → Humanismus, förderte die allseitige Ausbildung der Persönlichkeit– »Individualität« – zur »Totalität«. Der Staat soll sich darauf beschränken, die äußere Sicherung und die Rechtssicherheit im Inneren zu gewährleisten, im übrigen hat er die individuelle Entfaltung nicht zu behindern. H. betont die Bedeutung der Sprache für die individuelle und historische Identität, macht die Sprachforschung zur Grundlage der Geschichtsforschung. H.s politische Ideale fielen der Restaurationszeit nach 1815 zum Opfer. *Hw.:* »Ideen zu einem Versuch, die Grenzen in der Wirksamkeit des Staates zu bestimmen«, 1792, veröffentl. 1851; »Über die Aufgabe des Geschichtsschreibers«, 1822; »Über die Verschiedenheit des menschlichen Sprachbaues und ihren Einfluß auf die geistige Entwicklung des Menschengeschlechts«, 1835.

Hume, David: 1711–1776, der bedeutendste engl. → Aufklärer. H. untersuchte die Gesamtheit menschlicher Erkenntnisse, Bewußtseinsinhalte und Triebkräfte. Erfahrung ist die Grundlage der Erkenntnis, auch der allgemeinsten Begriffe. H. bestreitet die apriorische Gültigkeit des Kausalprinzips ebenso wie jede → metaphysische Interpretation desselben, es sei vielmehr durch wiederholte Erfahrung, die mit der vorangegangenen Erfahrung übereinstimmte und so zu einer Erwartungshaltung führte, entstanden. H. vertrat eine *psychologistische Ethik:* Allen Menschen sind gewisse Gefühle, wie Humanität und Wohlwollen, von Natur aus zu eigen. Absolute moralische Maßstäbe lehnte er ab. *Hw.:* »A Treatise on Human Nature«, 1739/40; »Inquiry Concerning Human Understanding«, 1748; »Inquiry Concerning the Principles of Morals«, 1751; »Dialogues Concerning Natural Religion«, 1779.

Humor: Komik, die sich 1.) auf Personen beziehen kann und dann den Angesprochenen nicht verletzt, sondern entschuldigt, sich nicht von ihm distanziert, sondern sich als im Grunde mit ihm einig erklärt; oder 2.) auf Sachverhalte, wobei sich dann die jeweils in den Hintergrund getretene lustige, erheiternde, nützliche oder hoffnungsvolle Seite der Sache gegenüber der augenfällig dominanten negativen als die relevante erweist. (Diese ist natürlich nur eine von vielen möglichen Definitionen des H.s.)

Hus, Jan: 1370–1415, tschech. Reformator, erklärte neben der Bibel auch den menschlichen Verstand und die Erfahrung zum Maßstab der Wahrheit, propagierte das Recht auf Gedankenfreiheit. In seiner Person vereinigten sich Strömungen gegen den Feudalismus und die römische Kirche sowie die tschechische Freiheitsbewegung gegen die Expansion des Deutschen Reiches. Theologisch blieb H. im Unterschied zu Wiclif bei der Transsubstantiationslehre. Von Anhängern des Papstes wurde H. verhaftet und auf dem Scheiterhaufen verbrannt.

Husserl, Edmund: 1859–1938, Begründer der → »Phänomenologischen Schule«. H. wandte sich zunächst gegen die psychologistische Deutung der → Logik, die er in traditionelle formale Logik und Formalontologie aufteilt. H. glaubte, die Philosophie neu fundieren zu können, indem er das reine, aller empirischen Einflüsse beraubte Bewußtsein in den Mittelpunkt rückte, dessen Inhalte aus unmittelbarer intuitiver Wesenschau stammen. *Hw.:* »Über den Begriff der Zahl«, 1887; »Philosophie der Arithmetik«, 1899–1901; »Prolegomena zur reinen Logik«, 1900; »Ideen zu einer reinen Phänomenologie und phänomenologischen Philosophie«, 1. Buch 1913; »Formale und transzendentale Logik«, 1929; »Die Krisis der europäischen Wissenschaften und die transzendentale Phänomenologie«, 1936; »Erfahrung und Urteil. Untersuchungen zur Genealogie der Logik«, 1939.

Hussiten: Anhänger des Jan → Hus, tschechische Nationalbewegung, die nach der Verbrennung von Hus zunehmend erstarkte und den vom Papst ausgerufenen Kreuzzug gegen die Tschechen abwehrte. Die H. setzten sich aus zwei Strömungen zusammen: die Taboriten (benannt nach ihrem Versammlungsort, dem Berg Tabor), hauptsächlich Bauern und Handwerker, die die Aufhebung der Leibeigenschaft und die Herstellung von Gemeineigentum zeitweilig erfolgreich betrieben – sowie die Kalixtiner (lat. calix, der Kelch), überwiegend städtische Bürger, die die Säkularisierung des Kirchenbesitzes sowie den Laienkelch beim Abendmahl forderten.

Hutcheson, Francis: 1694–1747, engl. Philosoph und Ökonom, vertrat eine *psychologistische Ethik und Ästhetik:* Das Schöne und das Sittliche werden unmittelbar gefühlsmäßig erfaßt. *Hw.:* »An Inquiry into the Original of our Ideas of Beauty and Virtue«, 1725; »An Essay on the Nature and Cónduct of the Passions and Affections«, 1728; »The System of Moral Philosophy«, 1755.

Huxley, Thomas Henry: 1825 bis 1895, engl. Biologe und Philosoph, Darwinist, vertrat eine → positivistische Erkenntnistheorie: Gesetze spiegeln nur vergangene Erfahrungen, ohne einen Schluß auf die Zukunft zuzulassen. *Hw.:* »Man's Place in Nature«, 1863; »Über unsere Erkenntnisse von den Ursachen der Erscheinungen in der organischen

Natur«, 1865; »Science and Culture«, 1881; »Evolution and Ethics«, 1893.

Hyle (eigentlich: Holz): Bei → Aristoteles der *Urstoff* mit der einzigen Eigenschaft der Formbarkeit. In der katholischen Philosophie seit der → Scholastik die Beziehung von Stoff (Möglichkeit) und Form (Wirklichkeit).

Hylozoismus: Annahme, daß die gesamte Materie bzw. alle einzelnen Dinge belebt oder beseelt sind.

Hypatia: Griech.-neuplatonische Philosophin und Mathematikerin, 415 n. Chr. von Christen ermordet.

Hypostase (griech., »Grundlage«): Vergegenständlichung, Verdinglichung von Allgemeinbegriffen. Schön sind danach nicht nur bestimmte Gegenstände, sondern »Das Schöne« existiert unabhängig von allen Dingen, die schön sein könnten.

Hypothese (griech., »Unterstellung«): Irgendwie fundierte, aber nicht erwiesene Annahme zur vorläufigen Überwindung eines wissenschaftlichen Engpasses. Die H. kann durch weitere Erfahrung bestätigt oder widerlegt werden. In beiden Fällen hat sie die ihr wesentliche Rolle gespielt. Die primäre Funktion des steinzeitlichen Faustkeils kann z. B. durch verschiedene H.n vorläufig bestimmt werden: Wurfgeschoß oder Schaber. Beide H.n ermöglichen die Fortsetzung der Untersuchungen, natürlich in zunächst unterschiedlichen Richtungen.

hypothetisch: Bedingt, ist ein Urteil der Form »wenn A dann B«. *Ggt.:* → kategorisch.

hysteron-proteron (griech., »das Spätere früher«): Art des Zirkelschlusses, bei der eine Aussage als Voraussetzung steht, die erst aus der Beweisführung abgeleitet werden kann.

I

i: In der klassischen Logik das Symbol für ein besonderes → Urteil der Form »einige S haben die Eigenschaft P«: S.i.P.

Ibn Chaldun, Abd al Rahman: 1332–1406, islamischer Historiker und Geschichtsphilosoph. *Hw.:* »Buch der Beispiele«, 7 Bde.

Ich: Bewußter Teil der Persönlichkeit. Planung und Durchführung von Handlungen sind ebenso Leistungen des I.s wie die bewußte Verarbeitung daraus gewonnener Erfahrungen. Nach → Freud realisiert das Ich die Anforderungen des Es vermittels der spezifischen äußeren Umstände, vertritt die Interessen des Es nach außen, ist eine Agentur des Es. Unter widrigen äußeren, d. h. u. a. gesellschaftlichen, Umständen bildet sich neben dem Ich ein Über-Ich, das die sonst simple und organische Beziehung zwischen Ich und Es gezielt stört. Das Ich ist also ein wesentlicher Teil der Persönlichkeit, aber nicht unbedingt Herr derselben.

ideal: Vorbildlich, in spezieller Weise vollkommen, einem Ideal entsprechend. So zeigt ein ideales Gas das und nur das in den klassischen Gasgesetzen dargestellte Verhalten.

Ideal: Vollkommenes Leitbild, erhabenes Ziel.

Idealismus: 1.) *Objektiver I.:* Auffassung, den beobachtbaren materiellen Vorgängen lägen ideelle Vorgänge als das eigentlich Wesentliche zugrunde. Jedes Ding ist eine Verkörperung der entsprechenden Idee. Erkenntnistheoretisch kann daraus u. U. gefolgert werden, daß Ideen von den Menschen »direkt« erkannt werden können, ohne Erfahrung mit den entsprechenden materiellen Objekten (Plato). 2.) *Subjektiver I.:* Die menschliche Vernunft setzt die Realität, schafft sie erst. Die erkenntnisunabhängig existierende Welt ist für den Menschen ohne Belang. Sofern sie ihn betrifft, ist sie das Produkt seiner Tätigkeit, letztlich seiner Ideen (Fichte, Vico). Der s. I. kann im Extremfall, wie z. B. bei → Berkeley, zum → Solipsismus werden. Die Realität gilt dann überhaupt als Ansammlung von Vorstellungskomplexen beim Menschen, die den Anschein einer Außenwelt erwecken. 3.) In der *Ethik* bedeutet I. die Verfolgung von Idealen.

Idee (griech.): Ursprünglich äußere Erscheinung, optisch wahrnehmbare Gestalt eines Dings, dann Wesen der Sache, Begriff. Die I. kann daher verschieden verstanden werden: als das selbständige, den Dingen zugrundeliegende Wesen, als die Widerspiegelung des Wesens einer Sache im menschlichen Bewußtsein oder auch als freie geistige Schöpfung, von der zunächst nicht klar ist, wie sie sich zur äußeren Wirklichkeit verhält. → Plato, → Locke, → Kant.

idem per idem: Dasselbe durch dasselbe. → Zirkelschluß, z. B. der Satz: »Freiheit bedeutet, daß die Menschen frei sind.«

Identifikation: 1.) Einordnung eines Wahrnehmungsinhalts in ein Bezugssystem: »Aha, ein Elefant«. 2.) Feststellung relativer Gleichheit, z. B. zwischen Telefon/Trommel. 3.) Gleichsetzung der eigenen Person mit einer anderen, z. B. mit dem Helden eines Films.

Identität: Vollkommene Übereinstimmung. Im Zuge einer Argumentation sollen die verwendeten Begriffe mit sich identisch, d. h. sich selbst gleichbleiben. Das führt allerdings bei der Darstellung von Prozessen zur Ablösung des Denkens von der Wirklichkeit, da diese sich nicht nur gleichbleibt, sondern sich ebenso verändert, sich nicht gleichbleibt: die Bundesrepublik Deutschland am Tag X ist mit der BRD am Tag Y nicht identisch; der Begriff der BRD kann also auch nur das repräsentieren, was sich in der BRD vom Zeitpunkt X bis zum Zeitpunkt Y nicht verändert, repräsentiert damit jedenfalls nicht »Die BRD«; er ist also etwas anderes, als er vorgibt zu sein.

Identitätsphilosophie: Von → Schelling erarbeiteter Begriff, wonach wesentliche Polaritäten, wie Geist und Materie, Sein und Bewußtsein, auf eine gemeinsame Grundlage zurückgeführt werden können, in der absoluten → Vernunft damit identisch sind. (Das »Absolute« – Gott – entfaltet sich durch Herausbildung des Reichs der Natur ebenso wie das Reich des Geistes; Gegensätze von Realem und Idealem lösen sich dadurch auf.)

Ideologie: 1.) *Allg.:* In sich zusammenhängendes System von Ideen; Weltanschauung, die das Handeln in einer bestimmten Richtung fördert. 2.) Formulierung von Werturteilen als Sachaussagen, wobei die dem Werturteil zugrundeliegende spezielle Interessenlage verschleiert und das spezielle Interesse als allgemein verbindliche Selbstverständlichkeit präsentiert wird.

Idol: Vergegenständlichtes Ideal, Leitbild, auch: Trugbild. Bei Francis → Bacon Vorurteile und Mystifikationen (insgesamt vier), die das Denken in die Irre führen.

I-Ging: Buch der Wandlungen, chinesisches Weisheitsbuch, vielleicht das älteste bekannte philosophische Werk. Seine Quellen reichen bis ca. 1300 v. Chr. zurück. Die gesamte Realität wird als in sich gegensätzlich begriffen. Die Gegenpole in jedem Ding, in jeder Situation, werden graphisch als — und – – dargestellt. Die vom Menschen erlebte Sphäre umfaßt 2^6, also 64, Grundsituationen bzw. Übergänge, die als sechsteiliges Zeichen abgebildet werden, z. B.  .

Alle sechs Ebenen haben eine generelle Bedeutung, der Inhalt kann sich aber im Einzelfall ändern: + wird zu ++ und umgekehrt. Der

Ratsuchende muß zunächst das Zeichen finden, das sein Problem prinzipiell darstellt. Er kann sich dann anhand der möglichen Übergänge und Verwandlungen ein Bild von den Entwicklungsmöglichkeiten und Zukunftsaussichten machen und sein Handeln danach einrichten. Das Auffinden des Ausgangszeichens wurde gelegentlich durch Losen ersetzt. Damit verliert das ausgeklügelte System allerdings seinen Sinn, es sei denn, man glaubt an schicksalsgesteuerten Zufall.

ignorabimus (lat., »wir werden es nicht wissen«): Schlagwort des → Agnostizismus, von Du Bois-Reymond.

ignoratio elenchi: Fehlerhafter Beweis, der sich auf eine andere als die zur Diskussion stehende These bezieht; irrtümlich an der Sache vorbeigeredet.

immanent: Innewohnend, darin bleibend. Immanente Kritik gilt einer bestimmten These oder Theorie unter Beibehaltung des Bezugssystems.

Immanenzphilosophie: Erkenntnistheoretische Position, derzufolge alle Erkenntnis sich nur innerhalb des Bewußtseins abspielt, eine Außenwelt aber nicht nachgewiesen werden kann.

immateriell: Nicht materiell, unstofflich.

Immoralismus: Ablehnung moralischer Grundsätze. Der *relative I.* bezieht sich auf bestimmte, augenblicklich zu Grundsätzen erhobene Prinzipien, der *absolute I.* lehnt jede Moral ab.

Imperativ: Befehl, strikte Forderung.

Implikation: Einschluß, Mitenthaltensein. In der formalen Logik eine Aussagenverknüpfung der Form: »wenn p so q«, p → q, z. B. Ein Feuer brennt. ⇒ Es raucht. Die Aussagenverknüpfung ist wahr, außer wenn der 1. Satz wahr und der 2. Satz falsch ist. → Aussagenlogik.

implizit: Eingeschlossen. *Ggt.:* → explizit.

Indeterminismus: Auffassung, derzufolge 1.) das Weltgeschehen oder Teile desselben (wozu auch die Denkvorgänge des Menschen gehören) nicht rein gesetzmäßig ablaufen oder 2.) der menschliche Wille frei, d. h. nicht durch innere (Bedürfnisse) oder äußere (Lebensumstände) Notwendigkeiten festgelegt ist. *Ggt.:* → Determinismus. – Eine Zwischenposition bezog → Kant, der zumindest für die sittliche Persönlichkeit des Menschen vom I. ausging.

Individualismus: *Allg.:* Hervorhebung des Individuum gegenüber einem Kollektiv, der Masse oder der Gesellschaft. Annahme, daß 1.) das Glück hauptsächlich individuell, kaum durch kollektives Handeln erlangt werden kann; 2.) bei geschichtlichen Veränderungen der einzelnen Persönlichkeit des Führers oder Bahnbrechers gegenüber der Masse die entscheidende Bedeutung zukommt; 3.) der Wirtschaftsprozeß von der persönlichen Initiative der einzelnen Unternehmer geprägt wird. Dies schließt die Forderung nach unbehinderter unternehmerischer Handlungsfreiheit ein. Diese Art des I. war das ideelle Stimulans des Kapitalismus in seinen früheren Stadien, von den »wagenden Kaufleuten« des 16. Jhs. bis zu den Familienbetrieben des 19. Jhs. Durch die weltweite Konzentration und Verflechtung des Kapitals verlor diese Idee etwa seit dem I. Weltkrieg mehr und mehr an Bedeutung; 4.) Menschen grundsätzlich Einzelwesen sind, deren Beziehungen untereinander regellos wechseln und damit nicht als typisch gelten können. → Existentialismus.

Individualität: Eigenart, Unverwechselbarkeit, diejenigen Eigenschaften, die ein Individuum von anderen unterscheiden.

Individualpsychologie: Von Alfred → Adler als Alternative zu → Freuds Psychoanalyse begründete psychologische Theorie, wonach der Minderwertigkeitskomplex die Wurzel psychischer Störungen ist. Der Minderwertigkeitskomplex entsteht bereits in der Kindheit in Konkurrenzsituationen und durch Demoralisierung seitens Eltern und Erziehern. Therapeutisch wird dem durch eine bewußte, ermutigende Umstellung der Lebensprinzipien begegnet.

individuell: Einzeln, *Ggt.:* → generell.

Individuum: Das Unteilbare, Einzelne. 1.) Als Gegenbegriff zu Gesellschaft, Masse oder Kollektiv; der einzelne Mensch mit allen Eigenarten, Bedürfnissen, Vorlieben, Abneigungen, Trieben und Launen, das I. erlebt sich als Ich. 2.) *Allg.*: Ein System, das selbst ein Element eines Systems ist. 3.) In der modernen → Logik die analoge Größe zum »Element« der Mengenlehre.

Induktion: Seit → Aristoteles die Gewinnung allgemeiner Sätze oder Theorien aus Erfahrungen, die Verdichtung einzelner Erkenntnisse zu einem gesamten Erkenntniszusammenhang, der erkenntnismäßige Übergang vom Einzelnen zum Allgemeinen: Wer verschiedentlich beobachtet hat, daß Gänse gern Löwenzahn fressen, könnte daraus z. B. die Folgerung herleiten, daß dies für alle Gänse gleichermaßen gilt.

Industrielle Revolution: Die I. R. ist für die Sozial- und Geschichtsphilosophie von Bedeutung: 1.) sind zahlreiche philosophische Theorien der letzten 100 Jahre Versuche, die Auswirkungen der I. R. zu bewältigen; 2.) zeigte sich in der I. R. das Wirtschafts- und Gesellschaftssystem als Automatismus, der fundamentale Veränderungen des einzelnen und kollektiven Lebens ohne Absicht bzw. gegen den Willen der beteiligten Menschen bewirken kann; 3.) machte es die I. R. möglich, das Tempo bzw. die Beschleunigung der Entwicklung des Gesellschaftssystems zu bestimmen. Die explosionsartige Vervielfachung der Produktivität in den Industrienationen führte zur Zersetzung praktisch aller selbständigen regionalen Wirtschaftssysteme in weniger fortgeschrittenen Regionen der Erde und ihrer oft gewaltsamen Einbeziehung in das Weltwirtschaftssystem.

Information (wörtlich: Formgebung von außen): Mitteilungsinhalt. In der modernen, aus der → Kybernetik entstandenen I.-theorie bedeutet I. einen physikalischen Impuls, der beim Empfänger eine Veränderung bewirkt. Jede empfangene I. wird aufgrund von Ähnlichkeit einem Bezugssystem zugeordnet und von dorther verstanden. Das physikalische Phänomen der Ausbreitung einer Wirkung allein ist noch keine I. Wesentlich für die I. ist stets der zur Dechiffrierung und zum Verständnis fähige Empfänger. Die vom Menschen verarbeitete I. ist sehr verschiedener Art: ein Blick, ein Satz, eine Anfrage in einer Datenbank . . .

Inhalt: → Form und Inhalt

Inneres – Äußeres: → Bestimmung und → Bedingung

Instinkt: Unmittelbare Reaktion auf innere oder äußere Gegebenheiten. I.handlungen werden durch bestimmte Auslöser in Gang gebracht. Physiologisch liegt beim Menschen keine eigentliche Verkümmerung der I.e vor, sondern die Reiz-Reaktions-Verbindung geschieht mittelbar über das Großhirn, so daß die Sphäre der I.e vom Bewußtsein zwar überlagert ist, dieses aber überhaupt erst in Gang setzt.

Instrumentalismus: Von J. → Dewey geschaffene Variante des → Pragmatismus in den USA: Geistige Leistungen sind ebenso Mittel zum Zweck wie körperliche Organe.

Integration: Systematische Einbeziehung in einen Zusammenhang. Die Evolution kann so als fortschreitender I.sprozeß aufgefaßt werden, z. B. von der autonomen Zelle zum Organismus.

Intellekt: Meist Oberbegriff für Verstand, Vernunft, Erkenntnisvermögen.

Intellektualismus: Allg. die besondere Wertschätzung des Intellekts gegenüber etwas anderem, z. B. 1.) Gefühl; Verstandes- oder Gefühlsmensch. 2.) Wille; unabhängig vom oder über das Wollen hinaus kann das Handeln durch Einsicht gesteuert werden. 3.) Praxis; der theoretischen Ausführung wird ein prinzipiell höherer Erkenntniswert zugesprochen als der praktischen Erfahrung.

Intelligenz: 1.) Die qualitative und quantitative Ausprägung des Intellekts, Art und Umfang geistiger Fähigkeiten, z. B. Auffassungsgabe, Urteilsgeschwindigkeit, Phantasie. 2.) Gesellschaftliche Gruppe ohne Macht, die die Inhaber der Macht mit Ideen und Erkenntnissen versorgt, wodurch ein Teil der Ideen verwirklicht wird, sich selbst aufgrund eines gewissen Freiraums für ungebunden hält und daher an die Macht der Idee glaubt.

intensiv: *Ggt.:* extensiv. Konzentration einer Kraft im Gegensatz zur Ausbreitung derselben.

Intention: Absicht, innere Zielsetzung. → Brentano

Intentionalismus: Ethische Auffassung, daß eine Handlung nach der dahinterstehenden Absicht, nicht nach der tatsächlichen Wirkung zu beurteilen sei. → Gesinnungsethik.

Interesse: Durch → Bedürfnisse hervorgerufenes Wollen, insofern auch Anteilnahme, gedankliche Beteiligung.

intersubjektiv: Mehreren Subjekten gemeinsam bzw. diese verbindend.

Introjektion: In der Erkenntnistheorie von → Avenarius die Vorstellung, daß Menschen Gegebenheiten ihres eigenen Wesens oder ihrer Fähigkeiten in Naturprozesse hineininterpretieren. Heute meist als Projektion bezeichnet.

Intuition: Spontanes, unmittelbares Erfassen von Strukturen und Wesenszusammenhängen ohne eigentliches Nachdenken. Die Vermittlung intuitiver Erkenntnisse ist auf rationalem Wege schwierig, da ja keine mitteilbaren Begriffe erarbeitet wurden; andererseits ist der Erkennende von der Richtigkeit des intuitiv Erfaßten geradezu beseelt, so daß die fehlende Rationalität einen gewissen emotionalen Ausgleich erfährt. Die I. spielt naturgemäß da eine bedeutende Rolle, wo die rationale Theoriebildung schwierig ist, z. B. in der Ästhetik, grundsätzlich aber in jeder Wissenschaft, auch der Mathematik, Physik und Philosophie.

Intuitionismus: Die Lehre, daß die Intuition die hauptsächliche Quelle der Erkenntnis ist.

Invariante (die Unveränderliche): Eine Größe, die bei einer Veränderung gleichbleibt. → Heraklit meinte, es sei unmöglich, zweimal in denselben Fluß zu steigen. In diesem Fall gibt es keine I. Nimmt man aber an, daß die Donau bei allen Veränderungen auch irgendwie gleichbleibt, dann ist dies die I., die zur fortgesetzten Verwendung des Wortes »Donau« berechtigt. Besondere Bedeutung kommt der I. in der Relativitätstheorie → Einsteins zu. → Bezugssystem

Ionische Naturphilosophen: Die ältesten griechischen Philosophen, deren Anschauungen überliefert sind, besonders → Thales, → Anaximander, → Anaximenes, → Heraklit, die z. B. gleichermaßen die Frage nach dem Urstoff stellten und verschieden beantworteten.

Ironie: Oft moralisierende Rede oder Verhaltensweise, die auf einen Mangel aufmerksam macht, indem sie das erkennbare Gegenteil dessen ausdrückt, was sie meint. Im Gegensatz zum Humor betont die I. den Abstand zwischen dem Redenden und dem Kritisierten.

irrational: Der Vernunft widersprechend, auch: die Vernunft übersteigend.

Irrationalismus: Die Abwertung der Vernunft, oft mystische Suche nach irrationalen Wegen der Erkenntnis.

J

Jacobi, Friedrich Heinrich: 1743–1819, dt. Philosoph, vertrat eine irrationalistische Philosophie des Gefühls und der individuellen Persönlichkeit. *Hw.:* »David Hume. Über den Glauben oder Idealismus und Realismus«, 1787; »Sendschreiben an Fichte«, 1799; »Von göttlichen Dingen«, 1811.

Jacoby, Günther: 1881–1969, dt. Philosoph, zusammen mit Nicolai → Hartmann der bedeutendste → Ontologe der Gegenwart; berücksichtigt insbesondere Einsteins → Relativitätstheorie. *Hw.:* »Allgemeine Ontologie der Wirklichkeit«, 2 Bde., 1925–55; »Der Anspruch der Logistiker auf die Logik und ihre Geschichtsschreibung«, 1962.

James, William: 1842–1910, amerik. Philosoph, Begründer des → Pragmatismus. J. vertrat einen konsequenten → Empirismus, unter Verzicht auf alle der Erfahrung vorausgehenden theoretischen Vorstellungen. *Hw.:* »The Principles of Psychology«, 2 Bde., 1890; »Pragmatism«, 1907; »A Pluralistic Universe«, 1909; »The Varieties of Religious Experience«, 1902; »Essays on Faith and Morals«, 1947.

Jansenismus: Katholische Reformbewegung, v. a. in Frankreich, nach C. Jansen (1585–1638) benannt. Ausgehend von der → augustinischen Tradition betont der J. die Bedeutung der göttlichen Gnade. Der J., von → Pascal unterstützt, von Kirche und Staat bekämpft, wurde 1730 in Frankreich verboten.

Jaspers, Karl: 1883–1969, nach Heidegger der bedeutendste dt. Existenzphilosoph. Die menschliche Existenz sieht sich mit dem »Umgreifenden« konfrontiert, der Welt, besonders der »Transzendenz«, die sich aber nur in »Chiffren« greifen läßt, sich einem verobjektivierenden Verständnis nicht erschließt. Die somit gefährdete menschliche Existenz vollzieht sich im Angesicht des »Scheiterns«. Jaspers Philosophie erwuchs auf dem Boden eines liberalen Protestantismus; von daher wurde J. zum Kritiker vieler totalitärer Tendenzen der Gesellschaft des 20. Jhs. *Hw.:* »Die geistige Situation der Zeit«, 1931; »Philosophie«, 3 Bde., 1932; »Vernunft und Existenz«, 1935; »Existenzphilosophie«, 1938; »Von der Wahrheit«, 1947; »Vernunft und Widervernunft in unserer Zeit«, 1950; »Rechenschaft und Ausblick«, 1951; »Lionardo als Philosoph«, 1953; »Die Atombombe und die Zukunft des Menschen«, 1958; »Wohin treibt die Bundesrepublik«, 1966; »Antwort«, 1967.

Joachim von Fiore: Ca. 1130–1202, vertrat eine geschichtsphilosophische Drei-Reiche-Lehre (Reich des Vaters, des Sohnes und des Hl. Geistes), als dessen Konsequenz die kirchliche Epoche von einer Zeit des Mönchtums abgelöst werden würde. J. entwickelte Pläne für autarke mönchische Kommunen, die das spätere → chiliastische Denken stark beeinflußten.

Jodel, Friedrich: 1849–1914, dt.

Philosoph, entwarf ein → monistisches Weltbild und eine humanitäre → Vernunftreligion. *Hw.:* »Geschichte der Ethik«, 1882–89, 2 Bde.; »Der Monismus«, 1911; »Allgemeine Ethik«, 1918; »Kritik des Idealismus«, 1920.

Johannes Damascenus: 675–750, Begründer des Satzes, daß die Wissenschaften Mägde der Theologie seien.

Jordan, Pascual: 1902–1980, dt. Physiker; maßgeblich an der Entwicklung der Quantenmechanik beteiligt, vertrat J. in erkenntnistheoretischen Fragen eine für die → Kopenhagener Schule typische → positivistische Position. *Hw.:* »Statistische Mechanik auf quantentheoretischer Grundlage«, 1933; »Die Physik des 20. Jhs.«, 1936; »Die Physik und das Geheimnis des organischen Lebens«, 1941; »Das Bild der modernen Physik«, 1947; »Expansion der Erde«, 1966; »Erkenntnis und Besinnung«, 1972; »A. Einstein«, 1971; »Aufbruch zur Vernunft«, 1976.

Juhos, Béla: 1901–1971, Angehöriger des → Wiener Kreises, beschäftigte sich, von dessen Grundpositionen aus, mit philosophischen Fragen der Naturwissenschaften. *Hw.:* »Über die Grundlage der Gewißheit des reinen Denkens«, 1928; »Das Problem der mathematischen Wahrscheinlichkeit«, 1930; »Erkenntnisformen in Natur und Geisteswissenschaften«, 1940; »Die Erkenntnis und ihre Leistung«, 1950; »Elemente der neuen Logik«, 1954; »Das Weltgeschehen und seine Erfassung«, 1956; »Die erkenntnistheoretischen Grundlagen der klassischen Physik«, 1963; »Die erkenntnislogischen Grundlagen der modernen Physik«, 1957; »Selected-Papers«, 1976.

Jung, Carl Gustav: 1875–1961, schweizer. Psychiater, gelangte zu der Überzeugung, daß sich im individuellen Unterbewußtsein Inhalte eines kollektiven Unterbewußten (Archetypen) zeigen, insbesondere im Traum und im Märchen, deren Urerfahrungen der Menschheit zugrunde liegen. J. ist auch der Begründer der populären Theorie vom intro- und extrovertierten Charakter. *Hw.:* »Wandlungen und Symbole der Libido«, 1912; »Psychologische Typen«, 1912; »Die Beziehungen zwischen dem Ich und dem Unbewußten«, 1928; »Seelenprobleme der Gegenwart«, 1931; »Psychologie und Religion«, 1937; »Paracelsica«, 1942; »Psychologie und Alchemie«, 1944; »Die Psychologie der Übertragung«, 1946; »Über die Psychologie des Unbewußten«, 1948; »Symbolik des Geistes«, 1948; »Antwort auf Hiob«, 1951; »Gegenwart und Zukunft«, 1958; »Ein moderner Mythos«, 1958; »Die Dynamik des Unbewußten«, 1967; »Über das Phänomen des Geistes in Kunst und Wissenschaft«, 1971.

Junghegelianer: → Hegelianer

Jungk, Robert: Geb. 1913, Journalist und philosophisch orientierter Zukunftsforscher, arbeitet an der

Abschätzung besonders technologischer und wissenschaftspolitischer Tendenzen, bemüht sich um die Öffentlichkeit der Wissenschaft und Technologieentwicklung in sachlicher wie politischer Hinsicht. *Hw.:* »Heller als 1000 Sonnen«, 1956; »Die große Maschine«, 1966; »Der Jahrtausendmensch«, 1973; »Der Atomstaat«, 1977.

K

Kabbala (hebr., »Überlieferung«): Im Gegensatz zu Thora und Talmud die mündliche jüdische Überlieferung seit dem Hochmittelalter, auch eine Sammlung mystischer Schriften.

Kainz, Friedrich: 1897–1977, österr. Philosoph und Psychologe, entwarf eine umfangreiche Theorie der Ästhetik (»Personalistische Ästhetik«) sowie eine systematische Erarbeitung der Sprachpsychologie. *Hw.:* »Personalistische Ästhetik«, 1932; »Einführung in die Sprachpsychologie«, 1946; »Vorlesungen über Ästhetik«, 1948; »Psychologie der Sprache«, 5 Bde., 1941–69; »Die ›Sprache‹ der Tiere«, 1961; »Philosophische Etymologie und historische Semantik«, 1969; »Über die Sprachverfügung des Denkens«, 1973; »Hauptprobleme der Kulturphilosophie«, 1977.

Kampf: → Heraklit, → Krieg und Frieden, → Gewalt

Kampf der Gegensätze: → Dialektik

Kampf ums Dasein: → Darwin

Kant, Immanuel: 1724–1804, Philosoph. K.s Werk wird durch das Erscheinen der »Kritik der reinen Vernunft« 1781 in eine »vorkritische« und »kritische Phase« gegliedert. In der vorkritischen Phase setzt sich K., seit 1770 Professor in Königsberg, u. a. mit naturwissenschaftlichen Problemen auseinander. Dabei entstand die »Allgemeine Naturgeschichte und Theorie des Himmels«, in der K. die Entstehung des Sonnensystems mit Newton'schen Kategorien darstellt, später als Kant-Laplace'sche Theorie bekannt geworden. Von größter Bedeutung für die deutsche Philosophie war die *Neubegründung der Erkenntnistheorie* durch die »Kritik der reinen Vernunft«: Beeinflußt von → Hume, wandte sich K. darin gegen den dogmatischen → Rationalismus → Wolffs, gegen die ganze herkömmliche → Metaphysik, aber auch gegen den strikten → Empirismus. Den inhaltslosen metaphysischen Begriffsspielereien maß K. keinen Erkenntniswert bei, dem Empirismus hielt er vor, nicht zum Begriff, zur echten Theoriebildung gelangen zu können. Die derart zweifelhaft gewordene Erkenntnismöglichkeit wollte K. neu begründen, indem er zwischen *Inhalt und Form der Erkenntnis* unterschied: Ohne Erfahrung gäbe es keine Erkenntnis, doch liefert die Erfahrung nur den Inhalt. Die Form dagegen – das sind die Anschauungsformen Raum und Zeit sowie die Denkformen (Kategorien) Einheit, Vielfalt, Kausalität, Wirklichkeit, Möglichkeit etc. – geht der Erfahrung voraus, sie ist von vornherein da, »a priori«. Die Erkenntniskritik, Theorie der Denk- und Anschauungsformen, nennt K. »transzendental«. Da die Erkenntnis aus der Erfahrung kommt, kann sie sich inhaltlich nicht auf das »Ding an sich« beziehen, sondern nur auf die Art und Weise, wie es uns gegenübertritt, erlebt und erfahren wird, also auf die Erscheinungsform. – *K.s Ethik* ist formalistisch: Um die Relativität und innere Widersprüchlichkeit moralischer Prinzipien zu vermeiden, entwickelte er eine allgemeine Formel, nach der das Handeln beurteilt werden kann, den Kategorischen Imperativ: »Handle so, daß die Maxime deines Willens jederzeit zugleich als Prinzip einer allgemeinen Gesetzgebung gelten könnte.« Dies ist der Fall, wenn die fragliche Handlungsweise, von allen übernommen, sich nicht selbst ad absurdum führt. Moralisch ist eine Handlung nur dann, wenn sie um des Sittengesetzes willen geschieht, bloßem Befolgen von Vorschriften kommt daher nur Legalität zu. – In der *Ästhetik* vertritt K. eine subjektivistische Position: Das ästhetische Empfinden des Subjekts drückt dessen Zustand, nicht eine Eigenschaft des Objekts aus. – Die *politische Philosophie K.s* war durch den Eindruck der Französischen Revolution geprägt, deren überzeugter Anhänger er war. So vertrat er republikanische und rechtsstaatliche Auffassungen; in seiner Schrift »Zum ewigen Frieden«, 1795, entwickelte er einen Plan, wie den Staaten die Kriegführung schrittweise unmöglich gemacht werden kann.

Weitere Schriften: »Grundlegung zur Metaphysik der Sitten«, 1785; »Kritik der praktischen Vernunft«, 1788; »Die Religion innerhalb der Grenzen der bloßen Vernunft«, 1793; »Kritik der Urteilskraft«, 1790, »Träume eines Geistersehers – erläutert durch Träume der Metaphysik«, 1766; »Was ist Aufklärung«, 1784; »Metaphysische Anfangsgründe der Naturwissenschaft«, 1786; »Prolegomena zu einer jeden künftigen Metaphysik«, 1783; »Ideen zu einer allgemeinen Geschichte in weltbürgerlicher Absicht«, 1784.

Kappadozier: Die Kirchenväter Basilius der Große, → Gregor von Nyssa und → Gregor von Nazianz.

Karma: Im Hinduismus, Buddhismus und Jainismus die Summe der guten und bösen Taten, die die Art des Weiterlebens nach dem Tode bestimmt.

Karneades: 214–129 v. Chr., Begründer der dritten Akademie, Skeptiker und Wahrscheinlichkeitstheoretiker.

Kasuistik: 1.) Teil der Moral- und Rechtsphilosophie, der für bestimmte Taten bestimmte Folgen festlegt; 2.) Lehre, wie verfahren werden soll, wenn in bestimmten Fällen verschiedene moralische Prinzipien kollidieren.

Kategorien: Allgemeinste philosophische Begriffe, aus denen andere Begriffe ableitbar sind. Begründet wurde die K.Lehre von → Aristoteles, der 10 Kategorien nannte: Substanz, Quantität, Qualität, Relation, Ort, Zeit, Lage, Haben, Tun, Leiden. → Kant arbeitet mit 12 K., unterteilt in vier Gruppen: Quantität – Einheit – Vielheit – Allheit,

Qualität – Realität – Negation – Limitation, Relation – Substanz – Kausalität – Wechselwirkung, Modalität – Möglichkeit – Wirklichkeit – Notwendigkeit. Im 20. Jh. entwickelte Nicolai → Hartmann eine K.-Lehre. – Kategorien dienen der Klassifizierung von Seinsformen und -zuständen; mit ihrer Hilfe soll es gelingen, Erfahrung zu bestimmen, ihren logischen Zusammenhang zu erfassen.

kategorisch: Die Grundform der Aussage, z. B. »Helium ist ein Edelgas.« *Ggt.:* hypothetisch.

Kategorischer Imperativ: → Kant

Katharer (v. griech. Katharsis, Reinigung): Bewegung im 13. Jh. in Okzitanien (Südfrankreich). Die K. zogen meist als Wanderprediger zu zweit umher. Sie lebten streng asketisch und propagierten die individuelle Läuterung, den Übergang vom Dunkel zum Licht, den jeder Einzelne für sich selbst erreichen solle. Die Be- oder Verurteilung eines Menschen durch andere lehnten die K. ab: Niemand hat das Recht zu rechten. – Die K. fanden beim städtischen Bürgertum Okzitaniens regen Zuspruch, aber auch Unterstützung durch Teile des Adels. Schließlich konnte der Papst den König von (Nord-)Frankreich zum Kreuzzug gegen die K. bewegen, nachdem Versuche, ihren Einfluß propagandistisch zurückzudrängen (Bernhard v. Clairvaux), gescheitert waren. Ihren Ursprung hatte die Bewegung im persischen Kulturkreis, dem z. B. die dualistische Vorstellung von Licht und Dunkel entstammt. Ihre auffällige Toleranz mag sich auf dem Weg in die Länder nördlich des Mittelmeeres, der durch die islamische Welt führte, gebildet haben.

Katholizismus: Der K. wird heute philosophisch durch → Neu-Scholastik und → Neuthomismus vertreten.

Kausalität: Ursächlichkeit. Die Vorstellung, daß jedes Ereignis (Wirkung) durch ein vorangegangenes Ereignis (Ursache, lat. causa) hervorgerufen oder ausgelöst wird. Eine Kausalkette ergibt sich, wenn jede Wirkung selbst wieder Ursache ist. Die Vorstellung einer umfassenden Kausalität im Weltgeschehen wurde bereits von → Demokrit entwickelt; sie blühte zusammen mit der klassischen Physik → Newtons und dem Aufschwung der Technik seit der Renaissance auf. Im Bereich der Mechanik ist die K. evident. → Hume wandte dagegen ein, daß von einem objektiven Ursache-Wirkungs-Verhältnis nicht gesprochen werden könne, da sich allein die subjektive menschliche Gewöhnung an bestimmte zeitliche Abfolgen mit Sicherheit feststellen ließe. Grundsätzlich läßt sich zwischen inneren (Bestimmung) und äußeren Ursachen (Bedingung) unterscheiden, wobei die inneren Ursachen dafür maßgeblich sind, was passieren kann, die äußeren darüber entscheiden, ob und wie es passiert. Der → Positivismus des 19. Jhs. versuchte, diese Unterscheidung zur Bedingung hin aufzulösen: Ursache ist hier eine Reihe von Bedingungen, aus Kausalität wird Abhängigkeit. Die Physik des 20. Jhs. hat den K. begriff näher präzisiert: In der aus der → Relativitätstheorie folgenden Lehre von Raum und Zeit spielt das Verhältnis des Bewegungszustands der Träger von Ursache und Wirkung zur Ausbreitungsgeschwindigkeit des entsprechenden Impulses eine zentrale Rolle, so daß nur bestimmte Punkte der Raumzeit miteinander in eine kausale Beziehung treten können. Die Quantenphysik hat im Verständnis der → Kopenhagener Schule Phänomene aufgezeigt, bei denen die Frage nach der K. sinnlos wird; nicht nur wegen technischer Schwierigkeiten, sondern ganz grundsätzlich lehnten es viele Quantenphysiker ab, Wirkungen unterhalb des Quantenniveaus auch nur prinzipiell in Betracht zu ziehen. Konnte bei Quanteneffekten keine äußere Ursache festgestellt werden, wie z. B. beim radioaktiven Zerfall, war man daher gezwungen, anzunehmen, daß das Ereignis spontan, also überhaupt ohne Ursache zustande gekommen war. Diese Folgerung hängt weniger von den Elementarteilchen als von den gemachten theoretischen Voraussetzungen ab. Die klassische Vorstellung der Kausalkette wirft die Frage auf, wieviele solcher Ketten es eigentlich gibt und in welcher (kausalen?) Beziehung sie zueinander stehen. Den heutigen Anforderungen an wissenschaftliche Modelle kommt die Unterscheidung zwischen inneren und äußeren Ursachen näher, weil sie ein Modell der kausalen Vernetzung ermöglicht.

Kelsen, Hans: 1881–1973, österr. Rechtsphilosoph und Staatsrechtler, versuchte eine → positivistische »reine« Rechtslehre ohne ideologische, psychologische oder politische Einflüsse zu schaffen. *Hw.:* »Grenzen zwischen juristischer und soziologischer Methode«, 1911; »Sozialismus und Staat«, 1920; »Vom Wesen und Werden der Demokratie«, 1920; »Der soziologische und der juristische Staatsbegriff«, 1922; »Die philosophischen Grundlagen der Naturrechtslehre und des Rechtspositivismus«, 1928; »Staatsform und Weltanschauung«, 1933; »Law and Peace in International Relations«, 1942; »Society and Nature«, 1943; »Was ist Gerechtigkeit«, 1953; »The Communist Theory of Law«, 1955.

Kepler, Johannes: 1571–1630, dt. Mathematiker, Astronom und Naturphilosoph. K. entwickelte das Kopernikanische Weltbild entscheidend weiter: Er erkannte die grundlegenden quantitativen Beziehungen in der Planetenbewegung (drei Kepler'sche Gesetze), wobei die Überwindung der Kopernikanischen Vorstellung von der Kreisform der Planetenbahnen entscheidend war. Die Entdeckung der K.schen Gesetze war eine außerordentliche induktive Leistung: Aus Unmengen von Beobachtungsdaten des Astronomen Tycho Brahe über Gestirns- und Planetenbewegungen destillierte K., der wegen hochgradiger Kurzsichtigkeit den Himmel nicht selbst beobachten konnte, diese knappen Sätze. In K.s Denkweise zeigen sich neben neuzeitlich-wissenschaftlichen Zügen noch Elemente spätmittelalterlicher Mystik. *Hw.:* »Mysterium cosmographicum«, 1596; »Astronomia nova«, 1609; »Harmonices mundi«, 1619.

Kettenschluß (Sorites): Schlußkette, bei der sämtliche zwischendurch auftretenden Schlußsätze nicht nochmals ausdrücklich als Prämissen des nachfolgenden Schlusses aufgeführt, sondern implizit als solche verwendet werden. *Bsp.:* Bücherlesen bildet. Das Telefonbuch ist ein Buch. Das Lesen von Telefonbüchern bildet. Max liest im Telefonbuch. Max bildet sich. Hierbei ist der mittlere Satz Schlußsatz des ersten und Prämisse des zweiten Schlusses.

Keyserling, Graf Hermann: 1880–1946, dt. Kultur- und Geschichtsphilosoph, begründet eine »Philosophie des Sinns« sowie 1920 die »Schule der Weisheit« in Darmstadt. K. bemühte sich darum, indische und chinesische Weisheit mit europäischen Traditionen zu verbinden und damit den Menschen zur Selbstverwirklichung zu führen. *Hw.:* »Das Gefüge der Welt« 1906; »Unsterblichkeit«, 1907; »Prolegomena zur Naturphilosophie«, 1910; »Schöpferische Erkenntnis«, 1922; »Menschen als Sinnbilder«, 1926; »Wiedergeburt«, 1927; »Amerika – der Anfang einer neuen Welt«, 1931; »Das Buch vom persönlichen Leben«, 1936; »Betrachtungen der Stille und Besinnlichkeit«, 1941; »Kritik des Denkens«, 1948; »Reise durch die Zeit«, 3 Bde., 1948–63.

Kierkegaard, Sören: 1813–55, dänischer Religionsphilosoph und Theologe, Vorläufer des → Existentialismus und der dialektischen Theologie. K. wandte sich gegen das offizielle Christentum seiner Zeit, glaubte, daß das wahre Christentum erst noch gelebt werden müsse. Das Dasein ist von der einsamen ohnmächtigen Stellung des Menschen gegenüber Gott geprägt; es kann mit intellektuellen Mitteln nicht erkannt werden. Die Willens- und Entscheidungsfreiheit des Menschen ist Quelle der Angst, die schließlich in Verzweiflung gipfelt. *Hw.:* »Entweder oder«, 2 Bde., 1843; »Der Begriff der Angst«, 1844; »Christliche Reden«, 1848. »Die Krankheit zum Tode«, 1848.

Klages, Ludwig: 1872–1956, dt. Philosoph und Psychologe, begründete die Graphologie und Ausdruckskunde, aus einer → metaphysischen Theorie der Seele und des Geistes. Leiblich-seelische Empfindungen sind Erscheinungsformen des Lebens, während der rationale Geist dies hemmt. *Hw.:* »Prinzipien der Charakterologie«, 1910; »Ausdrucksbewegung und Gestaltungskraft«, 1913; »Handschrift und Charakter«, 1916; »Vom Wesen des Bewußtseins«, 1921; »Vom kosmogonischen Eros«, 1922; »Der Geist als Widersacher der Seele«, 1929–33, 3 Bde.; »Geist und Leben«, 1934; »Vom Traumbewußtsein«, 1952.

Klasse: Durch bestimmte Kriterien charakterisierte Gruppe oder Abteilung. In der → Logistik wird der K.begriff parallel zum mathematischen Begriff der Menge verwandt. In der marxistischen Geschichtsphilosophie erscheint die Gesellschaft als in K.n unterteilt. Die Klassenteilung ist Ausdruck der Produktionsverhältnisse, die Klassenzugehörigkeit hängt vom (Nicht-)Besitz besonderer Produktionsmittel ab. In der kapitalistischen Gesellschaft verringert sich die Menge der K.n nach und nach auf zwei: Proletarier und Kapitalisten. Die Schwäche des marxistischen Klassenbegriffs liegt in der häufig anzutreffenden Personalisierung des Gesellschaftssystems: Das Kapital, von Marx als Verhältnis zwischen Menschen verstanden, erscheint hier als Menge von Menschen, den Kapitalisten, die gegen die Interessen der übrigen Bevölkerung handeln und so zum Objekt moralischer Kritik werden.

Klaus, Georg: 1912–1974, dt. Philosoph, erarbeitete philosophische Theorien der Kybernetik, Logistik, Semiotik und Informationstheorie sowie der Philosophie der Naturwissenschaften, wobei er das Lehrgebäude des Marxismus erweiterte, ohne sich von dessen Grundlagen zu entfernen. *Hw.:* »Jesuiten, Gott, Materie«, 1958; »Philosophie und Einzelwissenschaften«, 1958; »Kybernetik in philosophischer Sicht«, 1961; »Moderne Logik«, 1964; »Spezielle Erkenntnistheorie«, 1965; »Kybernetik und Erkenntnistheorie«, 1966; »Sinn, Gesetz, Fortschritt in der Geschichte«, 1967; »Philosophische Probleme der Spieltheorie«, 1968; »Rationalität, Integration, Information«, 1974; »Philosophisches Wörterbuch«, zus. mit K. Buhr, 1969.

Kognition: Erkennen, Erkenntnis.

Kohärenz: Zusammenhang, die Tatsache des Zusammenhängens.

Kollektiv: *Ggt.:* → Individuum. Gruppe von Menschen, die einen bestimmten Zweck verfolgt bzw. eine bestimmte Funktion hat oder sonst in einem Zusammenhang steht, der für die Einzelnen spürbare Verbindlichkeiten schafft. Als Arbeits-K. garantiert das K. mehr Effektivität, führt aber auch – wie alle Formen der Rationalisierung – zur → Entfremdung.

Kollektivismus: Tendenz, das Spannungsfeld von → Individuum und → Kollektiv zum Kollektiv hin aufzulösen. d. h. den Menschen primär als funktionales Element des Gesellschaftssystems zu begreifen.

Komik: Beispielhaftes, überraschendes Außerkraftsetzen von Regeln oder Konventionen. K. wird als erleichternd empfunden; sie demonstriert ein Stück Freiheit von einem sonst als selbstverständlich empfundenen Zusammenhang, kann absichtlich oder unabsichtlich sein.

Kommunikation: Einsatz von Signalen zum Austausch konkreter oder symbolischer Nachrichten. Spezieller als der Begriff der Information, bezeichnet K. die informative Wechselwirkung zwischen Individuen oder Systemen.

Kommunismus: Mehrdeutiger Begriff: 1.) Im Marxismus die zukünftige klassenlose Gesellschaft; 2.) die Vorstellung, daß es eine solche geben werde; 3.) die politische Bewegung, die den K. erstrebt; 4.) die Ideologie dieser Bewegung. Die Idee einer in sich harmonischen klassenlosen Gesellschaft ohne Ausbeutung, Krieg und → Entfremdung findet sich in verschiedenen Varianten schon in älteren Theorien. Im Mönchtum, im → Chiliasmus, z. T. in den Renaissance-Utopien, bei → Babeuf und den utopischen (Früh-)Sozialisten → Saint-Simon und → Fourier. Ähnliche Vorstellungen existierten auch in religiöser Form, wenn angenommen wird, daß die menschliche Geschichte auf einen Zustand der Erlösung und des Glücks für alle hinausläuft. – Da die Klassenteilung mit ihren spezifischen Eigentumsverhältnissen eine Folge der Arbeitsteilung, insbesondere der Trennung von geistiger und körperlicher Arbeit, ist, kamen einige Philosophen, wie z. B. Marx, zu dem Schluß, daß K. gleichbedeutend sei mit der Überwindung der gesellschaftlichen Arbeitsteilung. In letzter Konsequenz kann dies nur ein weltweiter Vorgang sein, der die Aufhebung aller antagonistischen Gegensätze zwischen Menschen einschließt. Einzelheiten des K. wurden jedoch kaum einmal prognostiziert, am wenigsten von Marx. Die marxistische Vorstellung vom K. besagt, daß dieser Zustand durch die Aufhebung der Klassengesellschaft mit Notwendigkeit eintreten werde (→ Historischer Materialismus). Sie hat wenig zu tun mit sozialethischen Perspektiven vom »Sozialismus«, die auf eine humanitäre Nachbesserung des bestehenden Gesellschaftssystems (»Sozialstaat«) abzielen. – Mit den im 19. und zu Beginn des 20. Jhs. entwickelten Vorstellungen vom K. haben die Gegebenheiten in den Ländern des sogenannten »realen Sozialismus« sicher kaum etwas gemein. Inwieweit sie als Sozialismus im marxistischen Sinn gelten können, ist umstritten.

komplementär: Sich gegenseitig ergänzend sind alle Darstellungen polarer Strukturen, in denen die Pole einzeln analysiert werden. Besonders wurde der Begriff der Komplementarität von Niels Bohr zur Beschreibung des Verhältnisses von Teilchen in der Physik verwandt, wobei Bohr hier an ein Nebeneinander von sich ausschließenden Eigenschaften dachte, das gegenseitige Sichbedingen der Pole aber nicht begrifflich gefaßt hatte.

Komplex: Nicht ganz scharfer Begriff für ein Ganzes, bei dem die relative Eigenständigkeit seiner Teile hervorsticht.

Konditionismus (oder Konditionalismus): → Positivistischer Ersatzbegriff für Kausalität, wenn Ereignisse nicht einer Ursache, sondern einem Gefüge von verschiedenen

Bedingungen zugeschrieben werden.

Konfuzius, Kung-futse: 551–479 v. Chr., bedeutender chinesischer Philosoph, von dem keine Schriften überliefert bzw. bisher mit Sicherheit identifiziert werden konnten. K. trat v. a. als konservativer Ethiker hervor, der richtiges Verhalten als Garantie für harmonische Übereinstimmung mit der Weltordnung, dem Tao, ansieht. Die propagierten Tugenden sich u. a. Treue, Rechtschaffenheit, Weisheit, Anstand und Aufrichtigkeit, also Eigenschaften, die einem starren, hierarchischen Gesellschaftssystem entsprechen. Der Widerstand der Fürsten gegen die zentralistischen Reformen des Kaisers Shi Huang Ti bediente sich daher konfuzianischer Ideen, woraufhin der Kaiser dessen Schriften verbrennen und zahlreiche Konfuzianer hinrichten ließ. Zeitweilig wie eine Gottheit verehrt, wurden seine Lehren in China während der Kulturrevolution 1966–74 bekämpft, u. a. deshalb, weil die Konfuzianer die Befehlshierarchie in der Familie guthießen.

Konjunktion: In der formalen Logik die Verbindung zweier Aussagen mit »und« ($\wedge$); die Gesamtaussage ist wahr, wenn alle so verbundenen Aussagen wahr sind.

konkret: → abstrakt

Konstante: Unveränderliche Größe (*Ggt.:* Variable). Von besonderem Interesse sind heute die Naturkonstanten, wie die Lichtgeschwindigkeit c, Gravitationsk. g, evtl. auch das Planck'sche Wirkungsquantum h. Ob diese Größen absolute oder relative K. sind, ist noch ungeklärt.

Kontemplation: Passive Anschauung, Betrachtung. Eine kontemplative Position nimmt ein, wer sich auf die äußerliche, manchmal auch zufällige Betrachtung aus der Ferne beschränkt, ohne sich in das untersuchte Geschehen aktiv einzumischen. Im Mittelalter beschäftigte sich die Philosophie mit dem Konflikt zwischen *vita activa* und *vita contemplativa*; beide zu vereinen suchte die Benediktinerregel »ora et labora« (bete und arbeite).

Kontingenz: Zufälligkeit, Beliebigkeit. Ein kontingentes Ereignis ist nicht mit Notwendigkeit eingetreten.

Kontinuität: Stetigkeit, bruchloses Fortbestehen.

Kontradiktion: Begrifflicher Widerspruch: Die Winkelsumme im Dreieck ist genau 180°. – Die Winkelsumme im Dreieck ist mindestens 180°.

kontradiktorisch: Einander widersprechend. Zwei Begriffe oder Aussagen sind k., wenn der/die eine die Negation des anderen ist: befriedigt – unbefriedigt.

Kontraposition: Umwandlung eines bejahenden in ein verneinendes Urteil und umgekehrt: Alle sind gesund. – Niemand ist krank.

konträr: Einander entgegengesetzt im polaren Sinn, z. B. heiß und kalt, aber auch lau und kühl.

Konventionalismus: Wissenschaftstheoretische Position, derzufolge Naturgesetze, Axiomen und Theorien nicht durch Erkenntnis der Sache, sondern durch freie, aber zweckmäßige Vereinbarung der beteiligten Wissenschaftler zustande kommen. Besonders in der Mathematik sind konventionalistische Auffassungen weit verbreitet. Offen bleibt, warum gerade bestimmte Theorien allgemeine Zustimmung finden und andere nicht. Ein strikter K. müßte wohl die Gleichwertigkeit aller fundamentalen wissenschaftlichen Aussagen unterstellen.

Konzeption: Gedanklicher Entwurf, unmittelbares Erfassen ohne praktische Bewährung des Konzepts.

Konzeptualismus: Zwischen → Nominalismus und → Realismus im mittelalterlichen → Universalienstreit vermittelnde Position, derzufolge das → Allgemeine im Geist existiert (→ Abaelard, → Occam).

Kopenhagener Schule der Quantentheorie: Gruppe von Physikern um Heisenberg, Born, und Dirac, die seit der 6. Solvay-Konferenz 1927 eine bestimmte Interpretation der Quantenmechanik vertrat: Die nur statistische Beschreibbarkeit von Elementarteilchen beruht nicht auf einem Mangel an Information, sondern die Teilchen haben nur statistische Eigenschaften. Für die zufällige Abweichung eines Teilchens nach links oder rechts gibt es keinen kausalen Grund. Einstein wandte sich gegen diese Auffassung mit der Begründung, er glaube nicht, daß Gott würfle.

Kopernikus, Nikolaus: 1473 bis 1543, vollzog den entscheidenden Schritt vom ptolemäischen zum nach ihm benannten → heliozentrischen Weltbild. (Nicht mehr die Erde, sondern die Sonne gilt als Mittelpunkt der Welt.) Dies war eine bedeutende Erkenntnisleistung, da sich die Theorie des K. nicht direkt durch Beobachtung gewinnen bzw. bestätigen läßt. (Die unmittelbare Anschauung der Planetenbewegung ist bis heute ptolemäisch.) Die moderne Theorie des Sonnensystems kann streng nicht heliozentrisch genannt werden, da sich Sonne und Planeten nach der Gravitationstheorie um einen gemeinsamen Schwerpunkt bewegen, dessen relative Lage zu den einzelnen Massen sich ständig ändert. *Hw.:* »De revolutionibus orbium coelestium«, 1507, erschienen 1543.

Korpuskel: Teilchen; in der modernen Physik ein nicht genau abgegrenzter Sammelbegriff für die Elementarteilchen sowie für die eine Seite der → Welle-Teilchen-Polarität. Alle Phänomene, die einerseits als Wellen erscheinen, haben danach auch eine korpuskulare Seite.

korrelativ sind polare Begriffe, die nur durch ihr jeweiliges Gegenstück erklärt werden können und daher stets ein Begriffspaar bilden: links-rechts, oben-unten etc.

Kosmogonie: Lehre von der Entstehung des Kosmos. Theorien zur K. finden sich schon in den Anfängen der Philosophie. Zunächst läßt sich unterscheiden, ob die Welt stofflich-quantitativ als ewig oder als (von Göttern) geschaffen angesehen wird. Im ersten Fall kann nur von der Entstehung des augenblicklichen Zustands des Kosmos gesprochen werden, wie das z. B. die Urknall-Theorie tut: Der Zustand vor dem Urknall ist noch nicht Gegenstand der Diskussion, allerdings wird die Geltung des allgemeinsten → Erhaltungssatzes dafür meist stillschweigend unterstellt. Ganz ohne ewige Existenz, ohne konstante Größe, kommt auch die religiöse Theorie nicht aus. Zumindest der ungeschaffene Schöpfer war schon immer da.

Kosmologie: Allgemein die Lehre vom Kosmos. Die philosophische K. versucht heute, die kosmologischen Erkenntnisse von Astrophysik, Astronomie, Chemie, Mathematik und Biologie zu einer einheitlichen Theorie zusammenzufassen.

Kosmos: Das geordnete Weltall, in der antiken Philosophie Gegenbegriff zum → Chaos, dem ungeordneten Zustand der Welt, der sich zum K. hin wandelt, indem er vom Logos durchdrungen, strukturiert wird. Diese Vorstellung paßt, zufällig oder nicht, zur heutigen Erkenntnistheorie, die eine fortschreitende Entfaltung und Vertiefung der Strukturen als Organisation der Materie in immer größeren Einheiten nachweist. Dem entgegen steht der zweite Hauptsatz der Thermodynamik, der die Zunahme der → Entropie postuliert.

Kraft: Stärke, Fähigkeit, eine Veränderung herbeizuführen. Der physikalische K.begriff konkurriert seit Einsteins Allgemeiner → Relativitätstheorie mit dem Begriff des Feldes. Einige Theoretiker gehen so weit, Kraft und Stoff überhaupt als Feldeigenschaften zu verstehen.

Kraft, Julius: 1898–1960, kritischer → Rationalist, wendet sich gegen den → Existentialismus. *Hw.:* »Die ›Wiedergeburt‹ des Naturrechts«, 1932; »Von Husserl zu Heidegger (Kritik der phänomenologischen Philosophie)«, 1932; »Die Unmöglichkeit der Geisteswissenschaft«, 1934; »Erkenntnis und Glaube«, 1937.

Kraft, Victor: 1880–1975, österr. Philosoph, arbeitete als Neopositivist und Angehöriger des → Wiener Kreises um → Schlick an einer empiristischen Welttheorie und Morallehre. *Hw.:* »Weltbegriff und Erkenntnisbegriff«, 1912, »Die Grundformen der wissenschaftlichen Methoden«, 1925; »Mathematik, Logik und Erfahrung«, 1947; »Der Wiener Kreis, der Ursprung des Neopositivismus«, 2. Aufl. 1968; »Erkenntnislehre«, 1960; »Rationale Moralbegründung«, 1963; »Die Grundlagen der Erkenntnis und Moral«, 1968.

Kratylos: Griech. Philosoph, Lehrer → Platons, schloß von der ständigen Veränderung der Welt auf ihre Unerkennbarkeit.

Kraus, Oskar: 1872–1942, österr. Philosoph, Schüler Brentanos und Martys, lehnt die objektive metaphysische → Wertethik ab. *Hw.:* »Zur Theorie des Wertes«, 1901; »Offene Briefe an Albert Einstein und Max von Laue über die gedanklichen Grundlagen der speziellen und allgemeinen Relativitätstheorie«, 1925; »Wege und Abwege der Philosophie«, 1934; »Die Werttheorien«, 1937.

Krause, Karl Christian Friedrich: 1781–1832, dt. Philosoph, entwikkelte eine spekulative → Metaphysik, die er Panentheismus nannte. Panentheismus vereinigt Elemente des → Theismus und → Pantheismus. Alles ruht in Gott. K. plädierte für einen friedensstiftenden Staatenbund. Daneben war er noch Rechtsphilosoph. *Hw.:* »Das Urbild der Menschheit«, 1811; »Abriß des Systems der Philosophie«, 3 Bde., 1825–28; »Rechtsphilosophie«, 1829; »Vorlesungen über die Grundwahrheiten der Wissenschaft«, 1829.

Kreativität: Fähigkeit, originelle Leistungen zu erbringen, Neues zu schaffen. Kreatives Denken ist primär durch Relativierung von Denkautomatismen zu lernen. Letztere äußern sich in der spontanen Zuordnung eines Beobachtungsinhalts zu vorhandenen alten Bewußtseinsinhalten, durch die im Neuen nur wieder das Alte sichtbar wird; in dem Festhalten an »selbstverständlichen Tatsachen«, nach dem Motto »wer wollte daran zweifeln«; in der Angst, durch eine originelle Meinung aufzufallen, sich Spott, Ablehnung oder Unterdrükkung einzuhandeln. Positive Methoden sind u. a. Rollenspiel, dialektische Diskussion, das Aufstellen bewußt unsinniger Behauptungen und ihre Begründung; zu populären Überzeugungen die Gegenposition zu formulieren sowie freie Assoziation (Brainstorming).

Krieg und Frieden: Nach Clausewitz ist der Krieg ein »Akt der Gewalt«, mit dem eine Konfliktpartei die andere zur Erfüllung ihres Willens zwingt. Daher ist der K. die Fortsetzung der Politik mit anderen, nämlich militärischen Mitteln. K. ist also eine Form der Politik, die bei entsprechender Zuspitzung der Gegensätze auftritt. Die Gegensätze können zwischen Staaten bestehen, aber auch zwischen Wirtschaftssystemen (z. B. Kolonial- bzw. Befreiungskriege) oder zwischen Klassen bzw. Bevölkerungsgruppen (Revolutions- bzw. Bürgerkriege). In jedem K. gibt es, entsprechend der Interessenlage, ausgesprochene oder unausgesprochene oder unbewußte Kriegsziele, die gegen den Widerstand des Gegners erreicht werden sollen. Frieden ist als augenblickliches Fehlen des K. nur unzureichend bestimmt. Der althebräische Begriff »shalom« bezeichnet den Ausgleich der Interessen, wodurch der Grund des K.es im einzelnen wegfällt. Ein genereller F. würde in diesem Sinne die Überwindung der Gegensätze innerhalb menschlicher Gesellschaftssysteme und auch zwischen diesen voraussetzen, zumindest aber die Überwindung von → Antagonismen, wodurch die Bereitschaft zur Versöhnung eine Grundlage bekäme.

Kriepe, Oswald: 1862–1915, dt. Philosoph und Psychologe, begründete die Würzburger Schule der Psychologie, vertrat einen kritischen Realismus. *Hw.:* »Grundriß der Psychologie«, 1893; »Erkenntnistheorie und Wissenschaft«, 1910; »Vorlesungen über Psychologie«, 1920; »Grundlagen der Ästhetik«, 1921; »Vorlesungen über Logik«, 1923.

Kriterium: Kennzeichen. Insbesondere für die Richtigkeit eines Satzes oder einer → Aussage.

Kritik: Beurteilung, Prüfung. Von K. spricht man meist bei der Beurteilung von Theorien und Hypothesen, wobei die Ableitung der Theorie aus anderen Theorien (Deduktion) oder aus der Erfahrung (Induktion) ebenso Gegenstand der K. ist wie die Vereinbarkeit der neuen mit der schon vorhandenen Theorie.

Kritischer Rationalismus: In Deutschland gängige Bezeichnung für die Philosophie → Poppers.

Kritische Theorie: Die Lehren der → Frankfurter Schule.

Kritizismus: Seit → Kant die Erkenntniskritik, also Kritik der Vernunft, der Methoden, Möglichkeiten und Grenzen der menschlichen Erkenntnis.

Krokodilschluß: Ein in der Antike beliebtes Paradoxon: Ein Krokodil hat ein Kind geraubt und verspricht der Mutter, es zurückzugeben, wenn diese richtig errät, was das Krokodil tun wird. Wenn die Mutter nun sagt, daß das Krokodil ihr Kind nicht zurückgeben werde, entsteht eine logisch verzwickte Situation. → Selbstbezug.

Kropotkin, Pjotr Alexejewitsch, Fürst: 1842–1921; russ. Revolutionär und Anarchist. Propagierte die Schaffung herrschaftsfreier Genossenschaften, mit Gemeineigentum an Produktionsmitteln. In den Kommunen und in der Föderation, die diese bilden, gilt der Grundsatz der gegenseitigen Hilfe zum gegenseitigen Vorteil. *Hw.:* »Memoiren eines Revolutionärs«, 1899; »Gegenseitige Hilfe in der Tier- und Menschenwelt«, 1902; »Die Eroberung des Brotes«, 1892.

Krueger, Felix: 1874–1948, dt. Psychologe und Philosoph, begründete eine Ganzheitspsychologie sowie den Begriff der Struktur der Seele. *Hw.:* »Der Begriff des absolut Wertvollen als Grundbegriff der Moralphilosophie«, 1898; »Der Strukturbegriff in der Psychologie«, 1924; »Über psychologische Ganzheit«, 1926; »Das Wesen der Gefühle«, 1928; »Lehre von dem Ganzen. Seele, Gemeinschaft und das Göttliche«, 1948.

Kuhn, Helmut: Geb. 1899, dt. → Metaphysiker. *Hw.:* »Die Kulturfunktion der Kunst«, 2 Bde., 1931; »Begegnung mit dem Nichts – ein Versuch über Existenzphilosophie«, 1950; »Begegnungen mit dem Sein – Meditationen zur Metaphysik des Gewissens«, 1954; »Das Sein und das Gute«, 1962; »Der Staat«, 1967; »Liebe – Geschichte eines Begriffes«, 1975.

Kuhn, Thomas S.: Geb. 1922, amerik. Wissenschaftstheoretiker, der die Art und Weise untersucht, in der sich wissenschaftliche Fortschritte vollziehen. Dies geschieht nicht allmählich und kontinuierlich, sondern bruchhaft, durch »Wissenschaftliche Revolutionen«. Diese sind durch einen Wechsel des »Paradigmas« (griech., Beispiel, Muster) gekennzeichnet. K. meint damit eine Änderung der herrschenden Leitvorstellungen, Denkmodelle und grundsätzlichen Annahmen. *Hw.:* »The Structure of Scientific Revolution«, 1962; »The Relations between History and Philosophy of Science«, 1968.

Kultur (von lat. colere = bebauen, pflegen, verehren): Sehr allgemeiner Sammelbegriff für die Weiterentwicklung des Menschen gegenüber der Natur, aber auch gegenüber den eigenen früheren Entwicklungsstadien. So kann von der Renaissance-Kultur gesprochen werden, weil dadurch die mittelalterliche K. aufgehoben wurde. Der Begriff K. kann sich auf technisch-wirtschaftliche, politische, künstlerische, rechtliche, ethische und wissenschaftliche Gegebenheiten beziehen.

Kulturphilosophie: Alle philosophischen Forschungsrichtungen, die sich mit der Kultur beschäftigen. Das Spektrum reicht von Philosophie der Technik und Naturwissenschaften bis zur Ethik und Ästhetik. K. überschneidet sich mit der → Geschichtsphilosophie. Die K. wurde, von schwachen Ansätzen vergangener Epochen abgesehen, im 18. Jh. durch → Vico, → Herder und → Rousseau begründet.

Kunst: 1.) Allgemein ein bestimmtes besonderes Vermögen, z. B. Kochkunst oder Baukunst, sowie dessen »künstliche« Produkte, im Gegensatz zu natürlichen Gegebenheiten. 2.) Im besonderen z. B. Bildende Kunst, Musik etc., bewußte menschliche Leistungen der nichtbegrifflichen Information und Reflexion über innere oder äußere Gegebenheiten. Eine allgemein anerkannte Definition der K. gibt es in der Philosophie nicht.

Kunstphilosophie: Teilgebiet der → Kulturphilosophie und → Ästhetik, in dem zahlreiche Fragen untersucht werden: individuelle und gesellschaftliche Ursachen von Kunstwerken, das Verhältnis des Künstlers als Individuum zu Strömungen der Zeit, das ästhetische Empfinden (ist »schön« ein objektiver oder ein subjektiver Begriff?), Kriterien für die Anerkennung und Bewertung von Kunstwerken etc.

Kybernetik: Lehre von der Regelung und Steuerung. Die moderne K. wurde von Norbert → Wiener begründet. Ihre philosophische Bedeutung liegt darin, daß Prinzipien der Regelung und Informationsverarbeitung in allgemeiner Form dargestellt werden, so daß sie sowohl auf technische Abläufe als auch auf biologische Prozesse, wie z. B. das menschliche → Denken, angewandt werden können. Die K. führt also zur Erkenntnis sehr allgemeiner Strukturen, deren Theorie sich problemlos technisch oder anderweitig experimentell überprüfen läßt. Mathematisch wurde die K. durch die → Boolesche Algebra vorbereitet. Die technische Simulation biologischer Mechanismen bezeichnet man als → Bionik.

Kyniker: Griech. Philosophenschule, von → Antisthenes, einem Schüler des → Sokrates, begründet. Die K. pflegten zunächst das Ideal der Bedürfnislosigkeit und Selbstgenügsamkeit. Später lösten sie sich, z. T. demonstrativ, wie → Diogenes von Sinope, von der herrschenden Moral und den damit zusammenhängenden »guten Umgangsformen«.

Kyrenaiker: Die Anhänger des → Aristipp von Kyrene, der den → Hedonismus philosophisch begründet hatte.

L

Laas, Ernst: 1837–1885, dt. Philosoph, → Positivist, Kritiker → Kants und des Deutschen → Idealismus. *Hw.:* »Kants Analogien der Erfahrung«, 1876; »Idealismus und Positivismus«, 3 Bde., 1879–84; »Kants Stellung zwischen Glauben und Wissen«, 1882.

Lachelier, Jules: 1832–1918, frz. Philosoph, entwarf eine subjektivistisch-voluntaristische → Metaphysik. *Hw.:* »Du fondement de l'induction«, 1871; »Psychologie et métaphysique«, 1885.

Lafargue, Paul: 1842–1911, frz. Politiker und Philosoph, war, obwohl ein führender Vertreter der Arbeiterbewegung und Schwiegersohn von → Marx, kein konventioneller Marxist. L. propagierte gegen das »Recht auf Arbeit« das »Recht auf Faulheit«, das er mit historischen Erfahrungen begründete: → Arbeit hindert den Menschen daran, ein glückliches und erfülltes Leben zu führen. Rastloses Schaffen ist der Grund für die wesentlichen Übel der Industriegesellschaft. Man solle sich daher den Gott der Christen zum Vorbild nehmen, der 6 Tage arbeitete, um dann auf ewig auszuruhen. *Hw.:* »Das Recht auf Faulheit«, dt. 1883; »Der Ursprung der abstrakten Ideen«, dt. 1899; »Der Ursprung der Idee des Gerechten und Ungerechten«, dt. 1899; »Die französische Sprache vor und nach der Revolution«, dt. 1912.

Laird, John: 1887–1969, engl. Philosoph, → Neurealist, → Deist und → Metaphysiker. *Hw.:* »A Study in Realism«, 1924; »The Idea of Value«, 1929; »Knowledge, belief and Opinion«, 1931; »Deism and Cosmology«, 1940; »Mind and Deity«, 1941.

Lamarck, Jean Baptiste de: 1744–1829, frz. Naturforscher, ein Stammvater der Abstammungstheorie: Die Lebewesen (Individuen) passen sich im Laufe ihres Lebens den Gegebenheiten der Umwelt an und geben die so entwickelten Eigenschaften und Verhaltensweisen durch Vererbung an die nächste Generation weiter. Dem Lamarckismus blieb als Gegenstück zum Darwinismus im 20. Jh. aktuelle Bedeutung versagt, da die Biologie bisher keine Anhaltspunkte für die Beeinflussung des Erbguts durch Erfahrung finden konnte; → Mutation, → Evolution, → Darwin. *Hw.:* »Philosophie zoologique«, 2 Bde., 1809; »Histoire naturelle des animaux sans vertèbres«, 7 Bde., 1815–22; »Système analytique des connaissances positives de l'homme«, 1820.

Lambert, Johann Heinrich: 1728–1777, Physiker, Mathematiker und Philosoph; dt. → Aufklärer und → Rationalist; Vorläufer → Kants, mit dem er korrespondierte, z. B. in der Frage der Ideen → a priori. *Hw.:* »Neues Organon oder Gedanken über die Erforschung und Bezeichnung des Wahren«, 2

Bde., 1764; »Kosmologische Briefe«, 1761.

Lamettrie, Julien Offray de: 1709–1751, frz. Philosoph, vertrat einen konsequenten → Materialismus. L. betrachtete den Menschen als Maschine (später in Analogie zur Pflanze), Denken als eine Funktion des Gehirns und die Religion als überflüssig. In Frankreich wegen seiner Ansichten verfolgt, ging er auf Einladung Friedrichs des Großen nach Preußen und wurde Mitglied an der Berliner Akademie. *Hw.:* »L'homme machine«, 1748; »L'homme plante«, 1748.

Lamprecht, Paul: 1856–1915, Historiker und Geschichtsphilosoph, entwickelte eine kulturhistorische Methode, um den Geist eines Zeitalters durch Betrachtung der verschiedenen ihm zugehörigen Kulturgebiete zu erfassen. Die Geschichte durchläuft, kulturell verstanden, mehrere Stadien, für die eine bestimmte geistig-seelische Einstellung charakteristisch ist: → Symbolismus, → Typismus, → Konventionalismus, → Individualismus und → Subjektivismus. *Hw.:* »Deutsche Geschichte«, 19 Bde., 1891–1909; »Was ist Kulturgeschichte?«, 1897; »Moderne Geschichtswissenschaft«, 1905; »Einführung in das historische Denken«, 1912.

Landgrebe, Ludwig: Geb. 1902, dt. Philosoph, arbeitet mit → Husserls → Phänomenologie in der → Geschichtsphilosophie. *Hw.:* »Diltheys Theorie der Geisteswissenschaften«, 1928; »Philosophie der Gegenwart«, 1952; »Der Weg der Phänomenologie«, 1963; »Phänomenologie und Geschichte«, 1968; »Über einige Grundfragen der Philosophie der Politik«, 1969; »Der Streit um die philosophischen Grundlagen der Staatstheorie«, 1975.

Landsberg, Paul Ludwig: 1901–44, dt. → Existenzphilosoph, Schüler → Schelers. *Hw.:* »Einführung in die philosophische Anthropologie«, 1934; »Das Mittelalter und wir«, 1923.

Lange, Friedrich Albert: 1828–1875, dt. Philosoph, Begründer des → Neukantianismus. Hält den → Materialismus für die grundlegende wissenschaftliche Methode, lehnt dessen → metaphysische Ausprägung aber ab. Vertrat in seiner Schrift »Die Arbeiterfrage« (1865) einen ethisch orientierten Sozialismus. *Weitere Hw.:* »Die Geschichte des Materialismus und Kritik seiner Bedeutung in der Gegenwart«, 2 Bde., 1866.

Laotse: Zwischen 600 und 300 v. Chr., sagenumwobener chin. Philosoph, dem das Tao tê-king, wahrscheinlich zu Unrecht, zugeschrieben wird. Das → Tao (Weg, Bahn) ist das Weltprinzip, der Urgrund des Seins, gelegentlich auch das Denken und Verhalten, das in Einklang damit steht. Die Welt wandelt sich ständig, nur das Tao bleibt sich gleich. Der Weise handelt nicht, sondern wirkt durch die Kraft, die er aus der Versenkung in das Tao gewinnt.

Laplace, Pierre Simon Marquis de: 1749–1827, frz. Mathematiker und Astronom, bekanntgeworden u. a. durch eine Theorie der Entstehung des Sonnensystems, das sich aus einem rotierenden Gasnebel gebildet haben soll. L. vertrat ein konsequent materialistisches → Weltbild auf dem Boden der wissenschaftlichen Erkenntnisse seiner Zeit, dessen → Determinismus durch die Vorstellung des »Laplace'schen Dämons« erläutert wird: Ein Dämon, der die Welt von außen betrachtet und sämtliche Naturgesetze kennt, kann bis ins Detail jeden vergangenen oder zukünftigen Zustand des Universums berechnen, wenn er Ort und Impuls aller Massen zu einem bestimmten Zeitpunkt festgestellt hat. *Hw.:* »Traité de mécanique céleste«, 5 Bde., 1799–1825; »Exposition du système du monde«, 2 Bde., 1796; »Théorie analytique du probabilité«, 1812; »Essai philosophique sur les probabilités«, 1814.

La Rochefoucauld, François Duc de: 1613–1680, frz. Offizier und moralphilosophischer Schriftsteller, betrachtete Eigeninteresse und Selbstsucht als Triebkräfte menschlichen Handelns. Diese werden jedoch bewußt oder unbewußt durch scheinhafte ethische Begründungen verdeckt. L. R. formuliert seine Gedanken in prägnanten Aphorismen. *Hw.:* »Réflexions, ou sentences et maximes morales«, 1655.

Lask, Emil: 1875–1915, → Neukantianer, Schüler von → Windelband und → Rickert. *Hw.:* »Die Logik der Philosophie und die Kategorienlehre«, 1911; »Die Lehre vom Urteil«, 1912.

Lassalle, Ferdinand: 1825–1864, bedeutender Philosoph und Mitbegründer der deutschen Sozialdemokratie des 19. Jhs., betrachtete die Revolution als Brennpunkt der Geschichte, vertrat aber eher reformerische Ideen. Die Aufhebung des »Ehernen Lohngesetzes«, das besagt, daß die Arbeiterklasse stets nur so viel Lohn bekommen kann, wie zu ihrem Unterhalt nötig ist, wollte er durch die Bildung von Produktionsassoziationen mit Hilfe staatlicher Kredite erreichen. L.s Auffassungen konkurrierten mit denen von → Marx und → Engels. *Hw.:* »Die Philosophie Herakleitos des Dunklen«, 1848; »Das System der erworbenen Rechte – eine Versöhnung des positiven Rechts und der Rechtsphilosophie«, 2 Bde., 1860.

Lavater, Johann Kaspar: 1741–1801, philosophischer Schriftsteller, (Neu-)Begründer der Physiognomik, der Lehre, daß sich geistig-seelische Eigenschaften in Gesichts- und Schädelform ausdrücken. An seinem damals äußerst populären Hauptwerk »Physiognomische Fragmente zur Beförderung der Menschenkenntnis und Menschenliebe«, 1775–78, hat auch → Goethe mitgearbeitet.

Lavelle, Louis: 1883–1951, frz. Philosoph, entwarf eine religiöse, → existentialistisch beeinflußte → Metaphysik. *Hw.:* »La dialectique du monde sensible«, 1921; »De l'être«, 1928; »La présence totale«, 1934; »De l'acte«, 1934; »Du temps et de l'éternité«, 1945; »Traité des valeurs«, 2 Bde., 1951–55; »Science esthétique métaphysique«, 1967.

Leben: Auf der Erde vor über einer Milliarde Jahren entstandener Typus materieller Systeme mit besonderen Eigenschaften: Lebewesen erzeugen aus Stoffen der Umgebung Kopien ihrer selbst. Hierbei handelt es sich im Kern um einen chemischen Vorgang, die Verdoppelung der DNA (Desoxyribonucleinsäure, ein in jedem Zellkern vorhandenes schraubenförmiges Riesenmolekül, das die Synthese von Aminosäuren steuert. Die DNA des Menschen enthält etwa 1 Milliarde einschlägiger Informationen). Der Stoffwechsel dient zum einen der Materialbeschaffung für die Kopien, zum anderen der Energiezufuhr, um die eigene Struktur gegen äußere Einflüsse aufrechtzuerhalten, die Kontrolle über die Umwelt zu gewinnen, der Umwelt die benötigten Materialien zu entnehmen, die Bausteine zu Kopien zusammenzusetzen. Die Information über die Umwelt ist also bloßes Mittel zum Zweck. Das L. auf der Erde entstand durch heute z. T. bereits experimentell nachvollzogene (Stanley-Miller-Versuch) chemische Prozesse, die zur Bildung komplexer Aminosäureverbindungen und der DNA führen. Einmal entstanden, verbreitete sich das L. aufgrund seines Vervielfältigungscharakters. Der Unterschied zwischen Lebewesen und »toter« Materie war wohl schon vor Urzeiten augenfällig, die Theorien darüber recht unterschiedlich. In der altgriechischen Philosophie findet sich in Gestalt des → Atomismus eine Auffassung, die dem heutigen wissenschaftlichen Verständnis bereits nahekommt: Auch die Lebewesen bestehen aus den gleichen Bausteinen wie alle übrige Natur. Jedoch war mit dieser Position der Unterschied noch nicht zu fassen. Dieser wurde bis ins 19. Jh. überwiegend durch die Theorie des → Vitalismus erklärt: Eine besondere Lebenskraft setzt die materiellen Gebilde in Gang bzw. verwandelt leblose Stoffe in Lebewesen. Die Biochemie der Gegenwart hat dieser Annahme jedoch praktisch den Boden entzogen. L. ist allerdings nur eine Stufe in der Evolution, vielleicht sogar nur eine Zwischenstufe, wie Karsten C. → Bresch meint (»Zwischenstufe Leben«, 1974).

Lebenskraft: Von den Vitalisten eingeführte Annahme zur Erklärung des Unterschieds zwischen lebendiger und anorganischer Materie: Eine nicht weiter erklärbare Kraft, die L., bewirke die Erscheinungen des Lebens.

Lebensphilosophie: Sammelbegriff für Theorien, die gegenüber der wissenschaftlichen Erforschung des Lebens eine gefühlsmäßige, oft betont irrationale Erfassung des Lebens als unerforschliche Ganzheit anstreben oder jede Forschung auf diesem Gebiet für sinnlos halten. Die L. wird entweder auf alle Lebewesen bezogen, oder auch nur auf die individuelle menschliche Existenz. Insofern kann die L. gewissermaßen als Vorläuferin des → Existentialismus gelten. Im Anschluß an → Dilthey, → Nietzsche und → Kierkegaard erreichte die L. zu Beginn des 20. Jh. einen Höhepunkt, z. B. in den Lehren → Bergsons, → Keyserlings und → Klages.

Legalität: Gesetzlichkeit. Das Befolgen staatlicher Gesetze und Vorschriften, entweder aus Furcht vor Bestrafung, oder weil man ohnehin so handeln wollte, jedenfalls nicht aus ethischer Überzeugung. Bei → Kant der Gegenbegriff zu Moralität, dem Handeln um der Sittlichkeit willen.

Leib-Seele-Problem: Die Frage nach dem Zusammenhang zwischen körperlichen und seelischen Vorgängen wird seit → Aristoteles immer wieder neu diskutiert. Grundpositionen sind der Parallelismus, der beide Bereiche als vollkommen getrennt ansieht, und verschiedene Theorien über die Wechselwirkung von Leib und → Seele. In naturwissenschaftlicher Sicht ist die Seele eine Funktion des Zentralnervensystems und hormoneller Prozesse, die der Steuerung körperlicher Vorgänge dienen. Vom medizinischen Standpunkt aus ist das L.-S.-P. Gegenstand der Psychosomatik, die u. a. auch den Zusammenhang zwischen Lebensumständen und körperlich-seelischen Zuständen untersucht.

Leibniz, Gottfried Wilhelm: 1646–1716, vielseitiger Wissenschaftler, insbesondere Mathematiker (neben → Newton der Begründer der Infinitesimalrechnung) und Philosoph. L. galt als letzter Gelehrter, der den gesamten Wissensstand seiner Zeit beherrschte. Von L.s philosophischen Theorien ist besonders seine Monadenlehre bekannt geworden: Monaden sind einfache körperliche Substanzen, die nicht in Wechselwirkung mit der Außenwelt stehen; ihre Aktivität besteht in der Vorstellung, der geistigen Spiegelung aller anderen Monaden. Jede Monade ist somit ein, allerdings von Monade zu Monade verschiedenes, Abbild des Universums. Es gibt nackte, seelische, geistige Monaden und schließlich die göttliche Monade. L.s Monadenlehre führt zu einer naturalistischen Auffassung von Leib und Seele, deren Verhältnis, wie das Verhältnis aller Substanzen überhaupt, von Gott ideal gestaltet wurde. In dieser Welt herrscht daher »prästabilierte Harmonie«; diese Welt ist die beste aller möglichen Welten. L. bemühte sich um die Schaffung einer formalisierten Sprache, in der verschiedene Sachverhalte, die strukturell übereinstimmen, entsprechend identisch eindeutig und irrtumsfrei dargestellt werden können. Das chinesische → I-Ging, das die Realität aus zwei entgegengesetzten Zeichen darstellt, animierte ihn zur Entwicklung des dualen Zahlensystems, das später in → Kybernetik und Informatik eine zentrale Rolle spielte. *Hw.:* »Nouveaux essais sur l'entendement humain (Neue Versuche über den menschlichen Verstand)«, 1704; »Essais de theodicée, sur la bonté de Dieu, la liberté de l'homme et l'origine du mal«, 1710; »La monadologie«, 1714; »Principes de la nature et de la grâce«, 1714; »Mars christianissimus«, 1683.

Leid: Das Gefühl, wesentliche Bedürfnisse nicht oder lange Zeiten nicht befriedigen zu können. L. geht oft einher mit Hoffnungslosigkeit, mit dem Gefühl, sich in einer widrigen Umwelt nicht verwirklichen oder den Verlust von etwas Kostbarem nicht ausgleichen zu können.

Leisegang, Hans: 1890–1951, dt. → Religionsphilosoph und Hellenismus-Forscher. *Hw.:* »Hellenistische Philosophie von Aristoteles bis Plotin«, 1923; »Die Gnosis«, 1924; »Denkformen«, 1928; »Religionsphilosophie der Gegenwart«, 1930; »Lessings Weltanschauung«, 1931; »Goethes Denken«, 1932; »Dante und das christliche Weltbild«, 1941; »Hegel, Marx und Kierkegaard«, 1948; »Platon«, 1950; »Weltanschauung«, 1952.

Lenin: Eigentlich Wladimir Iljitsch Uljanow, 1870–1924, russ. Politiker, griff in seiner philosophischen Schrift »Materialismus und Empiriokritizismus« (1908) die damals einflußreiche → positivistische Strömung, hauptsächlich vertreten von → Mach und → Avenarius, an, um den traditionellen → Materialismus zu verteidigen. L. geriet in eine tragikomische Situation, als er, in der Absicht, die Naturwissenschaft vom Hemmschuh des → Empiriokritizismus zu befreien, gerade die Ideen mit äußerster Schärfe bekämpfte, die für → Einstein ungefähr gleichzeitig entscheidende Anregungen zur → Relativitätstheorie waren. L.s unglückliche Position, zum Kriterium der Richtigkeit schlechthin erhoben, blockierte in der Sowjetunion jahrzehntelang die philosophische Diskussion um Relativitätstheorie und Quantenmechanik und behinderte auch diese Forschungsgebiete selbst. *Weitere Hw.:* »Der Imperialismus als höchste Stufe des Kapitalismus«, 1915; »Staat und Revolution«, 1918; »Der linke Radikalismus, die Kinderkrankheit im Kommunismus«, 1907.

Leninismus: Eine bestimmte, von Lenin begonnene Ausprägung des → Marxismus. Die Theorie des Kapitalismus erweiterte Lenin zur Theorie des Imperialismus, den er als Erscheinungsform der monopolistischen Zentralisierungstendenz des Kapitals verstand. Imperialismus führt als Kampf der Großmächte um die Märkte und Ressourcen der Welt zum Krieg, der schließlich die sozialistische Revolution hervorbringt, wenn die Revolution ihn nicht verhindert. In politischer Hinsicht betonte L. die führende Rolle der Kommunistischen Partei gegenüber der Arbeiterklasse und der übrigen werktätigen Bevölkerung; innerhalb der KP setzte er einen straffen Zentralismus durch. Für eine allmähliche friedliche Verwandlung des Kapitalismus in den Kommunismus sah Lenin keine Chance. Es bedarf vielmehr der sozialistischen Revolution, der Machtergreifung des Proletariats bzw. der Kommunistischen Partei, und der vorübergehenden Diktatur des Proletariats, um die Umwandlung zu vollziehen.

Lenk, Hans: Geb. 1935, dt. analytischer Philosoph, Logiker und Wissenschaftstheoretiker. *Hw.:* »Kritik der logischen Konstanten«, 1968; »Philosophie im technologischen Zeitalter«, 2. Aufl. 1974; »Metalogik und Sprachanalyse«, 1973; »Normenlogik« (Herausgeber), 1974; »Wozu Philosophie«, 1974; »Pragmatische Philosophie«, 1975.

Leonardo da Vinci: 1452–1519, verkörperte als Universalgenie das Ideal des Renaissance-Menschen. L. arbeitete als Maler, Architekt, Ingenieur, Philosoph, Biologe, Mathematiker u. a., wobei er auf sämtlichen Gebieten bahnbrechende Leistungen vollbrachte, oft seiner Zeit weit vorauseilende Ideen und Pläne entwarf. L. gewann seine Erkenntnisse nach eigener Auffassung aus der Beobachtung und dem Experiment. Er vollendete zahlreiche Ideen als Entwürfe, ohne sie dann auszuführen, z. B. Gemälde und Maschinen.

Le Roy, Eduard: 1870–1966, frz. Philosoph, an → Bergson orientierter → Idealist und → Moralist. *Hw.:* »Science positive et philosophie de la liberté«, 1900; »Dogme et critique«, 1906; »Le problème de Dieu«, 1929; »Les origines humaines et l'évolution de l'intelligence«, 1931; »Introduction à l'étude du problème religieux«, 1944; »Essai d'une philosophie première«, (Vorlesungen, 2 Bde.), 1956–58.

Le Senne, René: 1882–1954, frz. Philosoph, → Spiritualist und christlicher → Existentialist. *Hw.:* »Introduction à la philosophie«, 1925; »Le devoir«, 1930; »La description de la conscience, obstacle et valeur«, 1934; »Traité de morale générale«, 1942; »Traité de caractérologie«, 1945; »Obstacle et valeur«, 1947; »La destinée personelle«, 1951; »La découverte de Dieu«, 1955.

Lessing, Gotthold Ephraim: 1729–1781, dt. Dichter der → Aufklärung, der Gedanken der religiösen Toleranz, Humanität und zwischenmenschlichen Harmonie vertritt. Kritik sah L. als Grundlage der Erkenntnis an, ohne eigentlich Rationalist zu sein. *Hw. mit philosophischem Gehalt:* »Das Christentum der Vernunft«, 1753; »Über die Wirklichkeit der Dinge außer Gott«, 1763; »Laokoon oder über die Grenzen der Malerei und Poesie«, 1766; »Wie die Alten den Tod gebildet«, 1769; »Ernst und Falk, Gespräche für Freimaurer«, 1778–80; »Die Erziehung des Menschengeschlechtes«, 1780.

Lessing, Theodor: 1872–1933, dt. Philosoph, Sozialkritiker und Kulturpessimist. *Hw.:* »Wert axiomatischer Studien«, 1908; »Europa und Asien«, 1919; »Prinzipien der Charakterologie«, 1926; »Geschichte als Sinngebung des Sinnlosen«, 1916.

Leukippos: Um 450 v. Chr., angeblicher Lehrer des → Demokrit, Mitbegründer des antiken → Atomismus. L.s Existenz gilt als wahrscheinlich, wenn auch nicht erwiesen.

Levi-Strauss, Claude: Geb. 1908, frz. Ethnologe und Sprachwissenschaftler, begründete den → Strukturalismus durch seine »strukturale → Anthropologie«, sieht gesellschaftliche Strukturen als Ausprägung allgemeiner Strukturen an, die sich auch im Denken nachweisen lassen. *Hw.:* »Les structures élémentaires de la parenté«, 1949; »Race et histoire«, 1942; »Anthropologie structurale«, 1958; »Le totémisme aujourd' hui«, 1962; »La pensée sauvage«, 1962; »Mythologiques, 1. Le cru et le cuit«, 1964; »Mythologiques, 2. Du miel aux cendres«, 1966; »Mythologiques, 3. und 4.«, 1969.

Lévy-Bruhl, Lucien: 1857–1939, frz. Philosoph, Soziologe und Ethnologe, betrachtet das auf Analogien aufgebaute Denken von Naturvölkern als »prälogisch«. *Hw.:* »Les fonctions mentales dans les sociétés inférieures«, 1910.

Liberalismus: Bürgerliche Strömung, etwa seit dem späten 18. Jh., blühte im 19. Jh., Vorläufer in der Renaissance-Philosophie. Gegenüber der mittelalterlich-feudalistischen Welt forderte der L. die Befreiung des Individuums aus geistiger und gesellschaftlicher Abhängigkeit. Er propagierte freie Entfaltung der Persönlichkeit, vertraute dabei auf die im Grunde moralische Einstellung der Menschen. Der eigentliche Sinn des L.s zeigt sich in seiner Wirtschaftslehre: freier, möglichst weltweiter Waren- und Kapitalverkehr, Nichteinmischung des Staates in die Unternehmensführung. Der L. ist somit keine Theorie, sondern ein Programm des Bürgertums aus der Zeit, als es viele miteinander konkurrierende, von Kapitaleignern patriarchalisch geführte Unternehmen gab, die gegen ältere Wirtschaftsformen, wie Handwerk bzw. Zünfte und Leibeigenschaft, das kapitalistische Wirtschaftsystem durchsetzten.

liberum arbitrium: Der freie Wille, die freie Entscheidung.

Lichtenberg, Georg Christoph: 1742–1799, dt. Physiker und philosophischer Schriftsteller. Der → Aufklärung zugehörig, kritisierte L. → Mystizismus und Geniekult des Sturm und Drangs sowie religiöse Intoleranz und Dogmatismus. L. war der Meister des Aphorismus; er verstand es, komplexe Zusammenhänge treffend und pointiert in wenigen Sätzen zu charakterisieren. *Hw.:* »Vermischte Schriften«, herausgegeben von L. C. Lichtenberg und Kries, 9 Bde., 1800–1805.

Liebe: Sammelbegriff für verschiedene menschliche Gefühle und Gefühlskomplexe, von sexueller Anziehung bis zur Nächstenliebe. Der Schwerpunkt des Begriffs liegt meist auf denjenigen Gefühlen, die letztlich auf der Sexualität beruhen. In diesem Sinn wurde L. schon in der Antike als selbständige Wesenheit angesehen, die durch die zwei betroffenen Menschen lediglich zur Entfaltung gebracht, mobilisiert wird. Die in Göttern personalisierte Kraft war selbst das Subjekt, die Menschen waren insofern nur Ausführende. Als Gegenteil von Haß ist L. das Bemühen, geliebte Personen glücklich zu machen, ihnen zu sich selbst zu verhelfen, ohne sich in diesem Bemühen eigener Interessen bewußt zu sein. → Eros, → Agápe

Liebert, Arthur: 1878–1946, dt. Philosoph, → Neukantianer, arbeitete über zahlreiche Themen. *Hw.:* »Das Problem der Geltung«, 1914; »Wie ist kritische Philosophie überhaupt möglich?«, 1919; »Geist und Welt der Dialektik«, Bd. I, 1929; »Der Liberalismus als Forderung, Gesinnung und Weltanschauung«, 1935; »Von der Pflicht der Philosophie unserer Zeit«, 1938; »Der universale Humanismus«, Bd. I, 1946.

Linke, Paul Ferdinand: 1876 bis 1955, dt. Philosoph, → Ontologe und Erkenntnistheoretiker, entwarf eine auf der Intentionalität aufbauende Ontologie. *Hw.:* »Grundfragen der Wahrnehmungslehre«, 1918; »Verstehen, Erkennen und Geist«, 1936; »Niedergangserscheinungen in der Philosophie der Gegenwart«, 1961.

Lipps, Hans: 1889–1941, → existentialistisch ausgerichteter dt. Sprachphilosoph. *Hw.:* »Untersuchungen zur Phänomenologie der Erkenntnis«; 1928, »Hermeneutische Logik«, 1938; »Die menschliche Natur«, 1941; »Die Verbindlichkeit der Sprache«, 1944.

Litt, Theodor: 1880–1962, geisteswissenschaftlich orientierter dt. Kulturphilosoph, literarisch sehr produktiv, synthetisierte eine komplexe Kulturphilosophie aus → Hegelschen, → existentialistischen und → neukantianischen Elementen. *Hw.:* »Geschichte und Leben«, 1918; »Der deutsche Geist und das Christentum«, 1937; »Das Allgemeine in der geisteswissenschaftlichen Erkenntnis«, 1941; »Denken und Sein«, 1948; »Mensch und Welt – Grundlinien einer Philosophie des Geistes«, 1948; »Hegel – Versuch einer kritischen Erneuerung«, 1953; »Das Bildungsideal der deutschen Klassik und die moderne Arbeitswelt«, 1955; »Berufsbildung, Fachbildung, Menschenbildung«, 1958.

Locke, John: 1632–1704, engl. Philosoph, Wegbereiter der → Aufklärung und des → Empirismus. Der menschliche Verstand ist bei Geburt leer; angeborene Ideen gibt es nicht; das Bewußtsein bildet sich durch Erfahrungsinhalte, und zwar durch sinnliche Wahrnehmung äußerer Gegebenheiten (sensation)

oder durch Selbstwahrnehmung (reflection). Die sinnliche Wahrnehmung beruht sowohl auf Eigenschaften der Objekte, den »primären Qualitäten« wie Größe, Gestalt, Lage, Bewegung, als auch auf subjektiven Vorstellungen wie Geruch, Geschmack und Farbe, den »sekundären Qualitäten«, die nicht Eigenschaft der beobachteten Dinge sind. Die Theoriebildung geschieht durch Verbindung von Erfahrungsresultaten: Nichts ist im Verstand, was nicht vorher in den Sinnen gewesen wäre. In seiner Ethik ist L. Eudaimonist: Gut ist, was Lust hervorruft oder steigert. L.s Staatstheorie enthält die Idee der Gewaltenteilung, der Volkssouveränität, der Beschränkung staatlicher Aktivitäten auf einen kleinen Bereich, z. B. den Schutz des Eigentums, und das Recht des Volkes auf Widerstand bzw. Revolution. Die Existenz der Welt läßt zwar den Schluß auf Gottes Existenz zu, doch sind darüber keine weiteren Aussagen möglich; somit ist in religiösen Dingen Toleranz geboten. *Hw.:* »Letters on Toleration«, 1689–92; »An Essay Concerning Human Understanding«, 1690; »Two Treatises on Civil Government«, 1690; »The Reasonableness of Christianity«, 1695.

Logik: Nach griechisch → logos (Wort, Sprache, Gesetz) die Form des richtigen Denkens. Die L. prüft weder die Richtigkeit der Inhalte, noch gewinnt sie solche. Sie legt vielmehr die Art und Weise fest, wie gegebene Inhalte verknüpft werden, welche Beziehungen zwischen ihnen bestehen; daher: formale Logik. Die formale L., heute als klassische oder traditionelle L. bezeichnet, wurde von → Aristoteles begründet, dessen Aufbau bis in die Gegenwart nahezu unverändert blieb. Die Hauptdisziplinen der L. sind die Lehren vom → Begriff, → Urteil und → Schluß. Die klassische L. war → axiomatisch nur lückenhaft begründet und auch nicht auf alle Probleme anwendbar. Dies führte u. a. im 19. Jh. zur Entwicklung der mathematischen L., manchmal → Logistik genannt, in der einige Mängel der klassischen L. überwunden wurden, nicht jedoch eine gewisse grundsätzliche Einseitigkeit. Zur Beschreibung von Prozessen, von Bewegung und Veränderung eignet sich die L. eigentlich nicht. → Identität, Satz vom → Ausgeschlossenen Dritten, → Gegensatz, → Aussagenlogik, → Prädikatenlogik, → Wahrheitstafeln.

Logisch ist eine Argumentation, wenn sie entsprechend den Prinzipien der → Logik aufgebaut ist. Damit ist nichts über die sachliche Richtigkeit ausgesagt.

Logisches und Historisches: 1.) Zwei sich wechselseitig bedingende Seiten der → Erkenntnis: Die logische widerspiegelt die Struktur, das Wesentliche des Gegenstands; die historische dessen Entwicklung, die Ausprägung und Entfaltung der Struktur, in der Auseinandersetzung mit der Umgebung. Umgekehrt kann zu jeder Entwicklung, jeder individuellen Geschichte die entsprechende Struktur des sich entwickelnden Systems gefunden werden. 2.) Beziehung in der Entwicklung eines Systems: Das Logische ist die gesetzmäßige Abfolge von Ereignissen, das Historische die Art und Weise, wie sich dieser Prozeß im einzelnen abspielt. Nimmt man z. B. an, daß die letztliche Niederlage von Nazideutschland schon 1939 besiegelt war, dann ist der Zusammenbruch 1945 die logische Entsprechung zur Entfesselung des Krieges. Die Ereignisse im einzelnen stellen die historische Seite dar. Oder: Hat man ein Uhrwerk aufgezogen, so ist die logische Folge, daß es abläuft, die Feder ihre Spannung verringert, einerlei, ob damit eine Uhr oder gar nichts weiter angetrieben wird. Grundlage der Beziehung von L. und H. ist der aus der Physik bekannte Satz, daß jedes System bestrebt ist, den Zustand kleinster potentieller Energie, kleinster innerer Spannung bzw. Gegensätzlichkeit anzunehmen. → Polarität, → Notwendigkeit, → Csampai-Salami.

Logismus: Ein Vernunftschluß; auch die Annahme, daß die Realität logisch aufgebaut ist.

Logistik: Formale und mathematisierte Logik. Die L. ersetzt sprachliche Ausdrücke durch ein System von Zeichen, die nach festgelegten Operationsregeln verbunden werden. Dieser *Logikkalkül* beruht auf einer Reihe von → Axiomen, die im wesentlichen im 19. Jh. und zu Beginn des 20. Jhs. erarbeitet wurden. Die Systeme der L. sind von Autor zu Autor verschieden, doch lassen sich einige grundsätzliche Strukturen erkennen. Der *Prädikatenkalkül* untersucht den Aufbau einer → Aussage, der *Aussagenkalkül* die Verbindung von Aussagen mittels Funktoren, die etwa die Bedeutung von »und«, »oder« (beide oder eins von beiden), »nicht«, »wenn-dann« haben. Der *Klassenkalkül* beschreibt die Beziehung von → Klassen, Mengen und ihren Elementen.

Logos: Griech. Begriff; ursprünglich: Wort, Rede, Sprache; bekam seit Heraklit auch die Bedeutung Weltprinzip; elementare Struktur der Realität, Weltvernunft, darüber hinaus auch Rechnung. Wird der Weltl. als Struktur begriffen, dann wird der menschliche L. zu dessen Widerspiegelung. Logisch argumentieren heißt damit, in Einklang mit der Eigenart der Sache zu argumentieren. Andererseits wurde der L. auch als etwas Geistiges, z. B. göttliche Vernunft, betrachtet. Die Autoren des Neuen Testaments bezeichneten Jesus als »Fleisch gewordenen Logos«.

Lorenzen, Paul: Geb. 1915, Philosoph, arbeitet an einer aus der Mathematik abgeleiteten operationalen Logik sowie an der logischen Begründung der Mathematik. *Hw.:* »Einführung in die operative Logik und Mathematik«, 1955; »Die Entstehung der exakten Wissenschaften«, 1960; »Das Begründungsproblem der Geometrie«, 1961; »Metamathematik«, 1962; »Differential und Integral«, 1965; »Normative Logic and Ethics«, 1969, zusammen mit O. Schwemmer; »Konstruktive Logik, Ethik und Wissenschaftstheorie«, 2. Aufl. 1975.

Lotze, Rudolf Hermann: 1817 bis 1881, dt. Philosoph, ursprünglich Physiologe. L. bemühte sich um eine Verbindung des deutschen → Idealismus, besonders der Leibnizschen → Monadenlehre, mit der modernen Naturwissenschaft. In seiner »Logik« trennt er das Sein der Dinge vom »Gelten« der Werte, die er als absolut betrachtet. *Hw.:* »Mikrokosmos«, 3 Bde., 1856–64; »System der Philosophie«, 2 Tle., 1874/79; »Geschichte der Ästhetik«, 1868.

Lovejoy, Arthur Oncken: 1873 bis 1962, amerik. Philosoph, als kritischer Realist ein Kritiker des → Pragmatismus. *Hw.:* »The Revolt against Dualism«, 1930; »The Great Chain of being«, 1936; »Essays on the History of Ideas«, 1948; »The thirteen Pragmatisms and other Essays«, 1960.

Löwith, Karl: 1897–1973, Philosoph, bemüht sich um eine naturwissenschaftlich gesicherte, von → metaphysischen Entstellungen befreite historische → Anthropologie. *Hw.:* »Das Individuum in der Rolle der Mitwelt«, 1928; »Kierkegaard und Nietzsche«, 1933; »Von Hegel zu Nietzsche«, 1941; »Weltgeschichte und Heilsgeschehen«, 1943; »Heidegger – Denker in dürftiger Zeit«, 1953; »Die Hegelsche Linke«, 1962; »Gott, Mensch und Welt in der Metaphysik von Descartes bis Nietzsche«, 1967.

Lüge: Eine Aussage, die einen Sachverhalt absichtlich anders darstellt, als er nach Meinung des Lügners beschaffen ist. Ursache der L. ist ein Interessengegensatz. Sie tritt in Konfliktsituationen bei den Parteien auf, die glauben, durch Fehlinformation von anderen eine Wendung zu ihren Gunsten herbeiführen, einer Bedrohung entkommen oder einen sonstigen Vorteil erringen zu können. Damit beruht die Lüge auf einer gewissen Schwäche des Lügners in bezug auf sein Gegenüber, was eine realistische Einschätzung der Lage bzw. kühle Berechnung nicht ausschließt. Ein Randgebiet der L. ist die Verweigerung einer Information, insbesondere, wenn sie als solche nicht angezeigt wird. Von der → Ethik wurde die nur individuell gesehene L. meist grundsätzlich verdammt, obwohl oder gerade weil L.n ein oft gebrauchtes Mittel in Politik und Alltagsleben sind. Von der negativen moralischen Bewertung ausgeschlossen waren meist nur diejenigen L.n, die im vermeintlichen Interesse des Belogenen (z. B. aus Mitleid) begangen wurden.

Lukács, Georg: 1886–1971, ungar. Philosoph und bedeutender marxistischer Literaturtheoretiker, betonte gegenüber dem orthodoxen → Marxismus stets das subjektive Moment, die Machbarkeit und Beeinflußbarkeit des historischen Ablaufs durch menschliches Handeln. Stilistisch pflegt er eine gewisse, für Marxisten sonst nicht gerade typische Offenheit, die der Interpretation durch den Leser großen Spielraum gibt. *Hw.:* »Die Seele und die Formen«, 1910; »Die Theorie des Romans«, 1916; »Geschichte und Klassenbewußtsein«, 1923; »Goethe und seine Zeit«, 1947; »Der junge Hegel – über die Beziehungen von Dialektik und Ökonomie«, 1948; »Zerstörung der Vernunft«, 1953; »Beiträge zur Geschichte der Ästhetik«, 1954; »Wider den mißverstandenen Realismus«, 1958; »Zur Ontologie des gesellschaftlichen Seins«, 1971; »Heidelberger Ästhetik«, 1975; »Taktik und Ethik, politische Aufsätze«, 1975.

Lukasiewicz, Jan: 1878–1956, poln. Logiker, Mitbegründer der mehrwertigen → Logik. *Hw.:* »Untersuchungen über das Aussagenkalkül (mit A. Tarski)«, 1930; »Zur Geschichte der Aussagenlogik«, 1935; »Die Logik und das Grundlagenproblem«, 1938.

Lukian: Ca. 120–180, griech. Schriftsteller, verspottete, ohne eine besondere Überzeugung zu vertreten, die Schwächen seiner Zeit, u. a. Religiosität und Banalphilosophie. *Hw.:* »Göttergespräche«.

Lukrez (Titus Lucretius Carus): 96–55 v. Chr., röm. Dichter und Philosoph, zu seiner Zeit der bedeutendste Vertreter der → epikureischen Philosophie. In seinem Lehrgedicht »Über die Natur« entwirft er ein streng → materialistisches Weltbild, in dem Atomlehre, → atomistische Erkenntnistheorie und die Gesetzmäßigkeit der Naturereignisse dargestellt werden. In der Absicht, den Menschen die Furcht vor den Göttern zu nehmen, gibt er für verschiedene Naturphänomene wie Blitz und Donner, die zu den Quellen der Religiosität gehörten, natürliche Erklärungen. *Hw.:* »De rerum natura« (Über die Natur).

Lullus, Raymundus: 1235 1315, span. Dichter und Philosoph, entwickelte ein Verfahren (ars magna = große Kunst) der Kombination der allgemeinen Begriffe und grundlegenden Methoden, durch das er eine universelle Methode der Erkenntnis gefunden zu haben schien. Durch diese »Lullische Kunst« sollten sich alle Wahrheiten ableiten und systematisch darstellen lassen.

Luther, Martin: 1483–1546, dt. Theologe, Initiator der Reformation; L. durchbricht mit seiner Auffassung vom Glauben den mittelalterlichen Gegensatz von Gut und Böse: Der Glauben, das eigene Gewissen, sagt dem Menschen, was er tun soll; die Meinung außenstehender Autoritäten kann ihm die Entscheidung nicht abnehmen. Andererseits beinhaltet Handeln nach dem eigenen Gewissen keine Garantie der Seligkeit; die Gnade Gottes allein ist Quelle des Heils: Diese Gnade kann nicht durch bestimmte Leistungen hervorgerufen, sondern nur passiv empfangen werden. Das irdische Leben regiert Gott auf zweifache Weise: das geistliche Reich durch die Kirche, das weltliche durch die Obrigkeit (Zwei-Reiche-Lehre). Durch seine abweichende Theologie, die Konzentration auf die Bibel als Glaubensquelle, die Ablehnung des Papsttums, setzte er sich in Widerspruch zur offiziellen Kirche. Auch sein Bekenntnis zur deutschen Sprache (Bibelübersetzung) provozierte die kirchlichen Herren gewissermaßen durch die dadurch hergestellte Öffentlichkeit des Glaubensguts. *Einige Hw.:* »Heidelberger Disputation«, 1518; »An den christlichen Adel deutscher Nation«, 1520; »Von weltlicher Obrigkeit«, 1523; »De servo arbitrio«, 1525.

M

Mably, Gabriel Bonnet de: 1709–1785, frz. Philosoph, durch seine Staatslehre geistiger Wegbereiter der Französischen Revolution. Er verurteilte das Privateigentum, forderte Volkssouveränität und Gewaltenteilung. *Hw.:* »De la législation ou principes des lois«, 1776; »Entretiens de Phocion, sur le rapport de la morale«, 1763; »De la manière d'écrire l'histoire«, 1789.

Mach, Ernst: 1838–1916, österr. Physiker und Philosoph, Mitbegründer des → Empiriokritizismus. M. betrachtete wissenschaftliche Theorien unter dem Aspekt der Denkökonomie: Sie sollten möglichst einfache Grundvorstellungen auf möglichst einfache Art verknüpfen. Erkenntnisse sind menschliche Empfindungskomplexe, die keinen Schluß auf die Struktur der äußeren Realität zulassen. Die Kausalität verwarf er und ersetzte sie durch die Vorstellung der Funktionalität. Als Physiker bereitete M. mit eigenen Ansätzen der Relativitätstheorie den Boden. *Hw.:* »Die Mechanik in ihrer Entwicklung«, 1883; »Die Analyse der Empfindungen«, 1886; »Erkenntnis und Irrtum«, 1905.

Machiavelli, Niccolò: 1469–1527, ital. Politiker, Schriftsteller und Philosoph. Ausgehend vom Zerfall der oberitalienischen Stadtstaaten, entwickelte M. seine bekannte Theorie der fürstlichen Regierung: Der Fürst soll nach eigener Maßgabe, ohne Beschränkung durch Moral oder Kontrollen handeln. M. hielt die Republik nach dem Ideal der römischen Republik aber für die bessere Staatsform. Im Gegensatz zu den Söldnertruppen seiner Zeit regte er die Aufstellung von Bürgermilizen an. *Hw.:* »Discorsi sopra la prima decade di Tito Livio«, 1531; »Il principe«, 1532.

Macht: Das Vermögen eines Individuums oder Systems, die eigenen Interessen gegen Widerstände durchzusetzen. Im allgemeinen Sinn kann also von Macht über Naturkräfte ebenso die Rede sein wie von M. über Menschen oder Staaten. Die M. als Verhältnis zwischen Menschen ist in der Philosophie vor allem im Rahmen der Ethik behandelt worden: meist rigoros ablehnend, gelegentlich (→ Nietzsche, → Machiavelli) bejahend. Die ethische Bewertung gibt allerdings keinen Aufschluß über Ursprung und Funktionsweise der M. Die M.ausübung hängt von der Art des Interessengegensatzes ab. – Politische M. läßt sich letztlich auf folgende Faktoren zurückführen: Menge, Bewußtsein und Stimmung der tatsächlich M. ausübenden Menschen sowie auf die ihnen zur Verfügung stehenden Hilfsmittel. Die schärfsten politischen Mittel der M. sind natürlich Waffen und das Wissen um ihren Gebrauch – wenn auch nicht die einzigen: Wirtschaftliche Abhängigkeit, intellektuelle und künstlerische Fähigkeiten, psychische Mechanismen sowie Angst,

Hoffnung und Glaube können zu Hebeln der Macht werden, insbesondere, wenn sie ungleich verteilt sind. Macht wird erstrebt, weil sie den Erfolg wahrscheinlicher macht.

Mäeutik (Hebammenkunst): Die sokratische Methode, durch geschicktes Fragen den Gesprächspartner auf Widersprüche seiner Argumentation aufmerksam zu machen und ihn auf neue Ideen zu bringen.

Magie: Der Versuch, die Natur, die Gesellschaft oder einzelne Menschen gemäß eigenen Interessen durch meist symbolische Handlungen zu verändern, ohne die für die beabsichtigte Wirkung im wissenschaftlichen Sinn erforderliche Ursache hervorbringen zu können. M. wird also dort praktiziert, wo die tatsächlichen menschlichen Fähigkeiten (noch) nicht ausreichen, um das, meist durch elementare Bedürfnisse gegebene, Ziel zu erreichen. In der allgemeinen Bedeutung des Wortes ist also ein Bittgebet ebenso M. wie das Tragen von Amuletten oder die Beeinflussung des Wetters durch Räucherwerk. Im theologischen Sinn ist der Begriff beschränkt auf derartige Versuche, sofern sie direkt auf dieses Objekt Bezug nehmen, anstatt den Weg über die Anrufung eines Gottes zu gehen.

Mahatma (sanskrit: große Seele): Ehrentitel Gandhis.

Maier, Heinrich: 1867–1933, dt. Philosoph, kritischer → Realist, betonte den Einfluß von Willen und Gefühl auf das Denken. *Hw.:* »Syllogistik des Aristoteles«, 3 Bde., 1896–1900; »Sokrates«, 1913; »Das geschichtliche Erkennen«, 1914; »Wahrheit und Wirklichkeit«, 1926; »Grundrichtungen kosmologisch-metaphysischer Weltbetrachtung«, 1935.

Maimonides, Moses: 1135–1204, jüd. Philosoph, gilt als der bedeutendste jüdische Gelehrte des Mittelalters. M. verband die → aristotelische Philosophie mit der jüdischen Überlieferung, die er zugleich systematisierte. Seine Lehre wirkte stark auf die abendländische Hochscholastik. *Hw.:* »Dalâlat al - Mâïrin«, ca. 1190.

Maine de Biran, François Pierre: 1766–1824, frz. Philosoph, wendet sich gegen die naturwissenschaftliche Auffassung des Menschen, da das Ich durch den Willen bestimmt ist, der von außen nicht erforscht werden kann: Volo, ergo sum – ich will, also bin ich. Die Existenz der Außenwelt wird dem Subjekt durch den Widerstand, den sie seiner Aktivität entgegensetzt, bewußt. *Hw.:* »Essai sur les fondements de la psychologie«, 1813–22.

Maistre, Joseph Marie Comte de: 1754–1821, frz. royalistischer Staatstheoretiker der Konterrevolution, erhob für Kirche und Staat den Anspruch auf die Weltherrschaft. *Hw.:* »Essai sur le principe générateur des constitutions politiques«, 1810; »Du pape«, 2 Bde., 1819.

Makrokosmos: »Der große Kosmos«, das Universum bzw. diejenigen Systeme, die um Größenordnungen über der menschlichen Erlebnissphäre liegen; *Ggt.:* Mikrokosmos.

Malebranche, Nicolas: 1638 bis 1715, frz. Philosoph, mit → Geulincx der bedeutendste → Okkasionalist. Lehrte, daß die menschliche Erkenntnis nur durch Teilhabe am göttlichen Geist zustande komme, da es eine Wechselbeziehung zwischen Geist und Körper nicht gebe. *Hw.:* »De la recherche de la vérité«, 1674/75; »Entretiens sur la métaphysique et la religion«, 1688; »Entretiens d'un philosophe chrétien et d'un philosophe chinois«, 1708.

Mandeville, Bernard de: 1670 bis 1733, engl. Schriftsteller und Philosoph, befürwortete gegen den Moralismus Shaftesbury's den gesellschaftlichen Nutzen des gesunden Egoismus. *Hw.:* »The Fable of the Bees or Private Vices Made Public Benefits«, 1714.

Manichäismus: Vom Perser Mani (216–276) begründete → gnostische Lehre, die sich aus Elementen der verbreitetsten Weltanschauungen des Vorderen Orients zusammensetzt: Das Weltgeschehen ist vom Kampf des Lichts und der Finsternis, des Guten und des Bösen geprägt. Die Erlösung aus der Finsternis ist durch Askese möglich, wird aber hauptsächlich durch göttliche Sendboten erreicht, die das Licht wieder von der Finsternis trennen und die Menschen ins Lichtreich führen.

Mannheim, Karl: 1893–1947, dt. Soziologe, Schüler Max → Webers, Begründer der → Wissenssoziologie, Ideologiekritiker. *Hw.:* »Ideologie und Utopie«, 1929; »Mensch und Gesellschaft im Zeitalter des Umbaus«, 1935; »Diagnosis of Our Time«, 1943; »Freiheit und demokratische Planung«, 1960; »Wissenssoziologie«, 1964.

Mao Tse-tung (Mao Dse-dong): 1893–1976, chin. Philosoph und Politiker, seit den 30er Jahren führender Kopf der chinesischen Revolution, entwickelte seine politische Linie und Praxis mit philosophischen Mitteln aus der traditionellen chinesischen Dialektik, die er mit wesensverwandten Elementen des → Marxismus verband. M.s Grundmethode, das Wesen von Dingen und Prozessen durch Bestimmung ihres inneren Widerspruchs zu ermitteln, wurde in den 60er Jahren zum praxisbezogenen Gemeingut (eine Art Massenbewegung) in China. M. betrachtete sich denn auch hauptsächlich als »Volksschullehrer«. Seine Theorie des langdauernden Partisanenkrieges wurde zum Revolutionsmodell für viele Länder der Dritten Welt. M.s Haltung ähnelt der des klassischen chinesischen Weisen, der sein Handeln mit unerschöpflicher Geduld vorbereitet, bis die Zeit für seine Zwecke reif ist. Anfängliche Niederlagen begrüßt er ausdrücklich als Quelle der Erkenntnis und somit als Ursprung des schließlichen Erfolges. *Philosophisch wichtige Hw.:* »Über die Praxis«, 1937; »Über den Widerspruch«, 1937; »Über den langwierigen Krieg«, 1938.

Marburger Schule: Von Cohen und Natorp Ende des 19. Jh. an der Marburger Universität gegründete und besonders von Cassirer, Kinkel und Görland vertretene Richtung des → Neukantianismus. Die M.S. faßt die Realität als Produkt des menschlichen Geistes auf und bemüht sich um eine mathematisch-logische Grundlegung der Wissenschaften.

Marc Aurel: 121–180, röm. Kaiser, einer der prominentesten Vertreter der → stoischen Philosophie in der praktischen Anwendung. *Hw.:* »Selbstbetrachtungen«.

Marcel, Gabriel: 1889–1973, frz. Dramatiker und Philosoph, bedeutender Vertreter des christlichen, aber nicht klerikalen → Existentialismus in Frankreich. Die menschliche Existenz begreift M. als »Mysterium«. *Hw.:* »Être et avoir«, 1935; »Homo viator«, 1944; »La métaphysique de Royce«, 1945; »Le mystère de l'être«, 1951; »Le déclin de la sagesse«, 1954; »L'homme problématique«, 1955; »Foi et réalité«, 1967; »Les hommes contre l'humain«, 1951; »Présence et immortalité«, 1959.

Marcuse, Herbert: 1898–1979, Philosoph, Mitglied in → Horkheimers Frankfurter Institut für Sozialforschung, analysierte die Existenzbedingungen in der »spätkapitalistischen« Gesellschaft, insbesondere Wesen und Bedeutung der Entfremdung. Unter Berücksichtigung von → Freuds Trieblehre, fordert er eine repressionsfreie »libidinöse« Kultur, die es durch politisch revolutionäre Aktionen zu erreichen gilt. M. prägte den Begriff der »repressiven Toleranz«: Toleranz gegenüber Unterdrückung ist Vehikel derselben, so daß stets gefragt werden muß, was eigentlich toleriert werden soll. M.s Auffassungen hatten großen Einfluß auf die Anfänge der Studentenbewegung in den späten 60er Jahren. *Hw.:* »Hegels Ontologie und die Theorie der Geschichtlichkeit«, 1932; »Reason and Revolution«, 1941; »Eros and Civilization«, 1955; »Triebstruktur und Gesellschaft«, 1968; »Sovietmarxism«, 1958; »One-Dimensional Man«, 1964; »Psychoanalyse und Politik«, 1968; »Ideen zu einer kritischen Theorie der Gesellschaft«, 1969; »Versuch über die Befreiung«, 1969; »Revolution oder Reform – eine Kontroverse mit K. Popper«, 1971.

Mariana, Juan de: 1536–1624, span. Historiker, propagierte die Volkssouveränität und das Recht auf Tyrannenmord. *Hw.:* »De rege et regis institutione«, 1599.

Maritain, Jacques: 1882–1973, frz. Philosoph, einer der führenden französischen → Neothomisten. *Hw.:* »Art et scolastique«, 1920; »Religion et culture«, 1930; »Les degrés du savoir«, 1932; »Court traité de l'existence et de l'existent«, 1947; »L'homme et l'état«, 1953; »La philosophie morale«, 1969.

Marsilius von Padua: 1275–1343, ital. Staatstheoretiker, der bürgerliche Ideen, wie die öffentliche Wahl des Herrschers, vorwegnahm und die Trennung von Kirche und Staat forderte. *Hw.:* »Defensor pacis«, 1522; »Tractatus de translatione imperii«, 3 Bde., 1383–91; »Defensor minor«, hrsg. von C. K. Brampton, 1922.

Martineau, James: 1805–1900, engl. Philosoph, → idealistischer Kritiker des → Materialismus, vertrat eine → theistische Ethik. *Hw.:* »Studies of Christianity«, 1858; »Types of Ethical Theory«, 2 Bde., 1885; »Study of Religion«, 2 Bde., 1888; »National Duties and other Sermons«, 1903.

Marx, Karl Heinrich: 1818–1883, dt. Nationalökonom, Historiker und Philosoph. M. versucht in seinem *Hw.* »Das Kapital« den kapitalistischen Wirtschaftsprozeß bis ins Detail aus der → Struktur der Ware – → Polarität von Wert (= Menge der darin enthaltenen Arbeitskraft) und Gebrauchswert – abzuleiten. Die dabei angewandte → Methode ähnelt der Hegelschen → Dialektik, wobei M. beansprucht, diese erst »vom Kopf auf die Füße« gestellt zu haben, denn er akzeptiert die Dialektik als Denkweise und wissenschaftliche Methode nur deshalb, weil sie die objektive Dialektik der Sache widerspiegelt. M. konnte damit einige wirtschaftliche Zusammenhänge, wie z. B. den Mehrwert, logisch befriedigender erklären als seine Vorgänger → Smith und Ricardo. M. hat seine philosophischen Ansichten bzw. seine Methode nirgends systematisch dargestellt; die nicht immer konsequente Anwendung der Dialektik beschränkt sich auf → Geschichte und → Gesellschaft; zur → Naturphilosophie finden sich nur Andeutungen, aus denen jedoch hervorgeht, daß M. von der dialektischen Struktur der gesamten → Materie überzeugt ist. Das Frühwerk von Marx, u. a. die ökonomisch-philosophischen Manuskripte, stellt die → Entfremdung des Menschen in den Mittelpunkt der ökonomischen Betrachtung, während der Einzelne im »Kapital« als ausführendes Organ der Gesetzmäßigkeiten des Kapitals (= »Geld heckendes Geld«, »sich selbst verwertender Wert«) verstanden wird. M. legt aber Wert darauf, die Beziehung von Waren wesentlich als Beziehung von Menschen verstanden zu wissen, nicht umgekehrt. Die von M. und → Engels entwickelte Geschichtsphilosophie heißt »Historischer Materialismus«, weil als Triebkraft der Geschichte die Entwicklung der → Arbeit und der Produktionsverhältnisse (zwischenmenschliche Beziehungen, nicht nur im Bereich der Produktion), die sich aus dem Entwicklungsstand der Produktivkräfte ergibt, nicht aber neue Ideen oder individuelle Entscheidungen noch ein objektiver Geist betrachtet wird. Die allgemeine Philosophie des Marxismus, der »Dialektische → Materialismus«, wurde kaum von M., in den Grundzügen vielmehr von seinem Freund und Partner Engels publiziert. Entgegen einer verbreiteten Ansicht hat M. keinen Plan einer zukünftigen kommunistischen Gesellschaft entworfen. Der → Kommunismus erschien ihm als logische Konsequenz aus dem Ablauf der Geschichte; seine Ausführungen dazu sind sporadische, sehr allgemein gehaltene Andeutungen, z. B. die Prognose, die heutige Form der Teilung der Arbeit werde dann überwunden sein, die gesellschaftlich notwendigen Tätigkeiten könnten von jedem nach Belieben wechselnd ausgeführt werden. *Hw.:* »Ökonomisch-philosophische Manuskripte«, 1844; »Kritik der Hegelschen Rechtsphilosophie«, 1844; »Die Deutsche Ideologie«, 1845; »Manifest der Kommunistischen Partei« (mit Engels), 1849; »Zur Kritik der Politischen Ökonomie«, 1859; »Das Kapital«, 3 Bde., 1867–1894.

Marxismus: »Ich jedenfalls bin kein Marxist.« (Marx). Der Begriff M. bezeichnet über die von → Marx und → Engels entwickelten grundsätzlichen Positionen hinaus insbesondere deren weiteren Ausbau, der bei den verschiedenen Autoren in sehr unterschiedliche Richtungen führte: »Was aber die Stärke und den Reichtum des M. ausmacht, war sein so ungeheuer konzentrierter Versuch, den geschichtlichen Ablauf in seiner Ganzheit aufzuhellen.« (Sartre). »Die ungeheuere Komplexität des M. läßt sich in einem Satz umreißen: Rebellion ist berechtigt.« (Mao Tse-tung). Die Fülle der Varianten führte zu dem Versuch, Kriterien zu finden, mit denen die »richtigen« Standpunkte identifiziert werden können. So entstand zu Beginn des 20. Jhs. eine marxistische Orthodoxie, die auf dem Boden des Dialektischen und → Historischen Materialismus etwa folgende Positionen einnahm: Wesen des Menschen ist die Auseinandersetzung mit der Natur, die → Arbeit. Die Entwicklung der menschlichen → Gesellschaft ist durch den Fortschritt der Produktivkräfte bestimmt, durch die Gesellschaftsstruktur, deren Entwicklungsstand und die davon abhängende Verfügung über die Produktionsmittel. Der Kapitalismus ist das »höchste« und damit letzte Stadium der Klassengesellschaft. Der Übergang zum → Kommunismus vollzieht sich über eine Umwandlungsphase, den Sozialismus, der politisch die »Diktatur des Proletariats« ist. Diese letzte Form der → Herrschaft und des Staates verschwindet in dem Maße, wie die Reste und Traditionen der Klassengesellschaft verschwinden. So ist der Übergang vom Kapitalismus zum Sozialismus zwar ein revolutionärer Gewaltakt, Machtergreifung der Arbeiterklasse; der Übergang vom Sozialismus zum Kommunismus dagegen ein allmählicher Prozeß.

Masaryk, Thomas Garrigue: 1850–1937, tschech. Politiker, Soziologe und Philosoph, 1918 erster Präsident der Tschechoslowakei. Vom → Positivismus und deutschen → Idealismus beeinflußt, vertrat M. eine humanistisch-demokratische Staatsphilosophie und trat für das Selbstbestimmungsrecht der Völker ein; angesichts der starken nationalen Minderheiten in der Tschechoslowakei eine mutige Position. *Hw.:* »David Humes Prinzipien der Moral«, 1883; »Versuch einer konkreten Logik«, 1886; »Die philosophischen und soziologischen Grundlagen des Marxismus«, 1899; »Zur russischen Geschichts- und Religionsphilosophie«, 1913; »Rußland und Europa«, 2 Bde., 1913; »Das neue Europa«, 1918; »Die Weltrevolution«, 1914–18.

Maschinentheorie: Allgemein die Auffassung, daß Lebewesen modellhaft als Mechanismen verstanden werden können. Die M. war, von → Descartes begründet, eine beliebte Auffassung der rationalistischen → Aufklärer, die am Beginn bzw. im Vorfeld der Industriellen Revolution geradezu in der Luft lag. Eine wissenschaftliche Grundlage erhielt die M. erst heute durch die → Kybernetik.

Masse: 1.) Soziologisch eine Menschenmenge mit bestimmten Verhaltensdispositionen und Reaktionsneigungen als Gegenbegriff entweder zu »Führung« oder »Individuum« (auch zu Gruppe). Historisch entstand der Begriff der M. durch die Auswirkungen der Industriellen Revolution: Vermehrung der Bevölkerungszahl und Konzentration vieler Menschen mit ungefähr gleicher sozialer Stellung, ähnlichen Berufen und ähnlichem Bewußtsein, in geographisch relativ kleinen Ballungsgebieten. 2.) Naturwissenschaftlich eine elementare Kategorie der Physik, bei → Einstein durch die Äquivalenz schwerer und träger Masse der Gegenbegriff zur Energie: Widerstand, den ein Körper einer Beschleunigung entgegensetzt, aber auch die Grundlage für die Anziehungskraft, die er auf andere Körper ausübt (Gravitation).

Materialismus: Weltanschauung, derzufolge die Realität und alles Geschehen materieller Art ist. Ein über, hinter oder in den Dingen waltender selbständiger → Geist wird nicht in Betracht gezogen bzw. die Idee eines solchen ausdrücklich abgelehnt. Der M. erklärt das Weltgeschehen einschließlich aller Formen des Lebens und Denkens ähnlich wie die Naturwissenschaft aus sich selbst, d. h. als Struktur bzw. Bewegungsform erforschbarer materieller Systeme. Die dem M. gemäße → Erkenntnistheorie geht von der praktischen Erfahrung aus und erklärt die Entstehung abstrakter Ideen als Übergang von der zunächst sinnlichen zur rationalen Erkenntnis durch Entdeckung von allgemeinen Strukturen, die in den Einzelphänomenen entsprechend verändert, aber doch letztlich erkennbar enthalten sind. Materialistische Positionen finden sich schon in den heute bekannten Anfängen der Philosophie, z. B. bei den → Ionischen Naturphilosophen sowie bei → Demokrit und → Epikur. Eine Blütezeit des M. als → mechanischer M. war das 18. Jh., besonders im vorrevolutionären Frankreich: → Diderot, → Holbach, → Lamettrie, → Laplace. Der Aufschwung der Naturwissenschaften seit dem 19. Jh. führte dazu, daß die wissenschaftliche Methodik und Systematik vom M. geprägt wurde. Der philosophische M. wurde durch den → Marxismus weltweit als Dialektischer und Historischer M. verbreitet. *Ggt.:* → Idealismus.

Materie: Sehr allgemeiner Begriff, der in verschiedenen Bedeutungen gebraucht wird: 1.) das Universum, die gesamte Realität. Dieser Begriff der M. umfaßt auch die Energie und das Feld, einen Gegenbegriff dazu kann es also nicht geben. 2.) Stoff; ähnlich dem Begriff der Masse, ein Gegenpol zu Energie, gelegentlich als Ort verdichteter Energie in einem Feld vorgestellt. 3.) In manchen dualistischen Weltanschauungen Gegenbegriff zu Geist: Es gibt dann materielle und geistige Phänomene, wobei letztere von den Geisteswissenschaften erforscht werden.

Mathematik: Die philosophische Bedeutung der M. liegt v. a. in folgenden Problemfeldern: 1.) nachdem sich die mathematische Darstellung objektiver Strukturen in Wissenschaft und Technik seit Jahrtausenden bewährt hat, kann gefolgert werden, daß die → Realität selbst quasi mathematisch aufgebaut ist. Offen ist die Frage, wie sich dieser Aufbau zu anderweitig ermittelten qualitativen Strukturen derselben Realität verhält. Wenn sich Qualitäten quantitativ darstellen lassen (Farbe als Wellenlänge des Lichts), müßte auch die Umkehrung denkbar sein, z. B. die qualitative Seite quadratischer Gleichungen. 2.) Der innere Aufbau der M., die Systematik ihrer Disziplinen, wird auf eine möglichst kleine Anzahl von → Axiomen zurückgeführt, die ein in sich widerspruchsfreies Axiomensystem ergeben sollen. 3.) Die Frage nach dem Zustandekommen mathematischer Theorien, also nach dem wechselseitigen Einfluß von → Erfahrung und rein theoretischer Arbeit. So wurde die nicht-euklidische Geometrie durch einen Kunstgriff entdeckt: die Umkehrung des Parallelenaxioms. Die praktische Anwendbarkeit dieser Geometrie, ihre mathematische Entsprechung in der Realität, wurde in Gestalt von → Einsteins allgemeiner → Relativitätstheorie erst Jahrzehnte später erkannt.

Mauthner, Fritz: 1849–1923, dt. philosophischer Schriftsteller, → Agnostiker, hielt die Sprache für ein untaugliches Mittel der Erkenntnis, was allerdings durch eine fundamentale Kritik und entsprechenden Neuaufbau derselben geändert werden könne. *Hw.:* »Beiträge zu einer Kritik der Sprache«, 3 Bde.,

1901–02; »Die Sprache«, 1907; »Wörterbuch der Philosophie«, 2 Bde., 1910–11; »Der Atheismus und seine Geschichte im Abendlande«, 4 Bde., 1920–23; »Die drei Bilder der Welt. Sprachkritik«, 1925.

Maxime: Grundsatz des Handelns.

May, Eduard: 1905–56, Zoologe und Philosoph, beschäftigte sich mit Naturphilosophie. *Hw.:* »Die Bedeutung der modernen Physik für die Theorie der Erkenntnis«, 1937; »Am Abgrund des Relativismus«, 1941; »Kleiner Grundriß zur Naturphilosophie«, 1949; »Heilen und Denken«, 1956.

McLuhan, Herbert Marshall: 1911–1980, amerik. Kommunikationswissenschaftler, mißt dem informationsvermittelnden Medium entscheidende Bedeutung für die Auffassung der Information bei: »The medium is the message(!).«

Mechanischer Materialismus: Zur Zeit der Industriellen Revolution besonders in Frankreich entstandene Auffassung, die sämtliches Geschehen analog zu mechanischen (physikalischen oder technischen) Vorgängen begreift. »Der Mensch ist eine Maschine«. Der M.M. neigt daher zu zyklischen Auffassungen, die durch → Darwin und die Geschichtsforschung an Bedeutung verloren.

Meditation: Besinnung, ruhige, nachdenkliche Betrachtung. In der asiatischen Philosophie auch als Selbstversenkung, Erleuchtung, Erlösung.

Megariker: Anhänger des → Euklid von Megara, eines Schülers des → Sokrates. Die megarische Schule befaßte sich mit Logik und der Technik der Streitgesprächs. → Eristik.

Meinecke, Friedrich: 1862–1954, dt. → Geschichtsphilosoph, betrachtete den → Historismus als wesentliche geisteswissenschaftliche Errungenschaft seit der Reformation. *Hw.:* »Persönlichkeit und geschichtliche Welt«, 1918; »Die deutsche Katastrophe«, 1949; »Zur Theorie und Philosophie der Geschichte«, 1959.

Meinong, Alexius: 1853–1920, österr. Philosoph, entwickelte eine »Gegenstandstheorie«, in der die Gegenstände unabhängig von ihrem »Sein« Erlebnissen zugeordnet werden. *Hw.:* »Psychologisch-ethische Untersuchungen zur Werttheorie«, 1894; »Über Annahmen«, 1902; »Über die Stellung der Gegenstandstheorie im System der Wissenschaften«, 1907; »Über Möglichkeit und Wahrscheinlichkeit«, 1915; »Philosophenbriefe«, 1965.

Meinung: Allgemein eine subjektiv sichere, jedoch unbeweisbare Annahme. Bei → Platon (doxa) Erkenntnis des unwesentlichen Scheins.

Melanchthon, Philip: 1497–1560, dt. Theologe der Reformation, nicht sehr streitbarer Mitarbeiter Luthers, gab gegenüber diesem der Willensfreiheit breiteren Raum, versuchte erfolglos Humanismus und Protestantismus zu einer Lehre zu vereinigen sowie die Spaltung von Katholizismus und Protestantismus zu verhindern. *Hw.:* »Loci communes rerum theologicarum«, 1521; »Philosophiae moralis epitome«, 1537; »Commentaria de anima«, 1540.

Mendelssohn, Moses: 1729–1786, → aufklärerischer Popularphilosoph, Freund → Lessings, verteidigte das Judentum gegen → Lavater und versuchte, es vernunftmäßig zu begründen. *Hw.:* »Philosophische Gespräche«, 1755; »Abhandlung über die Evidenz in metaphysischen Wissenschaften«, 1764; »Jerusalem oder über religiöse Macht und Judentum«, 1783.

Mensch: Die Frage nach dem → Wesen des Menschen, damit die Suche nach einer geeigneten Definition, hat viele Philosophen beschäftigt, wobei besonders der Unterschied zum Tier und damit auch die Übereinstimmung mit diesem hervorgehoben wurde: Der M. ist ein gesellschaftliches Tier (zoon politikon, Aristoteles); B. Franklin: Der M. ist das Werkzeuge schaffende Tier (toolmaking animal). Daneben steht das Heer derjenigen Theoretiker, die den Unterschied als → »Geist« bezeichnen. Die biologischen Besonderheiten gegenüber anderen Säugetieren, wie aufrechter Gang, Volumen des Großhirns und arbeitsfähige Hand, können zwar nicht den heutigen Entwicklungsstand der M.heit, wohl aber die Entstehung des M.en beleuchten. Der aufrechte Gang ist für Hominiden vor 2 Mio. Jahren nachgewiesen. Wesentlich für die Entwicklung des M.en war die gemeinschaftliche arbeitsteilige Auseinandersetzung mit der Natur, die, getrieben von biologischen Bedürfnissen, zu Erkenntnissen, deren Austausch und Weitergabe und damit zu erfolgreicherer → Arbeit führte. Diese Konstellation bedingt für die M.heit als Ganzes ein exponentielles Wachstum der Produktivität und der Erkenntnis. Der M. zeigt sich heute als Teil der Natur, der nach und nach die anderen Teile in sein System einbezieht. Insofern kann vom vorläufigen Höhepunkt der Evolution gesprochen werden, was nicht ausschließt, daß der M. schließlich in übergeordneten Formationen, in denen sich die Evolution fortsetzt, aufgeht oder von diesen beseitigt wird. Dieser Vorstellung des M. als → Gesellschaftssystem steht der M. als Einzelwesen gegenüber, das hauptsächlich mit der Sicherung und Erfüllung seiner Existenz beschäftigt ist. Die menschliche Entwicklung – Geschichte – ist, zumindest nach materialistischer Auffassung, wesentlich die Entwicklung des Systems aus eigener, die → Evolution fortsetzender Gesetzmäßigkeit, gepaart mit dem Bemühen der Individuen, sich darin oder dagegen zu behaupten.

Menschenrechte: Im 18. Jh. zunächst in den USA und Frankreich formulierte Grundrechte, an deren Beanspruchung bzw. Ausübung der Einzelne vom Staat nicht gehindert werden darf, vielmehr unterstützt werden soll. Die M. haben hauptsächlich abstrakt-ethische Bedeutung; sie sind Leitideen, denen die Realität teils wider-, teils entspricht.

Menzer, Paul: 1873–1960, dt. Philosoph, → Neukantianer, Mitarbeiter → Diltheys. *Hw.:* »Die Entwicklung der kantischen Ethik«, 1897–98; »Kants Lehre von der Entwicklung in Natur und Geschichte«, 1911; »Weltanschauungsfragen«, 1918; »Persönlichkeit und Philosophie«, 1920; »Deutsche Metaphysik der Gegenwart«, 1931; »Kants Ästhetik in ihrer Entwicklung«, 1950.

Merleau-Ponty, Maurice: 1908 bis 1961, frz. Philosoph, ein führender Vertreter des → Existentialismus in Frankreich, entwickelte, von → Husserls → Phänomenologie ausgehend, eine Theorie des Bewußtseins. *Hw.:* »La structure du comportement«, 1942; »Phénomenologie de la perception«, 1945; »Humanisme et terreur«, 1951; »Eloge de la Philosophie«, 1953; »Les aventures de la dialectique«, 1955; »Signes«, 1960«; »Existence et dialectique«, 1971.

Messer, August: 1867–1937, dt. Philosoph, kritischer → Realist, Philosophiehistoriker. *Hw.:* »Immanuel Kants Leben und Philosophie«, 1924; »Geschichte der Pädagogik«, 3 Bde., 1925; »Geschichte der Philosophie«, 4 Bde., 1912; »Der kritische Realismus«, 1923; »Deutsche Wertphilosophie der Gegenwart«, 1926; »Einführung in die Philosophie und Pädagogik«, 1931; »Lebensphilosophie«, 1931.

Metalogik: »Hinter der Logik«, Grundlagen der Logik, Logistik.

Metamorphose: Die Verwandlung in etwas anderes, Veränderung der Gestalt, der Erscheinungsform. Die M. spielte im antiken Denken eine große Rolle für die mythische Erklärung von Naturgegebenheiten. In der Neuzeit kommt der Gedanke v. a. bei → Goethe und → Marx vor.

Metapher: Bildlicher Ausdruck durch Übertragung, z. B. »König der Tiere«.

Metaphysik: Griech. ta meta ta physika, das hinter der Physik (ein antiker Herausgeber der Schriften des Aristoteles konnte eine Reihe von Themen nicht recht einordnen und plazierte sie am Schluß des Werkes, hinter der »Physik«), von → Aristoteles »erste Philosophie« genannt. Im Mittelalter verstand man unter M. die Lehre von denjenigen Prinzipien, die der materiellen Welt zugrunde liegen oder hinter ihr stehen. Die wichtigsten metaphysischen Begriffe sind Sein,

Nichts, Zeit, Raum, Materie, Werden, Vergehen, Möglichkeit, Wirklichkeit, Seele, Geist, Gott u. a. Eine metaphysische Weltanschauung geht entweder von einem oder mehreren dieser Begriffe aus und leitet davon weitere Vorstellungen ab (spekulative M.); oder es werden Resultate der Wissenschaften bzw. sonstige Erkenntnisse zugrunde gelegt, aus deren Systematik dann die allgemein metaphysischen Kategorien erschlossen werden. Im allgemeinen Sinn ist induktive M. die weitestgehende Zusammenfassung und Verallgemeinerung einzelner → Erkenntnisse, um ein umfassendes, in sich schlüssiges Weltbild zu entwerfen. → Kant brach mit dem alten Metaphysikbegriff. Ihm ging es nicht um die Wissenschaft vom → Absoluten, sondern um das mit menschlicher Vernunft in ihren Grenzen Erfaßbare. Ende des 19. Jhs. wurde die M. vom → Positivismus und den → Neukantianern verworfen, da sie sich mit Scheinproblemen beschäftige und mit unklaren Begriffen letztlich inhaltslose Argumentationen aufbaue, die nicht zu überprüfen seien. Dieser Vorwurf wurde gelegentlich zum Vorwurf an die Philosophie überhaupt.

Metasprache: Sprache, mit der Aussagen über die Sprache formuliert werden können. Allgemeiner: Sprache, mit der Aussagen über Aussagen formuliert werden können. Mit welcher Sprache können dann Aussagen über die M. formuliert werden? Es besteht hier die Gefahr des unendlichen Regresses.

Metempsychose: Seelenwanderung.

Methode (griech., Nachgehen, Verfolgen): Verfahren, mit dem eine bestimmte Veränderung (das kann auch eine Erkenntnis sein) herbeigeführt werden soll. Die M. hat eine subjektive (das tatsächlich angewandte Verfahren) und eine objektive Seite (das Verfahren, was ideal zum Ziel führt), bedingt durch die Struktur der objektiven Realität. Grundsätzlich entspricht jedem konkreten Problem eine ebenso konkrete Methode der Lösung. Fraglich ist, ob sich die einzelnen M.n auf eine allgemeine M., deren verschiedene Ausprägungen sie dann sind, zurückführen lassen. In der → Erkenntnistheorie unterscheidet man insbesondere die → induktive, synthetische und die → deduktive, analytische sowie die experimentelle M., die zwischen den beiden ersteren vermittelt.

Methodologie: Lehre von den Methoden, ihrer Auffindung und Kritik.

Meyer, Hans: 1884–1922, dt. Philosoph, → neothomistischer Philosophiehistoriker. *Hw.:* »Abendländische Weltanschauung«, 5 Bde., 1946–50; »Systematische Philosophie«, 3 Bde., 1955–60.

Meyer-Abich, Adolf: 1893–1971, dt. Naturphilosoph, entwickelte ein als »Holismus« bezeichnetes → metaphysisches System. *Hw.:* »Logik der Morphologie«, 1926; »Ideen und Ideale der biologischen Erkenntnis«, 1933; »Naturphilosophie auf neuen Wegen«, 1948; »Typensynthese durch Holobiose«, 1950; »Geistesgeschichtliche Grundlagen der Biologie«, 1963; »Gedanken zur Theorie und Philosophie des Organismus«, 1965; »Die Vollendung der Morphologie Goethes durch A. von Humboldt«, 1970.

Meyerson, Emile: 1859–1933, frz. Philosoph, › Ontologe, Gegner der → Phänomenologie und des → Positivismus. *Hw.:* »Identité et réalité«, 1908; »De l'explication dans les sciences«, 1921, 2 Bde.; »La déduction relativiste«, 1925; »Réel et déterminisme dans la physique quantique«, 1933; »Essais«, 1936.

Michelstaetter, Carlo: 1887–1910, ital. Philosoph, Vorläufer der → Existenzphilosophie. *Hw.:* »Überzeugung und Rhetorik bei Platon und Aristoteles (ital.)«, 1910; »Dialogo della salute«, 1910.

Milieutheorie: Von → Taine begründete Auffassung, daß die Umwelt den Menschen und seine Handlungsweise prägt. Wird teils absolut (ererbte Anlagen sind bedeutungslos, Willensfreiheit gibt es nicht), teils relativ (als besondere Betonung der Umwelteinflüsse) vertreten.

Mill, John Stewart: 1806–1873, engl. Philosoph und Ökonom, von → Comte beeinflußter → Positivist, sieht die Erfahrung als Grundlage aller Erkenntnis an und entwickelt dazu das System der → induktiven und → deduktiven Logik, wobei er der Induktion besondere Bedeutung beimißt. Erkenntnistheoretisch schließt sich M. dem Psychologismus → Humes an. Dementsprechend fordert er, wissenschaftliche Theoriebildung auf die Sphäre der Erscheinung zu beschränken, ohne nach Wesen oder Ursache zu fragen. Ethisch war M. ein bedeutender Vertreter des → Utilitarismus. *Hw.:* »System of Logic«, 1843; »Utilitarianism«, 1861; »Three Essays on Religion«, 1874.

Minkowski, Hermann: 1864 bis 1909, dt. Mathematiker, schuf den mathematischen Apparat der speziellen → Relativitätstheorie, begründete die Auffassung von Raum und Zeit als vierdimensionalem Kontinuum. *Hw.:* »Raum und Zeit«, 1908; »Zwei Abhandlungen über die Grundgleichungen der Elektrodynamik«, 1910.

Misch, Georg: 1878–1965, vertrat die Philosophie → Diltheys und gab dessen Werke heraus. *Hw.:* »Die Idee der Lebensphilosophie in der Theorie der Geisteswissenschaft«, 1924; »Der Weg in die Philosophien«, 1926; »Lebensphilosophie und Phänomenologie«, 1930; »Vom Lebens- und Gedankenkreis Wilhelm Diltheys«, 1947.

Mises, Richard, Edler von: 1883–1953, österr.-amerik. Mathematiker, Wahrscheinlichkeitstheoretiker, → Positivist. *Hw.:* »Wahrscheinlichkeit, Statistik und Wahrheit«, 1936; »Kleines Lehrbuch des Positivismus«, 1939.

Mitte im Sinne von »Mittelweg«: Das Vermeiden von Extremen wird gelegentlich als Erfolgsrezept angesehen: »die goldene Mitte«, »Maß und Mitte« oder »die Wahrheit liegt in der Mitte«, eine unentschlossene Formulierung, die zu Plattheiten führen kann: A hat recht, aber B hat auch nicht unrecht. So wird die Mitte zum arithmetischen Mittel: von jedem Extrem die Hälfte. Präziser läßt sich die M. fassen, wenn man annimmt, daß beide Extreme sich in der M. in typischer, jeweils konkret festzustellender Weise begegnen und durchdringen. Aber: »In Gefahr und größter Not bringt der Mittelweg den Tod.« (Meister → Eckhart).

Mittel: → Subjekt – Objekt, → Zweck

Mittelbegriff: Im → Syllogismus das Bindeglied zwischen Ober- und Untersatz, das in diesen beiden Prämissen, nicht aber im Schlußsatz vorkommt.

Mittelweg: → Mitte

Modalität: Von lat. modus, Art und Weise. In → Kants Logik wird die M. durch die Kategorien Möglichkeit (dargestellt durch das problematische Urteil »vielleicht . . .«), Wirklichkeit (assertorisches Urteil »es ist so . . .«) und Notwendigkeit (apodiktisches Urteil »es mußte so sein . . .«) ersetzt.

Modell: Abstrakte Darstellung der subjektiv-wesentlichen Struktur eines Systems oder Prozesses. Das Aufstellen von M.en führt zu der Frage, ob sich die gleichen M.e auch aus anderen konkreten Zusammenhängen ergeben. Derart können strukturelle Übereinstimmungen festgestellt werden. Ein unanschauliches M. ist z. B. eine mathematische Gleichung, ein anschauliches z. B. eine Konstruktionszeichnung. Häufig sind metaphorische, also auf einer → Analogie beruhende M.e, wie das Bohrsche Atommodell (Planetensystem) oder die Vorstellung der Familie als Keimzelle des Staates.

Modernismus: Um 1900 eine Reformbewegung unter katholischen Wissenschaftlern und Philosophen mit dem Bestreben, die katholische Lehre mit den Erkenntnissen der Wissenschaften in Einklang zu bringen. Der M. wurde von der Kirche abgelehnt.

Modifikation: Abwandlung, Veränderung unter Beibehaltung des Wesens oder der Grundstruktur.

Modus: (lat.): Art und Weise, in der sich etwas vollzieht.

Möglichkeit: *Ggt.:* → Wirklichkeit oder → Notwendigkeit. Subjektiv, vom Standpunkt des Beobachters aus, wird nur ein Teil der möglichen Ereignisse verwirklicht. Beim Roulette rollt die Kugel z. B. wirklich nur auf eines von 37 möglichen Feldern. Vom Standpunkt des → Determinismus geschah dies jedoch mit prinzipiell berechenbarer → Notwendigkeit, so daß Wirklichkeit und M. zusammentreiben. → Indeterministisch gesehen, gibt die Position des Beobachters die objektive Lage richtig wieder; durch objektiven Zufall steht von vornherein noch nicht fest, welche M. Wirklichkeit wird.

Moleschott, Jakob: 1822–1893, niederl. Physiologe und Biochemiker, einer der bedeutenden Vertreter des wissenschaftlichen → Materialismus im späten 19. Jh. *Hw.:* »Der Kreislauf des Lebens«, 1852.

Monade: → Leibniz, auch → Bruno

Mong tse oder **Meng tse:** Latinisiert Mencius, 372–289 v. Chr., chin. Philosoph, → konfuzianischer Ethiker, hielt die Belehrung der Menschen für sozial ausreichend, Zwang für unangebracht. M. begründete das Recht des Volkes auf → Revolution (chin.: »den Auftrag ändern«), wenn der Herrscher nicht mehr zum Wohl des Volkes regiert.

Monismus: *Ggt.:* → Dualismus. Weltanschauliche Position, die die Mannigfaltigkeit der Welt auf ein Prinzip oder einen Urstoff zurückführt, jene als variierende Ausprägung bzw. Erscheinungsform des Prinzips oder Stoffs begreift. Dabei kann es sich um die Materie, ein Strukturprinzip wie → Polarität, die Psyche, den Geist, Gott, die Tätigkeit, den Willen oder etwas anderes handeln.

Monistische Bewegung: Im 19. Jh. entstandene, seit 1906 im »Deutschen Monistenbund« organisierte freigeistige Vereinigung, die sich die Pflege eines wissenschaftlich monistisch-materialistischen Weltbilds zum Ziel gesetzt hat und religiösen Dogmatismus bekämpft.

Monod, Jacques: 1910–1976, frz. Biochemiker (Nobelpreis Medizin 1965) und Philosoph, versucht die Stellung des Menschen in der Welt entwicklungsgeschichtlich aus dem Verhältnis von → Zufall und Notwendigkeit in der Evolution der Natur zu bestimmen. Die Zufälligkeit der Mutationen sieht M. in Verbindung mit dem zweiten Hauptsatz der Thermodynamik als Beweis für die hochgradige Zufälligkeit der Entstehung des Menschen an. Dieser ist einsam in der Welt, nur ein »Zigeuner am Rande des Universums«. *Philosophisches Hw.:* »Zufall und Notwendigkeit«, 1970.

Monotheismus: Religiöse Überzeugung, daß es einen und nur einen → Gott gibt, der meist als handelnde Person vorgestellt wird.

Montague, William Pepperell: 1873–1958, amerik. Philosoph, → Neurealist, entwickelte, von → Royce beeinflußt, einen »animistischen → Materialismus«. *Hw.:* »The New Realism«, (Coautor), 1912; »The Ways of Knowing, or the Methods of Philosophy«, 1925; »The Ways of Things. A Philosophy of Knowledge, Nature and Value«, 1940.

Montaigne, Michel de: 1533 bis 1592, frz. Politiker, Diplomat und Philosoph, einflußreicher → Skeptiker (Was weiß ich? Que sais-je?), → Moralist, der, von (Selbst-)Beobachtungen ausgehend, eine undogmatische Lebensphilosophie entwickelt: Der Mensch soll sich durch Entspannung, Vertrauen und Heiterkeit selbst treu bleiben. *Hw.:* »Essais«, 2 Bde., 1580.

Montesquieu, Charles de Secondat, Baron de la Brède et de M.: 1689–1755, frz. Staats- und → Geschichtsphilosoph, durch seine Forderung nach Gewaltenteilung und Abschaffung des Absolutismus ein Vorläufer der französischen Revolutionsphilosophie. M. bemühte sich, die politischen Verhältnisse in anderen Ländern aus deren Geschichte und den natürlichen Bedingungen zu erklären, wodurch er zu einer vergleichenden, relativ unvoreingenommenen Beurteilung der Gesellschaftssysteme gelangte. *Hw.:* »De l'esprit des lois«, 1748; »Lettres persanes«, 1721; »Considérations sur les causes de la grandeur des Romains et de leur décadence«, 1734.

Moore, George Edward: 1873 bis 1958, von → Hume beeinflußter engl. Philosoph, besonders → Erkenntnistheoretiker, Neurealist, betont die Bedeutung des gesunden Menschenverstandes (common sense). *Hw.:* »Ethics«, 1912; »Philosophical Studies«, 1922; »A Defense of Common Sense«, 1925; »Principia ethica«, 3. Aufl. 1936; »Philosophical Papers«, 1959; »The Main Problems of Philosophy«, 1953; »Proof of an External World«, 1939.

Moral: Nicht ganz eindeutiger Begriff, teils gleichbedeutend mit → Ethik, teils im Gegensatz dazu die Gesamtheit der geschriebenen und ungeschriebenen Regeln innerhalb einer Formation von Menschen (Kulturkreis, Volk, Klasse oder Gruppe), mit denen das Verhalten des Einzelnen dadurch gesteuert wird, daß ihm im Fall der Übertretung von anderen Nachteile zugefügt werden. Diese sehr umfassende Bestimmung des Begriffs schließt sämtliche Gesetze, gleich welchen Inhalts, ein. M. wird allerdings auch im Unterschied zum staatlichen Gesetz verstanden: Es handelt sich dann um diejenigen Regeln, die durch mündliche Überlieferung und erzieherische Eingriffe vermittelt werden, deren Übertretung dementsprechend von beliebigen Angehörigen derselben Formation geahndet werden kann. Im engsten Sinne bezeichnet M. die Sexualmoral. In der M. drückt sich das Interesse der Formation aus, soweit es von den einzelnen Angehörigen ein

Verhalten verlangt, das dessen Interesse als selbständigem Individuum widerspricht.

Moralismus: 1.) Die bejahende Anerkennung moralischer Prinzipien; 2.) die Hervorhebung der Bedeutung der → Moral für die menschliche Gesellschaft; 3.) von moralischen Prinzipien ausgehende Kritik des individuellen Verhaltens.

Moralität kommt nach → Kant einer Handlung zu, die um des Guten willen, aus Pflichtgefühl gegenüber dem Sittengesetz erfolgt.

Moralphilosophie: → Ethik

Morelly (Abbé): 1716–1781, frz. Philosoph, sah das Privateigentum als die Ursache aller gesellschaftlichen Übel an und entwarf eine kommunistisch-humanistische Utopie. M. gilt als Wegbereiter der Französischen Revolution und Vorgänger → Babeufs. *Hw.:* Code de la nature«, 2 Bde., 1755–60; »Iles flottantes ou la basiliade«, 2. Aufl. 1753.

Morgan, Conwy Lloyd: 1852 bis 1936, engl. Biologe und Psychologe, betrachtet die Entwicklung als stetig aufsteigend (emergent evolution). *Hw.:* »Habit and Instinct«, 1896; »Animal Behaviour«, 1900; »Instinct and Experience«, 1912; »Emergent Evolution«, 1923; »A Philosophy of Evolution«, 1924; »Life, Mind and Spirit«, 1926; »The Emergence of Novelty«, 1933.

Morphologie: Lehre von den ganzheitlichen Formen und Gestalten. In der Biologie Grundlage der Systematik.

Morus (More), Thomas: 1478 bis 1535, engl. Jurist und Philosoph, Lordkanzler Heinrichs VIII. M. entwirft in seiner »Utopia« (1516) den Plan eines idealen Staates, dessen Wirtschaftssystem in sich ausgeglichen ist und der Befriedigung der menschlichen Bedürfnisse dient: Der Arbeitstag beträgt 4 Stunden, was M. durch Arbeitspflicht für alle und gleiche Verteilung der Güter bei generellem Verzicht auf Luxus begründet. Ausgangspunkt der »Utopia« war die wirtschaftliche Lage Englands, von M. charakterisiert durch das Schlagwort der »menschenfressenden Schafe«: Die großflächige Umstellung der Landwirtschaft auf Schafzucht (Wolle für die Textilmanufakturen) führte zum Tod zehntausender Bauern. Als treuer Katholik weigerte sich M., der Ernennung Heinrichs VIII. zum Oberhaupt der Anglikanischen Kirche zuzustimmen. Nach längerem Zögern ließ ihn Heinrich aus diesem Grunde hinrichten.

Mo-ti (latinisiert Micius): Ca. 450 v. Chr., chin. Philosoph, forderte allgemeine unterschiedslose Menschenliebe und eine ganzheitliche Organisation der Wirtschaft. M. wandte sich gegen Luxus, pries das einfache Leben und die Arbeit. Von daher kritisierten er und seine Schüler die → konfuzianische Lehre, der sie einen reaktionären Grundzug und Praxisferne vorwarfen: Die Konfuzianer stellten wohl umfassende Lebensregeln auf, seien aber nicht einmal in der Lage, die Getreidearten zu unterscheiden.

Motiv: Beweggrund, innere Ursache.

Mounier, Emmanuel: 1905–1950, frz. Philosoph, Begründer des »Personalismus«, einer → existentialistisch geprägten Philosophie, die eine freie Gemeinschaft unabhängiger, entwickelter Persönlichkeiten anstrebt. *Hw.:* »Révolution personnaliste et communautaire«, 1935; »Manifeste au service du personnalisme«, 1936; »L'affrontement chrétien«, 1945; »Traité du caractère«, 1946; »Introduction aux existentialismes«, 1947; »Le personnalisme«, 1949.

Müller, Adam Heinrich, Ritter von Nittersdorf: 1779–1829, dt. Philosoph, vertrat eine katholische Soziallehre, propagierte einen obrigkeitlichen Ständestaat, bekämpfte liberale und rationalistische Auffassungen. *Hw.:* »Lehre von den Gegensätzen«, 1804; »Elemente der Staatskunst«, 1810; Versuche einer Theorie des Geldes«, 1816.

Müller, Johannes: 1801–1858, dt. Mediziner, vollzog als → Naturphilosoph den Übergang vom romantischen zum naturwissenschaftlichen Denken. *Hw.:* »Handbuch der Physiologie des Menschen«, 2 Bde., 1833–1840.

Müller, Max: Geb. 1906, dt. Philosoph, versucht, → scholastische Auffassungen für die Lösung von Gegenwartsfragen nutzbar zu machen. *Hw.:* »Über Grundbegriffe Philosophischer Wertlehre«, 1932; »Sein und Geist«, 1940; »Aufbau und Grundproblem mittelalterlicher Ontologie«, 1940; »Das christliche Menschenbild und die Weltanschauungen der Neuzeit«, 1945; »Philosophische Anthropologie«, 1974; »Hindeutungen der Geschichte«, 1976.

Müller-Freienfels, Richard: 1882 bis 1949, dt. Psychologe und Philosoph, vertrat eine irrationale »Lebenspsychologie«. *Hw.:* »Lebenspsychologie«, 2 Bde., 1916; »Psychologie der Kunst«, 3 Bde., 1912–33; »Philosophie der Individualität«, 1921; »Psychologie des deutschen Menschen und seiner Kultur«, 1922; »Psychologie der Wissenschaft«, 1936; »Die Psychologie der Gegenwart in problemgeschichtlicher Darstellung«, 2. Aufl., 1949; »Schicksal und Zufall«, 1949.

Mutation: Wörtl.: Veränderung. In der Biologie die sprunghafte Veränderung des Erbgutes, die durch unkontrollierte Quantenprozesse in der DNA verursacht wird. M.en schaffen den Reichtum der Formen, der durch die Selektion wieder abgebaut wird. → Leben

Mystik: Der Versuch, Gottheiten oder andere transzendente Gegebenheiten direkt zu erfahren, sich mit ihnen durch geistige Konzentration, → Meditation oder Ekstase unmittelbar zu verbinden oder zu vereinigen. Die M. hat in allen Kulturkreisen eine lange Geschichte. Von ältesten Formen in China und Indien über antike Mysterienkulte, mittelalterliche Frömmigkeit, reicht sie in Europa bis zum Beginn der Neuzeit (→ Eckhart, → Tauler, → Seuse und andere). Seit → Aufklärung und Industrieller Revolution treten mystische Auffassungen nur noch vereinzelt auf.

Mystizismus: Irrationale Einstellung, die → Erkenntnisse ohne das Wechselspiel von Theorie und Praxis unmittelbar durch »geistiges Schauen« der verborgenen Wahrheit gewinnen will.

Mythologie: Die Lehre von den Mythen; auch die Zusammenfassung der Mythen eines Kulturkreises zu einer durchgängig erzählbaren Überlieferung.

Mythos: Symbolische Darstellung der erlebten Realität in Form von Sagen oder Märchen. Der M. spiegelt stets einen bestimmten Erkenntnis- und Bewußtseinsstand wider, von dem aus natürliche oder gesellschaftliche Verhältnisse als Aufgabe oder Werk personaler Wesen gesehen werden.

N

Nächstenliebe: Wohlwollende Einstellung gegenüber anderen Menschen, sofern mit diesen keine Interessengleichheit (→ Solidarität) besteht. Die vom Christentum zu einem zentralen ethischen Wert gemachte N. ist primär tätige N., sie schließt Bereitschaft und Willen zu → altruistischem Handeln ein. Die Frage, ob es echte altruistische Motivation überhaupt gibt, zielt damit auch auf die N. Gegen das Christentum gewandt, prägte → Nietzsche den Begriff der »Fernstenliebe«.

naiv: Natürlich, unmittelbar, unüberlegt. Das naive Denken und Handeln zeichnet sich dadurch aus, daß es sich seiner selbst nicht bewußt ist. Absichtliche Naivität ist daher ein Widerspruch in sich, bezieht sich nur auf eine naive Erscheinungsform.

Natorp, Paul: 1854–1924, dt. Philosoph und Pädagoge, neben → Cohen der Hauptvertreter der → Marburger Schule des Neukantianismus. Als Pädagoge von → Pestalozzi beeinflußt, sieht N. den Menschen als ein durch die Gemeinschaft bestimmtes Wesen an. *Hw.:* »Religion innerhalb der Grenzen der Humanität«, 1894; »Sozialpädagogik«, 1899; »Platons Ideenlehre«, 1903; »Die logischen Grundlagen der exakten Wissenschaften«, 1910; »Kant und die Marburger Schule«, 1912; »Vorlesungen über praktische Philosophie«, 1925; »Philosophische Systematik« (Nachlaßwerk), 1958.

Natur: 1.) Allgemein: die Welt, »Alles« (Goethe), → Materie in all ihren Erscheinungsformen, Gesetzen, Veränderungen und ihrer → Evolution einschließlich des Menschen. 2.) Gegensatz zum → Menschen: der Gegenstand menschlicher Aktivität. → Arbeit ist die Auseinandersetzung des Menschen mit der Natur, auch mit seiner inneren Natur. 3.) Die N., soweit sie vom Menschen a) noch nicht beherrscht wird; b) noch unberührt ist. 4.) Die N. eines Dings, sein → Wesen: »Es liegt in der Natur der Sache . . .«.

Naturalismus: 1.) Auffassung, daß alles Geschehen als natürlich verstanden werden kann; der N. ist daher oft → materialistisch und → atheistisch, kann aber auch als → Pantheismus auftreten. 2.) Ethischer Standpunkt, demzufolge der Mensch Lust gewinnen und Unlust vermeiden, seine Bedürfnisse befriedigen und seine natürlichen Anlagen entfalten solle. Ebenso kann die Natur als geistig durchwaltet verstanden werden, wenn dem Geist keine Unabhängigkeit gegenüber der Natur zugesprochen wird.

Naturgesetz: → Gesetz

Naturphilosophie: Das philosophische Bemühen, → Wesen und → Erscheinungsformen der Natur, meist begrifflich, möglichst grundlegend und systematisch zu erfassen. Die N. ist daher stets inhaltlich vom Wissensstand der Epoche, formal von den entsprechenden Erkenntnismethoden abhängig. Die älteste bekannte N. wurde von den → Ionischen Naturphilosophen entwickelt, die die Natur auf einen speziellen Grundstoff zurückführen wollten. → Aristoteles baute seine N. auf der wesentlichen Eigenschaft der Natur auf: Teleologie. Seither sind nahezu sämtliche naturphilosophischen Entwürfe entweder mehr stofflich oder mehr strukturell ausgerichtet. Durch die fortschreitende wissenschaftliche Arbeitsteilung besteht die Aufgabe der N. heute zunächst in der Systematisierung einzelwissenschaftlicher Theorien, in der Suche nach allgemeinen Strukturen in Biologie, Physik, Chemie, gegebenenfalls auch den Gesellschaftswissenschaften, der Kybernetik und Mathematik, aus denen dann eine ganzheitliche Theorie der Natur abgeleitet werden kann. Ein weiteres Gebiet der Philosophie der Naturwissenschaften ist die wissenschaftliche → Methodologie, Kritik der Erkenntnismethoden. Schließlich beschäftigt sich die N. mit den Auswirkungen naturwissenschaftlicher Theorien auf die verschiedenen Gebiete der Philosophie.

Naturrecht: In der Antike entstandene, im 17. und 18. Jh. wieder aufgelebte Anschauung, daß das Recht als Ordnungsprinzip des menschlichen Zusammenlebens und konkretisierte Ethik, wenigstens in den Grundzügen, dem Menschen von Natur aus zu eigen ist. Die Gesetzgebung und Rechtssprechung vollzieht lediglich das N. nach. Die meist als Rechtspositivismus bezeichnete Gegenposition begreift das Recht als freie, lediglich durch Wille bzw. Interesse bestimmte und damit veränderliche Setzung. Zahlreiche Philosophen haben sich mit der Frage des N.s auseinandergesetzt: Platon, Aristoteles, Lukrez, Thomas v. Aquino, Hobbes, Locke, Pufendorf, Diderot, Kant, Hegel u. a.

Negation: 1.) Logik: Die Verneinung eines Satzes (*Ggt.:* Affirmation); Nicht-A. ist die N. von A. 2.) In → Hegels → Dialektik gleichbedeutend mit »Aufhebung« in dreifacher Bedeutung: Vernichtung, Bewahrung, Erhöhung. Die dialektische Triade als Muster der Entwicklung schlechthin, These, Antithese, Synthese, läßt sich so als »Negation der Negation« verstehen.

Nelson, Leonhard: 1882–1927, dt. Philosoph, Hauptvertreter der »Neufriesischen Schule«, wandelte → Kants Erkenntnistheorie psychologistisch ab (da nicht alle Erkenntnisse Urteile sind, einige auch unmittelbare Sinneswahrnehmungen), formulierte Kants kategorischen Imperativ als Negativpostulat (»Handle nie so, daß du nicht auch in deine Handlungsweise einwilligen könntest, wenn die Interessen der von ihr Betroffenen auch deine eigenen wären.«), begründete eine liberale, utilitaristische Ethik. *Hw.:* »Die Unmöglichkeit der Erkenntnistheorie«, 1911; »Über die Grundlagen der Ethik«, Bd. I, 1917; »System der philosophischen

Rechtslehre und Politik«, 1924; »Drei Schriften zur kritischen Philosophie«, 1948; »Recht und Staat«, 1972; »Vom Selbstvertrauen der Vernunft«, 1975.

Neo . . . : → Neu . . .

Neuhegelianismus: Um die Jahrhundertwende eine uneinheitliche philosophische Strömung in verschiedenen europäischen Ländern, deren Vertreter jeweils auf einige inhaltliche oder methodische Schwerpunkte von → Hegels Philosophie zurückgreifen; z. B. → Croce.

Neukantianismus: Philosophische Bewegung der 2. Hälfte des 19. Jhs., u. a. vertreten von der geisteswissenschaftlich und werttheoretisch orientierten Badischen oder Südwestdeutschen Schule um → Windelband und → Rickert sowie von der erkenntniskritischen → Marburger Schule (→ Cohen, → Cassirer, → Natorp).

Neuplatonismus: Spätantike, von → Plotin begründete Strömung, von der Mitte des 3. bis zur Mitte des 6. Jhs.: Aus dem Ureinen ist die Welt durch Ausströmung hervorgegangen, und zwar abschreitend von den Formen der Idee bis zur Materie. Alle Wesen streben zum Ureinen zurück, was z. B. auf mystischem Wege geschehen kann. Der N. beeinflußte die scholastische Philosophie und die mittelalterliche → Mystik.

Neupositivismus: Wiederbelebung und Weiterentwicklung → positivistischer Ideen, insbesondere durch Arbeit an der → Logistik. Die Hauptvertreter des N. waren die Mitglieder des → Wiener Kreises um → Schlick. Der N. lehnt die herkömmliche Metaphysik ab: Zulässig sind nur solche Aussagen, die durch Beobachtung überprüft werden können, sowie die → Axiome und Sätze der → Logik. Ein weiteres Arbeitsgebiet des N. ist die Sprachtheorie, wo man sich um die Schaffung einer allgemeinen Wissenschaftssprache bemüht.

Neurealismus: Mehr oder weniger naturwissenschaftlich orientierte neupositivistische Richtung der anglo-amerikanischen Philosophie des 20. Jhs., die sich besonders mit erkenntnistheoretischen und logischen Fragen beschäftigt und metaphysische Bemühungen ablehnt. Vertreten von Alexander, Broad, Russell und Whitehead.

Neuscholastik: Aus der Gegenreformation stammendes Bemühen meist katholischer Philosophen, die → scholastischen Methoden und Grundpositionen gegen neue philosophische Richtungen zu behaupten und sie womöglich durch neue wissenschaftliche Erkenntnisse zu stützen. Inhaltlich → Neuthomismus.

Neuthomismus: Von Papst Leo XIII. 1879 angeregte Bewegung, die die Position von → Thomas von Aquin erneuern möchte. Der N. ist die offizielle katholische Philosophie der Gegenwart. Er strebt die

Zurückführung der Philosophie auf die Theologie an, woraus dann aus den bekannten mittelalterlichen Begriffen, z. B. Akt und Potenz, Allmacht und Entscheidungsfreiheit Gottes, ein → metaphysisches Weltbild entwickelt wird.

Neuvitalismus: Im 19. Jh. entstandene Auffassung, derzufolge das → Leben zwar nicht durch eine → Lebenskraft hervorgerufen wird, es aber doch eigenen Gesetzmäßigkeiten jenseits der Kausalität unterliegt.

Newton, Isaac: 1643–1727, engl. Physiker, Mathematiker und Philosoph, der Begründer der klassischen Physik, dessen Auffassungen und Methoden die Physik vom Ende des 18. Jhs. bis zum Beginn des 20. Jhs. in fast dogmatischer Form beherrschten. N.s System baut auf wenigen, letztlich empirisch begründeten Begriffen auf, aus denen die wesentlichen physikalischen → Erkenntnisse seiner Zeit systematisch dargestellt und verstanden werden konnten. Eine Ausnahme bilden → Raum und Zeit, die N. in seinem System zwar benötigt, jedoch weder ableiten, noch anderweitig begründen kann. Die daraus folgende absolute Stellung der beiden Kategorien wurde erst durch → Einstein überwunden. *Hw.:* »Naturalis philosophiae principia mathematica«, 1687.

Nichts: Sehr allgemeine Kategorie, Gegenbegriff zu Sein. Im → Existentialismus → Heideggers und → Sartres ist N. eine vom Individuum erlebbare Größe.

Nietzsche, Friedrich Wilhelm: 1844–1900, dt. Dichter und Philosoph, gilt als stilistisch hervorragender Essayist und Meister des Aphorismus. Die beeindruckende schriftstellerische Form erschwert jedoch das Eindringen in seine ohnehin nicht sehr systematische Gedankenwelt. N. kritisierte zunächst den Historismus, lehnte sich an → Schopenhauer und Richard Wagner an, mit dem er sich später überwarf. Gegen das emotionale Christentum, insbesondere den Gedanken der → Nächstenliebe, betont N. den Willen zur → Macht, der den Menschen, insbesondere den noch zu schaffenden Übermenschen, mit der Welt verbindet. Der Übermensch solle alles Schwächliche, Krankhafte und Dekadente beseitigen. Dementsprechend muß die »christliche Sklavenmoral« durch eine »Herrenmoral« ersetzt werden: Umwertung aller Werte. Das menschliche Dasein ist ewige Wiederkehr des Gleichen, das Schicksal unausweichlich, weshalb es kalt bejaht werden muß (amor fati – Liebe zum Schicksal). N. wirkte stark auf die akademische Jugend seiner Zeit, auf die spätere → Existenzphilosophie sowie auf faschistische Ideologien. *Hw.:* »Die Geburt der Tragödie aus dem Geiste der Musik«, 1872; »Unzeitgemäße Betrachtungen«, 1873–76; »Menschliches – Allzumenschliches«, 1878; »Morgenröte«, 1881; »Die fröhliche Wissenschaft«, 1882; »Also sprach Zarathustra«, 1883–85; »Jenseits von Gut und Böse«, 1886; »Zur Genealogie der Moral«, 1887; »Götzendämmerung«, 1888; »Ecce homo«,

1908; »Wille zur Macht« (Nachlaßwerk, Titel nicht von N. formuliert), 1906.

Nihil est in intellectu quod non prius fuerit in sensu (lat., »nichts ist im Verstand, was nicht vorher in den Sinnen war.«): Grundsatz des → Sensualismus bei → Locke. → Leibniz ergänzte einschränkend: Nisi intellectus ipse – außer dem Verstand selbst.

Nihilismus: Ablehnung aller Werte; Auffassung, daß dem menschlichen Leben kein oder kein von vornherein feststehender oder kein erfaßbarer Sinn zukommt.

Nikolaus von Kues (Nikolaus Cusanus, Chrypffs oder Krebs): 1401–1464, Philosoph und Theologe, bei dem sich mittelalterliche (→ Mystik, → Nominalismus) und neuzeitliche Gedanken (→ Humanismus, mathematisch-naturwissenschaftliches Denken) zu einem komplexen Weltbild verbinden. Das Wesen Gottes ist der Zusammenfall aller → Gegensätze: »Coincidentia oppositorum«. Dessen Erfassung übersteigt das menschliche Erkenntnisvermögen; man kann sich Gott nur durch gelehrte Unwissenheit, »docta ignorantia«, nähern. Der Mensch ist, wie jedes Wesen, ein Abbild des Universums. Die Welt betrachtet N. als Entfaltung (explicatio) Gottes; N. versucht häufig, philosophische Fragen mathematisch zu formulieren. So sah er die coincidentia oppositorum in Analogie zur Quadratur des Kreises. *Hw.:* »De docta ignorantia«, 1440; »De visione dei«, 1543; »De concordantia catholica«, 1434; »De cibratione Alchoran«, 1461; »De ludo globi«, 1464.

Nikolaus von Oresme: 1320 bis 1382, frz. Mathematiker, Astronom und Philosoph. Wesentlich von → Ockham beeinflußt, war er einer der bedeutenden Vorläufer der neuzeitlichen Naturwissenschaft, der einige ihrer Resultate, z. B. aus der analytischen Geometrie und Mechanik, genial vorwegnahm. Als Ökonom begründete N. die Theorie vom Umlauf des Geldes.

Nikomachische Ethik: *Ethisches Hw.* des → Aristoteles, nach dessen Sohn Nikomachos benannt.

nil admirari: Sich über nichts wundern, soll → Pythagoras geantwortet haben, als er gefragt wurde, welche Konsequenz er aus seinen Forschungen gezogen habe.

Nirwana: Sanskrit, wörtlich: das Erlöschen; im Buddhismus das Nichts, der bedürfnislose Zustand des Weisen, innerer Frieden, auch Aufhebung des Daseins.

Noëma: Gedanke.

Noësis: Das Denken, die Herstellung von Gedanken.

Noëthik: Die Lehre vom Denken.

Nohl, Hermann: 1879–1960, dt. Philosoph und Pädagoge, Anhänger → Diltheys, Vertreter der → Lebensphilosophie in der Pädagogik. *Hw.:* »Stil und Weltanschauung«, 1920; »Pädagogische Aufsätze«, 1929; »Einführung in die Philosophie«, 1935; »Die ästhetische Wirklichkeit«, 1935; »Charakter und Schicksal«, 1938; »Die sittlichen Grunderfahrungen«, 1939; »Pädagogik aus 30 Jahren«, 1949; »Friedrich Schiller«, 1954; »Erziehergestalten«, 1958.

Nominalismus: Grundposition im scholastischen → Universalienstreit: Die Allgemeinbegriffe bezeichnen Eigenschaften, die verschiedenen Dingen gemeinsam sind; es handelt sich also um gedankliche Abstraktionen, nicht um selbständige Wesenheiten. *Ggt.:* → Realismus. → Roscelinus, → Ockham.

Nomos: Gesetz, staatliche Ordnung.

nomothetisch: Verfahren nach → Windelband, wonach die Naturwissenschaften, indem sie Gesetze formulieren, das Gleichbleibende, Wiederkehrende ausdrücken, während die Geisteswissenschaften, die das Einmalige nur äußerlich beschreiben, ideographisch verfahren.

Norm: Wertbezogene Vorschrift, Regel als Mittel der Bewertung. Normal ist, was einer bestimmten Norm A entspricht und daher von einer abweichenden N. B als anormal angesehen wird.

Notwendigkeit: → Zufall und Notwendigkeit

Noumenon: Gedankending, abstrakter Begriff im Gegensatz zur konkreten Anschauung.

Nous: Geist. Bei → Anaxagoras der Weltgeist, bei → Aristoteles die denkende Seele.

O

Objekt: → Subjekt und Objekt

objektiv: 1.) Das Objekt betreffend, sind Eigenschaften von Objekten, sofern sie unabhängig vom Zutun des Subjekts existieren. 2.) Ursprünglich für sachlich richtig, vom neutralen Standpunkt aus betrachtet.

objektiver Geist: 1.) Bei → Hegel eine Erscheinungsform, aber auch Entwicklungsstufe des Geistes, nämlich Recht, Moral und Staat. 2.) Bei → Dilthey die Gesamtheit der kulturellen, gesellschaftlichen und technischen Errungenschaften des Menschen, die er als Vergegenständlichung des Geistes betrachtet.

Objektivismus: *Ggt.:* Subjektivismus. 1.) Sammelbegriff für Theorien, die Strukturen von Objekten zum Inhalt haben, also die Annahme beinhalten, daß das menschliche → Bewußtsein diese widerspiegelt. 2.) In der → Ethik die Auffassung, es gäbe objektive, also vom Menschen unabhängige → Werte.

Ockham oder Occam, Wilhelm von: Ca. 1285–1350, Philosoph und Theologe, Begründer des → Nominalismus im mittelalterlichen → Universalienstreit. Gott kann nicht wissenschaftlich-philosophisch erkannt werden. Er ist Gegenstand des Glaubens; so gibt es eine doppelte Wahrheit. Gottes Entscheidungen sind frei, damit hängt auch die Gnadenwahl nicht von guten oder bösen Taten ab. → Luther. *Hw.:* »Quaestiones in octo libros physicorum«, 1491; »Expositio aurea«, 1496; »Summa totius logicae«, 1498.

Okkasionalismus: Dualistische Auffassung von → Leib und Seele, die danach nicht ständig in Wechselwirkung stehen, sondern von Gott bei Gelegenheit (lat. occasio) in Verbindung gebracht werden.

Okkultismus: Lehre von verborgenen Mächten.

Ontologie: Lehre vom → Sein und seinem Aufbau, seit → Aristoteles (erste Philosophie) die Grunddisziplin der → Metaphysik; von → Kant verworfen und durch seine → Transzendental-Philosophie ersetzt, galt die O. seit dem deutschen → Idealismus als erledigt, bis im 20. Jh. durch den → Neuthomismus und Nicolai → Hartmann wieder ontologische Bemühungen auftraten.

Operationismus, Operationalismus: Auffassung der modernen Wissenschaftstheorie, wonach nicht die → Erfahrung, sondern das menschliche → Handeln die Grundlage des wissenschaftlichen Erkenntnisprozesses ist. Konkret bezieht sich der O. auf das → Experiment, wobei er dessen Wiederholbarkeit, also Unabhängigkeit von Ort, Zeit und Person, betont.

Opportunismus: Individuelle Lebenseinstellung, im Sinne des eigenen Interesses günstige Gelegenheiten zu suchen bzw. wahrzunehmen, ohne das Handeln durch zusätzliche, z. B. ethische, Maßstäbe zu beschränken oder abzulenken. Von ethischer Warte aus betrachtet, gilt der Opportunist oft als charakterlich minderwertig, was nicht verwundert, kann er seinen individuellen Vorteil zumindest in materieller Hinsicht doch besser realisieren als eine Person, die nach bestimmten moralischen Prinzipien handelt. Unter diesen Voraussetzungen erscheint der Opportunist als → Egoist, der sich mißbräuchlich Vorteile bzw. auf unmoralische Art → Macht verschafft.

Optimismus: *Ggt.:* Pessimismus; das Betrachten der Dinge von ihrer angenehmen Seite her; die Erwartung, daß sich weniger Schönes zum Besseren hin wenden wird. In der → Geschichtsphilosophie tritt der O. als Fortschrittso. auf, z. B. in der → Aufklärungsphilosophie, aber auch bei allen Erlösungsideen, z. B. in Varianten des → Marxismus. Der philosophische Pessimismus bezieht sich teils auf die Glücksfähigkeit des Einzelnen, teils auf die geschichtliche Zukunft der Menschheit. Züge des P. finden sich im → Buddhismus, aber auch im Christentum, sofern dieses das menschliche Heil als vom Menschen aus eigener Kraft unerreichbar ansieht.

Ordnung: In seiner Bedeutung variiert der Begriff O. zwischen → Aggregat und → System. Er bezeichnet einen strukturell auffälligen und eindeutigen Zusammenhang von Elementen, deren relative Selbständigkeit aber den Eindruck eines Ganzen nicht unmittelbar aufkommen läßt. → Teil und Ganzes. Zu einer bestimmten O. sind stets auch Alternativen vorhanden oder denkbar. Im Hinblick auf die menschliche Gesellschaft kann O. die Rechtsordnung oder grundsätzlich das Spezifische einer Gesellschaftsform bezeichnen.

Oresme: → Nikolaus von Oresme

Organon: Werkzeug. Die Logik des → Aristoteles galt als O. der Erkenntnis. Daher auch das »novum O.« von F. → Bacon.

Origenes: 185–254, griech. Kirchenvater. Als Theologe umstritten, schuf O. eine apologetische (verteidigende) christliche Dogmatik, wobei er sich hellenistischer und gnostischer Überlieferungen bediente.

Ortega y Gasset, José: 1883–1955, span. Schriftsteller und Philosoph, vertrat eine individualistische Lebensauffassung, in der die selbstbewußte, schöpferische Persönlichkeit gegenüber den Massenmenschen gepriesen wird. Das Denken soll dem konkreten Leben dienen. O. begründete den → Perspektivismus, demzufolge alle philosophischen Systeme von der Sichtweise ihrer Autoren geprägt sind, also keine Wahrheit schlechthin enthalten können. *Hw.:* »Der Aufstand der Massen«, 1931; »Über die Liebe«, 1933; »Buch des Betrachters«, 1934; »Geschichte als System«,

1943; »Das Wesen geschichtlicher Krisen«, 1943; »Betrachtungen über die Technik«, 1948; »Der Intellektuelle und der Andere«, 1949; »Vom Menschen als utopischem Wesen«, 1951; »Der Mensch und die Leute«, 1957; »Der Prinzipienbegriff bei Leibniz und die Entwicklung der Deduktionstheorie«, 1966.

Ostwald, Wilhelm: 1853–1932, dt. Chemiker und Philosoph, faßte die Energie als Grundlage der Materie und damit allen Geschehens auf. Er war neben → Haeckel ein Hauptvertreter des materialistischen → Monismus. *Hw.:* »Die Überwindung des wissenschaftlichen Materialismus«, 1895; »Grundriß der Naturphilosophie«, 1908; »Energetische Grundlagen der Kulturwissenschaft«, 1908; »Der energetische Imperativ«, 1912; »Die Philosophie der Werte«, 1913.

Otto, Rudolf: 1869–1937, dt. evangelischer Theologe, sieht als Inhalt der Religion »das Heilige«, Numinose, Faszinierende an, das Tremendum (Zittern) hervorruft. *Hw.:* »Das Heilige«, 1917; »West-Östliche Mystik«, 1926; »Sünde und Unschuld«, 1932; »Freiheit und Notwendigkeit«, 1940.

Owen, Robert: 1771–1858, engl. Unternehmer und Sozialreformer, zusammen mit → Fourier und → Saint-Simon einer der utopischen Sozialisten. O. versuchte, durch die Gründung von Genossenschaften teils die Stellung der Arbeiter zu verbessern (z. B. Beschränkung der Arbeitsteilung, Alters- und Krankenversicherung), teils eine neue, harmonische → Gesellschaft ohne Wirtschaftskrisen zu begründen. *Hw.:* »A New View of Society«, 1812; »Essays on the Formation of Human Character«, 1813; »Observations on the Effects of the Manufacturing System«, 1813; »Social System«, 1826.

P

Palágyi, Melchior: 1859–1924, ungar. Philosoph, begründete eine vierdimensionale Theorie von Raum und Zeit (die fließende Zeit bringt den Raum hervor), stellte der rationalen → diskursiven Erkenntnismethode das emotionale Erfassen von kontinuierlichen Lebensvorgängen entgegen. *Hw.:* »Der Streit der Psychologisten und Formalisten in der modernen Logik«, 1902; »Naturphilosophische Vorlesungen über die Grundprobleme des Lebens und des Bewußtseins«, 1908; »Zur Weltmechanik«, 1925.

Palingenese: Seelenwanderung.

Panaitios: Ca. 180–110 v. Chr., griech. Philosoph, Vertreter der mittleren → Stoa, die in Rom Einfluß gewann; prägte den Begriff der → Humanität.

Panentheismus: Lehre, daß die Welt »in Gott«, eine Erscheinungsform Gottes, sei. → Pantheismus.

Panlogismus: Lehre, daß die Welt vom Logos, der Weltvernunft, durchwaltet ist.

Pannwitz, Rudolf: 1881–1969, dt. Dichter und Philosoph, propagierte im Rückgriff auf klassische Vorbilder sowie auf → Nietzsche und → Husserl ein neues Verhältnis des → Menschen zum → Kosmos sowie eine humanistische Erneuerung des Menschen. *Hw.:* »Die Krisis der europäischen Kultur«, 1917; »Kosmos atheos«, 1926; »Lehre von den Mächten«, 1926; »Trilogie des Lebens«, 1929; »Logos, Eidos, Bios«, 1930; »Der Ursprung und das Wesen der Geschlechter«, 1936; »Lebenshilfe«, 1938; »Der Aufbau der Natur«, 1961; »Das Werk des Menschen«, 1968.

panta rheï (griech., »alles fließt«): Dem → Heraklit zugesprochener Ausspruch, der heißen will: Aus einem göttlichen Urfeuer der Vernunft entspringen durch Kampf die Dinge in ihrer Vielfalt. Sie entwikkeln sich zum Frieden, erstarren und kehren so zum Urfeuer zurück: ein ewiges Auf und Ab der Entfaltung und Vereinigung. – Anders als etwa → Aristoteles oder die formale → Logik läßt Heraklit die Begriffe in Bewegung. Wegen p. r. ist es unmöglich, zweimal in denselben Fluß zu steigen; denn inzwischen hat sich der Fluß verändert, ebenso wie wir selbst.

Pantheismus: Auffassung, daß alle Dinge von Gott durchwaltet sind, Gott selbst aber auch nur in den Dingen und nicht als selbständige Person existiert. In verschiedenen Varianten vorkommend, wurde der P. am konsequentesten von Giordano → Bruno und → Spinoza vertreten.

Paracelsus (Theophrastus Bombastus von Hohenheim): 1439–1541, dt. Arzt, Naturforscher und Philosoph, entwickelte gegen die mittelalterliche Buchgelehrtheit die → empirische Auffassung der Medizin, die der Arzt nur am Krankenbett lernen könne. Der Mensch ist Abbild des → Kosmos; er besteht aus drei Komponenten: Leib, Lebensgeist und Seele, die im Krankheitsfall parallel behandelt werden müssen. P. begründete die neuzeitliche Pharmakologie, wobei er sich besonders auf einheimische Kräuter verließ. *Hw.:* »Opera«, 10 Bde., 1589–91.

Paradoxon: In sich widersinniger Satz oder Sachverhalt, der trotzdem (oder gerade deshalb?) realistisch zu sein scheint. Das P. beruht meist auf → Selbstbezug; z. B. → Russells, → Grellings Paradoxon.

Parallelismus, psychophysischer: → Positivistische Auffassung, daß leibliche und seelische Vorgänge exakt parallel verlaufen und so den trügerischen Anschein eines kausalen Zusammenhangs der leiblich-seelischen Wechselwirkung erwekken. Nach positivistischer Auffassung kann nur Gleichzeitigkeit, nicht aber → Kausalität beobachtet werden.

Paralogismus: → Fehlschluß

Parapsychologie: Lehre von übersinnlichen Erscheinungen. Die P. bemüht sich darum, als Wissenschaft anerkannt zu werden, was ihr aber bisher nicht so recht gelungen ist, da sich ihr Forschungsgegenstand dem wissenschaftlichen Instrumentarium zu entziehen scheint.

Pareto, Vilfredo: 1848–1923, ital. Volkswirtschaftler, Soziologe und Philosoph, Vorläufer des Faschismus, vertritt die Auffassung, daß die → Geschichte von Eliten gemacht wird, denen die bewußtlose Masse folgt. Die Gegensätze in der Gesellschaft sollen durch offensive Machtausübung von oben gelöst werden. *Hw.:* »Les systèmes socialistes«, 2 Bde., 1902; »L'Économie et la sociologie«, 1907; »Fatti e teorie«, 1920; »Trattato di soziologia generale«, 3 Bde., 2 Aufl. 1923; »Transformazione de la democrazia«, 1921.

Parmenides von Elea: Ca. 540–480 v. Chr., griech. Philosoph, lehrte, daß die Welt keine → Bewegung oder → Veränderung kenne, die sinnliche Wahrnehmung daher trüge. Die Wahrheit des unveränderlichen Seins sei nur dem → Denken zugänglich.

Parsismus: Lehre des → Zarathustra.

partikulär: Teilweise. Ein p.es Urteil hat die Form »einige S sind p« oder »es gibt mindestens ein S mit der Eigenschaft p«.

Pascal, Blaise: 1623–1662, frz. Mathematiker und Philosoph, Begründer der Wahrscheinlichkeitsrechnung, gehörte der → Jansenistischen Schule von Port-Royal an. Neben der mathematisch-wissenschaftlichen Denkweise zeigen sich bei P. religiös-irrationalistische Gedankengänge, die in einem tiefen → Pessimismus bezüglich des menschlichen Erkenntnisvermögens wurzeln. Wirkliche → Erkenntnis vermittelt nur die göttliche Offenbarung, ein Mysterium, das durch die »Logik des Herzens« erfaßt werden kann. *Hw.:* »Lettres provinciales«, 1656; »Pensées sur la religion«, 1669 (Nachlaß).

passiv: → Aktivität, → Subjekt und Objekt

Patristik: Die Lehre von der Philosophie und Theologie der Kirchenväter.

Patrizzi de Cherso, Francesco: 1529–1597, ital. → Humanist, Anhänger → Platons, Staatsphilosoph und Historiker. *Hw.:* »Discussiones peripatheticae«, 2. Aufl., 1581; »De rerum natura«, 1587; »Nova de universis philosophia«, 1591.

Paulsen, Friedrich: 1846–1908, dt. Philosoph und Pädagoge, sieht als → Metaphysiker hinter der materiellen Welt in ihren Erscheinungsformen ein göttliches »Alleben«, als sinngebende Instanz. Als → humanistischer Pädagoge propagiert P. die Entfaltung des persönlichen Wesens. *Hw.:* »Das System der Ethik«, 2 Bde., 1889; »Einleitung in die Philosophie«, 1892; »Immanuel Kant«, 1896; »Pädagogik«, 1909; »Geschichte des gelehrten Unterrichts«, 1885.

Pawlow, Iwan Petrowitsch: 1849–1936, russ. Physiologe, Begründer der Theorie der bedingten Reflexe (1. Signalsystem), denen Denken und Sprache als 2. Signalsystem überlagert sind. *Hw.:* »Die Arbeit der Verdauungsdrüsen«, dt. 1898; »Die höchste Nerventätigkeit von Tieren«, dt. 3. Aufl., 1926; »Conditional Reflexes«, engl. 1927; »Die Widerspiegelungstheorie«, 1973.

Pazifismus: Friedensliebe, das Bemühen, grundlegenden Frieden zu schaffen. Es gibt viele Varianten des P., zwischen passiv-individuellen (Weigerung, Gewalt in irgendeiner Form selbst anzuwenden) und aktiv-kollektiven Formen (der, notfalls gewaltsame, Kampf gegen Vorbereitung, Entfesselung oder Fortführung eines Angriffskrieges).

Peano, Giuseppe: 1858–1932, ital. Mathematiker und Logiker, schuf eine logisch-axiomatische Begründung der Arithmetik und entwarf eine internationale Wissenschaftssprache »Interlingua«. P. wirkte auf → Russell und → Whitehead. *Hw.:* »Calculo geometrico«, 1888; »Arithmetices principia«, 1889; »Formulaire de mathématiques«, 1894–1908.

Peirce, Charles Sanders: 1839–1914, Begründer des amerik. → Pragmatismus: Die Bedeutung eines → Begriffes hängt davon ab, welche Konsequenzen sich aus seiner Einführung ergeben und welche Probleme sich damit darstellen bzw. lösen lassen. *Hw.:* »Studies in Logic«, 1883; »Collected Papers of Ch. S. P.«, 1931; »The Philosophy of Peirce – Selected Writings«, 1940.

Pelagianismus: Lehre des Pelagius

(frühestens 418 gestorben), der Mensch sei entgegen der Auffassung von der Erbsünde fähig, aus eigener Kraft vollkommen und selig zu werden.

Perelman, Chaim: Geb. 1912, Philosoph, Logiker, entwarf eine »Theorie der Argumentation« auf der Basis einer Reihe von partiell gegensätzlichen Elementen wie Faktum und Interpretation, Prämisse und Beweis, Sachverhalt und Bedeutung etc. *Hw.:* »De la justice«, 1945; »Rhétorique et philosophie«, 1952; »Traité de l'argumentation«, 1958; »Die Gerechtigkeit«, 1967; »Logique juristique«, 1976.

Perfektionismus: Auffassung, daß der Mensch zu fortschreitender Vervollkommnung fähig ist. Der P. kann sich auf das konkrete Individuum (hier und jetzt) oder auf die langfristige Entwicklung der Menschheit beziehen.

Peripatetiker: Nach griech. peri patoi, Wandelgänge; die in den Gängen der von → Aristoteles gegründeten Schule umherwandelnden Philosophen; allgemein für Schüler und Anhänger des Aristoteles.

Perry, Ralph Barton: 1876–1957, amerik., von W. James beeinflußter Philosoph, → neurealistischer Erkenntnis- und → Werttheoretiker. *Hw.:* »The New Realism«, 1912; »Philosophy of the Recent Past. An Outline of European and American Philosophy since 1860«, 1926; »General Theory of Value«, 1926; »Shall not Perish from the Earth«, 1940; »Puritanism and Democracy«, 1944; »The Citizen Decides«, 1951.

Person: Der einzelne Mensch in seiner originellen Individualität.

Personalismus: Auffassung, daß für die menschliche Existenz das Verhältnis zu anderen Personen entscheidend ist, nicht das zur Sache.

Persönlichkeit: Das entfaltete, zum Ausdruck gebrachte Wesen einer Person, auch der Kern des Charakters.

Perspektivismus: Die Auffassung, daß jede → Theorie nur einen, vom Standpunkt des Verfassers abhängigen, Teilaspekt der → Realität widerspiegelt, eine überperspektivische Sicht daher nicht möglich ist. Der P. gründet sich auf die Annahme, daß die Realität stets nur unter einem Aspekt betrachtet werden kann.

Pessimismus: → Optimismus

Pestalozzi, Johann Heinrich: 1746–1827, Schweizer Pädagoge und Sozialreformer, Begründer der Volksbildung, insbesondere für die Armen, die die Menschen dazu befähigen sollte, aus eigener Kraft ein sittliches Dasein zu führen. Die Geschichte verläuft vom tierischen über den gesellschaftlichen und schließlich hin zum sittlichen Zustand des menschlichen Daseins.

Diese Phasen finden sich als Schichten im Einzelnen. *Hw.:* »Abendstunde eines Einsiedlers«, 1780; »Lenzburger Rede«, 1809.

petitio principii: Beanspruchung des Beweisgrundes; bei einem Beweis wird ein noch zu beweisender Satz vorausgesetzt; → circulus vitiosus.

Petrarca, Francesco: 1304–1374, ital. Schriftsteller, einer der Begründer des → Humanismus, geht als Moralphilosoph von antiken griechisch-römischen, besonders → stoischen Positionen aus. P. wandte sich von der mittelalterlichen Buchwissenschaft ab und verlangte das Studium des konkreten, auch gesellschaftlichen Lebens. *Hw.:* »De contemptu mundi«, 1342; »De remediis utriusque fortunae«, 1360–66; »Rerum memorandum libri«, 1368–69.

Petrus Peregrinus: 2. Hälfte des 13. Jhs., frz. → Scholastiker, von Roger → Bacon beeinflußter Vorläufer des neuzeitlich-naturwissenschaftlichen Denkens, der die Bedeutung des Experiments erkannte. *Hw.:* »Epistola de mangete«, 1269.

Pfänder, Alexander: 1870–1941, Phänomenologe im Sinne → Husserls, besonders auf ethischem, logischem und psychologischem Gebiet. *Hw.:* »Phänomenologie des Wollens«, 1901; »Logik«, 1921; »Zur Psychologie der Gesinnung«, 2 Tle., 1922–30; »Grundprobleme der Charakterologie«, 1924; »Die Seele des Menschen«, 1933; »Philosophie der Lebensziele«, 1948.

Pflicht: Das Gefühl, etwas tun zu sollen oder zu müssen, was nicht im unmittelbaren eigenen Interesse liegt.

Phänomen: Erscheinung, Erscheinungsform; → Wesen und Erscheinung.

Phänomenalismus: Auffassung, wonach 1) nur die Erscheinungsform der Dinge, nicht aber ihr Wesen, bzw. das Ding an sich Gegenstand der → Erkenntnis sein kann; 2) die Erkenntnis sich nur auf Bewußtseinsinhalte oder Empfindungen bezieht. Zu 1): Kant, Lotze, Schopenhauer; zu 2): Berkeley, Mach, Vaihinger.

Phänomenologie: Im Sinne → Husserls die Grunddisziplin der Philosophie, eine Methode der Erkenntnis, die das Wesen der Dinge abstrakt erkennbar, schaubar machen soll. Die Erfahrung der Tatsachen führt nicht zu diesem Ziel. Husserl stellte sich die P. in Analogie zur Geometrie vor, die ja auch nur mit abstrakten Strukturen, nicht aber mit erfahrbaren Gegenständen zu tun hat. Die phänomenologische Erkenntnis des Wesens gilt als evident, ihre intuitive Richtigkeit steht außer Zweifel.

Phantasie: Die Fähigkeit, verschiedene, zunächst unabhängige Bewußtseinsinhalte durch Erkenntnis des Allgemeinen miteinander in Verbindung zu bringen bzw. aus diesen intuitiv neue Inhalte zu erzeugen. Die P. spielt im Erkenntnisprozeß eine universelle Rolle.

Pherekydes: 6. Jh. v. Chr., griech. Philosoph, entwarf eine Entstehungsgeschichte für Welt und Götter. Er nannte als Elemente Feuer, Luft und Wasser.

Philanthropie: Liebe zu den Menschen; *Ggt.:* Misanthropie.

Philon von Alexandria: Ca. 25 v. Chr. bis 40 oder 50 n. Chr., jüdisch-hellenistischer Philosoph, versuchte, die jüdische Überlieferung, v. a. den Pentateuch (die fünf Bücher Moses), mit der griechischen Philosophie, vor allem → Platon und der → Stoa, in Einklang zu bringen. Zentrales Glied seiner Konstruktion ist der Logos, göttliche Methode der Einwirkung auf die Welt, zugleich aber auch die oberste Idee.

Philosophem: Philosophisch erarbeiteter Begriff oder Aussage.

philosophia perennis: Ewige Philosophie, katholische Bezeichnung für eine Reihe dogmatischer philosophischer Aussagen, die als eine Art ewige Wahrheit verstanden werden. → Neuthomismus.

Philosophie: Wörtlich: Liebe zur Weisheit. Versuch, die Welt durch Denken zu erfassen. Streben nach Erkenntnis über Sein, Sinn und Struktur der Welt. P. kann im Grunde nicht mit philosophischen Mitteln definiert werden. Jede philosophische Definition des Begriffes konkurriert daher mit anderen Definitionen. Eine denkbare, zusammenfassende Definition der Definitionen müßte aber selbst wieder Gegenstand einer weiteren zusammenfassenden Definition sein. Zum Trost: Keine Wissenschaft kann mit ihren eigenen begrifflichen oder logischen Mitteln definiert werden. In der Antike war P. die Einheitswissenschaft, deren Gliederung in verschiedene Bereiche (Physik, Geometrie, etc.) sich erst abzuzeichnen begann. Seit dem Hochmittelalter schälten sich dann nach und nach die arbeitsteiligen Wissenschaften aus der P. heraus, jede neue, d. h. verselbständigte Wissenschaft verlor nicht nur die P., sondern auch die anderen Wissenschaften aus dem Blickfeld. Unter dem Etikett »Philosophie« blieben diejenigen Fragenkomplexe zurück, die es noch nicht zur »Selbständigkeit« gebracht hatten oder es vielleicht grundsätzlich nicht dazu bringen können. Daher die seltsam anmutende Mischung aus verschiedensten Disziplinen: → Logik, → Ästhetik, → Naturphilosophie, → Ethik, → Erkenntnistheorie, → Geschichtsphilosophie, → Ontologie, → Anthropologie . . . Die Vielzahl der philosophischen Disziplinen gab Anlaß zu unterschiedlichsten Klassifizierungsversuchen. Andererseits beinhaltete die wissenschaftliche Arbeitsteilung auch eine neue philosophische Aufgabe: aus den Theorien der Einzelwissenschaften die grundlegende Theorie der Realität, quasi das Weltbild der jeweiligen Zeit, zu abstrahieren.

Schwierigkeiten entstehen hier nur, wo sich die Philosophie in dieses Unternehmen selbst einbeziehen will; siehe oben. Aber auch dieses Forschungsgebiet kann sich verselbständigen, was es vielleicht in Gestalt der → Kybernetik, → Synergetik, → System- und → Strukturtheorie bereits tut. Hieraus folgt zumindest die Möglichkeit einer neuen Theorie der Theorien auf der nächsthöheren Ebene.

Physik: Die philosophische Bedeutung der P. kommt einerseits daher, daß sie die grundlegende Naturwissenschaft ist, die sowohl Mikro- (Bausteine, elementare Strukturen der Materie), als auch Makrokosmos (Aufbau des Kosmos) erforscht und damit grundlegende Aufschlüsse über die Struktur der Welt, den Aufbau der Materie liefert. Zweitens kristallisieren sich in der P., verstärkt im 20. Jh., wesentliche erkenntnistheoretische und methodische Probleme heraus, deren Klärung für jede Forschung und für die Philosophie ein Vorteil ist. → Quantenmechanik, → Relativitätstheorie, → Unschärferelation

Physikalismus: Wissenschaftstheoretische Richtung, die 1) sämtliche wissenschaftliche Methoden aus den Methoden der Physik ableiten oder 2) überhaupt nur physikalische Methoden zulassen oder alle natürlichen Phänomene auf physikalisch meßbare Gegebenheiten zurückführen will.

Piaget, Jean: 1896–1980, dem → Strukturalismus nahestehender Schweizer Psychologe und Erkenntnistheoretiker, untersucht die kindliche Bewußtseinsbildung und Sprachentwicklung unter philosophischen Gesichtspunkten. *Hw.:* »Psychologie der Intelligenz«, 1948; »Traité de logique. Essais de logistique opératoire«, 1949; »Bildung des Zeitbegriffs beim Kind«, 1945; »Biologie et connaissance«, 1967; »Einführung in die genetische Erkenntnistheorie«, 1973; »Der Strukturalismus, seine mathematischen und logischen Strukturen«, 1973.

Pichler, Hans: 1882–1958, dt. Philosoph, setzte die → Ontologie unter Rückgriff auf den → Rationalismus wieder auf die Tagesordnung. *Hw.:* »Über die Arten des Seins«, 1906; »Die Erkennbarkeit der Gegenstände«, 1909; »Leibniz«, 1919; »Logik der Gemeinschaft«, 1924; »Logik der Seele«, 1927; »Einführung in die Kategorienlehre«, 1937; »Persönlichkeit, Glück, Schicksal«, 1947; »Über die Einheit und die Immanenz des Ganzen«, 1956/57; »Die Idee der Wissenschaft im Wandel der Jahrhunderte«, 1956.

Picht, Georg: 1913–1982, dt. Pädagoge und → Religionsphilosoph, machte kritische Untersuchungen zum deutschen Bildungswesen sowie zur Wissenschaftstheorie, Zukunftsforschung, Philosophie und Politik. *Hw.:* »Die deutsche Bildungskatastrophe«, 1964; »Die Verantwortung des Geistes«, 1965; »Mut zur Utopie«, 1966; »Wahrheit – Vernunft – Verantwortung«, 1969; »Was heißt Friedensforschung?«, 1971; »Theologie – was ist das?«, 1977.

Pico della Mirandola, Giovanni: 1463–1494, ital. → humanistischer Philosoph, bemühte sich um eine Synthese der philosophischen Hauptströmungen seiner Zeit, betrachtete den Menschen als Mikrokosmos, der (ähnlich wie später bei Sartre) nicht nach einem Bild geschaffen sei, dem es daher freistehe, sein Dasein selbst zu bestimmen. *Hw.:* »De dignitate hominis«, 1486; »Zwölf Bücher gegen die Astrologie«, 1496.

Planck, Max: 1858–1947, dt. Physiker, Begründer der Quantenphysik. P. trug wesentlich zur Durchsetzung der speziellen Relativitätstheorie bei. Jahrzehntelang war er Repräsentant der modernen Physik. Im Grunde äußerst konservativ eingestellt, lag ihm die Schaffung einer neuen, von Newton deutlich abgesetzten Physik fern. Die Quantenhypothese führte er notgedrungen ein und betrachtete sie zunächst als vorübergehenden Schönheitsfehler der klassischen Physik. Das von P. ermittelte kleinste Wirkungsquantum erhielt den Namen »Plancksche Konstante«. *Hw.:* »Die Einheit des physikalischen Weltbildes«, 1909; »Neue Bahnen der physikalischen Erkenntnis«, 1913; »Kausalgesetz und Willensfreiheit, 1913; »Vom Relativen zum Absoluten«, 1925; »Der Kausalbegriff der Physik«, 1932.

Platon: 427–347 v. Chr., griech. Philosoph, Schüler des → Sokrates, Begründer des objektiven → Idealismus. Über der Welt der sinnlich wahrnehmbaren Dinge gibt es die Welt der → Ideen. Die Dinge sind Abglanz der Ideen, sie haben an den Ideen nur teil, sind unvollkommene Annäherungen an diese. So sind z. B. die kugelförmigen materiellen Gegenstände als Kugeln nur eine Annäherung an die reine Idee der Kugel. Die Dinge sind in Bewegung, während sich die Ideen ewig selbst gleichbleiben. P. gründet diese Vorstellung auf eine → dualistische Erkenntnistheorie: Die materiellen Dinge sind Gegenstand der sinnlichen → Wahrnehmung, die Ideen Gegenstand der → Begriffe. Die unsterbliche Seele erinnert sich an früher geschaute Ideen; so wird eine Erkenntnis ohne sinnliche Grundlage möglich. Gott ist höchste Idee und Gestalter der Welt aus dem Chaos. – Einflußreich war P.s Lehre vom idealen → Staat: Dieser soll aus drei Ständen bestehen, denen P. einschlägige Tugenden zuordnet: Handwerker und Bauern, Soldaten, Herrscher. Letztere sollen die Tugend der Weisheit besitzen, die Könige sollen Philosophen und die Philosophen Könige werden. P. entwirft jedoch keinen Klassenstaat; vielmehr verlangt er gemeinschaftlichen Besitz aller Güter und Frauen. Der Versuch, den P.schen Idealstaat unter Dionysios in Sizilien Gestalt werden zu lassen, mißlang. – P. hinterließ kein systematisches Werk, er stellte seine Auffassungen in der sokratischen Form des Dialogs dar: Apologie (Verteidigung des Sokrates), Kriton (Über die Achtung der Gesetze),

Laches (Über die Tapferkeit), Protagoras (Lehrbarkeit der Tugend), Gorgias (Moral; Rhetorik), Kratylos (Über die Sprache), Symposion (Eros), Politeia (Der Staat), Phaidros (Ideenlehre), Timaios (Physik, Kosmos).

Platonismus: Fortbildung der Lehre → Platons, zunächst durch die → Akademie, dann besonders als → Neuplatonismus, der, wenn überhaupt, das mittelalterliche Platonbild bestimmte. In der Renaissance erfolgt durch → Ficino die Wiederentdeckung Platons. Der P. lebt heute in Teilen der katholischen Philosophie, aber auch z. B. bei → Whitehead fort.

Plechanow, Georgij Walentinowitsch: 1856–1918, russ. Politiker und Philosoph, ein Mitbegründer der russischen Sozialdemokratie. P. war etwa bis 1903 der führende → marxistische Theoretiker Rußlands, der die oft fragmentarischen Arbeiten von → Marx und → Engels teilweise zu einer zusammenhängenden systematischen Theorie verband und, derart für ein breiteres Publikum verständlich, verbreitete. *Hw.:* »Beiträge zur Geschichte des Materialismus«, dt. 1896; »Les questions fondamentales du Marxisme«, 1927; »Introduction à l'histoire sociale de la Russie«, 1926.

Plethon, Georgios Gemistos: 1355–1450, byzantinischer Philosoph, bedeutender Vertreter des → Platonismus, den er, verbunden mit islamischen und persischen Elementen, gegen den → Aristotelismus und die christliche Lehre zu einer Art Weltreligion machen wollte.

Plotin: 205–270, griech. Philosoph, Begründer des → Neuplatonismus.

Pluralismus: Auffassung, daß die Welt oder bestimmte Systeme aus verschiedenen selbständigen Schichten oder Elementen mit eigenen Gesetzmäßigkeiten bestehe, die nicht voneinander oder von einem übergeordneten Prinzip abgeleitet werden können. Der P. konkurriert mit → Monismus und → Dualismus. → Leibniz, → Neukantianismus, → Russell, → Hartmann.

Poincaré, Henri: 1853–1912, frz. Mathematiker, in der Wissenschaftstheorie Vertreter des → Konventionalismus: Die Mathematik ist eine freie Schöpfung des Geistes, ein frei vereinbartes System von Zeichen. Ähnlich verhält es sich mit naturwissenschaftlichen Begriffssystemen und Begriffsverknüpfungen. Diese sind weder wahr noch falsch, sondern praktisch, weshalb man sich auf sie geeinigt hat. *Hw.:* »Wissenschaft und Hypothese«, 1902; »Der Wert der Wissenschaft«, 1905; »Dernières pensées«, 1912; »Wissenschaft und Methode«, 1909.

Polarität: Struktur, deren beide Seiten (Pole) einander spezifisch entgegengesetzt sind und sich ebenso spezifisch gegenseitig bedingen. P. wird auch als → Gegensatz oder → Widerspruch bezeichnet. In der altchinesischen Philosophie ist P. das vorherrschende Strukturmodell, von den Anfängen (→ Yin Yang, → I-Ging) bis zu → Mao Tse-tung (»Über den Widerspruch«). In Europa wurde eine ähnliche Auffassung von → Heraklit begründet. P. als grundlegendes Prinzip der Natur bzw. Realität findet sich bei → Goethe, → Schelling, → Hegel sowie im → Dialektischen Materialismus.

Polemik: Scharfe, offensive bis aggressive Form der Diskussion in Wort oder Schrift.

Politik: Ein Begriff mit im Laufe der Geschichte wechselnder Bedeutung. In der Antike generell die Lehre vom → Staat (nach griech. polis), wird P. heute gelegentlich als Bemühung verstanden, bestimmte Veränderungen an → Gesellschaft bzw. Staat herbeizuführen oder zu verhindern. Die Motive für politisches Handeln werden unterschiedlich gesehen: Verwirklichung von Idealen, Verwirklichung materieller Interessen, oder auch einfach ein formaler Kampf um die Macht. In jedem Fall läßt sich die Frage nach dem Ursprung des Motivs stellen: Woher kommen die Ideale, worauf beruhen die materiellen Interessen, worauf der Wunsch, gerade eine bestimmte Macht zu haben?

Polytheismus: Religion, die den Glauben an mehrere (wörtlich: viele) Götter beinhaltet. *Ggt.:* → Monotheismus.

Pomponazzi, Pietro: 1462–1524, ital. Philosoph, bekämpfte die kirchliche Lehre von der Unsterblichkeit der Seele, während er den allumfassenden, nicht individuellen Geist für ewig hielt. *Hw.:* »De immortalitate animae«, 1516.

Popper, Sir Karl Raimund: Geb. 1902, Philosoph, entwickelt aus der Kritik des → Neopositivismus des → Wiener Kreises eine erkenntnis- und wissenschaftstheoretische Methodenlehre, die er »Kritischen Realismus« nennt. P. versucht nachzuweisen, daß wissenschaftliche → Theorien niemals verifiziert, wohl aber durch Erfahrungen falsifiziert werden können. Daher seien alle Bemühungen um den Nachweis der Richtigkeit fruchtlos. Der menschliche → Erkenntnisprozeß erscheint so als eine ständige Abfolge von Versuch und Irrtum. P. wandte sich gegen die geschichts- und sozialphilosophischen Theorien, die eine historische → Gesetzmäßigkeit zum Inhalt haben. Mit seiner abstrakt-geschichtslosen Auffassung von der »offenen Gesellschaft«, die nur durch kleine Korrekturen verbessert werden dürfe, wurde er zu einem bedeutenden Verfechter des gesellschaftlichen Status quo in den Industrieländern. Einige Politiker der westlichen Welt berufen sich ausdrücklich auf P. Mit der → Frankfurter Schule führte P. den sogenannten Positivismus-Streit. *Hw.:* »Logik der Forschung«, 1935; »The Open Society and Its Enemies«, 2 Bde., 1945; »The Poverty of Historizism«, 2. Aufl. 1960; »Über die Unwiderlegbarkeit philosophischer Theorien«, 1963; »Revolution oder Reform, eine Konfrontation mit H. Marcuse«, 1971; »Objective Knowledge. An Evolutionary Approach«, 1972; »Ausgangspunkte. Eine intellektuelle Entwicklung«, 1976. »Das Ich und sein Gehirn« (mit John C. Eales), 1982.

Popularphilosophen: Einige Autoren der deutschen → Aufklärung, die besonders die Philosophie → Wolffs durch Vereinfachung einer breiteren Öffentlichkeit zugänglich machen wollten.

Porphyrius: 232–304, griech. Philosoph, Schüler → Plotins, Kommentator des → Aristoteles. Seine wahrscheinlich vom Standpunkt des → Neuplatonismus hervorgetragene Kritik des Christentums (»Gegen die Christen«) wurde auf Befehl Theodosius II. vernichtet.

Port-Royal: Zisterzienserinnen-Kloster bei Versailles, dann in Paris, wurde seit Ende des 16. Jhs. zu einem geistig-religiösen Zentrum, insbesondere des → Jansenismus (→ Pascal). 1710 auf königlichen Befehl zerstört.

Poseidonios: 135–51 v. Chr., griech. Philosoph, Universalgelehrter, bedeutender Vertreter der mittleren → Stoa und der hellenistischen Philosophie überhaupt, betrachtete den → Logos als der Natur innewohnende → Entelechie. Sieht den Menschen aus Logos und Leib zusammengesetzt.

Positivismus: Im 19. Jh. von → Comte begründete Strömung (Vorläufer: → Hume, → D'Alembert), die alle Erkenntnisse auf beobachtbare Tatsachen zurückführt, auf das Gegebene, Positive. → Metaphysische Erörterungen führen nicht zu Erkenntnissen, da Aussagen über Sein, Nichts, Geist etc. durch keine Beobachtung überprüft werden können. Der P. versucht, sich eng an die Naturwissenschaften und ihre Methoden anzulehnen, schafft dadurch allerdings auch die Schwierigkeit, der Philosophie dann einen stofflichen Forschungsgegenstand zuweisen zu müssen, was ein Widerspruch in sich ist. Einen Ausweg aus dem Dilemma versuchte die neupositivistische → Analytische Philosophie durch ihre Konzentration auf Probleme der → Logik bzw. Logistik und der Sprachtheorie zu finden. Hauptvertreter in Großbritannien: → Mill, → Spencer, in Deutschland → Dühring, → Mach, → Avenarius.

post hoc – ergo propter hoc: Danach heißt deshalb; die Interpretation des zeitlichen Nacheinanders als kausale Beziehung. → Kausalität

Postulat: Forderung. P.e sind nicht abgeleitete Sätze, aus denen andere Sätze abgeleitet werden. Im Unterschied zum → Axiom braucht das P. nicht Ausgangspunkt eines gedanklichen Systems zu sein, es kann auch als zusätzliche notwendige Annahme in einer Argumentation stehen.

potentiell: Möglich, der Wirklichkeit fähig. *Ggt.:* aktuell, reell.

Potenz: Möglichkeit, innewohnende Kraft.

Prädikabilien: Aussageweisen; bei → Aristoteles Gattung, Art, artbildender Unterschied, wesentliches und unwesentliches Kennzeichen. Bei → Kant die aus den Kategorien abgeleiteten Verstandesbegriffe.

Prädikat: In der klassischen Logik ein Ausdruck der Eigenschaften eines Subjekts. → Urteil.

Prädikatenlogik: Mathematisierte Weiterentwicklung der → aristotelischen Lehre vom Urteil, untersucht die Struktur von → Aussagesätzen. Aus der allgemeinen Form »X hat die Eigenschaft Y« ergeben sich die beiden möglichen Formen $\wedge$ x Y [x] oder $\vee$ x Y [x]. Die Verbindung von Aussagen untersucht die → Aussagenlogik.

Präexistenz: Frühere Existenz, z. B. der Seele.

Pragmatismus: Von → Peirce geprägter Begriff für eine in den USA verbreitete philosophische Richtung, die die praktische Bewährung einer → Theorie als wesentliches Kriterium der Wahrheit ansieht. Die Bewährung kann durch Experimente, aber auch durch gesellschaftliche Betätigung erfolgen. Die einflußreichste Variante ist der von → Dewey formulierte → Instrumentalismus.

Prämissen: Obersatz (»Alle Katzen mögen Mäuse.«) und Untersatz (»Felix ist eine Katze.«) eines → Syllogismus, aus denen der Schlußsatz (»Felix mag Mäuse.«) abgeleitet wird.

Prästabilierte Harmonie: → Leibniz

Praxis: → Theorie und Praxis

Priestley, Joseph: 1733–1804, engl. Philosoph, Theologe und Naturwissenschaftler, entwickelte Hartleys Assoziationspsychologie weiter, indem er Vorstellungen auf materielle Prozesse im Gehirn zurückführte. *Hw.:* »Hartleys Theory of Human Mind on the Principles of the Associations of Ideas«, 1775; »Untersuchungen über Materie und Geist«, 1777.

Primat: Vorherrschaft. Clausewitz spricht vom P. der Politik gegenüber der militärischen Planung.

Prinzip: 1) Grundlegende Regel; 2) Grundstruktur oder Grundstoff des Seins, der Materie; 3) subjektiver Grundsatz des Handelns.

Probabilismus: Von lat. probabilis, wahrscheinlich. Die Annahme, daß 1) jede Erkenntnis nur eine gewisse → Wahrscheinlichkeit für sich beanspruchen kann; 2) Ereignisse nur mit einer gewissen Wahrscheinlichkeit vorhergesagt werden können; 3) in der Moralphilosophie und -theologie die Auffassung, daß der Einzelne im Handeln nach eigenem Ermessen von den Gesetzen und Prinzipien abweichen darf, wenn es dafür gute Gründe gibt, z. B. die Zustimmung einer theologischen Autorität.

Problem: Ungelöster Widerspruch zwischen einem Bedürfnis und der Wirklichkeit oder zwischen Theorie und Praxis oder zwischen zwei Theorien, dargestellt z. B. als Frage, deren Beantwortung noch offen ist.

problematisches Urteil: Ein Urteil, das Möglichkeiten offenläßt. (»Der Kosmos kann unendlich sein!«).

Prodikos von Keos: 5. Jh. v. Chr., griech. Philosoph, → Sophist, sah ethische Werte in Abhängigkeit vom menschlichen Interesse. Begründete die Synonymik, die Lehre von den sinnverwandten Wörtern. Ihm zugeschriebenes *Hw.:* »Herakles am Scheideweg«.

Produktion: Das Hervorbringen, Erzeugen von Gebrauchswerten. *Ggt.:* Konsumtion. Zur Bedeutung der P. für die menschliche Gesellschaft → Historischer Materialismus, → Mensch, → Arbeit.

Produktionsverhältnisse: → Dialektischer Materialismus

Produktivkräfte: Historischer → Materialismus

Prognostik: Ereignisse, die mit → Notwendigkeit eintreten und deren Gesetzmäßigkeit im einzelnen bekannt ist, können insofern prognostiziert werden, wie das → System, dem sie angehören, durch die Erforschung unverändert bleibt. Beide Bedingungen treffen z. B. auf die Planetenbewegung in hohem Maße zu. Gesellschaftliche Ereignisse, erst recht die eigenen individuellen Taten, sind dagegen kaum vorhersagbar, da der Gegenstand der Prognose durch die Prognose selbst wieder verändert wird. → Selbstbezug

Proklos: 410–485, griech. Philosoph, Hauptvertreter der Athenischen Schule des → Neuplatonismus, formulierte die dialektische Triade; → Hegel. *Hw.:* »Institutio physica«, hrsg. von A. Ritzenfeld, 1912.

Prolegomena: Vorrede, Vorbemerkung.

Protagoras: Ca. 481–411 v. Chr., griech. Philosoph, der bedeutendste → Sophist. »Der Mensch ist das Maß aller Dinge, der seienden, daß sie sind, der nicht seienden, daß sie nicht sind«. Allgemeingültige Erkenntnisse sind daher nicht möglich. Wahr ist, was dem Einzelnen im Augenblick so erscheint. Von den Göttern sagte P., er wisse weder, ob es sie gibt, noch, ob es sie nicht gibt.

Protokollsätze: Von → Carnap geprägter Begriff für die einzige Art von Sätzen, die seiner Auffassung nach ohne zusätzliche Annahmen und → Allgemeinbegriffe auskommen, also voll auf beobachtbare Tatsachen zurückzuführen und damit allein wissenschaftlich zulässig sind: A hat zum Zeitpunkt B am Ort C das Ereignis D beobachtet. → Wiener Kreis, → Analytische Philosophie, → Neupositivismus

proton kinun: Erstes Bewegendes; das in der Metaphysik angenommene erste Glied einer Kausalkette.

Durch die → Erhaltungssätze der Physik ist die Fragestellung überholt.

Prototyp: Urbild, zugrundeliegendes Muster.

Proudhon, Pierre Joseph: 1809–1865, frz. Schriftsteller und → Sozialphilosoph, Mitbegründer des → Anarchismus, kritisierte die bürgerliche Form des Privateigentums (»Eigentum ist Diebstahl«); an dessen Stelle sollte der Grund und Boden denen gehören, die ihn bebauen. Weiter schwebten ihm arbeitende Gruppen vor, die den Austausch von Waren und Dienstleistungen über eine »Tauschbank« abwickeln. Die vollkommene persönliche Freiheit ohne staatliches Eingreifen betrachtete er als Quelle der gesellschaftlichen Ordnung. *Hw.:* »Qu'est-ce que la propriété?« 1840; »Système de contradiction économique, ou philosophie de la misère«, 1846; »La guerre et la paix«, 1860; »De la capacité politique de la classe ouvrière«, 1865.

Przywara, Erich: 1889–1972, katholischer Theologe und → Religionsphilosoph. *Hw.:* »Religionsphilosophie katholischer Theologie«, 1927; »Geheimnis Kierkegaards«, 1929; »In und gegen«, 1955; »Alter und neuer Bund«, 1956; »Religionsphilosophische Schriften«, 1962; »Logos«, 1964.

Psyche: → Seele

Psychoanalyse: Von S. → Freud begründete Theorie der Psyche und Form der Psychotherapie. Ausgehend vom Aufbau der Psyche aus Es und Ich, unter den Bedingungen der Zivilisation auch noch Über-Ich, und von der polaren Struktur des Triebapparats, der auf Eros und Destruktionstrieb zurückgeführt wird, entwickelte Freud die Theorie, daß die Triebhandlungen des Kindes von der erziehenden Erwachsenenwelt unterdrückt werden. Der darauf einsetzende Widerstand wird gewaltsam gebrochen. Daraus resultiert die lebenslange unbewußte Verbindung von Trieb, insbesondere Sexualität, und (Todes-)Angst. Die Beschädigung der Sexualität ergibt sich als Notwendigkeit aus der Beschaffenheit der → Gesellschaft, denn zivilisatorische Leistungen wären anders nicht möglich. Das derart durch ein Über-Ich behinderte → Individuum verlegt seine biologisch bedingten und daher nicht abstellbaren Triebhandlungen auf andere Gebiete, indem es auf frühere Entwicklungsstufen zurückgeht. Die Therapie besteht wesentlich darin, durch systematische Erinnerungsarbeit und die Überwindung von Übertragungen die verdrängten Erlebnisse wieder ins Bewußtsein zu rufen und in Zusammenarbeit von Patient und Psychoanalytiker zu bewältigen. Freuds Schüler gingen im wesentlichen drei verschiedene Wege. 1) Die »orthodoxen Psychoanalytiker«, wie Reich, Abraham, Ferenczy, auch Herbert Marcuse, entwickelten die P. weiter, und zwar teils auf der Suche nach physiologischen Grundlagen, teils durch verstärkte Aufklärung der gesellschaftlichen Zusammenhänge, die den neurotischen Charakter erzeugen. Hieraus erwuchs die Frage, ob vom ärztlichen Ethos her nicht primär die Gesellschaft geändert werden müßte, um vorbeugend die Entstehung von Neurosen zu verhindern. Zahlreiche Analytiker wandten sich daher dem → Marxismus zu. 2) Alfred → Adlers Individualpsychologie. 3) C. G. → Jungs Tiefenpsychologie.

Psychologie: Lehre von den seelischen Prozessen, der Wahrnehmung, den Denkvorgängen, der Charakterbildung, auch der Wechselwirkung zwischen körperlichen und seelsichen Vorgängen. P. und Philosophie haben einige Themenbereiche gemeinsam, die allerdings mit unterschiedlichen Methoden unter verschiedenen Aspekten angegangen werden.

Psychologismus: 1) Von → Hume entwickelte Auffassung der → Ethik, derzufolge alle Menschen ein Gefühl für Moralität besitzen. In den individuell verschiedenen Empfindungen ist etwas Gemeinsames enthalten; in bestimmter Hinsicht decken sich die verschiedenen Gefühle. Dadurch können inhaltliche ethische Grundsätze formuliert werden, die von allen zwanglos anerkannt werden. 2) Theorie, derzufolge das menschliche Verhalten insbesondere durch psychische Ursachen bestimmt ist, z. B. im Gegensatz zu vernunftmäßigen Entscheidungen. Die wirklichen Ursachen seiner Handlungen sind dem Einzelnen danach nicht bewußt. 3) Erkenntnistheorie: Ein Gegenstand wissenschaftlicher Untersuchungen muß stets der → Wahrnehmung bzw. Empfindung entstammen. Daher ist jede wissenschaftliche Aussage nur eine Verknüpfung von Empfindungen, also von psychischen Vorgängen. → Mach, → Mill

psycho-physisches Problem: → Leib-Seele-Problem

Psycho-Vitalismus: Eine Variante des → Vitalismus. Hier wird die »Lebenskraft« als etwas »Seelisches« aufgefaßt.

Pufendorf, Samuel Freiherr von: 1632–1694; Jurist und Historiker, → Naturrechtler, verband politische Ideale des → Humanismus, z. B. die auf freiem Willen beruhende Handlungsfreiheit des Menschen, mit Staatsideen des aufgeklärten Absolutismus. *Hw.:* »De iure naturae et gentium«, 1672; »De officio hominis et civis iuxta legem naturale«, 1673; »De habitu christianae religionis ad vitam civilem«, 1678.

Pyrrhon, von Elis: Ca. 360–270 v. Chr., griech. Philosoph, → Skeptiker, forderte den Verzicht auf Urteile, da das Wirkliche nicht erkennbar sei und zu jeder Frage in gleichem Umfang entgegengesetzte Antworten gegeben werden könnten. Die Bewertung der Dinge hängt nicht von diesen, sondern von bewertenden Menschen ab.

Pythagoras: Ca. 580–500 v. Chr., griech. Philosoph, von dessen Lehre wenig bekannt ist, da er keine

Schriften hinterließ. Nach der Überlieferung durch seine Schüler sah P. die Zahlen und Zahlenverhältnisse als Ausdruck der Verhältnisse des Seins an. Er entwickelte eine musikalische Harmonielehre auf mathematischer Grundlage und entwarf die Idee der Sphärenmusik. Seine Schüler, die Phythagoräer, bildeten eine aristokratisch-exklusive Sekte, die sich, teils wohl in orgiastischer Ekstase, mit religiösen, mystischen und ethischen Themen beschäftigte.

Q

Qualität: *Ggt.:* → Quantität, Menge, Anzahl. Beschaffenheit. 1) In der Erkenntnistheorie bestimmte Eigenschaften wie Gestalt, Geruch, Farbe, etc., die in den → materialistisch-sensualistischen Theorien als Eigenschaften des Objekts, bei → Berkeley und → Hume dagegen als reine Sinnesphänomene ohne objektive Entsprechung, bei → Locke als »sekundäre Qualitäten« betrachtet werden. Das wissenschaftliche Bemühen geht dahin, Q. generell quantitativ, d. h. für die Mathematik zugänglich, darzustellen, z. B. Farbe als eine bestimmte Wellenlänge des Lichts. 2) In der Dialektik gibt es seit → Hegel das Modell vom Umschlagen der Quantität in Q.: Eine Entwicklung verläuft zeitweilig allmählich, d. h. als rein quantitative Zunahme bzw. Abnahme. An einem bestimmten Punkt angelangt, beinhaltet eine weitere quantitative Veränderung zugleich einen Bruch, einen qualitativen Sprung. Das Umschlagen von Quantität in Q. wird heute mathematisch z. B. durch die Katastrophentheorie von R. Thom dargestellt.

Quantenmechanik: Von Heisenberg, Born, Jordan und Dirac entwickelte Matrizenmechanik der Elementarteilchen, zunächst besonders der Elektronen, die auf der Quantentheorie → Plancks aufbaut. Die philosophische Bedeutung der Q. liegt neben der Frage nach Kontinuität und Diskontinuität der Materie v. a. auf erkenntnistheoretischem Gebiet. Bei der Messung von Quanteneffekten tritt zunächst die sogenannte »Dualität« von Welle und Teilchen auf; es lassen sich diese beiden entgegengesetzten Seiten des Phänomens nur alternativ darstellen. → Polarität, → Dualismus. Weiter kann ein Elektron nur mit Impulsen erfaßt werden, die selbst größer/gleich h sind. → Quantentheorie. Hohe Meßgenauigkeit erfordert eine hohe Frequenz der verwendeten Welle. Damit wird der Meßimpuls energiereich und beeinflußt das Objekt erheblich, während ein schwacher Meßimpuls zwar den Bewegungszustand des Objekts weniger verändert, aber auch eine geringere Meßgenauigkeit bedingt. Verallgemeinernd läßt sich fragen, ob der Heisenbergsche Satz »Messen bedeutet stören« nicht für jedwede Messung oder Beobachtung gilt. Möglicherweise stellt jede Beobachtung eine Veränderung des Objekts dar, und zwar genau der zu messenden Eigenschaft des Objekts, so daß ein rückbezüglicher Ansatz in der Erkenntnistheorie gefunden werden müßte, um Aussagen über das »Ding an sich« unter Ausschluß des Beobachtungsimpulses machen zu können.

Quantentheorie: Von Max → Planck entwickelte physikalische Theorie, derzufolge alle physikalischen Wirkungen ein ganzzahliges Vielfaches des kleinsten Wirkungsquantums h (= $6{,}625 \cdot 10^{-27}$ erg sec.) sind. Die Q. wurde neben der Relativitätstheorie zur beherrschenden physikalischen Theorie des 20. Jhs. Entgegen der klassischen Newtonschen Auffassung erscheint die Natur nur im kleinsten als diskontinuierlich strukturiert, eben gequantet.

Quantität: Umgangssprachlich für Menge. Genauer, im Unterschied zum Quantum, die Tatsache der mengenmäßigen Bestimmtheit. → Qualität

Quantum: Eine bestimmte abgegrenzte Menge von etwas.

quaternio terminorum: Vierheit der Begriffe. Fehler im → Syllogismus, der aufgrund eines zweideutigen Begriffes nun vier statt drei Begriffe enthält. *Bsp.:* Nur gute Schauspieler spielen große Rollen. Geld spielt eine große Rolle. Folglich ist Geld ein guter Schauspieler.

Quietismus: Von lat. quies – Ruhe. Lebenshaltung, die eine vollkommene Gleichgültigkeit gegen Bedürfnisse oder äußere Ereignisse beinhaltet. Was auch ist, das Gemüt bleibt davon unberührt, ruhig.

Quintessenz: Bei → Aristoteles das Fünfte (lat. quintus) Element, der Äther. Später allgemein das Grundlegende, Wesentliche.

Quintillian, Marcus Fabius: Ca. 30–96, im alten Rom berühmter Redner und Lehrer der Rhetorik. Beeinflußte die italienischen Humanisten und deutschen Reformatoren.

R

Rabelais, François: Ca. 1494 bis 1553, frz. Arzt und Schriftsteller, entwickelt in seinen Büchern über das Leben des Riesen Gargantua eine feuerwerksartige Darstellung des humanistischen Menschenbildes der Renaissance. R. propagierte die ungehemmte freie eigenverantwortliche Entfaltung der menschlichen Individualität, den Glauben an den Fortschritt – stilistisch in prallem Un- und Antikonventionalismus. *Hw.:* »Les horribles et espouventables aventures de Pantagruel, roy des Dipsodes«, 1533; »Vie inestimable du grand Gargantua, père de Pantagruel«, 1534/35.

Radbruch, Gustav: 1878–1949, dt. Rechtsphilosoph, relativiert die Werte des Rechts an der Position des Einzelnen. *Hw.:* »Grundzüge der Rechtsphilosophie«, 1914; »Kulturlehre des Sozialismus«, 1922; »Der innere Weg – Aufriß meines Lebens«, 1951.

radikal: »Von der Wurzel an«, von Grund auf. Radikale Positionen zielen auf wesentliche qualitative Erkenntnisse bzw. Veränderungen gegenüber äußerlich quantitativen.

Ramus, Petrus (Pierre de la Ramée): 1515–1572, frz. Philosoph, der die Ausbildung des → Calvinismus beeinflußte. R. wandte sich gegen die → aristotelische Logik und bemühte sich um eine (typisch → humanistische) Verbindung von → Logik und → Rhetorik. Von Aristotelikern bekämpft, wurde er in der Bartholomäusnacht ermordet. *Hw.:* »Institutionum dialecticarum libri III«, 1543; »Aristotelicae animadversiones«, 1543.

Ratio: Vernunft, auch Verstand.

rational: Vernunftmäßig, begrifflich, aus der Vernunft gewonnen. 1) *Ggt.:* sinnlich. Rationale Erkenntnis gilt als die höhere, durch → Induktion erreichte Stufe der Erkenntnis, in der die aus Einzelbeobachtungen und -erfahrungen stammenden sinnlichen Erkenntnisse zu allgemeinen Theorien verdichtet sind. 2) *Ggt.:* irrational; vernunftmäßig im Gegensatz zu rein intuitiv, gefühlsmäßig oder auch bewußt unvernünftig. → Vernunft, → Verstand

Rationalismus: 1) Allgemein eine philosophische Auffassung, die die Bedeutung der → Vernunft für die Gewinnung von → Erkenntnissen betont, sei es gegenüber dem Gefühl oder gegenüber der sinnlichen Erkenntnis bzw. der praktischen Erfahrung. Dem R. scheinen daher häufig Erkenntnisse aus sich selbst zu kommen oder schon immer (→ a priori) dazusein oder lediglich aus der Kombination vorhandener Ideen zu entstehen. 2) Eine wesentliche philosophische Richtung der → Aufklärung, u. a. vertreten von → Descartes, → Spinoza, → Leibniz, → Wolff, aber auch → Voltaire oder Friedrich dem Großen, die mit dem in England aufgekommenen → Empirismus konkurrierte.

Raum: Polarer Gegenbegriff: Zeit. Grundlegender physikalischer Begriff, der in der Philosophie innerhalb der → Ontologie, → Metaphysik und → Erkenntnistheorie auftritt. Grundsätzlich wurde der R. teils als leerer R., der für die Bewegung der Materie passiv zur Verfügung steht (→ Euklid, → Newton), teils als Eigenschaft der Materie verstanden. Letztere Auffassung beinhaltet, daß der R. nicht homogen sein kann, sein Begriff also letztlich nach der stofflichen Seite hin (z. B. durch Gravitation) aufgelöst wird. Die allgemeine Relativitätstheorie ermöglicht die umgekehrte Auffassung: Phänomene, die eine andere Raumvorstellung erfordern als die euklidische, lassen sich direkt als Eigenschaft des Raumes deuten. Eng mit diesem Problem verbunden ist die Frage nach → Endlichkeit oder → Unendlichkeit des R. Aus der Vorstellung von Euklid und Newton folgt ein unendlicher R., wollte man nicht eine äußere Begrenzung annehmen, die aber in diesem Zusammenhang begrifflich fehl am Platze ist. Aus der allgemeinen Relativitätstheorie ergibt sich, bedingt durch die Endlichkeit der → Materie, auch die entsprechende Endlichkeit des R., hier jedoch von innen her bestimmt. Formal ließe sich der R. auch als die Anzahl der Freiheitsgrade verstehen, die einem bestimmten Vorgang zu eigen sind. Derart sind Räume von 1 bis n Dimensionen möglich. Bis hin zu → Einstein konnte R. als Gegenbegriff zu Zeit verstanden werden, seit → Minkowskis Deutung der Relativitätstheorie verbreitete sich dagegen die Auffassung vom vierdimensionalen R.-Zeit-Kontinuum, in dem Raum und Zeit ihre gegenseitigen Unterschiede verloren haben, wenn nicht letztlich die Zeit zu einer Raumkoordinate gemacht wurde.

Raymundus Lullus: → Lullus

Reaktion: 1) Allgemein Rückwirkung. Eine grundlegende → Symmetrie der Natur, die quantitative Gleichheit von Wirkung und Gegenwirkung, hatte → Newton durch seine Formel actio = reactio umrissen. Entsprechende Erfahrungen drücken sich in zahlreichen Redensarten aus, z. B. »Wie man in den Wald hineinruft, so schallt es heraus«, »Unterdrückung erzeugt Widerstand«, »Wie du mir, so ich dir«, u. a. 2) Politisch seit Beginn des 19. Jhs. das Bemühen, »historischen Fortschritt« mindestens zu verhindern, wenn nicht rückgängig zu machen. Reaktionäre Bestrebungen treten häufig in Zeiten vermehrter Demokratie als Versuch auf, die nach unten abgeflossene Macht unter Rückgriff auf frühere Formen der Herrschaft wieder oben zu zentralisieren (z.B. Metternich-Ära, Weimarer Republik).

Realismus: 1) Die Auffassung, daß außerhalb des menschlichen Zugriffs, insbesondere der Wahrnehmung, eine selbständige Wirklichkeit existiert, die prinzipiell wahrgenommen, erlebt und verändert werden kann. Der Bewußtseinsinhalt ist die Widerspiegelung dieser Realität. Strittig ist, ob und inwiefern diese Widerspiegelung die Struktur der Sache wiedergibt, nur eine Annäherung darstellt oder auf die Erkenntnis der Erscheinungsformen beschränkt ist, die dann auch noch von persönlichen Voraussetzungen des Subjekts abhängt. 2) Im mittelalterlichen → Universalienstreit die Gegenposition zum → Nominalismus: Die allgemeinen Begriffe sind wirkliche, selbständige Wesenheiten.

Realität: Mehrdeutiger, oft mit Wirklichkeit gleichgesetzter Begriff. Da Wirklichkeit aber der übliche Gegenbegriff zu Möglichkeit ist, empfiehlt es sich, den Begriff R. in einem allgemeineren Sinne auf das Seiende im Gegensatz zum Vorgestellten, Gedachten (Idealität) oder überhaupt auf das vom Subjekt unabhängige An-sich-sein zu beziehen.

Recht: 1) Objektives Recht: die Gesamtheit der Regeln des gesellschaftlichen Lebens, zu deren Befolgung die Individuen entweder von sich aus bereit sind oder gezwungen werden. 2) Subjektives Recht: die Berechtigung, etwas zu tun oder zu erhalten. Von besonderer Bedeutung sind diejenigen Regeln, die den Umgang mit den Regeln regeln, also Voraussetzungen und Verfahren bestimmen, nach denen bestimmte andere Regeln aufgestellt oder aufgehoben werden.

Rechtsphilosophie: Theorien, die den Ursprung, die Begründung bzw. die Veränderung des Rechts zum Gegenstand haben. Im wesentlichen gibt es zwei Grundpositionen: die naturrechtlich – → a priorische (Grundelemente des Rechts haben unabhängig von den einzelnen Rechtsordnungen absolute Gültigkeit) und die → positivistische (Recht ist eine freie Vereinbarung, die jederzeit geändert werden kann). In die gegenwärtige Diskussion reichen die historische (→ Savigny) und die neukantianische (→ Stammler) Rechtsschule hinein. Katholische wie evangelische Theologen bemühen sich besonders um eine Stärkung der → naturrechtlichen Auffassung gegenüber der → positivistischen.

Reduktion: Zurückführung. In der → Erkenntnistheorie wird untersucht, inwieweit sich Bewußtseinsinhalte auf andere Bewußtseinsinhalte bzw. auf Sinnesqualitäten, Wahrnehmungsinhalte zurückführen lassen.

Reflexion: 1) Das Nachdenken. Der Gegenstand wird im Denken widergespiegelt, seine R. aber auch selbst wieder überdacht, reflektiert. 2) Rückbezug, Bezugnahme eines Subjekts auf sich selbst. → Selbstbezug

Regel: Richtlinie, Vorschrift. 1) Ein regelmäßiger Vorgang ist hinsichtlich seiner zeitlichen Abfolge begriffen, ein gesetzmäßiger dagegen hinsichtlich der innewohnenden

Notwendigkeit Kausalität. 2) Auf menschliches Denken und Handeln bezogen, bedeutet R. eine Möglichkeit, zu der es durchaus Alternativen gibt.

Regression: Rückschreiten. Schluß von der These auf die Argumente, von der Wirkung auf die Ursache.

Rehmke, Johannes: 1848–1930, dt. Philosoph, wandte sich gegen alle philosophischen Systeme, die auf der »Zweiweltenlehre«, dem Verhältnis von → Immanenz und → Transzendenz, beruhen, d. h. eine Beziehung zwischen äußerer → Realität und → Bewußtsein sehen, so daß man von Bewußtseinsinhalten sprechen kann. Diese lehnte R. ab. Der Mensch »hat« → Erkenntnisse; das → Allgemeine existiert also objektiv unveränderlich, es kann vom Bewußtsein gefunden werden. *Hw.:* »Die Welt als Wahrnehmung und Begriff«, 1880; »Unsere Gewißheit von der Außenwelt«, 1894; »Die Seele des Menschen«, 1902; »Philosophie als Grundwissenschaft«, 1910; »Das Bewußtsein«, 1910; »Logik oder Philosophie als Wissenschaftslehre«, 1918; »Der Mensch«, 1928.

Reich, Wilhelm: 1897–1957, österr. → Psychoanalytiker, einflußreichster Schüler Freuds, Vertreter der orthodoxen Richtung der Psychoanalyse, entwickelte eine Verbindung von Psychoanalyse und → Marxismus, von der aus er den Faschismus zu erklären versuchte. R.s Theorien beeinflußten die antiautoritäre Bewegung in den späten 60er Jahren. *Hw.:* »Die Funktion des Orgasmus«, 1928; »Charakteranalyse«, 1932; »Massenpsychologie des Faschismus«, 1934.

Reichenbach, Hans: 1891–1953, dt. Physiker und Philosoph, → Neopositivist, Angehöriger des → Wiener Kreises, kam zu dem Schluß, daß → Raum und → Zeit keine → apriorischen Größen sein können. Einen Satz hält R. dann für sinnvoll, wenn sich der Grad seiner → Wahrscheinlichkeit bestimmen läßt. Dieser ist zugleich ein Maß der Wahrheit. Die Wahrscheinlichkeit bestimmt R. mit statistischen Methoden. *Hw.:* »Axiomatik der relativistischen Raum-Zeit-Lehre«, 1920; »Ziele und Wege der heutigen Naturphilosophie«, 1931; »Wahrscheinlichkeitslehre«, 1935; »Experience and Prediction«, 1938; »Philosophical Foundations of Quantum Mechanics«, 1944; »The Rise of Scientific Philosophy«, 1951; »Der Aufstieg der wissenschaftlichen Philosophie«, 1968.

Reid, Thomas: 1710–1796, schott. Philosoph, Begründer der → Schottischen Schule. Im Gegensatz zu → Berkeley und → Hume nimmt er an, daß die menschliche Erkenntnis von zwölf selbstevidenten, jedem einsichtigen Wahrheiten (common sense) geleitet wird und in den Bewußtseinsinhalten die Gegenstände erfaßt. *Hw.:* »Inquiry into the Human Mind on the Principle of Common Sense«, 1764; »Essays on the Intellectual Powers of Man«, 1785.

Reimarus, Hermann Samuel: 1694–1768, dt. Philosoph und Theologe, → Deist und von → Wolff beeinflußter → Rationalist, versuchte eine Vernunftreligion zu gründen. *Hw.:* »Abhandlungen von den vornehmsten Wahrheiten der natürlichen Religion«, 1757; »Allgemeine Betrachtungen über die Triebe der Tiere«, 1760.

Reininger, Robert: 1869–1955, österr. Philosoph, entwickelte eine relativistische → Ethik und → Erkenntnistheorie: → Werte sind stets subjektive Eigenwerte; sie charakterisieren allein das wertende → Subjekt. Erkenntnisse zeigen sich durch Selbstevidenz. *Hw.:* »Philosophie des Erkennens«, 1911; »Das psychophysische Problem«, 1916; »Friedrich Nietzsches Kampf um den Sinn des Lebens«, 1922; »Locke, Berkeley, Hume«, 1922; »Kant – seine Anhänger und seine Gegner«, 1923; »Metaphysik der Wirklichkeit«, 1931; »Wertphilosophie und Ethik«, 1939.

Reinke, Johannes: 1849–1931, dt. Botaniker und Philosoph, Mitbegründer des → Neuvitalismus, ersetzte die → »Lebenskraft« durch den Begriff der »Dominante«, einer Kraft, die die Lebensprozesse steuert. Gegner → Haeckels. *Hw.:* »Die Welt als Tat«, 1899; »Naturwissenschaft – Weltanschauung – Religion«, 1923; »Das dynamische Weltbild«, 1926; »Wissen und Glauben in der Naturwissenschaft«, 1929.

Relation: Irgendwie geartete Beziehung zweier oder mehrerer Gegenstände oder Begriffe. *Bsp.:* »x > y«, »x vor y«, »x ist die Ursache von y« etc.

Relationismus: In der → Erkenntnistheorie die Auffassung, daß nur die Relation zwischen Dingen erkannt werden kann, nicht die Dinge selbst.

relativ: Bezogen auf etwas. *Ggt.:* → absolut.

Relativismus: Die Auffassung, daß → Erkenntnisse bzw. → Wahrheiten nicht absolut sind, sondern nur im Bezug auf etwas, also innerhalb eines bestimmten Bezugssystems gelten. Dies gilt ebenso für Wertungen. Eine Aussage oder Wertung ist dann relativ, wenn sie sich beim Wechsel des → Bezugssystems verändert. Bezugssysteme können z. B. sein: der Stand der Forschung, das eigene Interesse, die gesellschaftliche und historische Situation, das persönliche Bewußtsein, ein bestimmter Moralkodex, bestimmte Weisen der Wahrnehmung und Methoden des Denkens.

Relativitätstheorie: Von → Einstein aus Vorarbeiten von → Poincaré, → Mach und Lorentz geschaffene grundlegende physikalische Theorie. Philosophisch interessant sind die Grundgedanken und ihre Verbindung. Einstein eliminierte zunächst alle nicht beobachtbaren Größen aus seinen Überlegungen bzw. wandelte sie in beobachtbare um. Spezielle R.: Geradlinig gleichförmige, also unbeschleunigte Bewegung läßt sich nicht absolut feststellen. Ein Reisender in einem fensterlosen, geräuschisolierten, erschütterungsfreien Eisenbahnabteil hat keine Möglichkeit, die Geschwindigkeit des Zuges zu bestimmen. Bewegung ist nur relativ zu einem Beobachter, einem → Bezugssystem möglich; Informationen können maximal mit Lichtgeschwindigkeit, die im Vakuum einen konstanten Wert hat, übermittelt werden (Erfahrungssatz). Daraus ergibt sich, daß zwei Beobachter, die sich einander nähern und sich, z. B. durch Fernsehen, beobachten, jeweils beim anderen die Zeit schneller vergehen sehen als bei sich selbst. Entfernen sie sich voneinander, tritt der umgekehrte Effekt ein. Die Frage der Gleichzeitigkeit läßt sich daher mit gleicher Berechtigung verschieden beantworten; »die« Gleichzeitigkeit gibt es ebensowenig wie »den« Ort oder »die« Geschwindigkeit. Wahrnehmung und Messung dieser grundsätzlichen Größen hängt vom gegenseitigen Bewegungszustand der Beobachter ab. Die allgemeine R. dehnt diesen Grundgedanken auch auf beschleunigte Bewegung aus, so daß sich die Gleichwertigkeit aller Bezugssysteme annehmen ließ. Ausgehend von einfachen grundsätzlichen Überlegungen und Gedankenexperimenten, wurde die R. zu einer auf nahezu alle Bereiche der Physik anwendbaren Theorie. Die Ableitung der Äquivalenz von träger und schwerer Masse sowie von Masse und Energie ($E=mc^2$) ist nur eine von zahlreichen Konsequenzen. Erkenntnistheoretisch hat die R. bis dato stillschweigend angenommene absolute Größen durch strikte Zurückführung auf beobachtbare und damit meßbare, wissenschaftlich verdauliche Größen in relative verwandelt.

Religion: Von lat. religio – Verehrung. Die Vorstellung, daß das Weltgeschehen von einem oder mehreren → Göttern initiiert und beeinflußt wird, so daß es Ereignisse gibt, die nicht oder nicht allein durch naturgesetzliche Notwendigkeit zustande kommen. Damit ist die Annahme nahegelegt, daß Götter auf Menschen einwirken können. Inwieweit auch das Umgekehrte gilt, also die Beeinflußbarkeit der Gottheit, z. B. durch Bittgebete, Buße oder gottgefälliges Verhalten, ist selbst im Christentum umstritten. Dieser, aus der Sicht der Gläubigen aktiveren, Form der Religion stehen passiv-kontemplative Varianten gegenüber, wie z. B. die → Mystik, wo das Gefühl der Verbundenheit mit Gott bereits der Zweck der religiösen Aktivität ist – oder auch der Buddhismus.

In Naturreligionen sind die Götter ohne weiteres als personifizierte und damit ansprechbare Naturkräfte zu erkennen. Mit der Bildung komplizierterer, arbeitsteiliger Gesellschaftssysteme seit dem Übergang von der Jungsteinzeit zur Bronzezeit werden die Götter mehr zum Ausdruck menschlicher Ver-

hältnisse, die sich als gesellschaftliche zu verselbständigen beginnen und nicht ohne weiteres individuell gestaltet werden können, z. B. Pallas Athene oder der griechische Kriegsgott Ares. Doch auch hier konnten einige Epikureer noch sagen, daß die Götter der Löwen, wenn Löwen Götter hätten, Aussehen und Eigenarten der Löwen nachgesagt bekämen. Die Herausbildung des → Monotheismus macht derartige Einsichten zunächst unwahrscheinlich, doch ist auch hier die Religiosität von dem ungelösten Widerspruch zwischen Bedürfnis und Befriedigung her, also als Reflexion der vom Einzelnen erlebten, aber nicht beherrschten Natur- und Gesellschaftskräfte zu verstehen.
So sieht → Feuerbach den Menschen nicht als Geschöpf Gottes, sondern Gott als Spiegelbild menschlicher Eigenschaften und Bedürfnisse. Insofern sich mit einer derartigen Gottvorstellung die Hoffnung auf künftiges Heil durch göttliches Eingreifen verbindet, sei es in Gestalt des Jüngsten Gerichts, bezeichnete → Marx die Religion als »Opium des Volkes«. Der Verdacht, daß das Volk mittels R. getäuscht werde, z. B. durch eine Priesterkaste, kam bereits in der Antike auf (Kritias), kann aber wohl nur einschlägige Organisationsformen und Kultpraktiken erklären, nicht jedoch die Religiosität bzw. die Frömmigkeit breiter Massen. → Hobbes sah deren Ursprung darin, daß die Menschen die Ursachen von Glück und Unglück nicht begriffen und das Schicksal daher als Folge göttlichen Handelns betrachteten.

Religionsphilosophie: Das Bemühen um das Verständnis der Religion, insbesondere ihrer Quellen, ihrer Eigenart und ihrer Beziehung zu anderen Bewußtseinsformen. Obwohl schon in der Antike über derartige Fragen nachgedacht wurde, beginnt die eigentliche R. mit der → Aufklärung. Sie ist, zumindest gegenüber dem → Christentum, wesentlich Religionskritik (→ Comte, → Feuerbach, → Marx, → Nietzsche), der allerdings durch sehr allgemeine Deutungen der Religion (→ Goethe, → Hegel, → Schleiermacher), z. B. als ganzheitliche Erfassung wesentlicher Zusammenhänge, in gewissem Umfang der Boden entzogen worden war. Die massenhaft geglaubte und praktizierte Religion, Volksreligiosität, unterschied sich stets von den Auffassungen der hohen Theologie, diese wiederum von den philosophischen Theorien über die Religion. Gelegentlich wird zwischen R. und Religionswissenschaft unterschieden.

Renan, Ernest: 1823–1892, frz. Orientalist und Religionsphilosoph. Auf einer → positivistisch-idealistischen Grundhaltung entwickelte R. eine relativistische Erkenntnistheorie sowie eine einflußreiche populäre, teils → rationalistische, teils → idealistische Deutung der Person Jesu und der Evangelien. *Hw.:* »La vie de Jésus«, 1863; »Histoire des origines du christianisme«, 7 Bde., 1863–83; »Histoire générale et système comparé des langues sémitiques«, 1855; »Souvenirs d'enfance et de jeunesse«, 1883.

Renouvier, Charles: 1815–1903, frz. Philosoph, Begründer des → Neukantianismus in Frankreich. R. sah die Relation als die grundlegende Kategorie an, aus der sich neun weitere ableiten lassen. Ethisch betonte er die Freiheit und Willensfreiheit der Person. → Metaphysische Auffassungen lehnte er ab. *Hw.:* »Essais de critique générale«, 1854–64; »Classification systématique des doctrines philosophiques«, 1885; »La nouvelle monadologie«, 1899; »Les dilemmes de la métaphysique pure«, 1901; »Le personnalisme«, 1903.

Rensi, Giuseppe: 1871–1941, ital. Philosoph, → Skeptizist. *Hw.:* »Le antinomie dello spirito«, 1910; »La scepsi estetica«, 1920; »La filosofia dell' autorità«, 1920; »Introduzione alla scepsi etica«, 1921; »Apologia dell'ateismo«, 1925; »Le aporie della religione«, 1932; »La filosofia dell' assurdo«, 1937.

Reproduktion: Wiederherstellung. 1) Bei → Marx die sich ständig wiederholende R. der Arbeitskraft bzw. des Menschen durch Nahrungsaufnahme, Erholung und Genuß. 2) Die R., Vervielfältigung von Kunstwerken hat zu der kunstphilosophischen Frage geführt, wie sich die im Idealfall absolut identische Kopie bezüglich des ästhetischen Wertes zum Original verhält.

res: Sache, Ding. → Descartes unterscheidet zwischen res extensa (ausgedehnter Sache) und res cogitans (denkender Sache).

Reuchlin, Johann: 1455–1522, dt. → Humanist, trug viel zur Verbreitung des Altgriechischen und Althebräischen in Deutschland bei, wodurch das Alte Testament überhaupt einer wissenschaftlichen Erforschung zugänglich wurde. R. trat für religiöse Toleranz ein und brachte, unterstützt durch die »Dunkelmännerbriefe« von Ulrich v. Hutten, Rubianus und anderen, durch Mobilisierung der öffentlichen Meinung den von den Dominikanern unterstützten Plan des konvertierten Juden Pfefferkorn zu Fall, außer der Bibel alle hebräischen Bücher zu verbrennen.

Revolution: Umwälzung. 1) → Gesellschaft: Im Unterschied zu Putsch, Umsturz oder Rebellion, ist die R. eine tiefgreifende Veränderung der Gesellschaft auf wirtschaftlichem (industrielle R.) oder politischem Gebiet, wobei eine die andere nach sich zieht. Im marxistischen Sinn ist die R. der Sturz der alten herrschenden Klasse durch die Machtergreifung einer neuen. R.en sind häufig Gewaltakte, offenbar jedoch nur in dem Ausmaß, wie die revolutionäre Entwicklung vom alten Regime mit → Gewalt bekämpft wird bzw. dies von den Revolutionären befürchtet wird. 2) Wissenschaft: In der Theorie Thomas Kuhns (»Die Struktur wissenschaftlicher Revolutionen«) stellen sich wissenschaftliche R.en als Wechsel des Paradigmas, der Leitvorstellungen, dar.

Rhythmus: Nach → Klages meist als Wiederkehr des Ähnlichen in ähnlichen Zeitabständen definiert, während der Takt als Wiederkehr des Gleichen in gleichen Zeitabständen gilt. R. kann dann als von äußeren Einflüssen überlagerter, aber sich gegen diese durchsetzender Takt betrachtet werden. Rhythmische Vorgänge lassen sich nahezu überall in der Natur, einschließlich des Menschen und der Gesellschaft, beobachten. Grundlage des R. ist ein Gleichgewichtszustand, der sich durch Schwingungen herstellt. Dies ist bei polaren Strukturen stets der Fall. → Polarität → Symmetrie

Richard von St. Viktor: Gest. 1173, schott. scholastischer Theologe und Mystiker, leitete aus der Vergänglichkeit der irdischen Dinge die Ewigkeit Gottes ab.

richtig: *Ggt.:* falsch bzw. verwerflich. Etwas ist insofern r., als es mit etwas anderem übereinstimmt. 1) Eine → Aussage ist inhaltlich r. (wahr), wenn sie mit der entsprechenden Struktur der ausgesagten Realität übereinstimmt; sie ist formal r., wenn sie aus anderen Aussagen nach den Regeln der Logik abgeleitet wurde. 2) Eine Handlung ist sachlich r., wenn sie zu dem angestrebten Ziel tatsächlich hinführt. Die Frage nach der moralischen Richtigkeit einer Handlung wird innerhalb der → Ethik gestellt und, je nach Kriterium, unterschiedlich beantwortet; siehe dort.

Rickert, Heinrich: 1863–1936, dt. Philosoph, Mitbegründer der Badischen Schule des → Neukantianismus, hob den Unterschied zwischen naturwissenschaftlichen und geisteswissenschaftlichen Methoden hervor; sah die → Werte als gegeben und unveränderlich an, die vom wertenden Subjekt lediglich aufgenommen und aktualisiert werden. *Hw.:* »Der Gegenstand der Erkenntnis«, 1892; »Die Grenzen der naturwissenschaftlichen Begriffsbildung«, 1896; »Kant als Philosoph der modernen Kultur«, 1924; »Die Logik des Prädikats und das Problem der Ontologie«, 1930; »Die Heidelberger Tradition«, 1931; »Grundprobleme der philosophischen Methodologie, Ontologie, Anthropologie«, 1934; »Unmittelbarkeit und Sinndeutung«, 1939; »Sehen und Erkennen«, 1934.

Riehl, Alois: 1844–1924, österr. Philosoph, → Neukantianer, erkenntnistheoretischer → Monist: »Die Welt ist nur einmal da.«. *Hw.:* »Über Begriff und Form der Philosophie«, 1872; »Friedrich Nietzsche – der Künstler und der Denker«, 1897; »Zur Einführung in die Philosophie der Gegenwart«, 1903; »Philosophische Studien«, 1925.

Rigorismus: Strenge ethische Haltung, die die ausnahmslose Befolgung eines Grundsatzes verlangt. → Kant fordert z. B. moralisches Verhalten um des Sittengesetzes willen.

Rintelen, Fritz-Joachim von: 1898–1979, dt. Philosoph, Werttheoretiker. *Hw.:* »Der Wertgedanke in der europäischen Geistesentwicklung«, 1932; »Dämonie des Willens«, 1947; »Von Dionysos zu Apollon. Der Aufstieg im Geiste«, 1948; »Goethe. Sinnerfahrung und Daseinsdeutung«, 1968; »Philosophie des lebendigen Geistes in der Krise der Gegenwart«, 1977.

Robinet, Jean Baptiste: 1735 bis 1820, frz. Philosoph und Naturforscher, lehrte die fortschreitende Entwicklung der → Natur hin zum → Menschen, deren Ursache allerdings unerkennbar sei. *Hw.:* »De la nature«, 4 Bde., 1761–68; »Considérations, philosophiques sur la gradation naturelle«, 1768; »Les vertus, réflexions morales en vers«, 1814.

Romantik: Die in Deutschland in der ersten Hälfte des 19. Jhs. vorherrschende Strömung, die sich vom empirisch-rationalen Denken der → Aufklärung ab- und verschiedenen idealistischen sowie irrationalen Vorstellungen mit teilweise religiösen Inhalten zuwandte. Obwohl die romantische Philosophie einige Ansätze aus dem Deutschen → Idealismus, insbesondere → Fichtes, → Hegels und → Goethes bezog, liegt der Grund für ihre gewollte Weltferne eher wohl in der allgemein deprimierten Stimmung der Restaurationszeit nach 1815, in der mindestens das Bürgertum seine Fortschrittshoffnungen für einige Jahrzehnte begraben mußte, aber auch in den sich zusammenbrauenden sozialen Folgen der Industriellen Revolution. Hauptvertreter: → Baader, die Brüder → Schlegel, der späte → Schelling, auch → Schopenhauer.

Rombach, Heinrich: Geb. 1923, dt. Philosoph, besonders → Wissenschaftstheoretiker, entwarf eine → Strukturontologie, als interdisziplinäre Grundlage der Wissenschaft. *Hw.:* »Über Ursprung und Wesen der Frage«, 1954; »Substanz, System, Struktur – zur Ontologie des Funktionalismus«, 2 Bde., 1955–66; »Die Frage nach dem Menschen«, 1967; »Strukturontologie, eine Phänomenologie der Freiheit«, 1971; »Wissenschaftstheorie (Hrsg.)«, 2 Bde., 1974; »Leben des Geistes«, 1978.

Roscelinus, Johannes: Ca. 1050 bis 1120 oder 1125, frühscholastischer → Nominalist. → Universalienstreit

Rosenkranz, Karl: 1805–1879, dt. Philosoph, → Althegelianer, prägte → Hegels System theistisch um. *Hw.:* »Meine Reform der Hegelschen Philosophie«, 1852; »Ästhetik des Häßlichen«,1853; »Hegel als Naturphilosoph«, 1870.

Rothacker, Erich: 1888–1965, dt. Philosoph und Psychologe, von → Dilthey und der → Historischen Schule beeinflußt, entwickelte eine anthropologisch ausgerichtete Kulturphilosophie. *Hw.:* »Einleitung in die Geisteswissenschaft«, 1920; »Logik und Systematik der Geisteswissenschaften«, 1926; »Die

Schichten der Persönlichkeit«, 1938; »Probleme der Kulturanthropologie«, 1935; »Zur Genealogie des menschlichen Bewußtseins«, 1966; »Gedanken über M. Heidegger«, 1970.

Rousseau, Jean-Jacques: 1712 bis 1778, frz.-schweizer. Philosoph, geistiger Wegbereiter der Französischen Revolution und der Romantik, gab dem politischen und pädagogischen Denken weitreichende Impulse. Die Menschheit hat sich zunächst in einem glücklichen natürlichen Urzustand befunden, der durch Fortschritt und Vergesellschaftung zerstört wurde. Durch Rückbesinnung auf die Werte dieses Urzustandes (Freiheit, Unschuld, Tugend) kann die fatale zivilisatorische Entwicklung gemildert werden. (Der populäre Slogan: »Zurück zur Natur« ist von Rousseau nicht einmal der Sache nach vertreten worden!) Immerhin kann durch den Gesellschaftsvertrag – eine freie, widerrufliche Vereinbarung – allgemein natürliche Rechtsgleichheit hergestellt werden. Die Erziehung hat die Aufgabe, den guten, natürlichen Anlagen zur Entfaltung zu verhelfen und Hindernisse zu beseitigen. *Hw.:* »Emile oder über die Erziehung«, 1762; »Über den Gesellschaftsvertrag«, 1762; »Bekenntnisse«, 1781–88; »Discours sur les arts et les sciences«, 1750; »Discours sur l'origine et les fondements de l'inégalité parmi les hommes«, 1753.

Royce, Josiah: 1855–1916, amerik. Philosoph. Wesentlich vom deutschen → Idealismus beeinflußt, betrachtete er die Welt als geistig-personales Gebilde, an dem der einzelne Geist, mit völliger Willensfreiheit ausgestattet, teilhat. *Hw.:* »The Conception of God«, 1897; »Problem of Truth«, 1908; »The World and the Individual«, 2 Bde., 1900–1902; »The Sources of Religious Insight«, 1912; »The Problem of Christianity«, 1913; »The Hope of the Great Community«, 1916; »Lectures of Modern Idealism«, 1919.

Ruskin, John: 1819–1900, engl. Sozialreformer und → Kunstphilosoph; glaubte, daß der Mensch durch die Industrie verkrüppelt werde und sein Menschentum verliere; propagierte die handwerkliche Arbeit gegenüber der industriellen. Seine Ästhetik beruht auf einem emotionalen nostalgischen Humanismus. *Hw.:* »The Stones of Venice«, 3 Bde., 1851–53; »The Political Economy of Art«, 1857; »Unto This Last«, 1860; »Time and Tide«, 1867; »Munera Pulveris«, 1872.

Russell, Lord Bertrand: 1872 bis 1970, engl. (walisischer) Mathematiker und Philosoph, sozialkritischer Schriftsteller, politischer → Moralist und skeptischer → Realist. Die Welt besteht nach R. aus der Verknüpfung von Sinnesdaten (logischer → Atomismus). Durch Untersuchung von → Relationen und Aussagen darüber versuchte er, dem Problem der → Wahrheit näherzukommen. Zusammen mit → Whitehead arbeitete R. an der logischen Fundierung der → Mathematik sowie am Ausbau der Mengenlehre. R.s Paradox besagt, daß der Begriff der Menge aller Mengen, die sich selbst nicht als Element enthalten, zu einem Widerspruch führt, da sich diese Menge sowohl selbst enthält, als nicht enthält. Eine etwas populärere Formulierung des Problems ist der »Barbier von Sevilla«; → Selbstbezug. Als engagierter → Pazifist rief R. im Ersten Weltkrieg zur Kriegsdienstverweigerung auf, was seine Inhaftierung zur Folge hatte. Luxus- und Kriegsproduktion erschienen ihm ebenso überflüssig wie Müßiggang; so gelangte er, ähnlich wie → Morus und → Campanella, zur Vorstellung eines Gesellschaftssystems, das einen Arbeitstag von maximal 4 Stunden erfordert. In seinen letzten Jahren gründete er das R.-Tribunal, eine öffentliche, internationale Versammlung von Wissenschaftlern, Journalisten und politisch oder philosophisch interessierten Privatleuten, die in unregelmäßigen Abständen Verletzungen des Völker- und Menschenrechtes untersucht. Das erste R.-Tribunal fand 1967 über die amerikanische Intervention in Vietnam statt. R. verurteilte ebenso den sowjetischen Einmarsch in die ČSSR wie die Vertreibung und Unterdrückung der Palästinenser durch Israel. *Hw.:* »Principia mathematica (mit Whitehead)«, 3 Bde., 1910–13; »The Problems of Philosophy«, 1912; »Our Knowledge of the External World«, 1914; »The Analysis of Mind«, 1921; »The Prospects of Industrial Civilization«, 1923; »ABC of Relativity«, 1925; »The Analysis of Matter«, 1927; »An Inquiry into Meaning and Truth«, 1940; »A History of Western Philosophy«, 1946; »Physics and Experience«, 1946; »Power. A New Social Analysis«, 1946; »Human Knowledge; its Scope and Limits«, 1948; »Dictionary of Mind, Matter and Morals«, 1952; »Human Society in Ethics and Politics«, 1954; »Die Entwicklung meines Denkens«, 1973.

Ryle, Gilbert: 1900–1976, engl. Philosoph der Oxforder Schule, Sprach- und Erkenntnistheoretiker. *Hw.:* »The Concept of Mind«, 1949; »Dilemmas«, 1954.

S

Sachverhalt: In der Logik die Beziehung zwischen einem Gegenstand und einer typischen Eigenschaft, Beschaffenheit.

Saint-Simon, Claude Henri de Rouvroy, Graf von: 1760–1825, frz. → Sozialphilosoph, entwickelte Reformideen auf der Grundlage der Industriellen Revolution, verlangte u. a., daß die Großindustriellen für den Wohlstand der Arbeiter sorgen sollten, wollte die Ausbeutung durch eine Einschränkung des Privateigentums überwinden. Die von S. gegründete Schule führte seine Ideen fort; sie gelangte zur Forderung nach Umwandlung des Privat- in gesellschaftliches Eigentum, Abschaffung des Erbrechts und Leitung der Wirtschaft durch eine Zentralbank. S. gilt als ein Vorläufer des → Marxismus. *Hw.:* »Catéchisme des industriels«, 1823; »Nouveau christianisme«, 1825; »Réorganisation de la société européenne«, 1814; »L'organisateur«, 1820.

Samkhya: Ein System der indischen Philosophie, das auf der Trennung von purusha (Geist) und prakriti (Materie) beruht. Während der Geist passiv betrachtend bleibt, bewirkt die Materie alle Lebensvorgänge.

Sansara: In der indischen Philosophie der ewige Kreislauf von Geburt, Tod und Wiedergeburt, der nur durch das Eingehen ins → Nirwana beendet werden kann.

Santayana, George: 1863–1952, span.-amerik. Dichter und Philosoph, lehrt, daß das erkennende Subjekt von der objektiven Realität nur perspektivisch verzerrte Bilder, subjektive Eindrücke erhält, weshalb Aussagen über die Materie nicht möglich sind. *Hw.:* »The Life of Reason or the Faces of Human Progress: Reason in Common Sense, in Society, in Religion, in Art, in Science«, 5 Bde., 1905–06; »Realms of Being, I: The Realm of Essence«, 1928; »II: The Realm of Matter«, 1930; »III: The Realm of Truth«, 1938; »IV: The Realm of Spirit«, 1940; »V: The Realm of Being«, 1955; »Atoms of Thought«, 1950.

Sartre, Jean-Paul: 1905–1980, frz. Philosoph, bedeutendster Vertreter des → Existentialismus, zumindest in Frankreich. Der Mensch ist, wozu er sich macht. Die Bestimmung des Individuums durch Anlagen oder Umwelt ist nur eine feige Ausrede. Die Umwelt ist dem Menschen gegenüber gleichgültig, so ist er wie zufällig in der Welt und daher frei. Das »Nichts« als Denkinhalt macht den Menschen frei vom Druck des Seins; der Ekel vor dem Naturhaften adelt ihn. Im II. Weltkrieg war S. in der französischen Résistance aktiv. Danach bemühte er sich um eine Auseinandersetzung mit dem Marxismus, die aber nie zur Verschmelzung mit diesem führte. Seit 1968 wurde S. zum intellektuellen Begleiter der neuen undogmatischen Linken. Die von ihm herausgegebene Zeitschrift »La cause du peuple«, »Sache des Volkes«, diente als Diskussionsforum derselben. Im letzten Jahrzehnt seines Lebens gewinnen so gesellschaftliche Probleme gegenüber dem Individualismus der frühen Phase an Bedeutung. Revolutionäre Gewalt sah S. in seiner Spätphase als Gegengewalt an, die durch die alltägliche Gewalt des kapitalistischen Systems hervorgerufen wird. *Hw.:* »L'être et le néant«, 1943; »L'existentialisme est un humanisme«, 1956; »Situations«, 7 Bde. 1957–65; »Critique de la raison dialectique«, 1960; »La transcendance de l'égo«, 1965; »L'idiot de la famille«, 2 Bde., 1971; »Plaidoyer pour les intellectuels«, 1972.

Satz: In der klassischen Logik als → Aussagesatz die sprachliche Form des → Urteils. Mathematische Logik: Bestandteil einer Theorie, z. B. vom → Ausgeschlossenen Dritten.

Savigny, Friedrich Karl von: 1779–1861, Jurist, Begründer der historischen Rechtsschule. *Hw.:* »Vom Berufe unserer Zeit für Gesetzgebung und Rechtswissenschaft«, 1815.

Schaff, Adam: Geb. 1913, Philosoph, dem → Marxismus nahestehender Erkenntnis- und Sprachtheoretiker. *Hw.:* »Marxismus und das menschliche Individuum«, 1965; »Sprache und Erkenntnis«, 1966; »Einführung in die Semantik«, 1969; »Geschichte und Wahrheit«, 1970; »Entfremdung als soziales Phänomen«, 1977.

Schein: Falsche → Widerspiegelung der Struktur des Dings im → Bewußtsein, beruht darauf, daß die Erscheinungsform des Dings mit seinem → Wesen gleichgesetzt wird, so daß das Subjekt glaubt, das Wesen des Gegenstands erkannt zu haben.

Scheinproblem: In der → neupositivistischen Analytischen Philosophie ein Problem, das sich nicht durch Beobachtung entscheiden läßt.

Scheler, Max: 1874–1928, dt. Philosoph, Schüler → Euckens und → Husserls, vollzog unter Beibehaltung der → phänomenologischen Methode einen allmählichen Übergang von einer christlich- → theistischen zu einer → pantheistischen, manchmal auch → atheistischen Position. Die Phänomenologie wandte er auf zahlreiche Gebiete an, u. a. Ethik, Kulturphilosophie, Psychologie und Soziologie. Besonders stark wirkte S.s »materiale Wertethik«, die dem ethischen → Formalismus gegenübergestellt wurde. Werte sind demnach unveränderliche Wesenheiten mit absoluter Geltung, die nach Maßgabe der gesellschaftlichen Umstände intuitiv erfaßt, aber auch blockiert werden können. S.s Anthropologie ist → dualistisch: Geist und Trieb stehen bedingungslos nebeneinander, wobei die intellektuelle Bevormundung des Trieblebens einem harmonischen Ausgleich Platz machen müsse. Die Realität besteht aus verschiedenen Welten mit verschiedenen Gesetzen, die vom Menschen erfaßt werden können. S.s Lehre beeinflußte u. a. Nicolai → Hartmann. *Hw.:* »Der Formalismus in der Ethik und die materiale Wertethik«, 1913–16; »Vom Ewigen im Menschen«, 1921; »Die Formen des Wissens und die Bildung«, 1925; »Die Wissensformen und die Gesellschaft«, 1926; »Die Stellung des Menschen im Kosmos«, 1929; »Philosophische Weltanschauung«, 1929; »Zur Ethik und Erkenntnislehre«, I. Band 1933. »Logik«, 1976; »Erkenntnis und Arbeit«, 1977.

Schelling, Friedrich Wilhelm Joseph von: 1775–1854, dt. Philosoph, zunächst dem deutschen → Idealismus, dann der → Romantik verhaftet. S.s Naturphilosophie kreist um die Identität von Natur und Geist, wobei er begrifflich sowohl von der Natur zum Geist aufsteigend, als auch entgegengesetzt absteigend vorgeht. Alle Gegensätze, wie Subjekt – Objekt, Ideales – Reales, sind in dieser Identität aufgehoben. In zunehmendem Maß entwickelt S. aus diesem Ansatz eine → theistische Religionsphilosophie, die er als positive Philosophie der Offenbarung der »negativen« Hegelschen Philosophie der Vernunft entgegenstellen will. In seinen späteren Jahren gibt er sich mystischen, von außen kaum noch durchschaubaren Phantasien hin. *Hw.:* »Ideen zu einer Philosophie der Natur«, 1797; »Von der Weltseele«, 1798; »System des transzendentalen Idealismus«, 1800; »Über das Wesen der menschlichen Freiheit«, 1809; »Philosophie der Mythologie und Offenbarung« (Gesamtausgabe in 14 Bdn.), 1956–61.

Schichtenontologie: Auf → Aristoteles zurückgehendes Bemühen, für die Welt oder die menschliche Persönlichkeit einen Schichtenaufbau nachzuweisen. Im 20. Jh. besonders von N. → Hartmann entwickelt. Die jeweils höhere Schicht beruht in der Regel auf der tieferen, ohne durch sie streng determiniert zu sein.

Schiller, Ferdinand Canning Scott: 1864–1937, engl. Philosoph, ein Hauptvertreter des → Pragmatismus in Großbritannien, bezeichnete seinen personalistischen Standpunkt als → Humanismus, wobei der handelnde Mensch und die Erfordernisse seiner Praxis Maßstab der Wahrheit sind. *Hw.:* »Humanism«, 1903; »Studies in Humanism«, 1907; »Formal Logic«, 1912; »Our Human Truth«, 1939; »The Economical Doctrine of the Concept«, 1925.

Schiller, Friedrich: 1759–1805, dt. Dichter und Philosoph; vom → Rationalismus und → Rousseau beeinflußt, setzte sich besonders mit → Kant auseinander, widersprach aber dessen Verabsolutierung der Pflicht, die unnötig ist, da der Mensch die Anlage zum Idealen in sich trägt. Breiten Raum nehmen Schillers Schriften zur → Ästhetik ein, in denen er eine Fülle grundsätzlicher Themen abhandelt. Die Einheit von Form und Inhalt des Kunstwerks zeigt dem Menschen die Freiheit als seine wahre Bestimmung; Kunst ist daher Erziehung. *Philosophische Hw.:* »Über den Grund unseres Vergnügens an tragischen Gegenständen«, 1792; »Über Anmut und Würde«, 1793; »Briefe über die ästhetische Erziehung des Menschen«, 1795; »Über das Erhabene«, 1801; »Über das Pathetische«, 1801; »Gedanken über den Gebrauch des Gemeinen und Niedrigen in der Kunst«, 1802.

Schlegel, Friedrich: 1772–1829, dt. Dichter der → Romantik, fordert nach anfänglich → humanistischer Verklärung des Christentums die Unterwerfung der Vernunft unter die katholischen Dogmen, neben denen in begrenztem Ausmaß nur noch mystische Phantasien zulässig sind. *Hw.:* »Philosophie des Lebens«, 1828; »Philosophie der Geschichte«, 1829; »Philosophie der Sprache und des Wortes«, 1830.

Schleiermacher, Friedrich Ernst Daniel: 1768–1834, protestantischer Theologe und Philosoph. Sowohl dem deutschen → Idealismus als auch der → Aufklärung zugehörig, wandte sich S. gegen den → Rationalismus sowie gegen die vernunftmäßige Philosophie von → Kant und → Fichte, aber auch gegen den orthodoxen Protestantismus. In Gott als dem Absoluten sind alle Gegensätze, die die Welt bestimmen, aufgehoben. Von Gott ist alles abhängig. Das → Individuum muß die ideal in ihm vorhandenen Anlagen entfalten; die Ethik richtet das Handeln zum Reich Gottes hin aus. *Hw.:* »Reden über die Religion an die Gebildeten unter ihren Verächtern«, 1799; »Grundlinien einer Kritik der bisherigen Sittenlehre«, 1803; »Der christliche Glaube nach den Grundsätzen der evangelischen Kirche«, 2 Bde., 1821; »Grundriß der philosophischen Ethik«, 1841; »Dialektik«, 1839.

Schlick, Moritz: 1882–1936, Physiker und Philosoph, Begründer des → Wiener Kreises des → Neupositivismus, v. a. Erkenntnistheoretiker. → Erkenntnis beruht auf → Erfahrung; die Regeln der → Logik und → Mathematik sind → tautologisch und beinhalten keine Erkenntnisse. Aufgabe der Philosophie ist es, die wissenschaftlichen Begriffe zu analysieren und widerspruchsfrei zu fassen. S. versucht auch, die → Ethik auf Erfahrung zu gründen, womit er zu einem → eudaimonistischen Standpunkt gelangt, der dem »Willen zum Glück« besondere Rechnung trägt. *Hw.:* »Allgemeine Erkenntnislehre«, 1918; »Vom Sinn des Lebens«, 1927; »Fragen der Ethik«, 1930; »Grundzüge der Naturphilosophie«, 1948; »Natur und Kultur«, 1952; »Aphorismen«, 1962; »Problems of Ethics«, 1962.

Schluß: Übergang von der einzelnen zur besonderen und allgemeinen Erkenntnis (→ Induktion) und umgekehrt (→ Deduktion). Auf dem Wege der Induktion werden neue Theorien geschaffen und mittels → Deduktion auf den Einzelfall angewandt. Ein großartiger Induktionss. war die Ableitung der Keplerschen Gesetze aus einer Vielzahl von astronomischen Beobachtungen. Der Deduktionss. wird meist als → Syllogismus bezeichnet.

Schmidt, Alfred: Geb. 1931, dt. Philosoph, der die kritische Theorie der → Frankfurter Schule weiterzuentwickeln sucht und sich besonders mit erkenntnistheoretischen Problemen des → Materialismus befaßt. S. sieht einen prinzipiellen Unterschied zwischen der Position von → Marx und dem Dialektischen Materialismus, da Marx die → Dialektik nicht als grundlegendes Naturprinzip, sondern lediglich als menschlich-geistige Struktur angesehen habe. *Hw.:* »Der Begriff der Natur in der Lehre von Marx«, 2. Aufl., 1974; »Geschichte und Struktur – Fragen einer marxistischen Historik«, 3. Aufl. 1977; »Die kritische Theorie als Geschichtsphilosophie«, 1976; »Drei Studien über Materialismus«, 1977.

Scholastik: Mittelalterliche Schulphilosophie, die ursprünglich der rationalen Begründung der christlich-kirchlichen Dogmen diente. Der Welt abgewandt, praxis- und erfahrungsfeindlich, konnte die scholastische Philosophie als Kriterium der Wahrheit nur auf die formale Logik sowie auf die Schriften von Autoritäten, die frei gedeutet wurden, zurückgreifen. Als Beweis allgemein zulässig waren Bibelzitate und die Schriften des → Aristoteles, die allerdings nur auszugsweise und in lateinischer Übersetzung aus der islamischen Welt in das christliche Europa gelangt waren. Die meist spitzfindig-abstrakt geführten Disputationen, unter ihnen der → Universalienstreit, führten um 1200 zu der Einsicht, daß die Glaubensinhalte mit der Vernunft nicht zu stürzen waren, woraus die Lehre von der doppelten Wahrheit, der Trennung von Wissen und Glauben, folgte. Seit etwa 1400 wandten sich die Gelehrten, wie schon in der Antike, wieder mehr der Welt außerhalb der Studierstuben zu, so daß auf der einen Seite Experiment und Erfahrung, auf der anderen die → Mystik zum Verfall des scholastischen Denkens beitrug. *Frühscholastik,* ca. 800–1200, Eriugena, Abaelard, Anselm von Canterbury, Damiani, Bernhard von Chartres u. a. *Hochscholastik,* 1200–1400, Albertus Magnus, Thomas von Aquin, Ockham. *Spätscholastik,* 1400–1500, Nikolaus von Kues, Nikolaus von Oresme. Seit Ende des 19. Jhs. wurde die scholastische Tradition als *Neuscholastik* zur offiziellen katholischen Philosophie. Ansonsten hat die S. seit Beginn der Neuzeit an Bedeutung verloren.

Scholz, Heinrich: 1884–1956, dt. Theologe, → Religionsphilosoph, sucht die → Metaphysik strikt logisch zu fundieren. *Hw.:* »Der Unsterblichkeitsgedanke als philosophisches Problem«, 1920; »Religionsphilosophie«, 1921; »Geschichte der Logik«, 1931; »Der platonische Philosoph auf der Höhe des Lebens und im Anblick des Todes«, 1931; »Logistik«, 1933; »Metaphysik als strenge Wissenschaft«, 1941; »Vorlesungen über die Grundzüge der mathematischen Logik«, 2 Bde., 1948–49; »Mathesis universalis«, 1961.

Schönheit: Ästhetische Grundkategorie. S. ruft nach Kant »interesseloses Wohlgefallen« hervor. Formal beruht S. auf dem harmonischen Zusammenhang von Teil und Ganzem, von Form und Inhalt. S. wird teils objektiv als Eigenschaft des Kunstwerks bzw. des schönen Etwas, teils als Übereinstimmung von Subjekt und Objekt gewertet.

Schopenhauer, Arthur: 1788 bis 1860, dt. Philosoph, sah im Anschluß an → Kant das Ding-an-sich als unerkennbar an; die Welt ist Vorstellung des menschlichen Subjekts. Nicht → Geist und → Materie sind die Grundlagen der Realität, sondern der Wille, der bei S. zu einem → metaphysischen Prinzip außerhalb von Raum und Zeit wird. Das Leben ist Leiden (S.s eigenes Leben war es wohl auch; er wurde »der Philosoph der schlechten Laune« genannt), durch den Willen immer weiter vorangetrieben. Erlösung gibt es vorübergehend durch Kunstgenuß, endgültig nur durch Abtötung des Lebenswillens. *Hw.:* »Die Welt als Wille und Vorstellung«, 1819; »Über den Willen in der Natur«, 1836; »Die beiden Grundprobleme der Ethik«, 1841; »Parerga und Paralipomena«, 2 Bde., 1851.

Schöpfung: Hervorbringen der → Materie in quantitativer bzw. qualitativer Hinsicht. Der christliche Schöpfungsglaube enthielt beide Seiten: Vorhandensein des Universums wurde als S. aus dem Nichts erklärt, auf die dann die S. der Formen und Qualitäten der Natur folgte. Der quantitative Aspekt ist naturwissenschaftlich durch die → Erhaltungssätze der Physik, der qualitative durch die → Evolutionstheorie angefochten worden.

Schottische Schule: Im 18. und 19. Jh. die besonders von → Reid und → Hamilton vertretene Hervorhebung des gesunden Menschenverstandes (→ common sense als positive Erkenntnis) gegen den französischen → Rationalismus und den → Skeptizismus → Humes.

Schrödinger, Erwin: 1887–1961, österr. Physiker, Begründer der Wellenmechanik, die der Matrizenmechanik von Heisenberg, Born und Jordan mathematisch äquivalent ist. S. war ein Gegner der → Kopenhagener Deutung der Quantentheorie. Um zu zeigen, daß deren philosophische Konsequenzen ins Absurde führen, erfand er das Paradoxon der »Schrödingerschen Katze«: Eine Katze sitzt in einem hermetisch abgeschlossenen einsehbaren Kasten. Auf sie ist ein Gewehr gerichtet, das von außen abgefeuert werden kann; dies geschieht durch einen Mechanismus, der von einem Sensor ausgelöst wird. Der Sensor reagiert auf Zerfallspartikel einer radioaktiven Substanz. Die

Kopenhagener Deutung sah vor, daß jedes einzelne Zerfallsteilchen statistisch über den Raum verschmiert ist. Es hat keinen Ort im klassischen Sinn; die Wahrscheinlichkeitsfunktion seines Ortes hat nichts mit der Unkenntnis des Beobachters zu tun, sondern beschreibt den objektiven Sachverhalt. S. fragte, was mit der Katze sei, wenn man wisse, daß im Mittel etwa alle 30 Minuten ein Partikel ausgesandt werde. Da das Teilchen selbst der Wahrscheinlichkeitsfunktion unterliege, könne es auch keinen Zeitpunkt des Schusses geben, die Katze sei also stets in einem Wahrscheinlichkeitszustand zwischen Leben und Tod, der sich allmählich vom einen zum anderen verschiebt. *Hw.:* »Abhandlungen zur Wellenmechanik«, 1927; »Vier Vorlesungen über Wellenmechanik«, 1928; »Zur Kritik der naturwissenschaftlichen Erkenntnis«, 1932; »Was ist Leben«, 1946; »Space, Time, Structure«, 1950; »Briefe zur Wellenmechanik«, 1963; »Geist und Materie«, 1965.

Schröter, Ernst Manfred: 1880 bis 1973, dt. Philosoph, Kulturwissenschaftler und -theoretiker, Technikphilosoph. *Hw.:* »Der Ausgangspunkt der Metaphysik Schellings«, 1908; »Die Kulturmöglichkeiten der Technik als Formproblem«, 1920; »Philosophie und Technik«, 1934; »Metaphysik des Untergangs«, 1949.

Schulze, Gottlob Ernst (Pseudonym Aenisidemus): 1761–1833, dt. Philosoph, → Skeptiker, der gegen → Kant die Position → Humes verteidigt. *Hw.:* »Aenisidemus oder die Verteidigung des Skeptizismus gegen die Anmaßungen der Vernunftkritik«, 1792; »Kritik der theoretischen Philosophie«, 2 Bde. 1801; »Enzyklopädie der philosophischen Wissenschaften«, 1814; »Über die menschliche Erkenntnis«, 1832.

Schuppe, Wilhelm: 1836–1913, dt. Philosoph; die Realität existiert nur als Bewußtseinsinhalt (Immanenzphilosophie). *Hw.:* »Erkenntnistheoretische Logik«, 1878; »Grundzüge der Ethik und Rechtsphilosophie«, 1882; »Grundriß der Erkenntnistheorie und Logik«, 1894; »Die immanente Philosophie«, 1897; »Das Problem der Verantwortlichkeit«, 1913; »Allgemeine Rechtslehre«, 1936.

Schweitzer, Albert: 1875–1965, dt. Arzt, protestantischer Theologe, Philosoph und Musiker. S. leistete einen wesentlichen Beitrag zur Leben-Jesu-Forschung des 19. Jhs. durch seine Theorie, Jesus habe das Reich Gottes noch zu Lebzeiten erwartet. Nach einer Phase der Enttäuschung sei dann die ursprüngliche christliche Lehre von Paulus und der Kirche umgearbeitet und systematisiert worden. Gemäß seinem ethischen Grundsatz »Ehrfurcht vor dem Leben« leitete er in Lambarene, Gabun, seit 1927 ein Urwaldkrankenhaus, das von seinen Anhängern später weitergeführt wurde, jedoch in Afrika nicht nur ungeteilten Beifall fand. *Hw.:* »Geschichte der Leben-Jesu-Forschung«, 1906; »Deutsche und französische Orgelbaukunst und Orgelkunst«, 1906; »Geschichte der Paulinischen Forschung«, 1911; »Zwischen Wasser und Urwald«, 1921; »Das Christentum und die Weltreligion«, 1924; »Kulturphilosophie«, 2 Tle., 1923–25; »Die Weltanschauung der indischen Denker«, 1935; »Afrikanische Geschichten«, 1936.

Sciacca, Michele Federico: 1908 bis 1975, ital. Philosoph, versucht die → idealistische Immanenzphilosophie durch deren innere Widersprüche zu überwinden. Zentraler Begriff seiner Erkenntnistheorie ist die Wahrheit, die er für intuitiv erfaßbar hält. *Hw.:* »Il secolo XX«, 2. Aufl. 1947; »Filosofia e metafisica«, 1950; »Intériorité objective«, 1952; »Das Wesen des Seins und die Dialektik seiner Formen«, 1959; »Filosofia e Antifilosofia«, 2. Aufl. 1971; »L'Oscuramento dell' intelligenza«, 2. Aufl. 1971; »Ontologia triadica e trinitaria«, 1972.

Seele: Polarer Gegenbegriff: Leib. Vieldeutiger Begriff. 1.) Gesamtheit von Eigenschaften, nämlich alle Gefühle, Wahrnehmungen, Erlebnisweisen, Denk- und Handlungsneigungen, Charaktereigenschaften. 2.) In der antiken Philosophie auch das, was den lebendigen vom toten Leib unterscheidet, und das, was – zumindest in der Sicht vieler Weltreligionen – auch unabhängig vom Leib existieren kann. Materialistisch wird die Seele entweder als stoffliches Gebilde (→ Demokrit, → Epikur) oder als materielle Struktur im Organismus verstanden; idealistisch dagegen als selbständige, immaterielle, oft unsterbliche Wesenheit. Der Panpsychismus sieht die ganze Welt als Erscheinungsform der Seele an.

Sein: Vieldeutiger Begriff, je nach Auffassung *Ggt.* zu → Nichts, → Werden, → Schein, → Denken, → Idee, Sollen, Wollen. Theorien über das Sein im umfassenden Sinne – alles, was ist – sind Gegenstand der → Ontologie (Seinslehre), die meist als Teilgebiet der Metaphysik verstanden wird. Hegel kritisiert den metaphysischen Seinsbegriff, da er als alles umfassender, allgemeinster Begriff nichts aussage, daher inhaltsgleich mit dem Begriff des Nichts sei. Erst die Einheit von Sein und Nichts, das Werden, ist als Begriff faßbar.

Selbst: Der Kern der Persönlichkeit und seine Erscheinungsform, wie sie im eigenen Bewußtsein und Erleben widergespiegelt wird. Der Begriff ist gegenüber »Ich«, »Person« und »Persönlichkeit« nicht scharf abgegrenzt, doch hat er meist reflexive Bedeutung.

Selbstbezug: Die Einwirkung eines Subjekts auf sich selbst, so daß es gleichermaßen Subjekt wie Objekt ist. S. liegt schon da vor, wo ein System bestrebt ist, einen Gleichgewichtszustand aufrechtzuerhalten. Es handelt sich also um ein universelles Phänomen: Neue Taten planen ist ebenso S. wie Zähneputzen, Lernen oder sich erinnern. Insofern der Mensch einen Teil der Natur bildet, ist jede menschliche Arbeit, von der Natur aus gesehen, reiner S. S. ist für den Menschen tatsächlich zwar etwas Alltägliches, doch eignet sich weder die formale Logik noch die Sprache dazu, derartige Beziehungen direkt auszudrücken, wie z. B. das griechische Paradoxon vom Kreter zeigt, der als großartiger, wenn auch nicht notorischer Lügner bekannt war. Wenn er sagt: »Dieser Satz ist gelogen« – stimmt das hier, oder ist es gelogen? Ähnlich verhält es sich mit dem mittelalterlichen Argument gegen die Allmacht Gottes: Der Teufel bittet Gott, einen Felsen zu schaffen, der so schwer ist, daß er ihn selbst nicht mehr aufheben kann. Oder → Russells Paradoxon in leicht verdaulicher Fassung: Der Barbier von Sevilla rasiert alle Männer von Sevilla, die sich nicht selbst rasieren: Was tut er mit seinem eigenen Bart? Rasiert er sich, dann gehört er zu den Männern, die sich selbst rasieren, woraus folgt . . . und umgekehrt. Kann schließlich ein genialer Philosoph seine nächsten Erlebnisse vorausberechnen, müßte er dann nicht das Ergebnis der Berechnungen vorausberechnen? Mit zwei verschiedenen logischen und sprachlichen Ebenen, wie Russell meint, ist hier nichts gewonnen, denn jede Metaebene würde eine weitere Metaebene erforderlich machen.

Selbstorganisation: Der Aufbau bestimmter Strukturen ohne äußeres Zutun, allein aus einer bestimmten systematischen Wechselwirkung zwischen den beteiligten Elementen. Z. B. das Verhalten eines Fischschwarms, der Aufbau komplexer Biomoleküle, das Verhalten von Individuen in Kollektiven etc.

Selektion: Auswahl. In der Evolutionstheorie *Ggt.* zu → Mutation. Die Theorie von der S. beruht zunächst auf der beobachteten Tatsache, daß bestimmte Lebewesen jeweils nur während eines bestimmten historischen Zeitraums nachweisbar sind. Bestimmte Eigenschaften sind unter gegebenen Bedingungen offensichtlich vorteilhafter als andere. »Vorteil« ist hier kein Vorteil für das Individuum, sondern für die Erhaltung und Verbreitung einer bestimmten Erbinformation. Die S. filtert also aus der Fülle der lebensfähigen Mutanten diejenigen heraus, die sich gegenüber konkurrierenden Typen jeweils nachhaltiger vermehren.

Semantik: 1.) Gleichbedeutend mit Semiotik; 2.) ein Teilgebiet der → Semiotik.

Semiotik: In der modernen Logik die Theorie der Zeichen, gegliedert in 1.) Syntax, die Lehre von den Beziehungen der Zeichen untereinander, den Regeln ihrer Verknüpfung miteinander; 2.) Semantik, Beziehung der Zeichen zum Gegenstand, Bedeutung; 3.) Pragmatik, Beziehung der Zeichen zum Sender und Empfänger.

Seneca, Lucius Annaeus der Jüngere: 4 v. – 65 n. Chr., röm. Dichter und von der → Stoa beeinflußter Philosoph, verlangt sittliches Verhalten, insbesondere Strenge, aber auch Treue zu sich selbst sowie Menschlichkeit gegenüber anderen. In S.s Philosophie erscheinen ähnliche Ideen wie in den Evangelien, was aber keiner gegenseitigen Beeinflussung, sondern der Eigenart des Zeitgeistes zuzuschreiben ist.

Senghor, Leopold Sedar: Geb. 1906, afrik. Dichter und Politiker, begründete den Gedanken der »Négritude«, eines afrikanischen kulturellen Selbstbewußtseins, das sich von den ideologischen Einflüssen des europäischen (Neo-)Kolonialismus freizumachen beginnt, aber noch auf traditionelle humanistische und sozialistische Ideen zurückgreift. *Hw.:* »Nation et voie africaine du socialisme«, 1961; »Négritude et humanisme«, 1964; »Teilhard de Chardin et la politique africaine«, 1962.

Sensualismus: Erkenntnistheoretischer Standpunkt, demzufolge die sinnliche Wahrnehmung die Grundlage aller Erkenntnis ist. In scharfer Form von → Locke formuliert: Nichts ist im Verstand, was nicht vorher in den Sinnen war.

Seuse (Suso), Heinrich: 1300 bis 1366, dt. Philosoph, Dominikaner, Mystiker, Schüler Meister → Eckharts.

Sextus Empiricus: Ca. 200 n. Chr., griech. Philosoph und → Skeptiker. S.E.s Schriften sind wegen der Wiedergabe verschiedener skeptischer Positionen, z. B. des → Protagoras, eine ergiebige Quelle. *Hw.:* »Pyrrhonische Grundzüge« und »Gegen die Mathematiker«.

Shaftesbury, Antony Ashley Cooper, Earl of: 1671–1713, engl. Philosoph, einflußreicher → Moralist, → Ethiker und → Ästhetiker. Sittlichkeit entspringt aus menschlichen Anlagen, sie läßt sich nicht durch Belohnung oder Bestrafung erreichen. Das Gefühl für das Gute führt zu dessen Erkenntnis. → Ethik und → Ästhetik sind bei S. eng verbunden, so daß die Ordnung des gesellschaftlichen Lebens mit den ästhetischen Kategorien des Guten und Schönen dargestellt werden kann. S. beeinflußte → Herder, → Rousseau, → Goethe und → Schiller. *Hw.:* »Characteristics of Men, Manners, Opinions, Times«, 3 Bde., 1711.

Sic et non: So und nicht so, Ja und Nein; von → Abaelard geprägte Formel für die → scholastische Methode, zu einer Frage möglichst gegenläufige Meinungen verschiedener Autoritäten zu zitieren.

Sieben Weise: Im alten Griechenland sieben Staatsmänner und Philosophen, denen bestimmte prägnant formulierte Lebensregeln zugeschrieben werden: U. a. Thales von Milet (»Erkenne dich selbst«.), Pittakos (»Alles im richtigen Augenblick«.), Solon (»Nichts im Übermaß«.).

Siger von Brabant: Ca. 1235 bis 1282, führender Averroist an der Pariser Universität. Lehrte die Ewigkeit der Welt, bestritt die Willensfreiheit, schützte sich durch die Lehre von der doppelten Wahrheit: Die philosophischen Erörterungen sind unabhängig von den kirchlichen Dogmen. *Hw.:* »De anima intellectiva«.

signifikant (von lat. signum – Zeichen): Bezeichnend, typisch.

Sigwart, Christoph von: 1830 bis 1904, dt. Philosoph, → Logiker, Autor einer materialen, gegen → Kant gerichteten Ethik. *Hw.:* »Vorfragen der Ethik«, 1886; »Spinozas neuentdeckter Traktat von Gott«, 1866; »Ein Collegium logicum im 16. Jh.«, 1890; »Vorfragen der Ethik«, 2. Aufl., 1907.

Simmel, Georg: 1858–1918, dt. Philosoph und Soziologe. Grundlage von S.s Philosophie waren zunächst der biologische Evolutionismus und erkenntnistheoretische Pragmatismus. Seine → Ethik ist individualistisch begründet, zielt aber auf den Gemeinschaftsbezug des Handelns. S.s philosophische Entwicklung durchlief verschiedene Stadien; zuletzt stimmte er sich auf die → Lebensphilosophie → Bergsons ein. Er gilt als Begründer der formalen Soziologie (Formen der Vergesellschaftung). *Hw.:* »Die Probleme der Geschichtsphilosophie«, 1892; »Philosophie des Geldes«, 1900; »Soziologie«, 1908; »Hauptprobleme der Philosophie«, 1910; »Goethe«, 1913; »Der individuelle Geist«, 1968.

Singularismus: Auffassung, daß aller Realität eine bestimmte Substanz oder ein bestimmtes Prinzip zugrunde liegt. Fast gleichbedeutend mit → Monismus. *Ggt.:* → Dualismus, → Pluralismus.

Singularität: »Einzigkeit«, etwas poetischer Ausdruck für »Schwarzes Loch«, das vermutliche Endstadium der Entwicklung eines Sterns mit hinreichend großer Masse (>3 Sonnenmassen): Durch die Gravitation wird der Stoff auf immer kleinerem Raum konzentriert, so daß die Gravitation an der Oberfläche ihrerseits zunimmt. Wenn der Zustand S. erreicht ist, kann keine physikalische Wirkung das Schwarze Loch mehr verlassen.

Sinn: 1.) Biologisches Organ zur Wahrnehmung von bestimmten Reizen (z. B. Tastsinn). 2.) Aktueller Teil des Bewußtseins (» . . . geht mir nicht aus dem Sinn«). 3.) Bedeutung eines Ereignisses oder Dings, die es in einem bestimmten Bezugssystem hat, sich aus einem meist übergeordneten Zusammenhang ergibt (Sinn einer Handlung, einer Aussage oder eines Dings). – Das Universum hat in diesem Sinn also keinen Sinn, ohne deshalb sinnlos zu sein.

sinnlich: 1.) Durch die Sinne (Sinn 1) erfahren, wahrgenommen, vermittelt; 2.) scharf auf sinnliche Genüsse.

Sittlichkeit: → Moral, → Ethik

Skandal der Philosophie (→ Philosophie) nennt man die merkwürdige Tatsache, daß die Philosophie in den ca. 3000 Jahren ihrer (bisherigen) Geschichte praktisch nicht eine Theorie hervorgebracht hat, die allgemeine Anerkennung oder Übereinstimmung, sei es auch nur der Philosophen, erzielt hat. Der Vorwurf lautet: Die Philosophie habe stets nur einen begrenzten Satz von Themen, den sie immer wieder hin und her wälze, ohne irgendeinen grundsätzlichen Fortschritt zu erzielen. Zur Ehrenrettung der Philosophie läßt sich jedoch anführen, daß die »ewigen« Themen auf polaren Strukturen beruhen, Subjekt – Objekt, Wesen – Erscheinung, Mensch – Natur, Individuum – Gesellschaft etc., deren Spannungsfeld durch die Weiterentwicklung der menschlichen Praxis und Erkenntnis in immer wieder neuem Licht erscheint, so daß mal der eine, mal der andere Pol hervortritt. Überhaupt wurden die Begriffe durch die Zunahme an wissenschaftlichen Erkenntnissen inhaltlich immer wieder neu, d. h. allgemeiner und grundsätzlicher gefaßt, ein Vorgang, der typisch für alle Wissenschaften ist, nicht nur für die Philosophie.

Skepsis: → Zweifel, Methode der Erkenntnis. Um zu sicheren Erkenntnissen zu gelangen, werden Inhalte und → Methoden in Frage gestellt, in der Annahme, daß das, was dem Zweifel standhält, eine zuverlässige Erkenntnis oder Grundlage der Erkenntnis ist. → Descartes, → Kant

Skeptizismus: Erkenntnistheoretische Haltung, die den → Zweifel an allen Aussagen und Methoden zum Prinzip erhebt. Insbesondere wird die Allgemeingültigkeit von Aussagen in Zweifel gezogen. → Relativismus. Die äußerste Position des S. ist die Auffassung, daß keine Erkenntnis möglich ist. Fragt man, ob dies denn nicht selbst eine, somit ja unmögliche Erkenntnis sei, hat man den S. nicht etwa widerlegt, da in diesem Fall eine neue Ebene, nämlich die des → Selbstbezuges, beschritten wurde.

Smith, Adam: 1723–1790, schott. Philosoph und Ökonom, dessen Moralphilosophie vom Gedanken der Mitmenschlichkeit geprägt ist. Das eigene → Handeln soll vom Menschen selbst möglichst unparteiisch beurteilt werden. Als Ökonom begründete S. die Auffassung von der zentralen Stellung der → Arbeit und Arbeitsteilung sowie die Arbeitswert-Lehre. S.s Wirtschaftstheorie war neben der von Ricardo eine wesentliche Quelle der → marxistischen Wirtschaftstheorie. Politisch verlangte S. die Garantie des freien Wettbewerbs und des freien Handels. *Hw.:* »The Theory of Moral Sentiments«, 1759; »An Inquiry into the Nature and Causes of the Wealth of Nations«, 1776.

Sokrates: 469–399 v. Chr., griech. Philosoph, dessen Ansichten nur durch seine Schüler → Platon und Xenophon überliefert sind, da er selbst keine Schriften hinterließ. Über das Verhältnis von Sokrates zu Platon gibt es drei Theorien: 1.) Platon war der Schüler des Sokrates; 2.) Sokrates war das literarische Pseudonym Platons; 3.) Sokrates hieß die historische Person des Platon. Wie auch immer – S. verließ die Naturphilosophie ebenso wie die Lehren der → Sophisten. Er meinte, daß sittliches Handeln durch Überzeugung gelehrt werden kann, wenn auch im wesentlichen das eigene Gewissen (daimonion) den richtigen sittlichen Weg weise. Seine Überzeugung versuchte er durch die mäeutische Methode (Geburtshelferkunst) in Rede und Gegenrede zu vermitteln, so daß der Angesprochene selbst zur richtigen Einsicht kommen sollte. Formal wegen Mißachtung der Götter zum Tode verurteilt, trank er den Giftbecher, nachdem er sich geweigert hatte, eine Gelegenheit zur Flucht zu benutzen, angeblich um zu demonstrieren, daß die Gesetze auf jeden Fall befolgt werden müssen.

Solidarität: Beziehung zwischen Einzelnen oder Formationen von Menschen, deren Interessen wesentlich gleich, deren aktuelle Situationen aber verschieden sind. S. bedeutet nun, sich an den Aktionen der anderen Formation gerade dann zu beteiligen oder diese zu unterstützen, wenn man selbst augenblicklich nicht direkt zum Handeln gezwungen wäre. S. ist also nicht gleichbedeutend mit Nächstenliebe. S. steigert die Erfolgsaussichten für die Verwirklichung der gemeinsamen Interessen wesentlich.

Solipsismus: Aus lat. solus – allein, und ipse – selbst; die Auffassung, daß die Realität nur ein Zustand des eigenen Bewußtseins ist bzw. daß über diese äußere Realität keine Aussagen möglich sind, weil dem Menschen nur sein eigenes Bewußtsein als Teil seiner selbst zugänglich ist.

Solowjew, Wladimir: 1853–1900, russ. Dichter und Philosoph, versuchte die orientalische und europäische philosophische Tradition, insbesondere die → Mystik, auch den deutschen → Idealismus, mit christlich-orthodoxen Auffassungen zu verbinden. Seine Vision einer großen Synthese, die Idee der »All-Einheit«, ließ ihn vom Zaren und der Kirche eine allumfassende heilbringende Ordnung erwarten. *Hw.:* »Vorlesungen über das Gottmenschentum«, 1877; »Prinzip der abstrakten Prinzipien«, 1880; »Die Geschichte und Zukunft der Theokratie«, 1. Bd., 1887; »Schönheit als Offenbarung der All-Einheit«, 1889–90; »Der Sinn der Liebe«, 1892–94; »Drei Gespräche über Krieg, Fortschritt und das Ende der Weltgeschichte«, 1899.

Sombart, Werner: 1863–1941, dt. Volkswirtschaftler und → Sozialphilosoph, versuchte, von → Marx beeinflußt, sich aber von diesem abwendend, eine andere ganzheitliche Theorie des Kapitalismus bzw. des

Wirtschaftssystems zu schaffen, die er »verstehende Nationalökonomie« nannte. *Hw.:* »Sozialismus und soziale Bewegung im 19. Jh.«, 1897; »Der moderne Kapitalismus«, 1902; »Die drei Nationalökonomien«, 1930; »Die Zukunft des Kapitalismus«, 1932; »Deutscher Sozialismus«, 1934; »Weltanschauung, Wissenschaft und Wirtschaft«, 1938; »Vom Menschen (Versuch einer geisteswissenschaftlichen Anthropologie)«, 1938; »Neosoziologie«, 1956.

Sophisten (von griech. sophia – Weisheit): Griech. Wanderlehrer des 5. und 4. Jh. v. Chr., die besonders Unterricht in Rhetorik gaben und ihre Schüler anhielten, zunächst alles in Zweifel zu ziehen und zu relativieren, um sich nicht durch den vordergründigen Schein der Dinge und Meinungen täuschen zu lassen. Insofern hatten sie aufklärerische Wirkung. Andererseits verfeinerten sie ihre Methode zu einem Mittel, im Rechtsstreit stets zu obsiegen, und sei es durch spitzfindige Formulierungen. Daher entwickelte sich der etwas negative Klang des Wortes. → Platon bekämpfte die S. unter Berufung auf → Sokrates, der manchmal selbst als »Sophist« beschimpft wurde.

Sophrosyne (griech., Besonnenheit, Mäßigung): Eine der vier griechischen Kardinaltugenden.

Sorel, George: 1847–1922, frz. Sozialphilosoph, von → Marx und → Bergson beeinflußt, sah im Proletariat die fortschrittlichste Kraft, empfahl die direkte Aktion und den Generalstreik als Mittel der Revolution. Gewalt sah er als Triebkraft und Mythos. Seine Lehre beeinflußte den Anarchosyndikalismus (eine Bewegung am Ende des 19. Jhs., die die Vergesellschaftung der Produktionsmittel durch den Generalstreik ohne eigentlich politische Revolution erreichen wollte. Die Gewerkschaften, nicht die sozialistischen Parteien, galten als geeignete Organisationsform). *Hw.:* »Les illusions du progrès«, 1908; »Réflexions sur la violence«, 1908; »La décomposition du Marxisme«, 1908; »De l'utilité du pragmatisme«, 1921; »Der falsche Sieg«, 1944.

Sorites: → Kettenschluß

Sorokin, Pitrim Alexandrowitsch: 1889–1968, Philosoph und Soziologe, der die Integration kultureller Systeme unter insgesamt drei verschiedenen Gesichtspunkten lehrte: religiös, logisch und sinnlich. *Hw.:* »Social and Cultural Dynamics«, 4 Bde., 1937–41; »The Crisis of Our Age«, 1941; »Social Philosophies of an Age of Crisis«, 1951; »The American Sex Revolution«, 1957; »A Long Journey. The Autobiography«, 1963; »Sociological Theories of Today«, 1966.

Sozialismus: Vieldeutiger Begriff. 1.) Ursprünglich, Anfang des 19. Jhs., die Absicht, → Egoismus durch Gemeinschaftlichkeit als Motiv des Wirtschaftens abzulösen,

Arbeit aufzuwerten und vorhandene Eigentumsstrukturen sinnvoller zu ordnen. 2.) Im sozialdemokratischen Sprachgebrauch des späten 19. Jhs. die angestrebte neue, zum Teil klassenlos vorgestellte Gesellschaft, durch die der Kapitalismus abgelöst werden sollte. 3.) Im → marxistischen Sinn die Übergangsphase zwischen Kapitalismus und Kommunismus, in der die Klassenunterschiede allmählich abnehmen, der Staat (bzw. die »Diktatur des Proletariats«) im selben Maß »abstirbt«.

Sozialphilosophie: Behandelt 1.) ursprünglich Aufbau, Entstehung und Formen der menschlichen → Gesellschaft (seit Ende des 19. Jhs. als Soziologie selbständig); 2.) Alternativen zu bestehenden Gesellschaftsformationen, z. B. → Utopien, 3.) das Spannungsfeld → Individuum – Gesellschaft vom Gesellschaftssystem aus. Untersucht die Anforderungen der Gesellschaft an den Einzelnen und ihre Ursachen; versucht, diese Anforderungen, z. T. als Sozialethik, philosophisch zu legitimieren.

Soziologie: Von A. → Comte begründete Wissenschaft vom strukturellen Aufbau der menschlichen Gesellschaft, der Wechselwirkungen von Kollektiven und Einzelnen, den gesellschaftlichen Verhaltensweisen und Kommunikationsformen. In der S. des 20. Jhs. bildete sich eine deutliche Tendenz zu quantitativem Verfahren heraus, insbesondere als statistische Auswertung von Befragungen, gegen die sich nicht nur Vertreter der → Frankfurter Schule mit der Forderung wandten, gesamtgesellschaftliche Zusammenhänge auch bei der Aufklärung von Mikrostrukturen zu berücksichtigen bzw. psychologische Phänomene und Interaktionsmechanismen stärker zu würdigen.

Spann, Ottmar: 1878–1950, österr. Volkswirt, Soziologe und Philosoph, schuf eine romantische Ganzheitslehre der Volkswirtschaft, die in der → theistisch begründeten Forderung nach einem Ständestaat gipfelt. Alle Varianten des → Marxismus, → Liberalismus und → Individualismus lehnte er ebenso ab wie die übrigen, in Soziologie und Philosophie verbreiteten Auffassungen. *Hw.:* »Wirtschaft und Gesellschaft«, 1907; »Die Haupttheorien der Volkswirtschaftslehre«, 1911; »Gesellschaftslehre«, 1914; »Der wahre Staat«, 1921; »Kategorienlehre«, 1924; »Gesellschaftsphilosophie«, 1928; »Geschichtsphilosophie«, 1932; »Naturphilosophie«, 1937; »Religionsphilosophie auf geschichtlicher Grundlage«, 1947.

Spekulation: Versuch, die Realität durch abstrakte → Theorien darzustellen, ohne eine empirische Grundlage dafür zu haben. Die Richtigkeit einer derartigen Theorie läßt sich ebensowenig erweisen wie ihre Falschheit.

Spencer, Herbert: 1820–1903;

engl. Philosoph, Hauptvertreter des Evolutionismus vor → Darwin. Die Welt sieht er in ständiger Entwicklung, betrachtet diese als fortschreitende Integration von Systemen, mit gleichzeitiger innerer Differenzierung. Erkenntnistheoretisch war S. → Empirist: Erkannt werden können nur die erfahrbaren Erscheinungsformen der Dinge, wenn es auch ein unerkennbares Wesen derselben gibt. *Hw.:* »A System of Synthetic Philosophy«, 10 Bde., 1862–1896; »Education«, 1861; »The Study of Sociology«, 1873; »An Autobiography«, 1910.

Spengler, Oswald: 1880–1936, dt. → Geschichtsphilosoph. Sein Werk »Der Untergang des Abendlandes« fand zwischen den beiden Weltkriegen großen Anklang, teils wegen seiner pessimistischen Grundhaltung und Untergangsprognosen, teils wegen der Propagierung des Caesarentums. Nach S.s zyklischer Geschichtstheorie hat die Geschichte bisher acht Kulturen durchlaufen (ägyptische, babylonische, indische, chinesische, Maya, arabische, antik-apollinische, abendländische), wobei jeder Durchlauf durch einen solchen »Organismus« strukturell ähnlich ist (künstlerische Formen gehen stets mit bestimmten mathematisch-naturwissenschaftlichen Methoden einher), die Kulturen aber wesensmäßig verschieden sind. Die Lebensdauer eines Organismus dieser Art ist mit rund 1000 Jahren zu veranschlagen. Was die abendländische Kultur betrifft, so hat sie nun das Stadium der Zivilisation erreicht und steht damit vor dem Untergang. Nach dem II. Weltkrieg war das Gedankengut S.s zunehmend dem Vorwurf der unwissenschaftlichen Spekulation, der oberflächlichen Analogie, ausgesetzt. *Hw.:* »Der Untergang des Abendlandes«, 2 Bde., 1918–22; »Preußentum und Sozialismus«, 1920; »Der Mensch und die Technik«, 1931; »Jahre der Entscheidung«, 1933; »Reden und Aufsätze«, 1937; »Gedanken«, 1941; »Frühzeit der Weltgeschichte«, 1966.

Speusippos: Ca. 410–339 v. Chr., Neffe → Platons, erforschte Gemeinsamkeiten zwischen Tier und Pflanze. Entwickelte aus der → Ideenlehre des Onkels eine idealistische Zahlenmetaphysik.

Spiel: *Ggt.:* → Arbeit. Jede menschliche Tätigkeit, soweit sie aus Vergnügen an ihr selbst erfolgt. Spielerische Züge können also auch in Zusammenhang mit Arbeit oder Essen vorkommen, sind allerdings im bürgerlichen Zeitalter gerade in diesen beiden Bereichen mehr und mehr zurückgedrängt worden. Die industrielle Produktion hat Arbeit und S. strikt getrennt und das S. aus den Arbeitsstätten verbannt. Im S. werden vermutlich diejenigen Bedürfnisse befriedigt, die in Produktion und unmittelbarer → Reproduktion nicht zum Zuge kommen. Sport ist daher nur insofern S., wie er aus unmittelbarer Freude an der Bewegung bzw. körperlichen Betätigung oder am Wettkampf betrieben wird.

Spinoza, Baruch de: 1632–1677, niederl. Philosoph, entwickelte mit der → cartesischen Methode ein geschlossenes Weltbild. Von einigen → Axiomen leitete er quasi mathematisch die weiteren Sätze ab. Ausdehnung und → Denken, → Materie und → Geist sind nur zwei verschiedene Seiten derselben natürlichen Realität. In der → Natur geschieht alles strikt nach Gesetzen. Auch die Seele als Teil der Natur und das von ihr betriebene Denken unterliegt diesen Gesetzen. Der Natur zugrunde liegt eine ewige unendliche Substanz, Gott; alle Einzelphänomene sind deren Ausprägungen. Indem der Mensch die Naturprozesse erkennt, beginnt er die Natur, und damit Gott, zu lieben. Da der Mensch aber Teil von Gott/Natur ist, liebt sich Gott in der menschlichen Erkenntnis selbst. Aufgrund der streng kausalen → Determiniertheit allen Geschehens kann es keine Willensfreiheit geben. S.s Lehre wirkte stark auf die deutsche Klassik ein, u. a. auf → Fichte, → Herder, → Goethe, → Schelling, → Schleiermacher und → Hegel. *Hw.:* »Tractatus theologico-politicus«, 1670; »Ethica ordine geometrico demonstrata«, 1677; »Tractatus politicus«, 1677; »Tractatus de deo et homine eiusque felicitate«, 1852.

Spir, Afrikan: 1837–1890, Philosoph, fragte nach dem Absoluten und der absoluten Wahrheit. *Hw.:* »Die Wahrheit«, 1867; »Forschungen nach der Gewißheit in der Erkenntnis der Wirklichkeit«, 1868; »Andeutungen zu einem widerspruchslosen Denken«, 1868; »Vorschlag an die Freunde einer vernünftigen Lebensführung«, 1869; »Moralethik und Religion«, 1874; »Empirie und Philosophie«, 1876.

Spiritualismus: Sammelbegriff für philosophische Positionen, die die Realität für eine Folge oder Erscheinungsform des Geistes oder von »etwas Geistigem« halten. Insofern gehört Leibnizens → Monadenlehre ebenso zum S. wie die im übrigen davon sehr verschiedene Weltgeisttheorie → Hegels.

Spontaneität: 1.) Das Handeln aus eigenem Antrieb ohne äußere Veranlassung; 2.) unmittelbares Handeln, das direkt aus der Wahrnehmung einer Situation folgt, ohne an Grundsätzen orientiert oder in einem größeren Plan enthalten zu sein.

Sprache: 1.) Vorrat an Zeichen mit Bedeutungsinhalten und Regeln zu ihrer Verknüpfung, als Mittel gegenseitiger Information; 2.) Sprechakt, die Tatsache des Sprechens; 3.) die stilistische Ausprägung; 4.) künstliche, zur Steuerung von Maschinen entwickelte S., z. B. Programmiersprache, prinzipiell gleich strukturiert wie 1.).
Zu 1.): Die S. ist Folge und Voraussetzung der Kooperation, also eine Eigenschaft gesellschaftlicher Lebewesen. Sie dient der Vermittlung von Beobachtungsinhalten und Meinungen, Theorien ebenso wie der Koordinierung individuellen Verhaltens zu gemeinsamer Aktion.

Die S.-Philosophie befaßt sich jedoch nicht nur mit der Untersuchung der natürlichen S., sondern auch mit der Schaffung einer Kunstsprache, die im wissenschaftlichen Bereich einfache und irrtumsarme Kommunikation ermöglichen soll. Für letzteres eignen sich natürliche Sprachen nicht so gut, z. B. wegen der häufig verwendeten → Homonyme und → Synonyme. → Semiotik

Spranger, Eduard: 1882–1963, dt. Psychologe, Pädagoge, Philosoph und Politiker, Schüler → Diltheys, hob die Bedeutung der geisteswissenschaftlichen Methode des »Verstehens« hervor; sucht nach einer philosophischen Grundlage der Geisteswissenschaften. *Hw.:* »Lebensformen«, 1914; »Zur Psychologie des Verstehens«, 1918; »Psychologie des Jugendalters«, 1924; »Volk, Staat, Erziehung«, 1932; »Weltfrömmigkeit«, 1940; »Lebensführung«, 1947; »Gedanken zur Daseinsgestaltung« (Auswahl), 1954; »Pädagogische Perspektiven«, 1951; »Der geborene Erzieher«, 1958; »Der Philosoph von Sanssouci«, 1963.

Staat: Organisierte Herrschaftsform, Ordnung bzw. Mittel, das im einzelnen verschieden definiert wird. Formal wird der S. einem Volk und einem geographischen Gebiet zugeordnet. Die inhaltlichen Auffassungen über den S. gehen weit auseinander: Die → Naturrechtslehre des 18. Jhs. unterstellte einen Vertrag, durch den die Menschen Macht und gewisse Rechte quasi freiwillig an den S. abtreten (→ Rousseau). Dieser Staatsvertrag wird teils als freie, jederzeit widerrufliche Vereinbarung, teils als auf unumstößlichen Grundsätzen beruhend angesehen. Im deutschen → Idealismus, insbesondere bei → Kant und → Hegel, findet sich eine Verklärung des Staates zu einer selbständigen, sittlich oder geistlich begründeten Idee. Der → marxistische Staatsbegriff dagegen, am schärfsten von → Lenin formuliert, betrachtet den S. wesentlich als Formation bewaffneter Menschen, die als Instrument der Klassenherrschaft dient. Die Staatsphilosophie versucht, Ursprung und Wesen des S.es aufzudecken, die verschiedenen S.sformen zu analysieren, ihre Ursachen festzustellen und gegebenenfalls, wie in den utopischen Staatstheorien seit → Platon, Alternativen zum bestehenden S. zu entwickeln.

Stammler, Rudolf: 1856–1938, dt. → Rechtsphilosoph, → Neukantianer, betrachtet das Recht als vom Willen her bestimmtes Mittel zum Zweck. *Hw.:* »Die Lehre vom richtigen Recht«, 1902; »Wirtschaft und Recht nach der materialistischen Geschichtsauffassung«, 1896; »Lehrbuch der Rechtsphilosophie«, 1922; »Rechtsphilosophische Abhandlungen und Vorträge«, 2 Bde., 1925.

Statistik: Gesamtheit mathematischer Verfahren, die da angewandt werden, wo Zustand und Zukunft von → Aggregaten bestimmt werden sollen, deren Elemente so zahlreich sind, daß eine Messung aller einzelnen Größen (in der Physik zumindest Ort und Impuls) nicht möglich ist. Die Resultate, die mit Hilfe der S. gewonnen werden, behalten stets eine gewisse Unschärfe, die Ausdruck der grundsätzlichen Unkenntnis ist, welche überhaupt zur Anwendung der S. führt. Die Unkenntnis kann durch die Statistik nicht beseitigt, sondern nur überbrückt werden. Letztliches Ziel der Forschung bleibt auch in diesen Fällen die Ermittlung von Gesetzen, die exakte Vorhersagen ermöglichen.

Staudinger, Franz: 1849–1921, dt. Philosoph, bemühte sich um eine Synthese aus → Marxismus und → kantischer Sozialphilosophie. Ein in der deutschen Sozialdemokratie des ausgehenden 19. und beginnenden 20. Jhs. häufiges Unterfangen. *Hw.:* »Ethik und Politik«, 1899; »Wirtschaftliche Grundlagen der Moral«, 1907; »Religion in Vernunft und Leben«, 1916.

Steffens, Henrik: 1773–1845, norweg. Philosoph und Dichter, romantischer, von → Fichte und → Schelling beeinflußter Natur- und protestantischer Religionsphilosoph. *Hw.:* »Grundzüge der philosophischen Naturwissenschaft. Anthropologie«, 2 Bde., 1824; »Was ich erlebte« (Selbstbiographie), 10 Bde., 1840–44.

Stegmüller, Wolfgang: Geb. 1923, Philosoph. Neben Studien für Philosophiegeschichte besonders durch Arbeiten zur modernen → Logik, Wissenschaftstheorie und → Analytischen Philosophie hervorgetreten, zu deren Verbreitung er in Deutschland wesentlich beitrug. *Hw.:* »Hauptströmungen der Gegenwartsphilosophie«, 1952; »Metaphysik, Wissenschaft, Skepsis«, 1954; »Das Wahrheitsproblem und die Idee der Semantik (eine Einführung in die Theorien von A. Tarski und R. Carnap)«, 1957; »Der Phänomenalismus und seine Schwierigkeiten«, 1958; »Induktive Logik und Wahrscheinlichkeit« (zus. mit R. Carnap), 1959; »Theorie und Erfahrung«, 1970; »Personelle und statistische Wahrscheinlichkeit«, 1973; »Theorienstrukturen und Theoriendynamik«, 1974; »Collected Papers on History of Philosophy, Epistemology and Philosophy of Science«, 2 Bde., 1977.

Stein, Edith: 1891–1942, jüdische, zum Katholizismus konvertierte Philosophin und Theologin, Schülerin → Husserls, bemühte sich um eine Verbindung von → Thomismus und → Phänomenologie. Im KZ Auschwitz ermordet. *Hw.:* »Zum Problem der Einfühlung«, 1917; »Eine Untersuchung über den Staat«, 1924; »Husserls Phänomenologie und die Philosophie des heiligen Thomas von Aquino« in »Festschrift für E. Husserl«, 1929; »Endliches und ewiges Sein«, 1950; »Welt und Person«, 1962; »Beiträge zur philosophischen Begründung der Psychologie«, 1970.

Stein, Heinrich Freiherr von: 1857–1887, vertrat einen ästhetischen → Irrationalismus. Von Richard Wagner, in dessen Haus er lehrte, → Dilthey und → Nietzsche beeinflußt. *Hw.:* »Die Ideale des Materialismus«, 1878; »Die Entstehung der neueren Ästhetik«, 1886; »Vorlesungen über Ästhetik«, 1897; »Giordano Bruno«, 1900; »Zur Kultur der Seele. Gesammelte Aufsätze«, 1906.

Steinbüchel, Theodor: 1888 bis 1949, dt. katholischer Theologe und Philosoph, versuchte, die bedeutendsten philosophischen Strömungen der Gegenwart mit dem Katholizismus zu verbinden. Setzte sich in diesem Sinn besonders mit → Marx, → Scheler und dem → Existentialismus auseinander. S. befürwortete einen ethisch motivierten, christlichen Sozialismus. *Hw.:* »Sittliche Ideen des Sozialismus«, 1921; »Idealismus«, 1926; »Umbruch des Denkens«, 1936; »Philosophische Grundlegung der katholischen Sittenlehre«, 1938; »Karl Marx – Gestalt, Werk und Ethos«, 1946; »Existentialismus und christliches Ethos«, 1947; »Dostojewski«, 1947; »Vom Menschenbild des christlichen Mittelalters«, 1951.

Steiner, Rudolf: 1861–1925, philosophischer Schriftsteller, Begründer der → Anthroposophie, versuchte, aus einem mystischen Verständnis des Christentums heraus, eine ganzheitliche Sicht der Realität zu entwickeln. *Hw.:* »Die Philosophie der Freiheit«, 1894; »Goethes Weltanschauung«, 1897; »Die Rätsel der Philosophie«, 1914; »Theosophie«, 1904; »Wie erlangt man Erkenntnis der höheren Welten«, 1900; »Die Geheimwissenschaften im Umriß«, 1910; »Vom Menschenrätsel«, 1916; »Vom Seelenrätsel«, 1917; »Kosmologie, Religion und Philosophie«, 1956; »Entsprechungen zwischen Mikrokosmos und Makrokosmos«, 1958.

Steinthal, Heyman: 1823–1899, dt. Philosoph, ein Mitbegründer der damals populären Völkerpsychologie, von → Herbart und W. von → Humboldt beeinflußt. *Hw.:* »Der Ursprung der Sprache«, 1851; »Abriß der Sprachwissenschaft«, 2 Tle., 1861–71.

Stern, William: 1871–1938, Philosoph und Psychologe, Begründer der »Differentiellen → Psychologie« sowie einer personalistischen → Metaphysik. *Hw.:* »Person und Sache. System des kritischen Personalismus«, 3 Bde., 1906–24; »Die differentielle Psychologie«, 1911.

Stirner, Max (Pseudonym von Johann Kaspar Schmidt): 1806–56, dt. Philosoph, → Linkshegelianer, vertrat einen nahezu absoluten Individualismus. Von → Marx und → Engels energisch bekämpft. *Hw.:* »Der Einzige und sein Eigentum«, 1845; »Kleinere Schriften«, 1898; »Das unwahre Prinzip unserer Erziehung«, 2. Aufl. 1927.

Stoa: Griech.-röm. Strömung der Philosophie, benannt nach der von → Zenon 300 v. Chr. gegründeten Philosophenschule, deren Treffpunkt eine bunte Halle (stoa poikile) in Athen war. Die Entwicklung der S. vollzog sich in drei Wellen: Der älteren S. gehörten neben Zenon besonders Kleantes und → Chrysippos an, der mittleren (2.–1. Jh. v. Chr.) → Panaitios und → Poseidonius, der jüngeren (1.–2. Jh. n. Chr.) → Seneca, → Epiktet, → Marc Aurel. Die S. befaßte sich mit Fragen der → Logik, → Ethik und Physik, wobei das Hauptinteresse meist der Ethik galt. Die Welt ist von der Gottheit, als Weltvernunft verstanden, durchdrungen und bewegt sich daher absolut vernünftig, d. h. gesetzmäßig. Das Schicksal ist somit unabänderlich, das Natürliche ist vernünftig und umgekehrt. Im Widerspruch dazu lehrte die S. eine fast vollkommene Willensfreiheit, die der Verwirklichung der inneren Gesetzmäßigkeiten des Menschen gegenüber der äußeren Welt dient, deren Zweck es ist, das Handeln in Einklang mit der Weltvernunft zu bringen. Ziel des Weisen ist die Bedürfnislosigkeit, denn sie eröffnet die Freiheit. Bedürfnislosigkeit kann durch Abtötung der Begierden und Gleichgültigkeit gegenüber dem Schmerz erreicht werden. Damit tritt dann der Zustand der Seelenruhe ein. Diese unerschütterliche »stoische« Ruhe macht die Unbeirrbarkeit und Leidensfähigkeit des Stoikers aus. Politisch verlangte die S. einen Weltstaat mit einheitlichem Recht, als Gesinnung Humanität. Der bestehende Staat entsprach nicht dem stoischen Ideal eines von der Weltvernunft her bestimmten natürlichen Staates.

Stoff: Gegenpol Struktur, häufig sinnverwandt mit »Materie« gebraucht, stellt aber im strengen Sinn nur die stoffliche Seite der Materie, nicht ihre Struktur dar: Im Atom sind die verschiedenen Elementarteilchen die stoffliche Seite, deren spezifischer Zusammenhang aber erst das Atom von einer zufälligen Ansammlung der Teilchen unterscheidet.

Stoiker: Anhänger der → Stoa, die die Askese und heitere Gelassenheit als Mittel zu Glück und Freiheit schätzen und ein hohes Humanitätsideal vertreten.

Stöhr, Adolf: 1855–1921, österr. Philosoph und Psychologe, nahm eine Vielzahl von Erscheinungswelten an, prägte den Begriff »Glossomorphie« für Irrtümer, die auf der Sprachform beruhen. *Hw.:* »Kampf und Bündnis der Ethiken«, 1895; »Zur Philosophie des Uratomes und des energetischen Weltbildes«, 1904; »Philosophie der unbelebten Materie«, 1907; »Begriff des Lebens«, 1909; »Psychologie«, 1917; »Wege des Glaubens«, 1921.

Störring, Gustav: 1860–1947, dt. Philosoph und Psychologe, führte die Logik auf die Psychologie zurück. *Hw.:* »Untersuchungen über einfache Schriftprozesse«, 1909; »Psychologie des menschlichen Gefühlslebens«, 1916; »Das urteilende und schließende Denken in kausaler Behandlung«, 1926; »Methoden der Psychologie des höheren Gefühlslebens«, 1931.

Straton von Lampsakos: Ca. 320–270 v. Chr., griech. Philosoph, Vorsteher der → peripatetischen Schule, deren Ideen er im materialistischen Sinn weiterentwikkelte. Begründete den Begriff des »leeren Raumes«, der zwischen den Körpern bestehen soll; sah den Geist als eine Eigenschaft des Körpers an.

Strauß, David Friedrich: 1808 bis 1874, dt. protestantischer Theologe, → Linkshegelianer, erregte durch seine Entdeckung des über weite Strecken mythischen Inhalts der Evangelien Aufsehen. Die historische Person Jesu scheint nach seiner Überzeugung durch die überlieferten Texte kaum noch hindurch. *Hw.:* »Das Leben Jesu«, 1835/36; »Die christliche Glaubenslehre«, 1840; »Der alte und der neue Glaube«, 1872.

Struktur: Gegenpol Stoff. Innerer Aufbau eines Ganzen, Anordnung und Zusammenhang seiner Teile. Zur Erforschung einer bestimmten Struktur müssen das Ganze und seine Teile bereits begrifflich gefaßt sein. Die Strukturtheorie versucht, einzelne S.en auf wenige, im Idealfall eine, Grunds. zurückzuführen und den Zusammenhang der S.en untereinander zu bestimmen. S. haben nicht nur Dinge und Ideen, sondern ebenso Prozesse, wobei sich allerdings die S. des Prozesses als mit der S. des sich verändernden Dings wesentlich identisch erweist. Die allgemeinste bisher bekannte Struktur ist die → Polarität. → Teil und Ganzes

Strukturalismus: In Frankreich nach dem II. Weltkrieg entstandene Richtung, die die Struktur zum Ausgangs- und Bezugspunkt philosophischer Untersuchungen macht. Angewandt wurde der S. besonders auf Probleme der Sprachtheorie, Soziologie, Psychologie und Ästhetik. Der S. kann, wenn die Strukturen von Prozessen nicht berücksichtigt werden, zu einer ungeschichtlichen Auffassung des jeweiligen Gegenstandes führen. Hauptvertreter: → Levi-Strauss, → Foucault, Althusser.

Stufen: Systeme entwickeln sich nicht gleichmäßig, zumindest was die Erscheinungsform angeht. Veränderungen konzentrieren sich in der Regel auf kurze Zeiträume, denen Phasen relativer äußerlicher Ruhe folgen. In diesen Phasen geringer, also unwesentlicher äußerer Veränderung wirkt sich der vorangegangene Entwicklungssprung aus und bereitet sich der nächste vor. Daher entsteht der Eindruck einer gestuften Entwicklung, wobei die Stufen durch Sprünge oder Schübe verbunden sind. → Quantität – Qualität, Nicolai → Hartmann.

Stumpf, Carl: 1848–1936, dt. Psychologe und Philosoph, führte die Logik und Erkenntnistheorie auf die Psychologie zurück. Begründete eine Theorie der Tonempfindungen. *Hw.:* »Tonpsychologie«, 2 Bde. 1883–90; »Erscheinungen und Funktionen«, 1907; »Zur Einteilung der Wissenschaften«, 1907; »Die Anfänge der Musik«, 1911;

»Gefühl und Gefühlsempfindungen«, 1928.

Suarez, Francisco de: 1548–1617, führender span. Theologe der Gegenreformation und → Spätscholastik, entwickelte eine einflußreiche Systematik der → Metaphysik, bestritt den Unterschied zwischen → Existenz und → Essenz. *Hw.:* »Disputationes metaphysicae«, 1597; »De legibus«, 1612.

Subjekt – Objekt: Das S. bezieht sich auf das O. Diese Bezugnahme geschieht aus der Struktur des S.s heraus, z. B. aufgrund eines Bedürfnisses. Bei abstrakten Erkenntnisvorgängen hat es manchmal den Anschein, als bräuchte keine Wechselwirkung von S. und O. stattzufinden: Geometrische Strukturen scheinen von der Erkenntnis als Prozeß unabhängig und dadurch unbeeinflußbar zu existieren. In der Regel strebt das S. danach, das O. so weit zu verändern, daß es, das S., seine eigenen Strukturen erhalten oder aufbauen kann. Exemplarisch wird die Beziehung Mensch-Natur als S.-O.-Beziehung dargestellt. Die Bezugnahme von S. auf O. ist die Vermittlung. Sie kann in einem Mittel, z. B. Werkzeug, vergegenständlicht sein. Die Vergegenständlichung reicht aber ins S. hinein, dessen Organe ebenfalls als Mittel aufgefaßt werden können, so daß S. nicht mehr naiv mit »Mensch« gleichgesetzt werden kann. Weiter ist nach dem S. der Geschichte bzw. des Gesellschafts- oder Wirtschaftsprozesses zu fragen. Begreift man die Gesellschaft als → System, dann kann dieses selbst ein S. sein, die einzelnen Menschen dagegen Mittel. Eine ähnliche Auffassung findet sich bei → Marx, wo das Kapital S. ist, das sich der Arbeitskraft als Mittel zu seiner Verwertung bedient. Umfassende Theorien über die Materie oder auch einen universellen (Welt-)Geist können sie mit der S.-O.-Relation nicht ohne weiteres dargestellt werden, da die Materie dann sowohl als S. und O. wie auch als Mittel erscheint.

Subjektivismus: Subjektbezogenheit. 1.) → Erkenntnistheoretische Position, wonach jede Erkenntnis nur eine Aussage über das erkennende Subjekt, nicht aber über das Objekt, ja nicht einmal über die Existenz eines Objekts ermögliche. Am schärfsten bei → Berkeley, abgeschwächt z. B. bei → Hume oder auch → Heisenberg. 2.) In der → Ethik und → Ästhetik die Auffassung, daß jede Wertung rein subjektiv ist, ihr nichts Objektives, keine absoluten sittlichen Werte bzw. keine objektiven Eigenschaften der Gegenstände zugrunde liegen.

Subreption: »Erschleichung« eines → Beweises durch einen (un-)absichtlichen → Fehlschluß.

sub specie aeternitatis: Unter dem Gesichtspunkt der Ewigkeit. Von → Spinoza geforderte Betrachtungsweise des Weltgeschehens.

Substanz: Das, was dem Geschehen bzw. den verschiedenen Dingen zugrunde liegt, in der Veränderung gleich bleibt. Als S. gelten die Urstoffe der Ionischen → Naturphilosophie, die beiden grundlegenden Substanzen bei → Descartes, aber auch das unveränderliche Wesen der Welt.

Substitution: Ersetzung durch etwas anderes, Gleichwertiges oder funktional Gleiches.

Subsumption: Unterordnung eines Begriffs unter einen Oberbegriff. In der klassischen Logik das Verhältnis der Art zur Gattung. Bsp.: Der Dackel ist ein Hund.

Südwestdeutsche Schule: → Neukantianismus

Supranaturalismus: Auffassung, derzufolge es über (lat. supra) oder hinter der wissenschaftlich erkennbaren Natur noch eine zweite Realität gibt, die mit besonderen Erkenntnisverfahren, z. B. Offenbarung oder mystischer Versenkung, erschlossen oder erahnt werden kann.

Suso: → Seuse

Swedenborg, Emanuel: 1688 bis 1772, schwed. Arzt und Naturforscher, beschäftigte sich mit Geistererscheinungen. Bei Kant Beispiel für einen schlechten → Metaphysiker.

Syllogismus: In der formalen Logik die Ableitung eines → Urteils aus zwei gegebenen Urteilen, der → Deduktionsschluß vom Allgemeinen auf das Besondere oder Einzelne.

Alle Philosophen sind lustige Menschen. *(Obersatz oder maior).*
Demokrit ist ein Philosoph. *(Untersatz oder minor)*
Demokrit ist ein lustiger Mensch. *(Schlußsatz oder conclusio)*

Ober- und Untersatz sind die Prämissen. Subjekt (Demokrit) und Prädikat (lustige(r) Mensch(en)) des Schlußsatzes kommen auch in den Prämissen vor, nicht jedoch der Begriff der Philosophen. Dieser dient hier nur der Vermittlung; er wird daher Mittelbegriff genannt. So ergibt sich die formale Struktur

MP
$\underline{SM}$
SP,

die 1. Figur des Syllogismus. Der S. ist formal auch dann korrekt, wenn für M ein beliebiger Parameter eingesetzt wird. Ein formal korrekter S. kann auch dann einen wahren Schlußsatz haben, wenn zumindest eine der Prämissen falsch ist. Siehe oben: Demokrit galt in der Antike als »der lachende Philosoph«. Die weiteren Figuren, z. B.:

PM
$\underline{SM}$ (2. Figur)
SP

MP
$\underline{MS}$ (3. Figur)
SP

PM
$\underline{MS}$ (4. Figur)
SP

gelten mit bestimmten Einschränkungen.

Symbol: Zeichen, Sinnbild, das einen Zusammenhang darstellt. Dabei kann es sich um einen natürlichen, von der Sache her gegebenen (Rosen als Symbol der Liebe, der rauchende Schornstein als S. wirtschaftlicher Prosperität) oder einen ideellen, konstruierten (Punkt als S. der Multiplikation) Zusammenhang handeln. Bestimmte Ereignisse können ebenfalls als S. verstanden werden (»Schäfchen zur Linken . . .«).

Symmetrie: Vieldeutiger Begriff. 1.) In Geometrie und Ästhetik als Punkt- bzw. Achsens., »Diesseits« und »Jenseits« sind in einer wichtigen Hinsicht identisch. 2.) In der Naturwissenschaft das häufige Phänomen, daß Kräfte, Strukturen oder Eigenschaften paarweise, d. h. als Polarität vorkommen und ein mehr oder minder stabiles Gleichgewicht bilden, z. B. positive und negative elektrische Ladung, positiver und negativer Spin von Elementarteilchen, symmetrische Eigenschaften der Quarks etc. Die S. der Natur ist zunächst rein äußerlich gesehen worden, z. B. in der Erscheinungsform zahlreicher Lebewesen, dann auch als strukturelle Gegebenheit erkannt worden. Dieser Begriff der S. ist nahezu identisch mit dem der Polarität. 3.) Relationslogik: die Umkehrbarkeit von Relationen, z. B. »Die Sonne befindet sich im Schwerefeld der Erde«.

Symposion: In der griechisch-römischen Antike ein Gelage mit Essen und Trinken, bei dem gelegentlich auch über wissenschaftliche Themen gesprochen wurde. → Platon. Heute weitaus unsinnlicher als Bezeichnung für eine wissenschaftliche Tagung mit begrenztem Teilnehmerkreis gebräuchlich.

Symptom: Anzeichen, Erscheinungsform.

Synergetik: Nach H. → Haken die »Lehre vom Zusammenwirken«. Im allgemeinen Sinn auch Modellvorstellungen, die auf verschiedene Forschungsbereiche anwendbar sind; bei Haken z. B. die Selbstorganisation des Lasers.

Synkretismus: Verbindung verschiedener Gedanken zu einem neuen, anfänglich meist unsystematischen Gesamtbild. Z. B. die Entstehung und Entwicklung der christlichen Religionspraxis aus verschiedensten jüdischen, hellenistischen, altorientalischen und zeitgenössischen Überlieferungen, zu denen dann noch die jeweils lokalen Traditionen hinzugenommen wurden.

Synonym: Eine andere Bezeichnung mit gleicher Bedeutung. Bsp.: »Clown« = »Spaßmacher«.

Syntax: → Semiotik

Synthese: *Ggt.:* → Analyse. Doppelte Bedeutung: Zusammenfassung oder Verbindung, die zu etwas qualitativ Neuem führt; das aus dieser Verbindung entstandene Neue selbst. 1.) Erkenntnistheoretisch seit → Kant: Rationale Erkenntnisse entstehen aus der S. empirischer

Erkenntnisse. 2.) Bei → Hegel ein grundlegendes Prinzip (These – Antithese – Synthese), nicht nur des Denkens, sondern auch der objektiven Realität.

System: 1.) Ein Ganzes, dessen Teile ihre relative Selbständigkeit gegenüber dem Zusammenhang verloren haben und zu bloßen Elementen geworden sind. *Ggt.:* → Aggregat. Insofern ein S. mit der Umwelt in Wechselwirkung steht, ist es offen, insofern Wechselwirkungen durch die Eigenart des S.s nicht möglich sind, ein geschlossenes S. Natürliche S.e sind stets in bestimmter Hinsicht offen, in anderer Hinsicht geschlossen. 2.) Die wissenschaftliche Darstellung der Struktur objektiver S.e. → Metaphysische S.e werden fiktiv, sobald sie sich spekulativer Begriffe bedienen. S.e im Sinne von 1.) lassen sich einfacher darstellen als Aggregate, da bei der Darstellung des S.s die Eigendynamik der Elemente nicht extra berücksichtigt zu werden braucht.

Systematik: Wissenschaftliche Methoden, mit denen in der Fülle der Erscheinungsformen die Struktur von Systemen aufgefunden und dargestellt werden kann.

Szientismus: 1.) Die Überzeugung, daß alles wissenschaftlich erkenn- und erklärbar ist; 2.) der Versuch, augenblicklich alle Fragen mit Hilfe der gerade vorhandenen wissenschaftlichen, meist naturwissenschaftlichen, Methoden zu beantworten, was besonders auf Gebieten wie Soziologie und Psychologie problematisch ist, da deren Besonderheiten so möglicherweise unberücksichtigt bleiben.

T

Taine, Hippolyte: 1828–1893, frz. Historiker und Philosoph, vertrat eine → positivistische, von → Comte beeinflußte Sozial-, Geschichts- und Kunstphilosophie; maß dem sozialen Milieu neben der historischen Situation und der Rasse entscheidende Bedeutung für die Entstehung von Kunstwerken bei. *Hw.:* »Les philosophes français du 19ième-siècle«, 1856; »Philosophie de l'art«, 1865; »De l'intelligence«, 1870.

Talmud: Sammlung gesetzesartiger Lehren des Judentums, die zeitlich an die Thora, in etwa das Alte Testament des Christentums, anschließt.

Tao: Häufige Übersetzung: der »Weg«, in der Philosophie des Laotse das All-Eine, Grundlage der Welt, das alle Dinge durchwaltet. Es ist Ursache aller Veränderungen, ohne sich selbst zu verändern. Von ihm hängen Himmel und Erde ab, das Tao aber hängt nur von sich selbst ab. Das Tao kann vom Weisen erkannt werden, der sein Handeln somit nach dem Tao ausrichten kann.

Tarski, Alfred: Geb. 1902, poln. → Logiker, gab der → Semantik wichtige Impulse durch seine Untersuchung zum »Wahrheitsbegriff in der formalisierten Sprache«. *Hw.:* »Fundamentale Begriffe der Methodologie der deduktiven Wissenschaften«, 1930; »Der Wahrheitsbegriff in der formalisierten Sprache«, 1936; »Einführung in die mathematische Logik (und in die Methodologie der Mathematik)«, deutsch 1937; »Direct Decompositions of Finit Algebraic Systems«, 1947; »Cardinal Algebras«, 1949; »Undecidable Theories«, 1953; »Logics, Semantics, Metamathematics«, 1956.

Tatsache: Ursprünglich die durch die Tat geschaffene Wirklichkeit. Im Sinne → Vicos können wir das am besten begreifen, was wir selbst geschaffen haben. Somit ist T. allgemein ein Gegenstand der Erkenntnis. T. wird oft als Gegenbegriff zu Meinung bzw. Interpretation gebraucht, auch als empirische T. gegenüber der abstrakten Theorie.

Tauler, Johannes: Ca. 1300–1361, dt. Wanderprediger, Schüler Meister → Eckharts, einer der bedeutendsten → Mystiker des Spätmittelalters.

Tautologie: Mehrmalige Aussage desselben, z. B. »ein dunkelhäutiger Neger«. T. ist auch ein logischer Zirkel, so wie im strengen Sinn jede Nominaldefinition, jede Erklärung der Bedeutung eines Wortes. Die Definition von »Tautologie« ist also selbst eine T. → Circulus vitiosus

Technik: Die Art und Weise, in der der Mensch auf die Natur Bezug nimmt, sie umgestaltet, sie mit sich vermittelt. T. schließt daher Methoden der Vermittlung ebenso ein, wie die gegenständlichen Mittel, Werkzeuge, Maschinen etc. → Subjekt – Objekt. Folge und Voraussetzung der T. ist die Erkenntnis von Naturgesetzen, weshalb oft der Doppelbegriff »wissenschaftlich – technisch« verwendet wird. Bis zur Industriellen Revolution galt die T. als Methode, menschliche Bedürfnisse mittels der Natur zu befriedigen, Gebrauchswerte mit möglichst geringem Aufwand zu produzieren. Im 20. Jh. kam der seit der Aufklärung für die bürgerliche Ideologie typische Technikoptimismus (»alles nur eine Frage der Technik«) u. a. angesichts der Leistungsfähigkeit wissenschaftlich-technischer Kriegführung und der Zerstörung der Umwelt zum Erliegen. Die exponentielle Entwicklung der T. erwies sich als eigengesetzlicher Vorgang, der Denken und Wollen der Menschen zu prägen und zu einem bloßen Mittel seiner selbst zu machen vermag. Der Zweck wurde Mittel, das Mittel Zweck. Ethisch betrachtet, drängte die T. andere, ältere Werte zurück; sie schien sich gegen den Menschen selbst zu wenden. → Arbeit, → Wissenschaft, → Mensch, → Natur

Teil und Ganzes: Das Ganze ist mehr als die Summe seiner Teile, sagt man. Aber inwiefern »mehr«? Ein → System, das in einer Hinsicht als Teil fungiert, ist in anderer Hinsicht selbst ein Ganzes, z. B. die Zelle im Organismus. Nur insofern sich Ganze zu einem neuen, übergreifenden Ganzen zusammenschließen oder zusammengeschlossen werden, werden sie zu Teilen. In jedem Ganzen gibt es eine typische Gewichtung zwischen relativer Selbständigkeit und relativer Unselbständigkeit seiner Teile: In der Schulklasse ist die Ganzheit gegenüber der Selbständigkeit der Teile schwächer ausgeprägt, als z. B. bei der Belegschaft einer Fabrik oder in einer Armee. In jedem System, in allen Dingen existiert eine Beziehung von Teil und Ganzem. Die einzige denkbare Ausnahme wären wirklich unteilbare → Atome, elementarste → Elementarteilchen, wenn es die gibt.

Teilhard de Chardin, Pierre: 1881–1955, frz. Philosoph, Theologe, Paläontologe, verband die moderne Evolutionstheorie mit Elementen des christlichen Glaubens. Er nahm zwei Grundtendenzen der Evolution an: die Expansion des Weltstoffs ins Unendliche und die Involution (Hineinwälzung, Einrollung in sich). Die Entwicklung der Lebewesen interpretiert T. als Bildung immer komplexerer materieller Systeme. Im Menschen findet der Umschlag von der Bio- zur Noosphäre, der Sphäre des Bewußtseins, statt. *Hw.:* »Der Mensch im Kosmos«, 1958; »L'avenir de l'homme«, 1959; »Die Entstehung des Menschen«, 1961; »Die lebendige Macht der Evolution«, 1972; »Mein Glaube«, 1972.

Teleologie: *Ggt.:* → Teleonomie. Von griech. telos – Ziel, Zweck. Die Hypothese, Dinge strebten durch ihre Entwicklung zweckmäßig ein schon feststehendes Ziel an. Theologische Ausprägungen der T. nehmen eine Zielvorgabe von außen an: Gott läßt das Getreide wachsen, damit die Menschen nicht verhungern. Teleologische Erklärungsversuche treten besonders bei biologischen Problemen auf, nicht nur in theologischer Form, wo sie sich von teleonomischen Ansätzen durch entgegengesetzte Bestimmung von Ursache und Wirkung unterscheiden. *Bsp.:* Löwenmännchen, die die Führung eines Rudels übernehmen, töten die Babys ihrer Vorgänger. Teleologische Darstellung: Um bei der Aufzucht der Jungen ihre eigene Erbinformation und nicht die ihrer Vorgänger zu verbreiten, töten Löwenmännchen ... Teleonomisch: Indem Löwenmännchen die Babys ihrer Vorgänger töten, verbreiten sie bei der Aufzucht der Jungen ihre eigene Erbinformation ... Die T. trägt meist → anthropomorphe Züge. Das Weltgeschehen wird als von einem vorgefaßten Plan durchwaltet gedacht, analog zur menschlichen Arbeit, wo der Plan auch der Ausführung vorangeht.

Teleonomie: Wie die → Teleologie geht auch die T. von einer Richtung des (Welt-)Geschehens aus, doch realisiert sich diese nicht durch vorgefaßte Ideen oder feststehende Ziele, sondern indirekt hinter dem Rücken der Beteiligten. Wenn sich Teile zu einem Ganzen organisieren, wird der Vorgang teleonomisch aus den Eigenschaften der Teile, teleologisch aus den Eigenschaften des bevorstehenden neuen Ganzen erklärt. Die beiden Erklärungsmöglichkeiten für die chemische Reaktion »2H+O gibt H_2O« lauten also: Weil H so ist und O so ist, fügen sie sich zu H_2O zusammen. Oder: weil H_2O so ist, wird es aus 2H und O gebildet. → Hegel betrachtet historische Veränderungen als Resultante aller individuellen Handlungen, deren Zielsetzungen voneinander verschieden sind und mit denen gar nichts Historisches bezweckt wird. Alle (physikalischen) Systeme streben den Zustand kleinster potentieller Energie an. Ist das nun teleonomisch oder teleologisch gedacht?

Telesio, Bernardino: 1508–1588, ital. Philosoph, schuf in Abkehr vom → scholastischen → Aristotelismus eine empirische Naturphilosophie, die den Zweck des Lebens in der Selbsterhaltung und sein Ziel in der Selbstvervollkommnung sieht. T. beeinflußte → Bruno, → Descartes und → Bacon. *Hw.:* »De natura rerum juxta propria principia«, 1565.

Terminologie: Die Gesamtheit der Fachausdrücke auf einem Gebiet und ihre inhaltliche Bedeutung.

Tertullian: Ca. 160–220, Kirchenvater, führte die rigoros juristische Denkweise in die christliche Ethik ein; verlangte strikte Askese; soll den Satz »credo quia absurdum« – »ich glaube, weil es absurd ist« – geprägt haben.

Tetens, Johann Nikolaus: 1736 bis 1807, dt. Philosoph, vertrat eine Vermögenspsychologie mit den Grundkategorien Denken, Fühlen und Wollen. *Hw.:* »Philosophische Versuche über die menschliche Natur und ihre Entwicklung«, 1776–77.

Thales von Milet: Ca. 625–545 v. Chr., griech. Universalgelehrter, ältester der ionischen Naturphilosophen. Sah das Wasser als Urstoff der Welt an. Soll den Satz »gnothi seauton«, »erkenne dich selbst«, geprägt haben, der am Eingang des Apoll-Tempels in Delphi gestanden hat. Der sogenannte Thaleskreis der Geometrie ist nicht von ihm.

Theismus: Glaube an personale Gottheiten (Mono- oder Polytheismus), die das Weltgeschehen beeinflussen, ohne selbst den Naturgesetzen unterworfen zu sein.

Theodizee: Rechtfertigung Gottes (bzw. Begründung seiner Güte) angesichts des Übels in der Welt. Das Problem beschäftigte besonders → Leibniz, der in der von Gott geschaffenen Welt die »beste aller möglichen« erkannte.

Theogonie: Entstehungsgeschichte der Götter (vgl. Hesiods mythische Auffassung; ganz anders z. B. → Feuerbach).

Theologie: Lehre von Gott. Im Unterschied zur → Religionsphilosophie versucht die T. die kirchliche Dogmatik theoretisch zu begründen bzw. die Gemeindefrömmigkeit mit den kirchlichen Organisationsformen zu verbinden. T. ist daher kein Teil der Philosophie, wenn sie auch, insbesondere als »Systematische Theologie«, Fragen aufgreift, die auch von der Philosophie behandelt werden.

Theophrastos: 372–287 v. Chr., griech. Philosoph und Naturforscher, verfaßte die erste Philosophiegeschichte, eine Systematik der Pflanzen und eine Studie über Charaktere.

Theorem: Vorläufiger Lehrsatz, provisorische theoretische Aussage, die als Hilfsmittel der Forschung gebildet wird, bevor eine ausgereifte Theorie vorliegt.

Theorie und Praxis: Das Begriffspaar entstammt einer spezifischen Erkenntnistheorie: Grundlage der Erkenntnis ist die praktische → Erfahrung, also die Erfahrung, die ein → Subjekt bei der Auseinandersetzung mit dem Objekt gemacht hat. Aus einer Fülle von Erfahrungen, empirischen Erkenntnissen, lassen sich schließlich gewisse Gemeinsamkeiten ermitteln, die zur Erkenntnis allgemeiner Strukturen, zur rationalen Erkenntnis führen. Die → Widerspiegelung dieser Strukturen im → Bewußtsein ist die Theorie. Die T., nicht um ihrer selbst willen, sondern als Mittel zum Zweck gebildet, lenkt nun ihrerseits die Praxis, die direkter und effektiver wird, soweit die T. mit der objektiven Realität übereinstimmt. Praktische Erfahrung, Erprobung der Theorie, ist also ein Mittel, diejenigen Bestandteile der T., die mit dem Objekt übereinstimmen, von den fehlerhaften zu trennen. Durch die Erprobung in der Praxis wird die T. verbessert, und als solche geht sie wieder in die P. ein. Dies ist ein quasi unendlicher Prozeß. Der Grad der Übereinstimmung von T. und Objekt der T., also der Reifegrad der T., kann an der Zuverlässigkeit der mit der T. gemachten Vorhersagen ermittelt werden.

Theosophie: Weisheit bezüglich Gott. Mystisches Bemühen um eine direkte Erkenntnis des Göttlichen im Erleben, insbesondere durch Meditation über die Schöpfung.

These: 1.) Setzung, wissenschaftliche Behauptung; 2.) Strukturelement der Hegelschen → Dialektik. → Hegel

Thomas von Aquino: 1225–1274, → scholastischer Philosoph, einer der bedeutendsten, seit 1879 durch päpstlichen Erlaß der bedeutendste Kirchenlehrer, erarbeitete aus → augustinischen Ansätzen, dem → Aristotelismus und der christlichen Dogmatik ein komplexes, hierarchisches, auf Gott hin geordnetes Weltbild. Elementar ist dabei die jedem endlichen Seienden innewohnende Zweiheit von → Akt und → Potenz sowie von → Essenz und → Existenz. Die menschliche Seele wird von Gott bei der Geburt geschaffen. Sie lebt als reine Form unzerstörbar auch nach dem Tod weiter. Wissen und Glauben trennt T. strikt; die Glaubenswahrheiten können durch die Vernunft nicht in Zweifel gezogen werden. *Hw.:* »Summa contra gentiles«, 1261–64; »Quaestiones disputatae«, 1256 bis 73; »Summa theologiae«, 1265 bis 73.

Thomas von Kempen: 1380–1471, dt. → Mystiker und vielleicht Autor des damaligen Bestsellers »De imitatione Christi«.

Thomasius, Christian: 1655 bis 1728, dt. Jurist und → Rechtsphilosoph, Verfechter der → Naturrechtslehre. *Hw.:* »Einleitung zu der Vernunftlehre«, 1691; »Einleitung und Ausübung der Sittenlehre«, 1692–96; »Versuch vom Wesen des menschlichen Geistes«, 1699; »Fundamenta juris naturae et gentium«, 1704.

Thomismus: Die Lehre des Thomas von Aquino und seiner Anhänger; im 19. Jh. als Neuthomismus belebt, die »offizielle« Philosophie der katholischen Kirche.

Thyssen, Johannes: 1892–1968, dt. Philosoph, → Erkenntnistheoretiker. *Hw.:* »Versuch über verschiedene Arten der Begriffsbildung«, 1917; »Der philosophische Relativismus«, 1941; »Die wissenschaftliche Wahrheit in der Philosophie«, 1950; »Zur Neubegründung des Realismus in Auseinandersetzung mit Husserl«, 1953.

Tiefenpsychologie: Von C. G. → Jung begründete Richtung der Psychologie, die die Erforschung von stammesgeschichtlich bedingten, unbewußten → Normen und → Werten zum Gegenstand hat. Diese zeigen sich z. B. in den Archetypen, bestimmten, u. a. in den Märchen aufscheinenden Vorstellungen, die unbewußtes Gemeingut der Menschen sind.

Tillich, Paul Johann: 1886–1965, dt. protestantischer Theologe und Philosoph, verband vielfältige Strömungen der Gegenwartsphilosophie mit einem undogmatischen, offenen Christentum. Mit seiner Fassung des Gottesbegriffs als »das, was uns unbedingt angeht«, rückte er vom starren → Theismus ab. *Hw.:* »Mystik und Schuldbewußtsein in Schellings philosophischer Entwicklung«, 1912; »Ideen zu einer Theologie der Kultur«, 1921; »Die religiöse Lage der Gegenwart«, 1926; »Die religiöse Verwirklichung«, 1928; »Der Protestantismus als Kritik und Gestaltung«, 1929; »Protestantisches Prinzip und proletarische Situation«, 1931; »Die sozialistische Entscheidung«, 1933; »Zwei Wege der Religionsphilosophie«, 1946; »Liebe, Macht, Gerechtigkeit«, 1955.

Tindal, Matthew: 1653–1733, engl. → Religionsphilosoph, → Deist, führte alle Religionen auf eine Urreligion zurück. Verlangte die Vernunftmäßigkeit der Religion. *Hw.:* »Christianity as Old as Creation«, 1730.

Titze, Hans: Geb. 1903, Ingenieur und Philosoph, setzte sich mit der Philosophie der Naturwissenschaften auseinander. *Hw.:* »Moderne Physik und Religion«, 1957; »Der Kausalbegriff in der Philosophie und Physik«, 1971; »Traktat über rational und irrational«, 1975.

Tod: Der Augenblick, in dem ein Lebewesen keine Lebenssignale mehr erkennen läßt und damit aufhört, als Individuum zu bestehen. Der T. tritt als Folge äußerer Umstände sowie als Folge des Alterungsprozesses ein. Die Frage, warum Organismen altern, ihre Todeswahrscheinlichkeit also von innen her allmählich steigern, wird von der modernen Molekularbiologie und Evolutionstheorie etwa so beantwortet: Ein bisher unbekanntes Stück der DNA enthält den chemischen Befehl für die Ingangsetzung des Alterungsprozesses. Dieser Befehl beginnt beim Menschen zwischen dem 25. und 30. Lebensjahr wirksam zu werden. Von da an wird der Stoffwechsel der Zellen, zunächst geringfügig, aber zunehmend, behindert. Der Alterungsprozeß folgt nahtlos dem Aufbauprozeß, der ebenfalls in der DNA codiert ist. In den Anfängen des Lebens muß es alternde und nicht-alternde Organismen gegeben haben, wobei die alternden einen Selektionsvorteil besaßen: Ihre Erbinformation konnte sich veränderten Umweltbedingungen über eine geringere Anzahl von Generationen anpassen – Vorteil der Population, nicht des Individuums. Daher hatten wohl schon nach kurzer Zeit die alternden ihre von innen her unsterblichen Artgenossen verdrängt. Die Angst vor dem T. ist, ebenfalls evolutionär erklärt, Bestandteil des Selbsterhaltungstriebes. → Epikur erklärt, diese Angst sei ein Widerspruch in sich, denn »wenn wir da sind, ist der T. nicht da, und wenn der T. da ist, sind wir nicht da«. → Leben, → Unsterblichkeit

Toleranz: Duldung anderer Auffassungen und Lebensweisen. T. setzt in der Regel eine gewisse Souveränität voraus, die auf dem Gefühl der Überlegenheit, gegebenenfalls sogar Gleichgültigkeit und der Sicherheit gegenüber dem anderen beruht. Bei flagranten Interessengegensätzen ist T. nicht zu erwarten; der T. Übende würde sich damit selbst gefährden. In diesem Sinn kritisierte H. → Marcuse die »repressive«, Unterdrückung duldende T. – T. gegenüber anderen Sachauffassungen ist Voraussetzung wissenschaftlicher Diskussionen, sofern sie dem Augenblick gilt, d.h. die Kritik und Weiterentwicklung der gegnerischen Position nicht ausschließt.

Tolstoi, Graf Leo Nikolajewitsch: 1828–1910, russ. Dichter. Ausgehend von einer tiefen unklerikalen Religiosität, propagierte T. das erdverbundene Leben des einfachen Volkes, mißtraute allen intellektuellen Leistungen, lehnte jede kirchliche oder staatliche Organisationsform ab. *Hw.:* »Worin besteht mein Glaube«, 1884; »Was sollen wir tun«, 1885; »Das Reich Gottes ist in uns«, 1893.

Tönnies, Ferdinand: 1855–1936, dt. Soziologe und → Sozialphilosoph. Sah in der »Gemeinschaft« (Familie und Volk) eine positive, dauerhafte Sozialisationsform, während die »Gesellschaft« eine Zweckorganisation ist, die von Egoismus und Profitsucht bestimmt wird. *Hw.:* »Gemeinschaft und Gesellschaft«, 1887; »Kritik der öffentlichen Meinung«, 1922; »Soziologische Studien und Kritiken«, 3 Bde., 1925–29; »Geist der Neuzeit«, 1935.

Topitsch, Ernst: Geb. 1919, österr. Philosoph, dem → Neupositivismus nahestehender Ideologiekritiker, Wissenschafts- und Gesellschaftstheoretiker. *Hw.:* »Vom Ursprung und Ende der Metaphysik (eine Studie zur Weltanschauungskritik)«, 1958; »Die platonisch-aristotelischen Seelenlehren in Weltanschauungskritischer Beleuchtung«, 1959; »Sozialphilosophie zwischen Ideologie und Wissenschaft«, 1961; »Gottwerdung und Revolution«, 1973; »Die Voraussetzungen der Transzendentalphilosophie«, 1975.

Totalität: Ganzheit, Vollständigkeit.

Toynbee, Arnold Joseph: 1889 bis 1975, engl. → Kultur- und → Geschichtsphilosoph, der im Gegensatz zu → Spengler keinen Automatismus der Kulturentwicklung sieht und eine prinzipiell pessimistische Haltung ablehnt. Völker und Kulturen (21 Einzelkulturen in der Weltgeschichte) reagieren auf bestimmte Herausforderungen. Die Geschichte verläuft daher unsystematisch; in ihr wiederholen sich allerdings manche Formen. *Hw.:* »A Study of History«, 10 Bde., 1934/39/54; »Christianity and Civilization«, 1948; »Civilization on Trial«, 1948; »Christianity among the Religions of the World«, 1957; »Hellenism – the History of a Civilization«, 1959.

Tragik: Manchmal zufallsbetonte, stets leiderzeugende Wendung schicksalhafter Prozesse. Der Handelnde gerät mit Notwendigkeit in eine Situation (eine Schuldverstrikkung ohne objektive Schuld), die für ihn nach Maßgabe der zugrundeliegenden Wertvorstellungen ausweglos ist. Die Ausweglosigkeit kann auf einem unvermeidbaren Mangel an Information (z. B. der Ödipus des Sophokles) oder einem Dilemma, d. h. der Gleichwertigkeit der Handlungsalternativen (z. B. die Hinrichtung von Thomas Morus durch Heinrich VIII.) beruhen. Das Dilemma besteht häufig darin, daß ein Wert geopfert werden muß, um einen anderen zu verwirklichen (z. B. das Leben des Freundes um der eigenen Glaubwürdigkeit willen).

transfinit: Grenzüberschreitend, unendlich.

transzendent: Etwas übersteigend, darüber hinausgehend. Seit → Kant besonders für bestimmte Fragen gebräuchlich, deren Beantwortung die menschliche Erkenntnisfähigkeit übersteigen würde.

transzendental: Bei → Kant die Erkenntnis, »die sich nicht sowohl mit Gegenständen, sondern mit unserer Erkenntnisart von Gegenständen, sofern diese a priori möglich sein soll, beschäftigt«. T.e Prinzipien übersteigen also im Gegensatz zum Transzendenten nicht die Erkenntnis, sondern gehen ihr voraus, nämlich als Bewußtseinsinhalte, die der elementaren Beurteilung sinnlicher Eindrücke dienen, z. B. die Vorstellungen von Raum und Zeit.

Transzendenz: Der dem Menschen und seinen Methoden der → Erkenntnis nicht zugängliche Bereich. Viele → Metaphysiker gelangten zur Annahme der T. Diese beruht nach → positivistischer Auffassung jedoch nur auf der Verwendung unklarer Begriffe, die irgendwann zu unauflösbaren Widersprüchen, zu einem regelrechten »Begriffssalat«, führt, der dann freilich Probleme enthält, die der Erkenntnis unzugänglich sind. Die traditionelle christliche Philosophie erkennt in T. einen nichtmateriellen Existenzbereich, der die Verbindung zur

Seinsform Gottes ermöglicht und eine Komponente des menschlichen Wesens darstellt.

Trendelenburg, Friedrich Adolf: 1802–1872, dt. Philosoph, versucht → Hegel mit Rückgriff auf → Aristoteles zu überwinden; betrachtet Denken und Sein als durch eine gemeinsame Bewegung verbunden. *Hw.:* »Logische Untersuchungen«, 1840; »Die sittliche Idee des Rechtes«, 1849; »Naturrecht auf dem Grunde der Ethik«, 1860.

Trieb: Zumindest allen Lebewesen innewohnende zielgerichtete Kraft, die das Individuum zu bestimmten Handlungen veranlaßt. Der T. kann verstanden werden als Umsetzung eines inneren, durch Unlust gekennzeichneten Zustands in diejenigen Handlungen, die zur Aufhebung des Zustands führen und daher als lustvoll empfunden werden.

Troeltsch, Ernst: 1865–1923, dt. evangelischer Theologe und Philosoph, kritisierte den → Historimus wegen seiner relativistischen Tendenzen, förderte aber gegenüber der Dogmatik das geschichtliche Denken in der Religionsphilosophie und -theologie. *Hw.:* »Gesammelte Schriften in vier Bänden«, 1912–25; »Der Historismus und seine Überwindung«, 1924.

Trugschluß: Fehlerhafter Schluß, kann beabsichtigt (→ Fangschluß) oder unbeabsichtigt (→ Fehlschluß) sein.

Tschernyschewskij, Nikolai Gavrilowitsch: 1828–1889, russ. Schriftsteller, gab der demokratisch-nihilistischen Strömung im Rußland des 19. Jhs. Ausdruck. Der individuelle Mensch solle sich auf die Gemeinschaft hin orientieren. *Hw.:* »Was tun«, dt., 3 Bde., 1883; »Das anthropologische Prinzip der Philosophie«, 1860.

Tschirnhaus, Ehrenfried Walter Graf von: 1651–1708, dt. Mathematiker und Naturwissenschaftler, mit Leibniz befreundet und wie dieser ein Vertreter der frühen → Aufklärung in Deutschland. T. untersuchte erkenntnistheoretische Fragen wie das Verhältnis von Theorie und Erfahrung, → Induktion und → Deduktion sowie Methoden des (Er-)Findens (ars inveniendi). *Hw.:* »Heilkunde der Geister oder allgemeine Vorschriften für die Kunst der Forschung«, 1687.

Tschuang-tse: 4. Jh. v. Chr., chin. Philosoph, Schüler des → Laotse, → Taoist, begründet im einzelnen, wie der Mensch dem Rhythmus des → Tao gemäß leben soll. *Hw.:* »Wahres Buch vom südlichen Blumenland«.

Tugend: In der → Ethik ist jeder Wert eine T. T. ist darüber hinaus als das Bemühen, diese Werte zu realisieren, selbst eine T.

Twardowski, Kazimierz: 1866 bis 1938, poln. Philosoph, besonders → Logiker und → Erkenntnistheoretiker, bekämpfte die Zurückführung der Logik auf die Psychologie. *Hw.:* »Idee und Perzeption«, 1892; »Zur Lehre vom Inhalt und Gegenstand der Vorstellungen«, 1894; »Über sogenannte relative Wahrheiten«, 1902; »Über begriffliche Vorstellungen«, 1903.

Tychismus: Von griech. tyche – Zufall. Die Auffassung, daß der → Zufall das Weltgeschehen bestimmt. Z. B. von Ch. → Peirce vertreten.

Typus: Grundgestalt, dem Ideal entsprechende Erscheinungsform.

U

Übel: Etwas, das den eigenen Interessen oder → Wertvorstellungen widerspricht.

Überbau: → Basis und Überbau

Ueberweg, Friedrich: 1826–1871, dt. Philosoph und Philosophiehistoriker, Schüler → Trendelenburgs. *Hw.:* »Grundriß der Geschichte der Philosophie«, 3 Bde., 1863–66.

ultramontan: Strikt römisch-katholisch bzw. papistisch ausgerichtet.

Umfang: Die Gesamtheit aller Gegenstände oder Begriffe, die von einem Oberbegriff umfaßt werden, sind dessen U. So gesehen, sind alle Themen, die in der Philosophie behandelt wurden, der U. der Philosophie.

Umgreifendes: Bei → Jaspers sinnverwandt mit → Transzendenz.

Unamuno, Miguel de: 1864–1936, baskischer Schriftsteller, sah Wissen und Glauben in unvereinbarem Gegensatz, entschied sich für den letzteren. *Hw.:* »Das Leben des Don Quijote und des Sancho«, 1914; »Die Agonie des Christentums«, 1928; »Das tragische Lebensgefühl«, 1913.

Unbestimmtheitsrelation: → Unschärferelation

Unendlichkeit: Abstrakt ideelle Eigenschaft des → Raumes und der → Zeit. In der Physik von → Newton bzw. in der Geometrie von → Euklid: Ein beliebiger Abschnitt des Raums oder der Zeit kann beliebig um weitere Abschnitte erweitert werden, ohne je an eine begriffliche Grenze zu stoßen, da Raum und Zeit sich hinter dieser rein willkürlichen Grenze weiter homogen fortsetzen würden. Entsprechendes gilt für die Unterteilung des Abschnitts: Jeder Teil kann beliebig weiter geteilt werden. Dieser abstrakte Begriff der U., nach → Hegel »schlechte U.«, wird gegenwärtig in der Wissenschaft kaum verwendet, da 1.) die physikalische Struktur der Materie eine beliebige Teilung ohnehin ausschließt; 2.) als tatsächlich kleinste und damit nicht mehr teilbare Größe das Plancksche Wirkungsquantum h angesehen wird; 3.) durch die Allgemeine Relativitätstheorie und die Riemannsche Geometrie der Raum als endlich, wenn auch unbegrenzt gilt, und der Gesamtbetrag von Masse und Energie, sozusagen die »Menge« der Materie, u. a. aufgrund der Erhaltungssätze als unveränderlich und damit endlich angesehen wird. Die abstrakte U. wäre somit als bezuglose Extrapolation des menschlichen Erlebnisraumes zu interpretieren. Eine Theorie der Unendlichkeit von Raum und Zeit hätte heute allerdings nicht die Folgen, denen sich G. → Bruno aussetzte: Er wurde 1600 hingerichtet.

universal: Allumfassend, sich auf alles beziehend.

Universalienstreit: → Scholastische Diskussion um die Frage, ob die allgemeinen → Begriffe von den Dingen unabhängige, diesen vorangehende, selbständige Ideen sind (Realismus, z. B. → Eriugena, auch → Platon), ob es sich dabei um bloße Namen für erfahrungsmäßig festgestellte Übereinstimmungen handelt (Nominalismus, z. B. → Ockham) oder ob die Universalien in den Dingen und nur dort sind (→ Abaelard).

Universalismus: Auffassung, das Ganze sei immer den → Teilen übergeordnet. In der Sozialphilosophie wird daraus die Forderung nach Unterwerfung des Einzelnen unter staatliche bzw. »Gemein«-Interessen abgeleitet (z. B. bei O. → Spann).

Universum: Weltall; die → Materie unter astronomischen und astrophysikalischen Gesichtspunkten. Wissenschaftliche Mehrheitsmeinung ist zur Zeit die Urknalltheorie, derzufolge die Materie vor ca. 10 Mrd. Jahren auf engem Raum konzentriert war und sich aufgrund einer Art Explosion seitdem ausbreitet. Diese Annahme beruht auf einer Interpretation der Rotverschiebung: Das Licht ferner Galaxien ist relativ langwellig, zu Rot hin verschoben, was auf eine hohe Relativgeschwindigkeit der Himmelskörper (voneinander weg) zurückgeführt wird. Dagegen steht die »Steady-State-Theorie« von F. Hoyle und anderen, die ein ruhendes Universum annimmt, in dem ständig Materie entsteht und verschwindet.

Unschärferelation: Von W. → Heisenberg mathematisch formulierte Beziehung zwischen Ort und Impuls (= Produkt aus Masse und Geschwindigkeit) eines Teilchens: $\Delta p \cdot \Delta q \geqslant h$. Bei der Beobachtung eines Elementarteilchens lassen sich Ort und Impuls nicht mit beliebiger Genauigkeit bestimmen. Das Produkt aus der Unschärfe der Ortsbestimmung (Δp) und der Unschärfe der Impulsmessung (Δq) ist mindestens so groß wie die → Plancksche Konstante h. Umstritten ist bis heute, ob die U. darauf zurückzuführen ist, daß das Teilchen gar keine exakten Eigenschaften hat, diese vielmehr durch die Beobachtung allenfalls zugefügt bekommt, wie Heisenberg selbst und mit ihm die → Kopenhagener Schule meinte, oder ob es sich hier um ein Meßproblem handelt, das überwunden werden könnte, wenn Impulse mit einem kleineren Betrag als h zur Verfügung stünden. Das grundlegende Problem ist den meisten Besitzern von Fotoapparaten bekannt: Knipst man ein bewegtes Objekt, hat man die Wahl zwischen kurzer und langer Belichtungszeit. Im ersten Fall wird das Objekt scharf, sein Ort relativ genau bestimmbar, aber die Geschwindigkeit ist »ausgelöscht«; im zweiten Fall wirkt das Objekt wie über das Bild verschmiert, man hat den Eindruck der

Geschwindigkeit, aber der Ort ist nun nicht mehr genau bestimmbar. Die Frage, welchen Ort bewegte Körper eigentlich haben, hat schon → Zenon (»Der fliegende Pfeil«) und → Hegel beschäftigt.

Unsterblichkeit: 1.) Biologische U., → Tod. 2.) In manchen → metaphysischen Systemen wird die Existenz einer unsterblichen Seele angenommen, die dem Körper bis zum Tod innewohnt, sich dann von ihm trennt, um entweder einen anderen Körper zu beseelen oder in ein spezifisches Reich der Seelen einzugehen.

Upanischaden: Altindische Schriften aus dem Veda, die eine Geheimlehre über die → mystische Erkenntnis des Brahman enthalten. Ca. 700–500 v. Chr.

Ursache – Wirkung: → Kausalität

Urteil: 1.) Klassische → Logik: Verbindung zweier Begriffe, wodurch der eine zum Subjekt (S), der andere zum Prädikat (P) wird. Das U. SP sagt aus, daß S die Eigenschaft P hat. Die sprachliche Form des U.s ist der Aussagesatz. → Kant teilt die Urteile nach vier Gesichtspunkten ein: → Quantität (einzeln, besonders, allgemein), → Qualität (bejahend, verneinend, unendlich), → Relation (hypothetisch, kategorisch, disjunktiv), → Modalität (problematisch, apodiktisch, assertorisch). 2.) Moderne Logik: Das U., hier als Aussage bezeichnet, ordnet einen Gegenstand einer bestimmten Klasse von Gegenständen zu.

Urteilskraft: Bei → Kant das Vermögen, das → Besondere dem entsprechenden → Allgemeinen unterzuordnen bzw. zum Besonderen das entsprechende Allgemeine zu finden.

Urzeugung: Auf → Aristoteles zurückgehende, bis ins 19. Jh. populäre Ansicht, Lebewesen könnten aus unbelebter → Materie entstehen, z. B. Mäuse aus Lumpen, Fliegen aus Dreck etc. Von Pasteur experimentell widerlegt, in gewissem Sinn aber durch die Evolutionstheorie bestätigt: Zumindest die ersten Lebewesen entstanden vermutlich aus einfachen chemischen Verbindungen, Ausgangsstoffe des Lebens waren Methan, Ammoniak, Schwefeldioxid und Wasser, aus denen bei Energiezufuhr Aminosäuren entstanden, wie Stanley Miller 1956 experimentell zeigen konnte.

Utilitarismus: Von → Bentham und → Mill begründete ethische Auffassung, nach der »das größtmögliche Glück der größtmöglichen Zahl« Ziel des Handelns sein soll. Der U. wird meist als → Erfolgsethik verstanden, deren Sinn darin liegt, daß der Einzelne über das Gemeinwohl sein eigenes Wohl fördert. Der U. kehrt die Moral des → Liberalismus formal um, die davon ausgeht, daß das Handeln im eigenen Interesse letztlich auch für das Gemeinwohl am ergiebigsten ist.

Utopie (griech., »ohne Ort«, nirgends): Entwurf eines Systems, z. B. eines Gesellschaftssystems, das (noch) nirgends existiert. Als erste U. gilt → Platons »Staat«; der Begriff wurde von → Morus geprägt. Die U.n der Renaissancezeit wurden als Reiseberichte verfaßt, da die Autoren in der Regel nicht wußten, wie ihre Pläne im eigenen Land verwirklicht werden sollten. Außerdem erfuhr man im 16. und 17. Jh. von Gesellschaftssystemen in der Karibik und im Pazifik, die den Europäern nicht nur von der Natur, sondern gerade von den Menschen und der Art ihres Zusammenlebens her als paradiesisch erschienen. Der Glaube an die Möglichkeit eines alternativen Gesellschaftssystems wurde dadurch beflügelt. Grundsätzlich gibt es zwei utopische Ansätze: Änderung der gesellschaftlichen Organisation auf der Grundlage der bestehenden Wissenschaft und Technik (→ Morus, → Campanella) und Fortentwicklung von Wissenschaft und Technik als Garanten menschlichen Wohlergehens (Francis → Bacon). Diese Alternativen beherrschten auch die Diskussion in späteren Jahrhunderten: Ist eine andere gesellschaftliche Ordnung Voraussetzung des Fortschritts oder führt der Fortschritt zu einer humaneren Ordnung?

V

Vaihinger, Hans: 1852–1933, dt. Philosoph, entwickelte die Theorie des »als ob«, den → Fiktionalismus, demzufolge alle → Werte und → Ideen nur Fiktionen sind, als solche Mittel zum Zweck, auch wenn in sich widersprüchlich. *Hw.:* »Die Philosophie des Als-Ob (System der theoretischen, praktischen und religösen Fiktionen der Menschheit aufgrund eines idealistischen Positivismus)«, 1911; »Pessimismus und Optimismus«, 1924.

Valla, Laurentius: 1405–1457, ital. Humanist, Rhetoriker und Philosoph, vertrat gegen → Scholastik und Klerus eine → epikureische Lebensauffassung: *Hw.:* »De voluptate«, 1431; »De libero arbitrio«, 1438–42; »Dialecticae disputationes contra Aristotelicos«, 1949; »De professione religiosorum«, 1445.

Vauvenargues, Luc des Clapiers, Marquis de: 1715–1747, frz. → Moralist, → Aphoristiker: »Die großen Gedanken kommen aus dem Herzen«. *Hw.:* »Introduction à la connaissance de l'esprit humain suivie de réflexions et de maximes«, 1746.

Veda: Sanskrit: »Wissen«, älteste indische religiöse Schriften, ca. 1000–500 v. Chr., bestehen aus Hymnen, Opferliedern, Opfersprüchen und Zauberliedern, an die sich Texte zu den Riten, die Waldbücher und die → Upanischaden anschließen.

Vedanta: Ende des → Veda, ursprüngliche Bezeichnung für die → Upanischaden, dann für deren Systematisierung. Das V. behandelt das Verhältnis von Weltseele (Brahman) und Einzelseele (Atman).

Veränderung: Universeller Begriff, der u. a. einschließt: Bewegung, Erkenntnis, Entwicklung, Werden und Vergehen, Erhaltung. V. ist eine grundlegende Eigenschaft der Realität. Auch → Leben ist vielfältige V. Die universelle Bedeutung der V. wurde in Europa zunächst von → Heraklit dargestellt, von → Parmenides wiederum bestritten. Seit → Hegel unterscheidet man zwischen quantitativen, und qualitativen V. en. Ebenso lassen sich aktive und passive V. unterscheiden, wobei die eine dem → Subjekt, die andere dem Objekt zukommt. Schließlich die Selbstv. – etwas verändert sich –, die die grundlegende Form der V. ist.

Verifikation: Nachweis der Wahrheit einer Theorie durch Erfahrung, also z. B. durch Anwendung der Theorie in der Praxis. *Ggt.:* → Falsifikation.

Vernunft: Menschliches Vermögen, aus der Fülle der → Erscheinungsformen heraus allgemeine Zusammenhänge zu erkennen, den Übergang von der → Erkenntnis der → Erscheinung zu der des → Wesens zu vollziehen, von der empirischen zur rationalen Erkenntnis zu gelangen.

Verstand: Das Vermögen, in → Begriffen, → Urteilen und → Schlüssen zu denken, einzelne und besondere Erkenntnisse in schon bekannte Zusammenhänge einzuordnen. V. und Vernunft werden häufig gleichbedeutend verwendet. → Hegel dagegen: Der V. bejaht, die Vernunft verneint.

Versuch: → Experiment

Vico, Giambattista: 1688–1744, ital. Philosoph, Begründer der neuzeitlichen → Geschichtsphilosophie. V. wandte sich gegen → Descartes, da dessen Methode auf den Bereich des nur Wahrscheinlichen, wie er für die Gesellschaft typisch ist, nicht angewendet werden kann. In der Geschichte sah er triadisch wiederkehrende Stadien, wodurch der → Fortschritt als Spiralbewegung erscheint, Wiederkehr auf höherer Ebene. V. prägte den Satz, der Mensch könne nur erkennen, was er selbst geschaffen hat. *Hw.:* »Principi di una scienza nuova intorno alla comune natura delle nazioni«, 1725.

Vierkandt, Alfred: 1867–1953, dt. Ethnologe, Soziologe und Philosoph, suchte u. a. nach den unveränderlichen wesensmäßigen Grundzügen der menschlichen Gesellschaft, die sich als »Stetigkeit im Kulturwandel« zeigen. *Hw.:* »Staat und Gesellschaft in der Gegenwart«, 1916; »Gesellschaftslehre«, 1923; »Familie, Volk und Staat«, 1936.

virtuell: Dem Vermögen, der Möglichkeit nach.

Vischer, Friedrich Theodor: 1807–1887, dt. Schriftsteller und Philosoph, vertrat eine an → Hegel orientierte → Ästhetik. *Hw.:* »Ästhetik oder Wissenschaft des Schönen«, 6 Bde., 1847–58; »Auch einer«, 1879.

Vitalismus: Im 19. Jh. verbreitete Auffassung, daß sich die Lebensvorgänge nicht naturwissenschaftlich erklären lassen, da sie von einer übernatürlichen »Lebenskraft« (später → Entelechie genannt) hervorgerufen und in Gang gehalten werden. Vor den Erfolgen der Biochemie bzw. Molekularbiologie war die mikroskopische Struktur der Lebewesen rätselhaft, und jeder konnte, entsprechend seiner sonstigen Weltanschauung, hier natürliche, wenn auch noch nicht erkannte oder transzendente, unerkennbare Ursachen vermuten. Die → Synergetik beschäftigt sich heute u. a. mit den Gesetzen der Selbstorganisation von Lebewesen, so daß die Rätsel früherer Zeit z. T. schon mathematisch ausrechenbar sind.

Vives, Johannes Ludovicus: 1492–1540, → humanistischer Pädagoge und Philosoph, begründete die → empirische Psychologie mit einer ähnlichen Überlegung wie → Galilei die empirische Physik: Die

Psychologie solle nicht fragen, was die Seele ist, sondern welche Eigenschaften sie hat. *Hw.:* »De disciplinis«, 1531; »De anima et vita«, 1538; »De initiis, sectis et laudibus philosophiae«, 1518.

Volkelt, Johannes: 1848–1930, dt. Philosoph, bezeichnet die außersubjektive Wirklichkeit als »transsubjektives Minimum«. Auch als → Ästhetiker hervorgetreten. *Hw.:* »Erfahrung und Denken«, 1886; »Ästhetik des Tragischen«, 1897; »Die entwicklungsgeschichtliche Betrachtungsweise in der Ästhetik«, 1902; »Die Bedeutung der niederen Empfindungen für die ästhetische Einfühlung«, 1903; »Phänomenologie und Metaphysik der Zeit«, 1925; »Das Problem der Individualität«, 1928.

Voltaire, François Marie Arouet: 1694–1778, der berühmteste Schriftsteller und Philosoph der Aufklärung, zumindest in Frankreich. Als scharfsinniger, kritischer Analytiker, der einen epochemachenden literarischen Stil pflegte, hatte V. zu seiner Zeit eine wohl einzigartige öffentliche Wirkung. Philosophisch übernahm er die → empiristische Grundhaltung der Naturwissenschaften seiner Zeit im Sinne von → Newton, → Locke und → Bayle, ergänzte sie jedoch durch einen pointierten, witzigen bis ironischen → Rationalismus. Zeitlebens ein unbeirrbarer Kritiker der Kirche und ihrer Dogmatik, war V. → Deist, weil er seine Idee einer moralischen Weltordnung nicht anders zu begründen wußte. Grundsätzlich glaubte V. an den gesellschaftlichen Fortschritt und an die sittliche Vervollkommnung des Menschen aus eigener Kraft. *Hw.:* »Lettres philosophiques sur les Anglais«, 1734; »Essai sur les mœurs et l'esprit des nations«, 1756; »Candide ou l'optimisme«, 1759; »Dictionnaire philosophique«, 1764; »Le philosophe ignorant«, 1767; »Sur l'homme«, 1738; »Eléments de la philosophie de Newton«, 1738; »Questions sur l'encyclopédie«, 9 Bde., 1770–1827.

Voluntarismus: Von lat. voluntas – der Wille. → Metaphysischer Standpunkt, demzufolge der → Wille das grundlegende Prinzip der Realität, sei es der Welt überhaupt (→ Schopenhauer) oder nur des menschlichen Lebens und Handelns ist. Voluntaristische Vorstellungen finden sich u. a. bei den → Stoikern, → Kant, → Fichte und → Nietzsche.

Vorländer, Karl: 1860–1928, dt. Philosoph, → Neukantianer, ethischer Sozialist, bemühte sich um eine Verbindung von → Marxismus und kantischer Ethik. *Hw.:* »Kant und der Sozialismus«, 1900; »Geschichte der Philosophie«, 2 Bde., 1903; »Kant und Marx«, 1911; »Kant, Fichte, Hegel und der Sozialismus«, 1920; »Von Machiavelli bis Lenin«, 1925; »Karl Marx«, 1929.

Vorsokratiker: Sammelbegriff für die griech. Philosophen vor Sokrates, also bis etwa 450 v. Chr. Hierzu gehören die Ionischen → Naturphilosophen, die → Eleaten, → Pythagoräer, die jüngeren Naturphilosophen → Empedokles und → Anaxagoros sowie → Leukipp und → Demokrit, schließlich → Protagoras und → Gorgias.

Vorstellung: Bewußtseinsinhalt, der sich teils als Erinnerung auf die Vergangenheit, teils als Plan auf die Zukunft bezieht. V.en können rational, gefühlsmäßig oder phantastisch sein.

W

Wahrheit: 1.) Im Sinne von Richtigkeit: mögliche Eigenschaft einer Aussage oder Theorie (*Ggt.:* Falschheit), die anhand bestimmter Kriterien bzw. → Verifikationsmethoden festgestellt wird. Über diese Kriterien der W. gibt es unterschiedliche Auffassungen: Die → aristotelische, im Mittelalter populäre Übereinstimmung von Bewußtsein und Sache (adaequatio rei et intellectus), wobei wiederum umstritten ist, was »Sache« hier bedeutet: die Übereinstimmung einer Theorie mit häufig gemachten Erfahrungen (→ Sensualismus, → Empirismus); die Übereinstimmung einer Aussage mit einer anerkannten Theorie; die Bewährung einer Theorie in der Praxis (→ Pragmatismus). 2.) Eine besondere, nämlich funktionale Art der Richtigkeit: W. kommt danach nur den Aussagen zu, die den Empfänger der Aussage befähigen, seine Handlungsweise in seinem eigenen Sinne zu optimieren. Der Aussagende kann zur W. in diesem Sinne nur gedrängt werden, da sie mit seinen eigenen Interessen höchstens zufällig harmoniert. W. wird zur Selbstverständlichkeit, insoweit die Interessen beider übereinstimmen. Dieses Verständnis der Wahrheit kann ethisch oder pragmatisch (→ Solidarität) fundiert sein.

Wahrheitstafeln: Gegeben seien die Aussagen A und B, die jeweils wahr oder falsch sein können. Welche Auswirkungen ergeben sich für die Verknüpfung der beiden Aussagen durch »UND« bzw. »ODER«? Die Aussage A ∧ B (A und B) ist wahr, wenn beide Aussagen wahr sind; die Aussage A ∨ B (A oder B) ist wahr, wenn eine von beiden Aussagen wahr ist. Das läßt sich folgendermaßen in Wahrheitstafeln darstellen:

A ∧ B

		B: w	B: f
A	w	w	f
A	f	f	f

A ∨ B

		B: w	B: f
A	w	w	w
A	f	w	f

wobei »w« wahr und »f« falsch bedeutet.

Wahrnehmung: Die sinnliche Erfassung objektiver Gegebenheiten. Die W. verbindet Empfindungen mit Bewußtseinsinhalten, sei es, daß aufgrund des Bewußtseins einer Sache von ihr ausgelöste Empfindungen erwartet und, wenn sie eintreten, als Wirkung der Sache erkannt werden, sei es, daß spontan aufgefaßte Empfindungen bestimmten Bewußtseinsinhalten zugeordnet werden.

Wahrscheinlichkeit: 1.) Eigenschaft einer Aussage oder Theorie, deren Wahrheit noch nicht erwiesen ist, aufgrund gewisser Gründe jedoch vermutet wird. 2.) Mathematik: Die W. eines möglichen Ereignisses wird als Verhältnis der »günstigen« (wo es eintritt) zu den »möglichen« Fällen dargestellt. W. → a priori stellt das abstrakte Verhältnis dar, z. B. 1/37 für das Eintreffen einer bestimmten Zahl beim Roulette, die W. → a posteriori dagegen die tatsächlich beobachtete Häufigkeit. Aus Abweichungen beider W.en lassen sich u. U. äußere Einflüsse auf den Ablauf, z. B. mechanische Unregelmäßigkeiten der Roulettemaschine, ablesen. Die Anwendung der mathematischen W.srechnung setzt voraus, daß die Bedingungen für das Eintreten des einzelnen Ereignisses unbekannt oder nicht berechenbar sind.

Wang Yang-ming: 1472–1528, vom → Taoismus und → Buddhismus ausgehender chin. Philosoph, der den Geist als Grundlage der Welt, das Handeln als Grundlage der Erkenntnis ansieht.

Weber, Alfred: 1868–1958, dt. Soziologe, begründete die historische Kultursoziologie. Große Kulturen hängen danach mit bestimmten gesellschaftlichen Organisationsformen zusammen. *Hw.:* »Kulturgeschichte als Kultursoziologie«, 1935; »Das Tragische und die Geschichte«, 1943; »Abschied von der bisherigen Geschichte. Überwindung des Nihilismus?«, 1946; »Prinzipien der Geschichts- und Kultursoziologie«, 1951; »Einführung in die Soziologie«, 1955; »Der dritte und der vierte Mensch«, 1953.

Weber, Max: 1864–1920, dt. Nationalökonom und Soziologe, begründete die Theorie des Idealtypus in der Soziologie, führte diese auf empirische Grundlagen zurück und verwies alle Wertvorstellungen und weltanschaulichen Wertungen in Bereiche außerhalb der Wissenschaft. Bedeutend ebenfalls als Religionssoziologe, (»Die protestantische Ethik und der Geist des Kapitalismus«). → Gesinnungsethik. *Hw.:* »Wirtschaft und Gesellschaft«, 1921; »Gesammelte Aufsätze zur Religionssoziologie«, 2 Bde., 1920–21; »Gesammelte Aufsätze zur Wissenschaftslehre«, 1922; »Gesammelte Aufsätze zur Soziologie und Sozialpolitik«, 1924; »Gesammelte Aufsätze zur Sozial- und Wirtschaftsgeschichte«, 1924; »Soziologie, universalgeschichtliche Analysen, Politik; Ausgewählte Schriften«, 1955; »Rechtssoziologie«, 1960.

Wechselwirkung: Erstmals von → Newton als actio = reactio quantitativ gefaßte Vorstellung, daß sich Systeme oder Pole eines Systems stets gegenseitig beeinflussen. In der Psychologie auch W. von Leib und Seele, eine gegen den → Parallelismus entwickelte Vorstellung.

Weischedel, Wilhelm: 1905–1975, dt. Philosophiehistoriker, → Ethiker, versuchte eine philosophische Theologie zu schaffen. *Hw.:* »Der Aufbruch der Freiheit zur Gemeinschaft – Studien zur Philosophie des jungen Fichte«, 1939; »Die Tiefe im Antlitz der Welt, Entwurf einer Metaphysik der Kunst«, 1952; »Recht und Ethik«, 1956; »Wirklichkeit und Wirklichkeiten«, 1960; »Denken und Glauben« (zus. mit H. Gollwitzer), 1965; »Die philosophische Hintertreppe«, 4. Aufl. 1976; »Philosophische Grenzgänge«, 1967; »Der Gott der Philosophen«, 2 Bde., 1971/72; »Skeptische Ethik«, 1976.

Weisheit: Eher poetischer Begriff, etwa: Einsicht in wesentliche Zusammenhänge der Welt, aus der sich Wege des Handelns in Einklang mit diesen Zusammenhängen ergeben.

Weizsäcker, Carl Friedrich Freiherr von: Geb. 1912, dt. Physiker und Philosoph, befaßte sich mit zahlreichen, besonders → erkenntnistheoretischen, Fragen der → Naturphilosophie bzw. Philosophie der Naturwissenschaften. Seit den 50er Jahren gab er der internationalen Diskussion um Friedenssicherung und Kriegsverhütung vielbeachtete Impulse. Auf der Suche nach Wegen aus der Krise der Industriestaaten arbeitete er darüber hinaus in den 70er Jahren an einer Rezeption des Buddhismus. *Hw.:* »Die Atomkerne«, 1937; »Zum Weltbild der Physik«, 1943; »Kosmogonie«, 1949; »Physik der Gegenwart«, 1952; »Die Tragweite der Naturwissenschaft«, 2. Aufl. 1966; »Der ungesicherte Friede«, 1969; »Die Einheit der Natur«, 1971; »Wege in der Gefahr«, 1974; »Der Garten des Menschlichen«, 1978; »Deutlichkeit«, 1978; »Der bedrohte Friede«, 1981.

Welle und Teilchen: Zwei entgegengesetzte, sich gleichwohl gegenseitig bedingende Eigenschaften von Elementarteilchen. Die → Polarität von W. und T. konnte erst im 20. Jh. begrifflich gefaßt werden, und auch hier zunächst nur als → Dualismus: Je nach Meßmethode läßt sich entweder der Wellen- oder Teilchenaspekt untersuchen; wobei die → Kopenhagener Schule meint, daß diese Eigenschaften durch die Messung bei den Teilchen erst objektiv hervorgerufen werden. Die gegenseitige Bedingtheit kann der Dualismus allerdings noch nicht fassen. Die aus W. und T. bestehende Doppelnatur des Lichts war prinzipiell schon im 18. Jh. bekannt (→ Newton vertrat den T.-, Huygens den W.aspekt), nur konnte kein Physiker glauben, daß beides zugleich zutrifft. Newton setzte sich damals kraft seines Namens durch.

Wellenmechanik: Von de Broglie 1924 begründete und von → Schrödinger und Dirac ausgebaute Theorie, mit der die Polarität von Welle und Teilchen zur Welle hin aufgelöst werden sollte.

Welt: 1) Im astronomisch-astrophysikalischen Sinn: → Universum. 2) Umgangssprachlich auch für Erde oder Menschheit. 3) Ein spezieller Ereignis- und Erlebnisraum (»Die Welt der Musik«). 4) Im abstrakten Sinn gleichbedeutend mit Realität bzw. Wirklichkeit.

Weltanschauung: Jede ganzheitliche, wenn auch nur selten homogene Sicht der Realität, die sich aus der historischen und gesellschaftlichen Situation eines Volkes, einer Klasse, Gruppe oder eines Individuums ergibt. In die W. geht das ganze Wissen der entsprechenden Person oder Formation ebenso ein, wie alle von ihr getragenen → Werte und Maßstäbe. Die W. bildet den Hintergrund für die Auffassung, das Erleben der Welt, für die Interpretation beobachteter Zustände und Ereignisse; diese wirken wiederum auf die W. zurück. So kann eine religiöse W. durch schwerwiegende Erlebnisse ebenso leicht hervorgerufen wie verworfen werden.

Weltbild: Die ganzheitliche Sicht der Welt, wie sie sich aufgrund des Wissenstandes der Zeit, insbesondere des Standes der wissenschaftlichen Forschung, ergibt. Die Menge der Forschungsresultate und Theorien kann durchaus unterschiedlich zu einem umfassenden Bild vereinigt werden, so daß auf jeder Entwicklungsstufe grundsätzlich verschiedene Weltbilder entstehen können. Häufig dient ein bestimmter Forschungsbereich als Ausgangspunkt für eine Verallgemeinerung, deren Resultat dann das W. ist. So spricht man vom W. der Physik oder vom naturwissenschaftlichen W. Die wissenschaftlichen W.er der Gegenwart unterscheiden sich vom religiösen mittelalterlichen W. u. a. dadurch, daß sie nicht ohne weiteres eine Beziehung zwischen der Existenz des einzelnen Menschen und den von ihnen widergespiegelten Strukturen herstellen können. Im christlichen W. des Mittelalters war jeder Teil der Realität für jeden Einzelnen über Gott mittels Gebet oder Ritus ansprechbar. Diese komfortable Geschlossenheit können die modernen wissenschaftlichen Weltanschauungen bisher noch nicht bieten, denn es fehlen Methoden, mit denen das einzelne persönliche Schicksal im Zusammenhang besonders des historischen und gesellschaftlichen Lebens konkret verstanden und gestaltet werden könnte.

Weltformel: Im engeren Sinn eine 1956 von → Heisenberg vorgestellte Gleichung, die den Zusammenhang der damals bekannten Elementarteilchen untereinander darstellen sollte. Spätere Forschungsergebnisse konnten jedoch nur durch Erweiterungen der Formel integriert werden, wodurch sie ihre ursprüngliche Eleganz verlor.
Im weiteren Sinne wird als W. eine philosophische → Theorie bezeichnet, die den elementarsten, inner-

sten Zusammenhang der → Welt in sich, das Grundprinzip der → Realität, darzustellen versucht. Zwar ist umstritten, ob es einen derartigen Zusammenhang überhaupt gibt, doch reichen die einschlägigen Versuche bis an den Anfang der heute bekannten Philosophiegeschichte zurück: In China das → I-Ging und die Theorie des → Yin und Yang, in Griechenland die Theorien der Ionischen Naturphilosophen. Je allgemeiner ein → Naturgesetz formuliert werden kann, desto mehr gewinnt es den Charakter einer W. Die → Erhaltungssätze der Physik sind ein Beispiel dafür, mit → Einsteins $E=mc^2$ als bisher allgemeinster Form. Philosphische → Ontologien haben häufig Züge einer W. an sich, wenn ihnen auch meist die überzeugende Bündigkeit und Prägnanz fehlt. In jeder wissenschaftlichen Theoriebildung steckt ein Hang zur größtmöglichen Verallgemeinerung, also die Tendenz, möglichst umfassende Naturgesetze zu entdecken, letztlich *das* Naturgesetz.

Weltgeist: Bei → Hegel das grundlegende dynamische Strukturprinzip der Welt. In Natur und Geschichte kommt der W. durch die Tat zu sich selbst, zum Bewußtsein seiner selbst, macht sich zu dem, was er ist. Im Prinzip ähnelt der Hegelsche W. dem »Ordner« in der → Synergetik → Hakens.

Wenzl, Aloys: 1887–1967, dt. Philosoph, vertrat eine kritisch-realistische → Naturphilosophie, versuchte Resultate verschiedener Forschungsbereiche zu einer neuen Metaphysik zu verbinden. W. arbeitete auch über das Problem der Freiheit. *Hw.:* »Das Leib-Seele-Problem«, 1933; »Wissenschaft und Weltanschauung«, 1936; »Philosophie als Weg von den Grenzen der Wissenschaft an die Grenzen der Religion«, 1939; »Materie und Leben als Probleme der Naturphilosophie«, 1949; »Die philosophischen Grenzfragen der modernen Naturwissenschaften«, 1954.

Werden: 1) Bedeutungsgleich mit Entstehen. 2) Übergang von einem (vergehenden) Zustand in einen anderen (entstehenden). Jedes W. ist damit W. von etwas, das im Übergang gleichbleibt. Diese Invariante ist zumindest die Summe der beteiligten Masse und Energie, meist aber noch auf höherer Ebene beschreibbar. 3) Bei → Hegel die Einheit von Sein und Nichts, die sich wiederum aufspaltet in Entstehen (von Nichts zum Sein) und Vergehen (von Sein zu Nichts). Die Einheit dieser Pole ist das → Dasein.

Wert: 1) (Positive) Bedeutung, die eine Sache, ein Zustand oder eine Veränderung für ein Subjekt hat. Der W. drückt also eine Relation zwischen → Subjekt und Objekt aus, die einerseits von den Bedürfnisse bzw. Interesse hervorrufenden Eigenschaften des Subjekts, andererseits von den entsprechenden Eigenschaften des Objekts bestimmt ist. Dasselbe Objekt kann also für verschiedene Subjekte verschiedenen W. haben. Diesem subjektiven oder relativen W.-Begriff (»Dienstwert«) stellte der → Neukantianismus einen »objektiven«, den »Selbstwert«, gegenüber. Dieser kommt besonders der Wahrheit, Sittlichkeit und Schönheit zu. Gegen die vorherrschende Auffassung des W.s als relativ wandten sich im 20. Jh. besonders → Scheler (»Materiale Wertethik«) und N. → Hartmann (»Wert an sich«), die zumindest einigen W.en Absolutheit zusprachen. Hartmann begründete dies sehr → platonisch mit der Idee eines separaten, außerhalb der übrigen Wirklichkeit stehenden Reichs der Werte. 2) Bei → Marx die polare Struktur der Ware; sie hat Gebrauchswert (siehe 1) und W. Letzterer ist die Menge der in ihr vergegenständlichten Arbeitskraft. Der Wert zeigt sich mehr und mehr als selbständige Größe; er entwickelt sich zum Kapital. Als solches ist er ein Automatismus: sich selbst verwertender W.

Wesen (Essenz; ousia, quidditas): 1) Ein selbständiges Gebilde, etwa im Sinn von Individuum. 2) Die elementare Struktur eines Dings, die sich in dessen Erscheinungsformen zeigt. Da der sinnlichen Erkenntnis nur die → Erscheinungen zugänglich sind, kann das W. nicht unmittelbar erkannt werden. Daraus kann geschlossen werden, daß es entweder der Erkenntnis prinzipiell unzugänglich ist, wie bei → Hume und → Kant (Unerkennbarkeit des Dings-an-sich), oder daß es sich von seinen Erscheinungsformen her über gedankliche Abstraktionen dem rationalen Denken erschließt, wie bei → Hegel. Der → Positivismus, der die unmittelbar beobachtete Realität für das einzig Beschreibbare hält, lehnt die Beschäftigung mit dem W. folgerichtig ab; ihm ist die Erscheinung alles. In → Husserls → Phänomenologie sowie in der → Mystik wird das Wesen für unmittelbar erfaßbar gehalten, durch dementsprechend unsinnliche Verfahren, wie »Wesenschau«.

Wetter, Gustav A.: Geb. 1911, Philosoph, setzt sich als Jesuit mit dem → Marxismus auseinander, wobei er sich auf verschiedenen Ebenen um den Nachweis bemüht, daß die → Dialektik entweder grundsätzlich oder doch wenigstens in Verbindung mit dem → Materialismus unhaltbar ist. *Hw.:* »Der dialektische Materialismus«, 1952; »Sowjetideologie heute«, Bd. 1, »Der dialektische und historische Materialismus«, 1965; »Die Umkehrung Hegels«, 1963.

Weyl, Hermann: 1885–1955, dt. Mathematiker, war u. a. durch sein Werk »Raum, Zeit, Materie« wesentlich an der Ausarbeitung und Verbreitung der Relativitätstheorie beteiligt. W. verband seine mathematisch-naturwissenschaftlichen Arbeiten oft mit den entsprechenden philosophischen Problemen. *Hw.:* »Raum, Zeit, Materie«, 1918; »Philosophie der Mathematik und Naturwissenschaft«, 1927; »Gruppentheorie und Quantenmechanik«, 1928; »Die Stufen des Unendlichen«, 1931; »Mind and Nature«,

1934; »Algebraic Theory of Numbers«, 1940; »Philosophy of Mathematics and Natural Science«, 1941.

Whewell, William: 1794–1866, Naturwissenschaftler und Philosoph, betonte die Bedeutung der Induktion als Methode, um von den einzelnen Tatsachen zur Erkenntnis allgemeiner Gesetze zu gelangen. *Hw.:* »Geschichte der induktiven Wissenschaften«, 3 Bde., 1837; »Philosophy of the Inductive Sciences«, 1940; »On Hegel's Criticism of Newton's Principia«, 1849.

Whitehead, Alfred North: 1861 bis 1947, engl. Philosoph, verfaßte zusammen mit → Russell die »Principia Mathematica«, das grundlegende Werk der mathematischen Logik. W. betrachtete die Realität als Menge zusammenhängender Ereignisse, die von Ideen im → platonischen Sinn verursacht werden, wobei die letzte Ursache in Gott liegt. Die abendländische Philosophie nannte er »eine Reihe von Fußnoten zu Platon«. *Hw.:* »An Inquiry Concerning the Principles of Natural Knowledge«, 1919; »The Concept of Nature«, 1920; »Religion in the Making«, 1926; »Science and the Modern World«, 1926; »Process and Reality«, 1929; »Adventures of Ideas«, 1933; »The Principle of Relativity«, 1934; »Notes of Thought«, 1938; »Essays in Science and Philosophy«, 1947; »The Interpretation of Science«, 1961.

Widerspiegelungstheorie: → Erkenntnistheoretische Auffassung, derzufolge die Strukturen der Außenwelt (des Objekts) im → Bewußtsein des Subjekts dargestellt werden, das Bewußtsein daher dem Sein entspricht, sofern das Sein erlebt und begriffen wurde. Die älteste bekannte W. wurde von den griechischen → Atomisten → Demokrit und → Epikur vertreten: Die Dinge senden kleine Bilder ihrer selbst aus, die von den Sinnesorganen wahrgenommen werden. Es ist heute noch ungeklärt, wie Bewußtseinsinhalte im Gehirn (chemisch?) dargestellt werden. Die Form der Darstellung ist allerdings für die Richtigkeit der Widerspiegelungstheorie kein Kriterium. Grundlage der W. ist die Wechselwirkung zwischen Systemen überhaupt: Impulse der Außenwelt verändern ein System; schon insofern widerspiegelt der Zustand des Systems Elemente der Umgebung. Jedes System strebt allerdings danach, seinen Sollzustand, den Zustand kleinster potentieller Energie, wiederherzustellen, die Eindrücke also zu beseitigen. Von Widerspiegelungen im Bewußtsein kann daher erst dann die Rede sein, wenn bestimmte Veränderungen nicht beseitigt, sondern als Steuerungselement zukünftigen Handelns aufgehoben werden.

Widerspruch: 1) Logisch: Einen W. bilden zwei kontradiktorisch entgegengesetzte → Urteile oder → Aussagen, die nicht beide zugleich wahr sein können: Alle Bücher haben hundert Seiten; dieses Buch hat mehr als hundert Seiten. 2) → Ontologisch: bei → Hegel und im Dialektischen → Materialismus eine elementare Struktur: Die Realität ist stets in sich widersprüchlich, auf Gegensätzen aufgebaut, die jeweils paarweise eine Einheit bilden. Der Gedanke findet sich im Prinzip schon bei → Heraklit. Am detailliertesten ausgeführt bei → Mao Tse-tung »Über den Widerspruch«. → Polarität, → Gegensatz

Wiedertäufer (Anabaptisten, Täufer): Bewegung in der späten → Reformationszeit, die die bewußte (Erwachsenen-)Taufe praktizierte und die Trennung von Kirche und Staat befürwortete.

Wiener, Norbert: 1894–1964, amerik. Mathematiker, Begründer der Kybernetik, durch die die funktionale Gleichheit von Regelungsmechanismen in Natur, Technik und Gesellschaft nachgewiesen und mathematisch beschreibbar gemacht werden konnte. *Hw.:* »Mathematik – mein Leben«, dt. 1962; »God and Golem«, 1964; »Kybernetik«, 1952; »Mensch und Menschmaschine«, dt. 1952.

Wiener Kreis: In den 20er Jahren von M. → Schlick gegründete Schule des → Neupositivismus, der u. a. Carnap, Neurath, Waismann, Kraft und Goedel angehörten. Der W. sieht die mathematische Logik als Grundlage der Philosophie, wenn nicht als die Philosophie überhaupt an. Jede → Metaphysik lehnt er ab, da im Sinn des Neupositivismus nur durch Beobachtung überprüfbare Sätze Gegenstand der Wissenschaft sein können. Wichtigstes Publikationsorgan war die Zeitschrift »Erkenntnis«.

Wilhelm von Ockham: → Ockham

Willen: Bewußte Zielsetzung, die prinzipiell durch planmäßiges Handeln realisiert werden kann. Die Frage nach der Willensfreiheit wird unterschiedlich beantwortet: 1) absolut indeterministisch, d. h. es werden keinerlei Gründe für eine bestimmte W.s-bildung angenommen; 2) relativ-indeterministisch: Es gibt Gründe für die Richtung, nicht aber für die Festlegung im einzelnen; der Handelnde hat stets mehrere gleichwertige Alternativen zur Auswahl; 3) relativ-deterministisch: Eine bestimmte W.sbildung ist kausal bedingt, kann aber durch weniger günstige Alternativen ersetzt werden; 4) absolut deterministisch: Jede W.bildung, jede Entscheidung, ist durch bestimmte, möglicherweise unbekannte Faktoren auch dann vollkommen festgelegt, wenn die betroffene Person meint, sie entscheide sich frei oder mache sich die Entscheidung nicht leicht. → Determinismus

Winckelmann, Johann Joachim: 1717–1768, dt. Archäologe, begründete die wissenschaftliche Archäologie und die vergleichende Kunstgeschichte. Prägte die Formel »edle Einfalt und stille Größe« für die antike griechische Kunst. *Hw.:* »Gedanken über die Nachahmung der griechischen Werke in der Malerei und Bildhauerei«, 1755; »Von der Grazie in den Werken der

Kunst«, 1759; »Geschichte der Kunst des Altertums«, 1764.

Windelband, Wilhelm: 1848 bis 1915, dt. Philosoph, zusammen mit → Rickert der Begründer der Südwestdeutschen Schule des → Neukantianismus. Unterschied die »nomothetische«, auf Gesetze zielende Methode der Naturwissenschaften von der »ideographischen«, das Einzelne, Ideelle suchenden Methode der Geisteswissenschaften. *Hw.:* »Über die Gewißheit der Erkenntnis«, 1873; »Die Geschichte der neueren Philosophie«, 2 Bde., 1878–80; »Präludien« (Aufsätze und Reden), 2 Bde., 1884; »Lehrbuch der Geschichte der Philosophie«, 1892; »Geschichte und Naturwissenschaft«, 1894; »Platon«, 1900; »Vom System der Kategorien«, 1900; »Über Willensfreiheit«, 1904; »Einleitung in die Philosophie«, 1914.

Wirklichkeit: 1) *Ggt.:* → Möglichkeit. Einige Ereignisse aus der Menge der möglichen Ereignisse finden tatsächlich statt, werden W. Im nachhinein lassen sich meist die Gründe für die tatsächliche Entwicklung bestimmen, so daß das Begriffspaar Möglichkeit – W. insofern überflüssig wird. → A priori jedoch scheint die Menge der Möglichkeiten stets mächtiger zu sein als die der W. – wenn man keinen strikten → Determinismus zugrunde legt. 2) Sinnverwandt mit → Realität oder → Dasein; alles, was da ist. 3) *Ggt.:* → Schein. Z. B. scheinbare und wirkliche Sachverhalte; → Erkenntnis.

Wissen: Bestand von Kenntnissen und → Erkenntnissen, der vom Wissenden und seiner Umgebung als sicher zutreffend angesehen wird. Fehlt es an der Kenntnis von Tatsachen oder Zusammenhängen, dann handelt es sich um eine Meinung. Besteht trotz dieses Mangels der intuitive Eindruck der Richtigkeit, dann wird die Meinung zum Glauben.

Wissenschaft: Die Gesamtheit des Wissens innerhalb eines Gesellschaftssystems, das Ausmaß der kollektiven Erkenntnis einschließlich des Wissens um die Methoden der Erkenntnis. Das gesammelte Wissen wird durch die W. systematisiert, nach Gesetzmäßigkeiten durchforscht und mit Hilfe der gefundenen Gesetzmäßigkeiten im Zuge neuer Theoriebildung erweitert. Die thematische Gliederung der W. in verschiedene Bereiche widerspiegelt zum einen strukturelle Unterschiede der Forschungsgegenstände, zum anderen auch subjektive Notwendigkeiten, wie den akuten Bedarf an bestimmtem Wissen, der von der praktischen Nützlichkeit, von der jeweiligen historischen Bedeutung des entsprechenden Bereiches abhängt. Die Arbeitsteilung zwischen den einzelnen W.en und innerhalb derselben hat die interdisziplinäre Kommunikation zunächst zum Erliegen gebracht. Mehr und mehr Anwendungsgebiete erfordern aber interdisziplinäres Vorgehen, so daß heute nach entsprechenden Kommunikationsverfahren gesucht wird. Dafür eignen sich u. a. rein strukturelle Forschungsbereiche wie die Mathematik, → Kybernetik und → Synergetik, deren Modelle auf verschiedene Gegenstände anwendbar sind.

Wissenschaftstheorie: Philosophische Disziplin, die sich mit den Methoden der Wissenschaft auseinandersetzt, insbesondere deren Entstehung, Rechtfertigung und Anwendung untersucht. Ein Problem der W. ist z. B. der Beweis der Richtigkeit einer Theorie, also die Frage, wie diese nachgewiesen werden kann bzw. ob dies möglich ist. → Popper vertritt die Auffassung, daß nur die Falschheit nachweisbar ist. Die moderne W. neigt dazu, naturwissenschaftliche Methoden als Vorbild anzusehen und von den Sozialwissenschaften die Verwendung ähnlicher Methoden zu verlangen. Dagegen stehen Bemühungen, aus Gründen der → Logik (z. B. wegen sich selbst erfüllender Vorhersagen, → Selbstbezug) generell zwischen naturwissenschaftlichen und gesellschaftswissenschaftlichen Methoden zu unterscheiden.

Witelo: Ca. 1230–1275, dt. Naturforscher und Philosoph, führte das gesamte Naturgeschehen auf die Gesetze der Optik und Geometrie zurück. Vertrat eine Metaphysik des Lichtes (Lehre vom außerirdischen Ursprung des Lichts. Die göttliche Offenbarung wird als Licht für die menschliche Vernunft gesehen).

Wittgenstein, Ludwig: 1889 bis 1951, österr. Philosoph, Mitbegründer des → Neupositivismus, von → Frege und → Russell beeinflußt, übte selbst starken Einfluß auf den → Wiener Kreis aus. Philosophie ist Sprachkritik. Die Welt besteht aus Tatsachen, die von anderen Tatsachen, den → Aussagen, abgebildet werden. Um zu einem widerspruchsfreien Bild zu kommen, sah W. zunächst die Schaffung einer speziellen Wissenschaftssprache als notwendig an. Später bemühte er sich um die Analyse der bestehenden Vielfalt sprachlicher Ausdrücke und »Sprachspiele«. *Hw.:* »Tractatus logico-philosophicus«, 1922; »Philosophical Investigations«, 1953; »Schriften«, 1960; »Schriften II«, 1964; »Philosophische Grammatik«, 1969; »Über Gewißheit«, 1969.

Wolff, Christian: 1669–1754, dt. Philosoph und Mathematiker. Von → Kant als gewaltigster Vertreter des rationalen Dogmatismus bezeichnet, war W. der prominenteste und wirkungsvollste Philosoph der deutschen → Aufklärung. Ausgehend von → Leibniz, dessen → Monadenlehre er fallenließ, entwikkelte er ein strikt deduktives System des → Rationalismus, das vom unumschränkten Glauben an die menschliche Vernunft geprägt ist. Die Bedeutung W.s liegt darüber hinaus in der Tatsache, daß er mathematische und philosophische Vorlesungen in deutscher statt lateinischer Sprache hielt und damit wesentlich an der Herausbildung einer wissenschaftlichen deutschen Terminologie mitwirkte. *Hw.:* »Vernünftige Gedanken von Gott, der

Welt und der Seele des Menschen, auch von allen Dingen überhaupt«, 1719; »Vernünftige Gedanken von der Menschen Tun und Lassen zur Beförderung ihrer Glückseligkeit«, 1720; »Vernünftige Gedanken von dem gesellschaftlichen Leben der Menschen«, 1721.

Wundt, Wilhelm: 1832–1920; dt. Psychologe und Philosoph, begründete die Systematik der → empirischen Psychologie. Versuchte, von der Psychologie aus die Soziologie und verschiedene philosophische Bereiche, wie → Geschichts- und Kulturphilosophie, → Logik und → Ethik, analytisch zu durchleuchten. *Hw.:* »Vorlesungen über die Menschen- und Tierseele«, 2 Bde., 1863–64; »Grundzüge der biologischen Psychologie«, 3 Bde., 1874; »Logik«, 4 Bde., 1880–83; »Ethik«, 3 Bde., 1886; »Elemente der Völkerpsychologie«, 1912; »Sinnliche und übersinnliche Welt«, 1914; »Erlebtes und Erkanntes«, 1920.

Würde: Wert oder Bedeutung eines Menschen, nach einem bestimmten ethischen Maßstab gemessen.

Wust, Peter: 1884–1940, dt. Philosoph, von → Scheler beeinflußter katholischer → Metaphysiker. *Hw.:* »Die Auferstehung der Metaphysik«, 1920; »Naivität und Pietät«, 1925; »Ungewißheit und Wagnis«, 1937; »Im Sinnkreis des Ewigen« (Auswahl aus den Aufsätzen), 1954.

X

x: In der mathematischen Logik Symbol für eine Variable.

Xenokrates: 396–314 v. Chr., griech. Philosoph, Leiter der → Platonischen Akademie, begründete die Einteilung der Philosophie in Logik, Physik und Ethik. Setzte die Weltvernunft mit Zeus gleich. Betrachtete die Seele als bewegte Zahl.

Xenophanes: 570–480 v. Chr., wandte sich gegen den populären anthropomorphen Polytheismus; sah Gott als den mit der Natur untrennbar verbundenen Urgrund derselben an.

Y

y: In der mathematischen Logik Symbol für eine Variable.

Yin und Yang: Ursprünglich nur in der chinesischen Philosophie, später in ganz Asien verbreitete (z. B. im koreanischen Wappen dargestellte) Polaritätsvorstellung. Alle Dinge und ihre Veränderungen enthalten die beiden Pole Yin und Yang, die einander entgegengesetzt sind, sich als Gegensätze aber auch gegenseitig bedingen, enthalten und hervorrufen. Yang hat Yin als seinen Gegenpol in sich und umgekehrt. Ursprünglich rufen beide Namen bestimmte Bilder wach: Yang ist das sprachliche Symbol für bunte Banner, die im Winde wehen; Yin symbolisiert den Anblick einer im grauen Dunst liegenden spätherbstlichen Landschaft, deren Formen und Farben ineinander übergehen. Yang und Yin verhalten sich wie aktiv und passiv, männlich und weiblich, hell und dunkel, Angriff und Verteidigung, Himmel und Erde usw. Wesentlich sind die Übergänge: Yin wird zu Yang, Yang ruft Yin hervor. Betrachtet man nur die Yang-Seite verabsolutiert, dann macht sich Yin wegen der Untrennbarkeit der beiden Pole demnächst von selbst bemerkbar und umgekehrt. Für die chinesische Philosophie ist so der Gedanke von der Einheit und Unzertrennlichkeit der Gegensätze das zentrale Element. Die europäische Spaltung des Gegensätzlichen in zwei Hälften, in strenges Entweder-Oder, deren eine möglichst eliminiert werden soll, findet in der Philosophie des Yin-Yang nur kopfschüttelndes Unverständnis.

Yoga: Ca. 3000 Jahre alte indische Lehre und Praxis der Meditation und Konzentration auf bestimmte Ideen oder Symbole, um übernatürliches Wissen auf intuitivem Wege zu erlangen. Die geistig-körperliche Ruhe, die dazu erforderlich ist, wird durch verschiedene Arten der Askese, Anspannung und Entspannung sowie Trennung von äußerlichen Einflüssen erreicht. Die Auffassung, Yoga sei wesentlich ein Mittel zur Überwindung körperlicher Bedürfnisse, verbreitete sich erst Ende des 19. Jhs., wenigstens zeitlich nach der Zerstörung des traditionellen indischen Wirtschaftssystems durch den Kolonialismus.

Z

Zarathustra (Zoroaster): Mitte bis Ende des 7. Jhs. v. Chr., iranischer Prophet und Religionsstifter. Die von ihm geschaffene Religion ist → dualistisch. Dem einzigen Gott, Ahuramazda, Inbegriff des Guten, steht der böse Geist Ariman gegenüber. Der Kampf der beiden Mächte findet ständig im Weltgeschehen statt; alles gehört der einen oder anderen Seite an; nur der Mensch hat die Möglichkeit, sich zu entscheiden.

Zeichen: Etwas Wahrnehmbares, das auf etwas anderes hinweist. Das Z. kann einem natürlichen Zusammenhang entstammen, wie z. B. Lachen oder Haarsträuben, dessen Verständnis genetisch festgelegt ist, – es kann ebenso durch ursprünglich freie Vereinbarung festgelegt worden sein, wie z. B. das mathematische Symbol $\sqrt{}$; seine Bedeutung muß dann erlernt werden. Lachen oder $\sqrt{}$ sind für sich verständlich, während sich die Bedeutung anderer Zeichen erst aus dem Zusammenhang ergibt: Ein rotes Licht bedeutet an der Hafenkneipe etwas anderes als auf offener See (Backbord) oder an einer Straßenkreuzung. Die Theorie der sprachlichen Z. ist die → Semiotik.

Zeit: Gegenpol: → Raum, höchste Abstraktion des (Vor- und) Nacheinanders von Ereignissen. Der Begriff Z. widerspiegelt die formal quantitative Seite des Nacheinanders, im Unterschied zu dem der Veränderung, der die inhaltlich qualitative Seite darstellt. Der Z.begriff bestimmter Personen in bestimmten Epochen hängt daher vom eigenen Erleben, aber auch von fremden Erfahrungen, z. B. Überlieferungen und Forschungsergebnissen, ab. Die u. a. bei → Newton auftretende Frage, ob die Z. absolut ist, d. h. auch »vergeht«, wenn nichts da ist, was sich verändern könnte, ist eine Folge der hohen Abstraktionsstufe und der sprachlichen Formulierung: Z. ist ein sehr selbständiger Begriff; dieser scheint daher auf einen ebenso selbständigen Gegenstand zu verweisen. Betrachtet man die Z. noch etwas konkreter als Nacheinander, so wird zweifelhaft, ob das unabhängig von Ereignissen sein kann, die sich einander als Vorher-Nachher zuordnen lassen. L. Caroll läßt in seiner Geschichte »Alice im Wunderland« eine stark lächelnde Katze auftreten, die ganz allmählich, Stück für Stück, verschwindet. Zuletzt bleibt nur ihr Lächeln zurück. Die → Relativitätstheorie löscht in der Fassung von → Minkowski die gegenseitige Besonderheit von Raum und Z. aus und läßt ein insofern homogenes, vierdimensionales Kontinuum zurück. Die Raum-Z.-Polarität wird dadurch zur Z. hin aufgelöst, das für den Raum charakteristische Nebeneinander wird zur Gleichzeitigkeit. Für die Z.messung eignen sich alle rhythmischen, kreisförmigen, schwingenden Veränderungen, die die Wiederkehr des Gleichen beinhalten. Das menschliche Z.gefühl beruht auf der gleichzeitigen Berücksichtigung zahlreicher derartiger Veränderungen.

Zeller, Eduard: 1814–1908, dt. Philosophiehistoriker. *Hw.:* »Die Philosophie der Griechen in ihrer geschichtlichen Entwicklung«, 3 Bde., 1844–52; »Grundriß der Geschichte der griechischen Philosophie«, 1883; »Friedrich der Große als Philosoph«, 1895.

Zen: Ursprünglich in Japan und China verbreitete buddhistische Lehre und Meditationspraxis, die auf eine Versenkung des Selbst in sich und in die Umwelt zielt, um so die Harmonie zwischen sich und der Welt herzustellen. Die Einflüsse des Zen zeigten sich nicht nur in der entsprechenden Meditationspraxis, sondern auch in der Tuschmalerei, in der Teezeremonie und im Ikebana.

Zenon von Elea: Ca. 490–430 v. Chr., Schüler des → Parmenides, verteidigte dessen Auffassung von der Unveränderlichkeit des Seins, der Unmöglichkeit der Bewegung, durch den Nachweis, daß die entgegengesetzte Annahme zu Widersprüchen führt. Dazu erfand er einige Paradoxa, u. a. → Achilleus und die Schildkröte sowie den fliegenden Pfeil: Wo befindet sich ein fliegender Pfeil zu einem bestimmten Zeitpunkt? An einem bestimmten Ort. Zu einem anderen Zeitpunkt an einem anderen Ort. Begrifflich läßt sich also nur feststellen, daß der Pfeil nacheinander an verschiedenen Orten ruht. Für den Begriff der Bewegung findet sich damit keine Grundlage. → Hegel hat das Problem so gelöst: Einen Ort hat sowohl der bewegte als auch der ruhende Pfeil. Aber gerade darin müssen sie sich ja unterscheiden. Das tun sie auch, denn der ruhende befindet sich an einem Ort, und nur an diesem, der bewegte Pfeil am Ort und zugleich nicht an diesem. Formallogisch ein Widerspruch, für Hegel gerade deshalb ein Kriterium der → Wahrheit. → Dialektik

Zenon von Kition: Ca. 336–264 v. Chr., Begründer der → Stoischen Schule.

Zenon von Sidon: Ca. 150 v. Chr., bedeutender → Epikureer, Lehrer → Ciceros und des Philodemos.

Ziegler, Leopold: 1881–1958, dt. Philosoph, sah die christliche Lehre als wesentliche Überlieferung an, versuchte von dort aus eine die Gegensätze verbindende → Metaphysik zu schaffen. *Hw.:* »Die geistigen und sozialen Strömungen des 19. Jahrhunderts«, 1899; »Geschichte der Ethik«, 2 Bde., 1881–86; »Geschichte der Pädagogik«, 1895; »Menschen und Probleme«, 1914; »Der europäische Geist«, 1929; »Überlieferung«, 1936; »Die neue Wissenschaft«, 1951.

Ziehen, Theodor: 1862–1950, dt. Psychiater und Philosoph, → Positivist, vertrat eine → parallelistische Auffassung des → Leib-Seele-Problems, sah die Realität (»Gignomene«) als psychisch oder physisch auffaßbar an. *Hw.:* »Die Grundlagen der Psychologie«, 1915; »Leitfaden der physiologischen Psychologie«, 12. Aufl. 1924; »Lehrbuch der Logik«, 1920; »Grundlagen der Naturphilosophie«, 1922; »Vorlesungen über Ästhetik«, 1925; »Die Grundlagen der Religionsphilosophie«, 1928.

Zirkel: Schluß- oder Beweisführung, bei der das Resultat schon als Voraussetzung erscheint. Der Z. ist zwar für die Erkenntnis unergiebig, aber nicht unrealistisch; denn alle Strukturen, deren Elemente sich gegenseitig bedingen, haben Zirkelform: Henne und Ei, Biene und Blume, ja, auch ein bestimmter Aspekt des Rüstungswettlaufs (wir rüsten, weil die anderen rüsten). → circulus vitiosus

Zufall und Notwendigkeit: Das wissenschaftliche Bemühen geht stets dahin, die N. von Ereignissen im einzelnen zu verstehen, um zukünftige Ereignisse derselben Art vorhersagen bzw. beeinflussen zu können. Von Z. ist die Rede, wenn das Ereignis nicht vorhergesehen wurde, dessen Sachzusammenhang also noch nicht vollkommen erforscht ist. Je geringer die Wechselwirkung eines → Systems mit der Umwelt, desto leichter ist dessen innere Notwendigkeit nachzuweisen, z. B. bei unserem Planetensystem. Im Gegensatz dazu ist das persönliche Schicksal eines einzelnen Menschen wegen der kaum übersehbaren Wechselwirkung mit anderen so gut wie nicht vorhersagbar. Hier herrscht also der Z. Die grundsätzliche Frage ist, ob Z. ein anderer Ausdruck für »nicht begriffen«, »unkontrolliert« ist, oder ob bestimmte Ereignisse objektiv zufällig sind, wie manche Interpreten der Quantenphysik meinen. Die Wechselwirkung von Systemen erscheint auf der Ebene der Beteiligten als zufällig, auf der Ebene des übergeordneten Systems, dessen Elemente die wechselwirkenden Systeme sind, als notwendig. Z. drückt also eine gewisse gegenseitige Unabhängigkeit von Wechselwirkungspartnern aus. Z. und N. in der → Evolution der Natur hat → Monod untersucht, der dem Zufall dabei die entscheidende Rolle zuspricht.

Zweck: Bei absichtlich herbeigeführten → Veränderungen der Grund der Veränderung. Z. ist dem Ziel untergeordnet. Im Ziel kommt das → Subjekt zur Ruhe, seine Aktivität erlischt, während verschiedene Zwecke die Etappen oder Voraussetzungen für das Erreichen des Zieles darstellen. Dem Z. untergeordnet ist das Mittel.

Zweifel: Ungewißheit angesichts verschiedener wohlbekannter oder vermuteter Alternativen; gedankliches Schwanken zwischen den Alternativen, von denen keine ohne weiteres gewählt werden kann. Der Z. kann, zum methodischen Prinzip gemacht, bewußt angewandt werden. → Descartes, → Skepsis

Einführende Literatur

Ayer, Alfred: Die Hauptfragen der Philosophie. München

Bloch, Ernst: Tübinger Einleitung in die Philosophie. Frankfurt/Main

Daniel, Claus: Hegel verstehen. Einführung in sein Denken. Frankfurt/Main

Einstein, Albert: Mein Weltbild. Berlin

Epikur: Philosophie der Freude. Auswahl aus seinen Schriften. Stuttgart

Habermas, Jürgen: Politik, Kunst, Religion. Essays über zeitgenössische Philosophen. Ditzingen

Heisenberg, Werner: Physik und Philosophie. Weltperspektiven. Berlin

Jaspers, Karl: Kleine Schule des philosophischen Denkens. München

Kant-Bevier. Philosophisches Lesebuch für freie Minuten. Frankfurt/Main

Kausalität. Ditzingen

Koesters, Paul-Heinz: Deutschland deine Denker. Geschichten von Philosophen und Ideen, die unsere Welt bewegen. München

Lafargue, Paul: Der Ursprung der abstrakten Ideen. Berlin

Lebek, Erwin: Philosophieren, was ist das? Erste Hilfe für Anfänger. Schaffhausen

Lust am Denken. Lesebuch aus Philosophie, Natur- und Humanwissenschaften 1947–1981. München

Marcuse, Ludwig: Meine Geschichte der Philosophie. Aus den Papieren eines bejahrten Philosophiestudenten. Zürich

Müller, Gustav: Dialektische Philosophie. Eine Einführung in das Wesen der Gegensätze. Düsseldorf

Philosophie als Beruf. Frankfurt/Main

Raphael, Max: Theorie des geistigen Schaffens auf marxistischer Grundlage. Frankfurt/Main

Russell, Bertrand: Philosophische und politische Aufsätze. Ditzingen

Sartre, Jean-Paul: Was ist Existentialismus? Reinbek

Schickel, Joachim: Große Männer große Methode. Frankfurt/Main

Schirnding, Albert von: Am Anfang war das Staunen. Über den Ursprung der Philosophie bei den Griechen. München

Störing, Hans: Kleine Weltgeschichte der Philosophie, Bd. 1 und 2. Frankfurt/Main

Volkmann-Schluck, Karl-Heinz: Einführung in das philosophische Denken. Frankfurt/Main

Waismann, Friedrich: Logik, Sprache, Philosophie. Ditzingen

Weischedel, Wilhelm: Die philosophische Hintertreppe. 34 große Philosophen in Alltag und Denken. München

Wer hat Angst vor der Philosophie? Einführung in die Philosophie. Düsseldorf

Wie man lebt und denkt. Lesebuch: Montaigne, Descartes, Spinoza, Diderot, Kant, Hegel. Frankfurt/Main

Wittschier, Michael: Alle Kreter lügen ... sprach der Kreter. Kleine Einführung in die Philosophie. Düsseldorf